The New Rules of the Housing Design

センスを磨く！
住宅デザインの
新ルール

間取り編

X-Knowledge

センスを磨く！　住宅デザインの新ルール　**間取り編**

CONTENTS

カバー写真 白井T邸（設計：i+i設計事務所　撮影：水谷綾子）
デザイン マツダオフィス
DTP シンプル
印刷 シナノ書籍印刷

本書は「センスを磨く！住宅デザインのルール」3・7および「建築知識ビルダーズ」No.27・32・38の一部記事を加筆・修正のうえ、再編集したものです。

chapter

1

間取りの基本ルール

間取り（平面図）の設計では、部屋のスペースのとり方や部屋の配置、
動線計画などの基本ルールを知らないと上手にまとめることはできない。
本章では、上記の詳細な説明のほか、建て主の要望の聞き取り方、
都市部に多い逆転プランやバリアフリーを考えた間取りなどを解説する。

最低限これだけは守りたい！ 間取りの基本ルール10

いいプランや間取りをつくるには、最低限抑えておくべき「ルール」がある。筆者がプランを考えるうえで、実際に活用している10のルールをここで紹介する。

解説：岸未希亜

RULE 1 家の大きさは間取り係数で決める

希望の居室数と各室の広さから、建物全体に必要な総面積を簡易的に計算する。
あらかじめ算出することで、設計の手戻りをなくせる。
ここでの居室とは、LDK、和室、寝室、子供室などを指す。

手順1 必要な部屋と希望の広さを列挙し加算

リビング 8畳 ＋ ダイニングキッチン 10畳 ＋ 和室 6畳 ＋

寝室 8畳 ＋ 子供室 6＋6畳 ＝ 必要な部屋面積の合計 44畳＝22坪≒73㎡

手順2 必要な部屋と希望の広さを列挙し加算

必要な部屋面積の合計 22坪 × 1.8 ＝ 家全体の面積 39.6坪 ≒ 131㎡

★間取り係数

家のゆとり度合いを示す数値で、係数1.6～2.0の範囲で定める。ただし係数1.6では収納や吹抜けなどが十分に取れず、係数2.0はかなり面積に余裕が必要なので、係数1.8から始めて調整するとよい。

注：間取り係数は建築家・吉田桂二氏が考案

ちなみに部屋数や面積を優先する建売住宅では、係数が1.5を下回る例が多い

手順3 算出した面積が予算や法規制で決められた面積を超えてしまう場合は、右の方法で調整

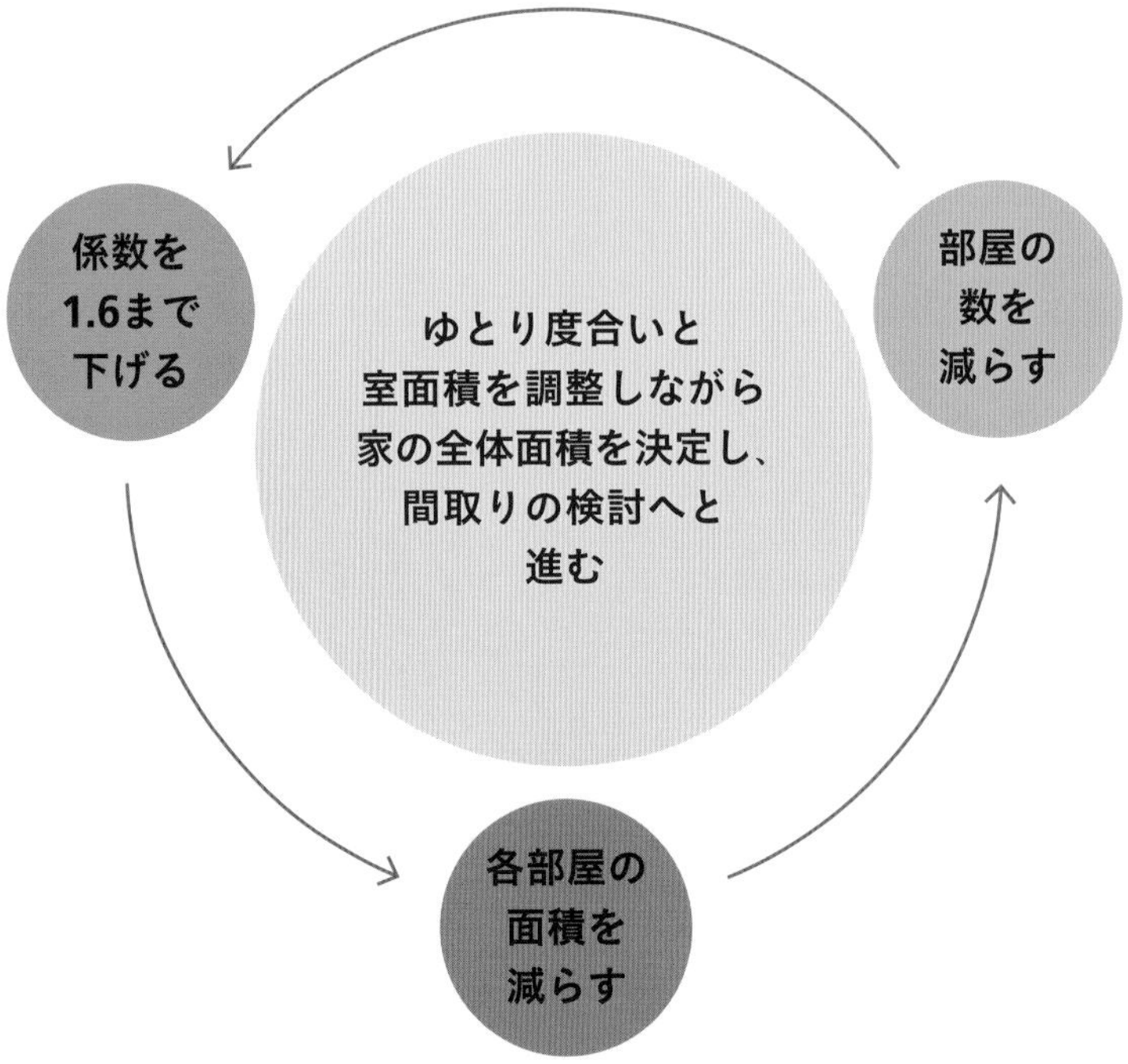

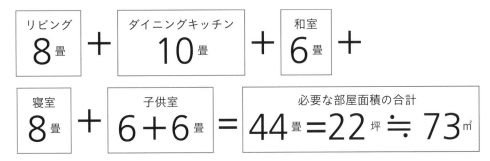

RULE 2 日照を考え、敷地をゾーニングする

居住性を左右する最重要課題は日照（日当たり）である。
これは隣地の状況を踏まえ、敷地に建物をどう配置するかで決まる。
併せて大まかなプランをイメージし、開口部の拠り所を探る。

建物は北側に寄せる

北側に寄せても日照が十分に得られない場合は、2階南面に吹抜けを設けたり、2階にLDKを配した逆転プランにしたりする

南隣家による昼の日影

手順2 建物をL字形にする

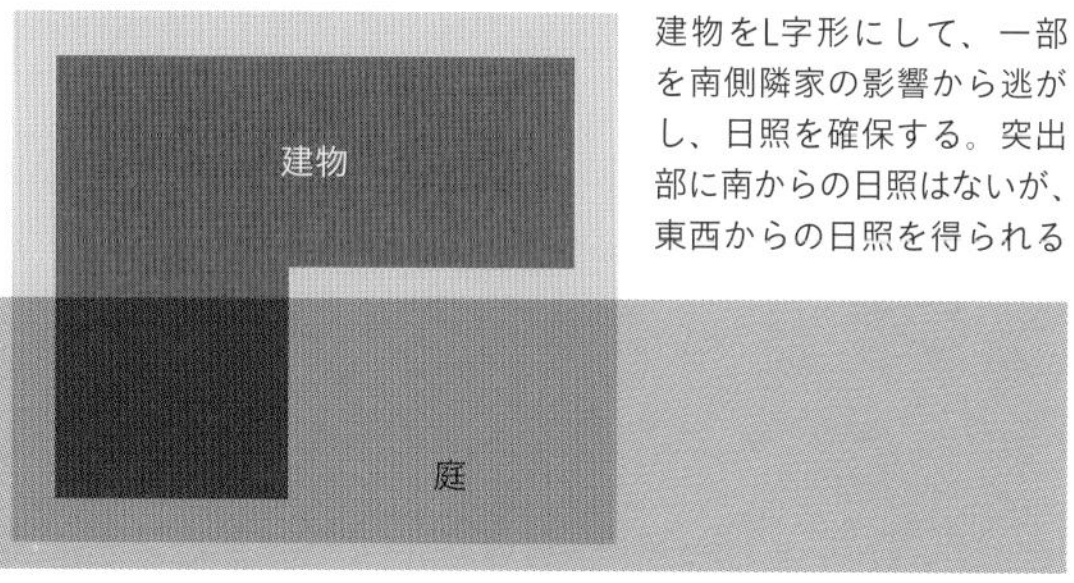

建物をL字形にして、一部を南側隣家の影響から逃がし、日照を確保する。突出部に南からの日照はないが、東西からの日照を得られる

RULE 3 間取りを1間グリッドで考える

間取りと架構を別々に考えると構造的な無理が生じやすいので、必ず同時に設計する。
関東間、京間など地域によって最適なグリッドを選び、そのグリッドに乗せて間取りを始める。

手順1 1間グリッドから部屋の枠ができるだけ外れないようにする

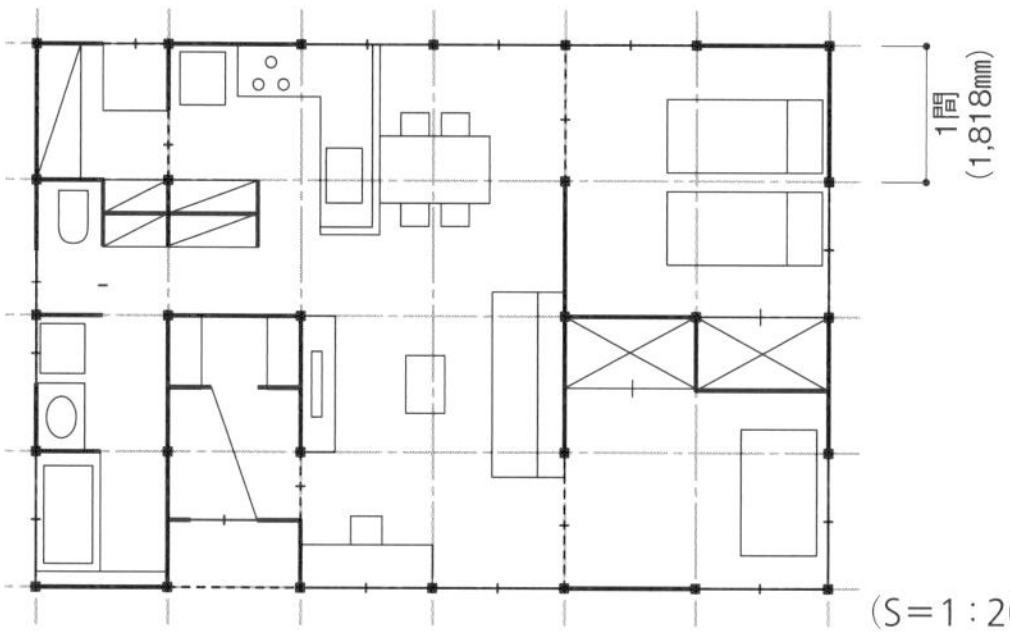

(S=1：200)

3尺グリッド（909㎜）にすれば平面的には楽になるが、架構との整合、真壁における架構美が損なわれるので、できるだけ1間グリッドで構成し、部分的に3尺グリッドを活用する。たとえば、6畳の和室は押入れや床の間とセットで8畳のスペースととらえ、4畳半の部屋は2室並べて3間幅の1間グリッドで考えることができる

手順2 梁が2間を超えないようにグリッドの交点に柱を立て

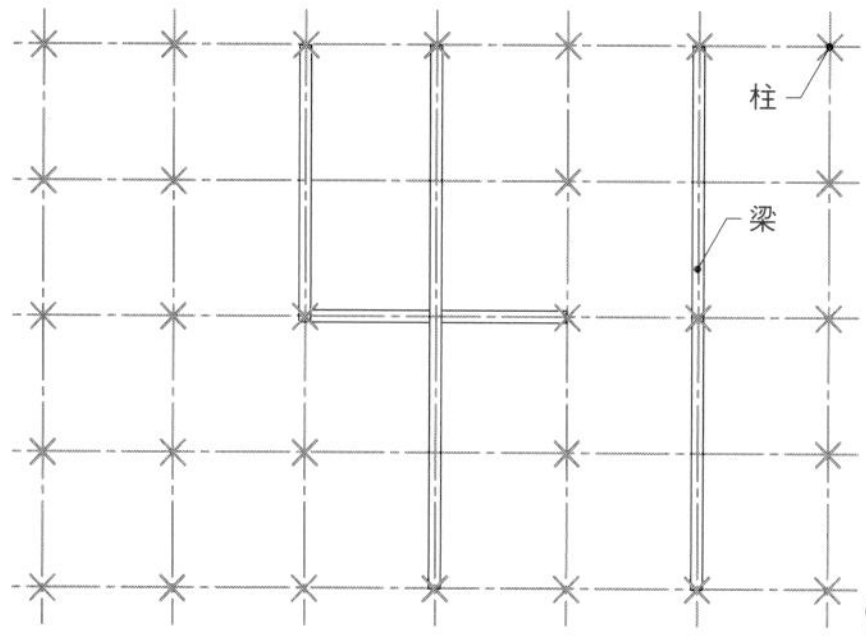

(S=1：200)

原則として外周部は1間ピッチに柱を立て、折置き組で梁を無理なく受けられるようにする。内部は大きな空間を必要とする（柱を立てたくない）部分で、2間飛ばしの梁を架ける。図では2間の梁を6本使っているが、ほかの梁はすべて1間しか飛んでおらず、材積を小さくできる。

手順3 2階のグリッドと1階のグリッドをそろえることで、柱を限りなく上下でそろえる

実際には、柱を全く同じ位置にそろえると、非常に窮屈な間取りになることが多い。したがって、2階に柱があっても1階で柱を抜けるような2階床組を想定しながら間取りする。これも1間グリッドを下敷きに考えれば、上下階の構造が整合しやすい

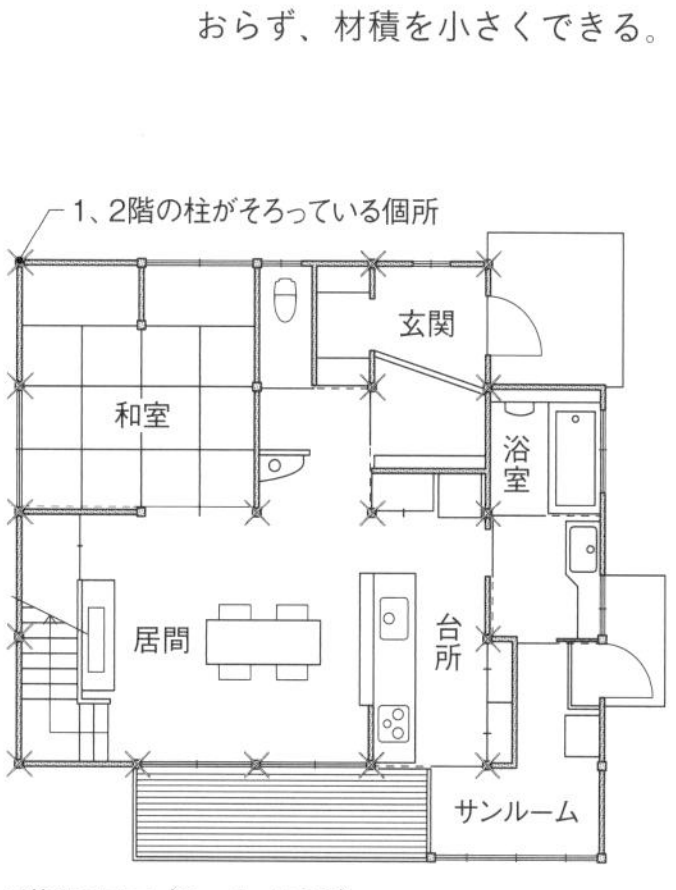

1階平面図（S=1：200）

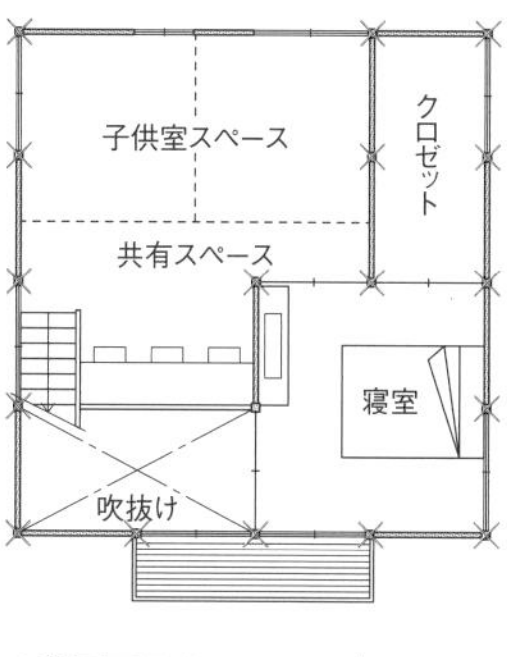

2階平面図（S=1：200）

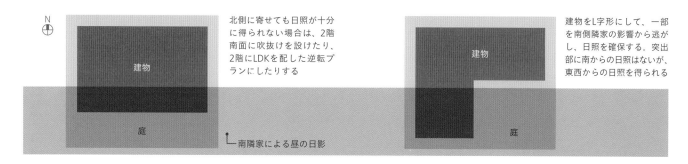

RULE 4 2階を矩形の中に納める

2階の上には屋根が載るため、屋根の形を想定して2階の間取りを始める。

2階屋根が外観に及ぼす影響は大きく、シンプルで形のよい屋根にするためには2階を矩形《くけい》にすることが重要だ。

手順1 2階に必要な居室と間取り係数から2階の面積を決める

寝室 6畳 ＋ 子供室 6畳 ×2＝ 18畳（＝9坪）

A.吹抜けや納戸を十分に取る：間取り係数 1.8
9 × 1.8 ＝16.2坪

B.最小限のゆとりで計画：間取り係数 1.6
9 × 1.6 ＝14.4坪

手順2 必要坪数から2階の外形を決めて間取り

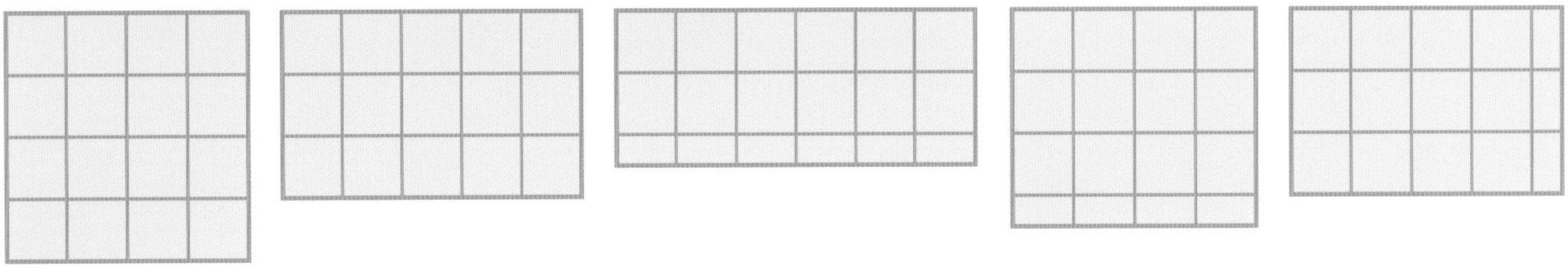

16坪 4間×4間　15坪 3間×5間　15坪 2.5間×6間　14坪 3.5間×4間　13.5坪 3間×4.5間

手順3 定型パターンを手がかりに2階の間取りを決める

**2階は庭や道路との接点がなく、敷地条件に左右されにくいので、似たような間取りができやすい。

いくつものパターンを頭に入れておけば、直ちに1階の間取りへ移ることも可能である。**

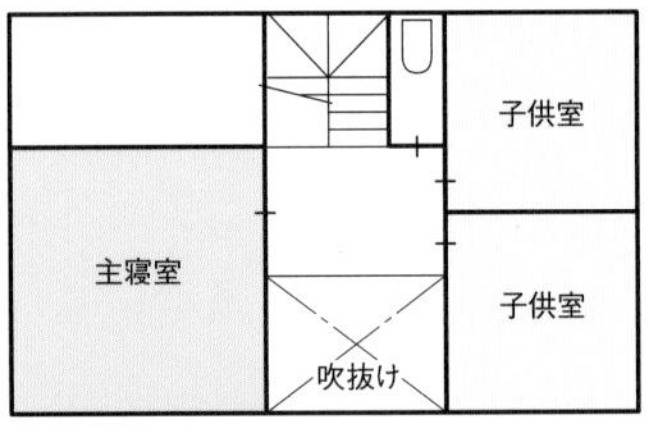

1 吹抜けを南中央に

子供室の片方は日当たりが悪いので、2室を一体化し、欄間を開放する

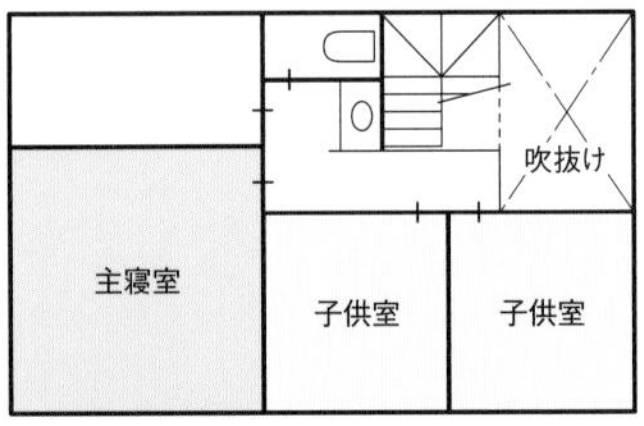

2 居室をすべて南向きに

北側の吹抜けの下に1階のリビングやダイニングを配置する間取り

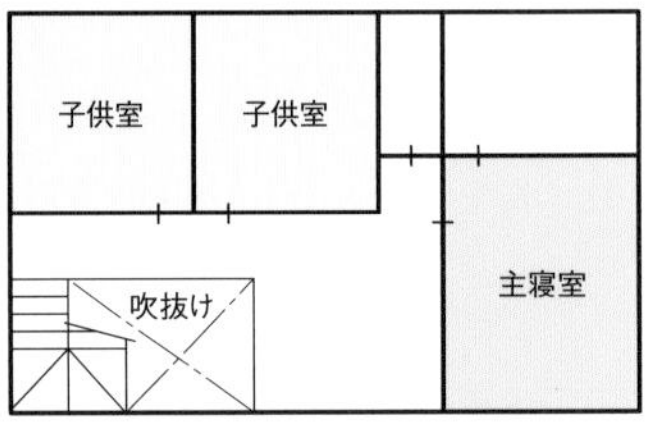

3 子供室を北側に

北向きの子供室は吹抜けやホールと連続し、開放感も日照も得ている

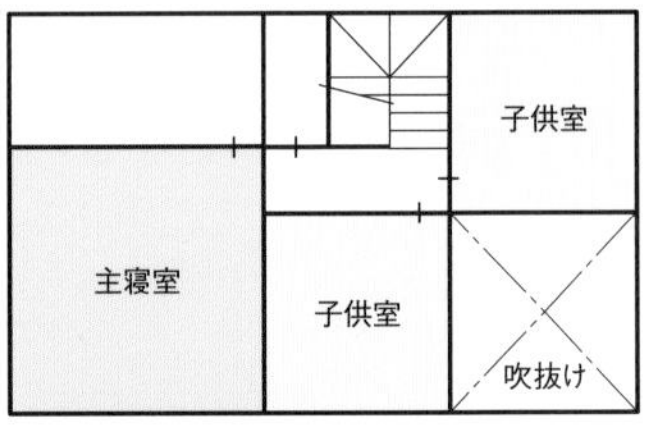

4 吹抜けを南東角に

吹抜けを介して、子供室が1階のリビングやダイニングにつながる

RULE 5 総2階＋下屋で考える

1階の上に2階を載せると考えるのではなく、2階を1階に下ろした総2階の建物に下屋を付加するのが、構造的に正しい方法。原則として1階が広いほうが生活しやすい間取りといえる。

手順1 2階直下の1階平面から描く

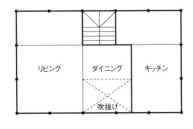

1階平面図（S＝1：200）

2階外周部の柱を1階にそのまま下ろすことで、鉛直荷重を無理なく地面に伝えることができる。したがって、2階直下の区画には原則として1間ごとに柱を立てる。そうすると区画をまたいで部屋をとることができないため、リビング、ダイニング、和室などは2階直下に納めるか、下屋として完全に外に出すことで対処する

手順2 庭を残しながら下屋を配置

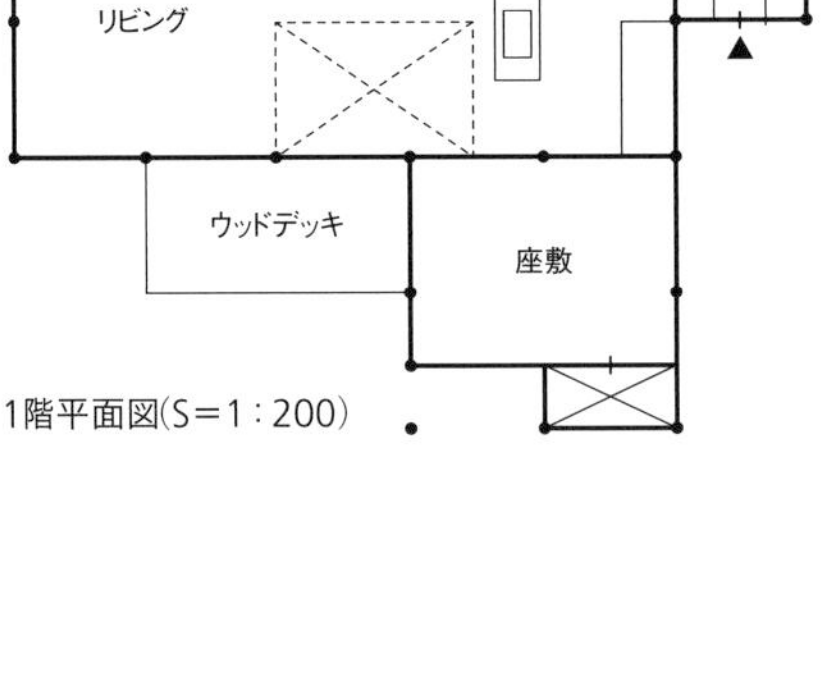

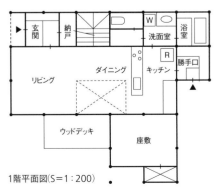

1階平面図（S＝1：200）

2階直下に納まらない各部屋は、道路や隣地との関係を見ながら、敷地内に庭、サービスヤード、ポーチ、カーポートという余白を残すように間取りをしていく。手順としては後になっているが、2階直下を決める前にある程度はゾーニングしておく必要がある

RULE 6 「間」の連続で空間をつくる

開放的につくられた日本の家は、複数の部屋を連続して使うことや空間を多目的に使い回すことができた。
この考え方を取り入れれば、全体の面積は大きくなくても広く住むことができる。

考え方 1 部屋どうしを連続させる

オープンにして問題のない部屋は、できるだけほかの部屋と連続させる。1つの部屋が6畳でも3部屋つなげば18畳の広がりが得られる。ただし、玄関・脱衣室・浴室・夫婦寝室など、ほかから見られると困る部屋は分けておく

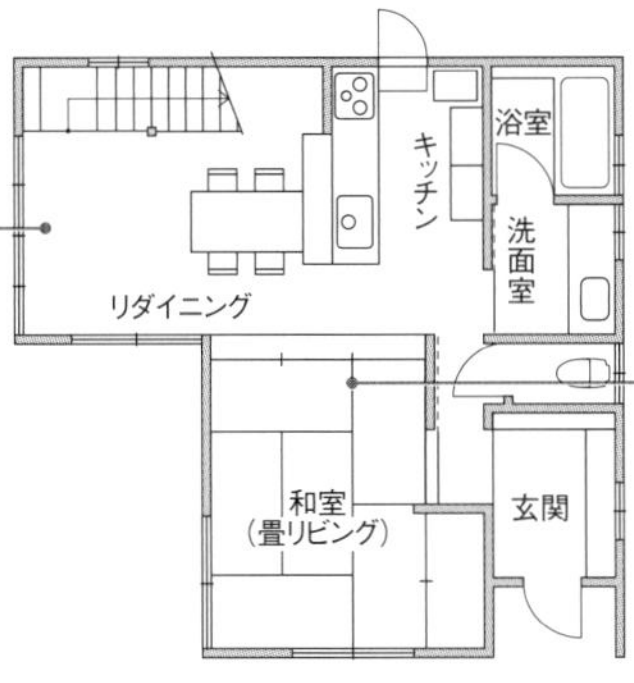

1階平面図（S＝1：200）

考え方 3 畳の間はLDとの続き間にする

和室を閉鎖的なつくりにしてしまうと、使わない部屋になるおそれがある。リビングやダイニングとひと続きの空間にすれば、家族の居場所が1つ増える。図のように、ダイニングと畳敷きのリビングを組み合わせるという手もある

考え方 2 LDは必ず空間を連続させる

食事時はダイニングに家族が集まるが、団らんは必ずしもリビングに集合する訳ではない。場は分かれて別のことをしながらもさり気ない触れ合いをもてるようリビング・ダイニングはひとつながりの空間とし、要所に居場所をつくる

RULE 7 階段・吹抜けで立体的な広がりをつくる

生活は移動の連続であり、じっとしていても視線は移動する。
どちらも水平方向だけでなく垂直方向の動きがあり、立体的な広がりが住まいにダイナミズムを生む。

考え方 1 階段は1階リビングから2階共用部へ

玄関に階段があると2階（個人スペース）が外と直接つながるかたちになってしまう。1階はファミリースペースを経由して2階に昇るようにし、2階の起点も共用スペースのような場が望ましい

考え方 2 吹抜けはLDの上に積極的に設ける

吹抜けのメリットは、1階と2階に分かれても家族の気配が感じられることにある。そのためには2階に家族共用のスペースを設けて、1階のリビングやダイニングと立体的なつながりをもたせる

1階の階段位置を決める作業が最も難しい。想定した2階の間取りが1階と合わない場合は、2階からやり直す

小さな吹抜けでも、階段と一体で設ければ大きな広がりを感じられる

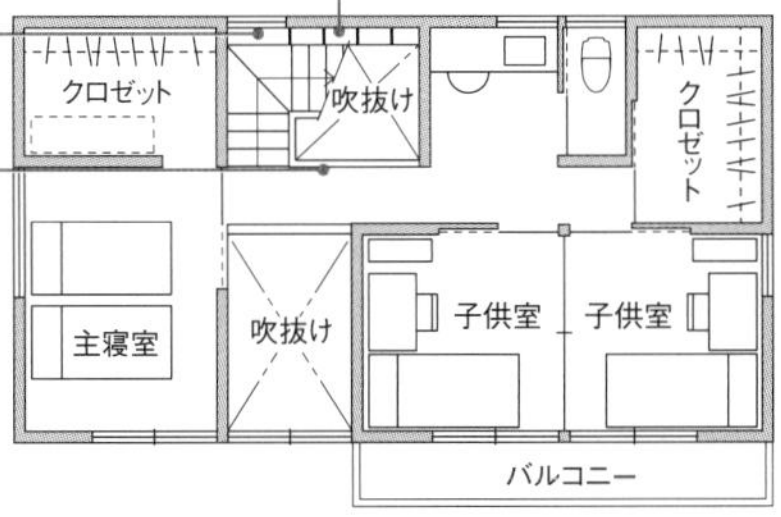

2階平面図（S＝1：200）

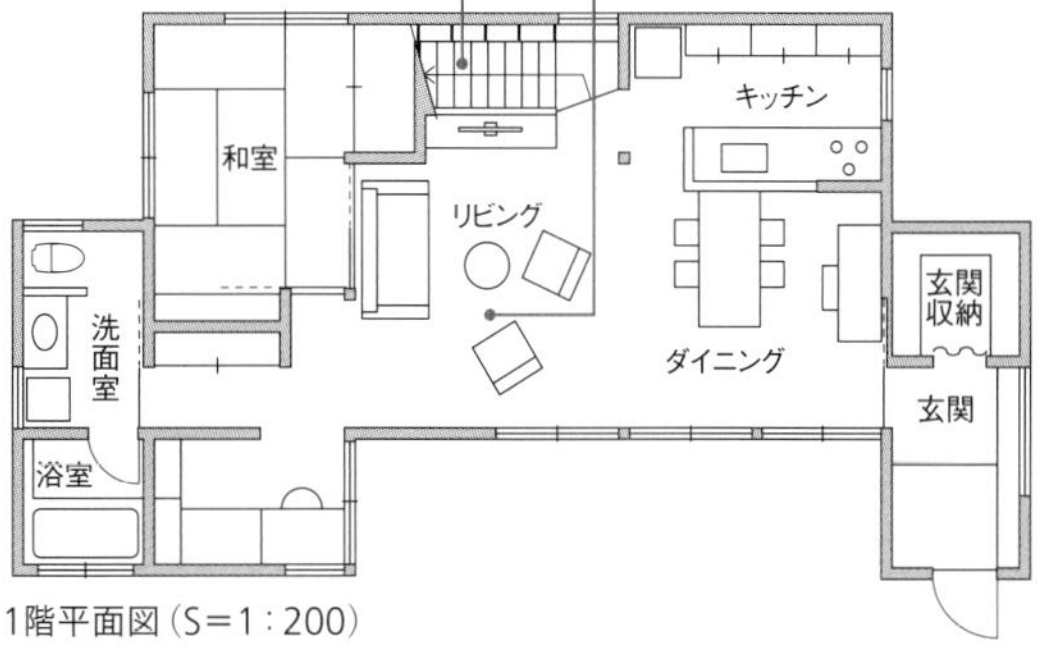

1階平面図（S＝1：200）

RULE 8 廊下を減らす

廊下を減らす目的の1つは、風通しのよい間取りにして健康的に暮らすため。
もう1つは、生活の場面と場面をぶつ切りにせず、家族が触れ合える空間にするため。

考え方 1 個室を減らして広がりをつくる

廊下（動線）で「室」と「室」をつなぐ旅館のような間取りではなく、「間」を連続させて大きな広がりをつくる。明確に廊下が必要な場所は限られる

考え方 2 廊下は極力短くする

水廻りや寝室・子供室の並ぶ所には廊下が必要となるが、水廻りはトイレ・洗面所・浴室の3点を1つのユニットとして考え、廊下の長さを短くする

考え方 3 廊下に用途を与える

廊下の幅を広げてスタディコーナーや遊び場にすることで「廊下」をなくしてしまう。2階廊下を吹抜けの一部にしたり、水廻りへの動線を共用スペース化する

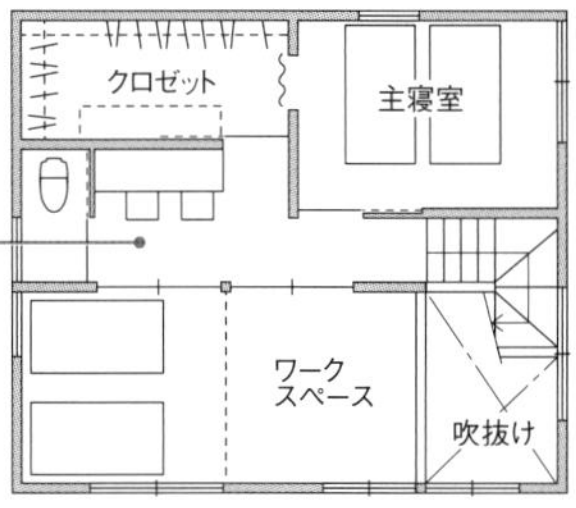

2階平面図（S＝1：200）

RULE 9 風が通り抜ける開口部をつくる

断熱・気密性能を高めた現代の住まいは冬の寒さに強くなったが、機械に頼らない夏の暑さ対策は通風の確保が絶対だ。日本の家がなぜ開放的なつくりだったのか、先人に学ぶ必要がある。

考え方1 内部開口部は原則として引戸とする

ドアは閉めているのが常態であるのに対し、引戸は開いていても閉めていても常態である。引戸を使えば、部屋と部屋が連続する広がりのある空間をつくることができ、建物内の通風を促すことになる。

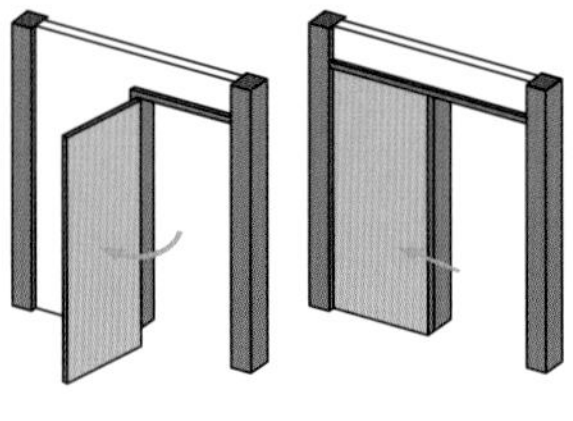

引戸の場合、開いた状態でも周囲のスペースを侵さないので、家具の置場にも困らない

考え方2 風通しのよい窓の配置

風向きの地域性を踏まえて、南から北、西から東へと建物を横断する風の道をつくる。南北の通風を得るには、北側にもダイニングや居室を置くなどして風の道を優先した配置を行うことである。

建具を開放しにくい水廻りが家の北側に並ぶような配置は通風を損なう大きな要因。また、廊下で内部空間を分断しないように注意する

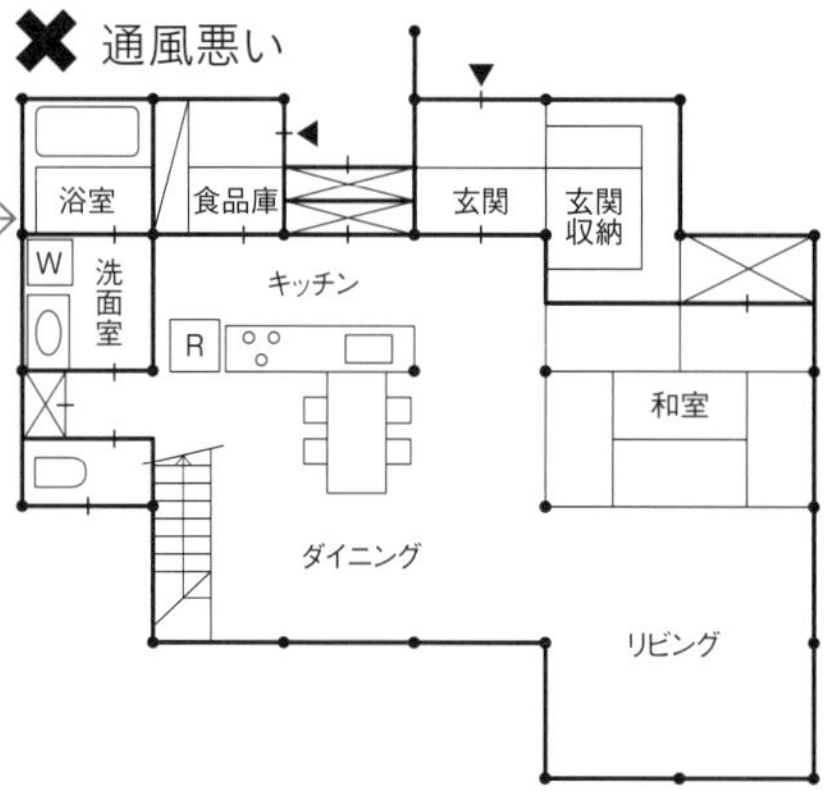

1階平面図（S＝1：200）

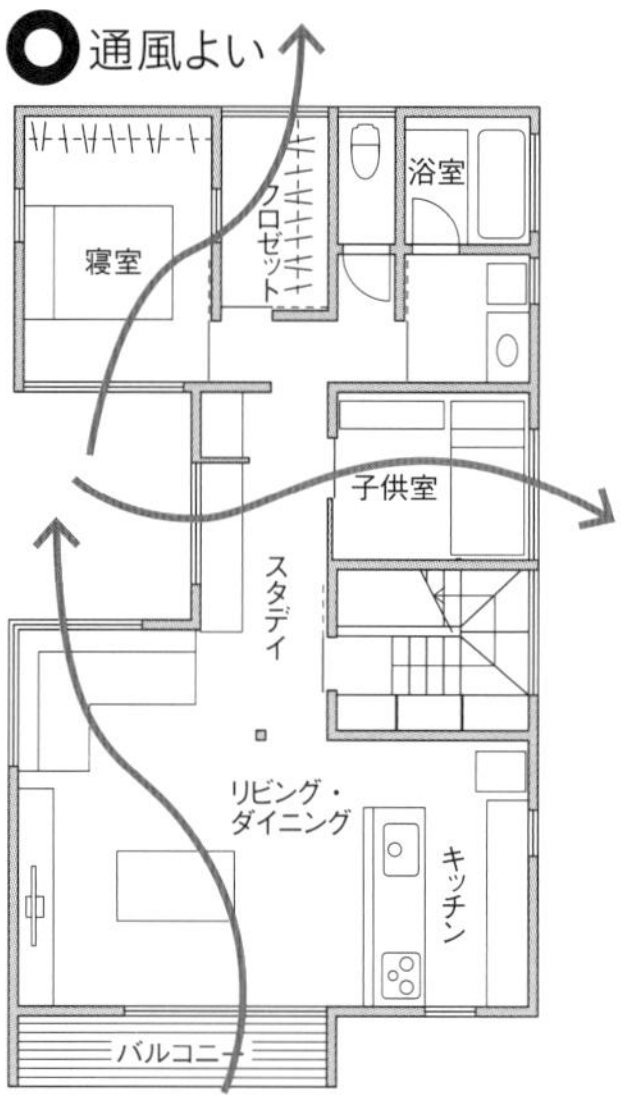

2階平面図（S＝1：200）

RULE 10 屋根と開口部で外観をデザインする

屋根は間取りの過程で決めてきたが、素材や勾配、流れ方向などデザインの要素が多い。開口部は室内側の都合だけで決めずに間取りの際に外からの見え方も意識する。

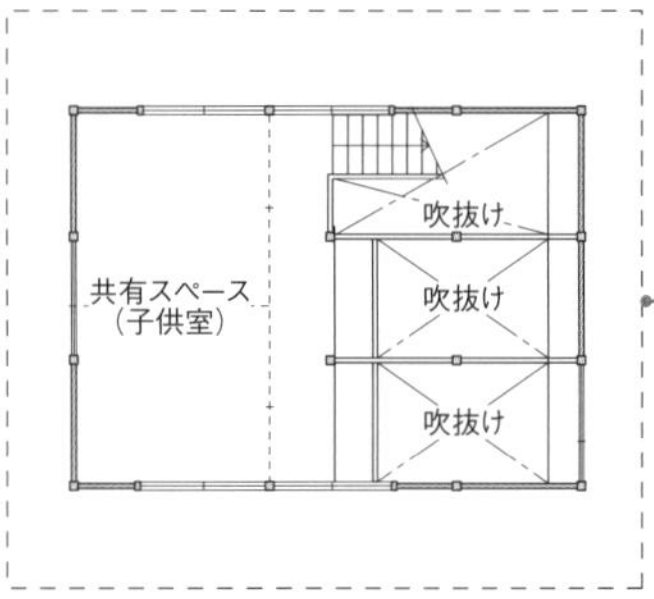

2階平面図（S＝1：200）

考え方1 2階屋根の形は単純化する

2階の屋根形状を単純化するのは、隣り合った住宅との調和を図りやすくするため。1棟だけでは成立しないが、景観の一部であるという視点をもちたい。住宅の外観は建てた人だけのものではない。

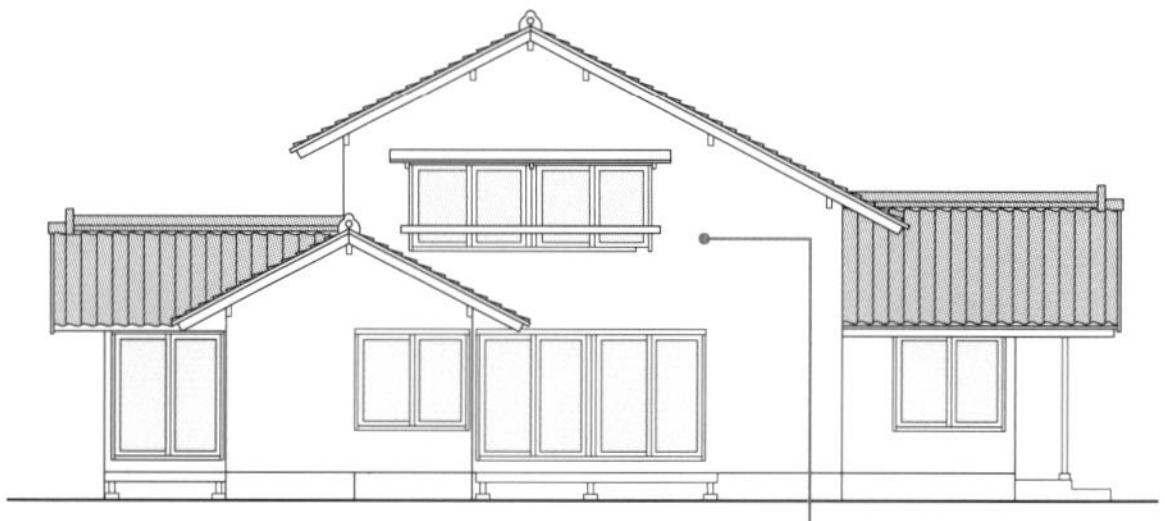

南立面図（S＝1：200）

考え方3 開口部はメリハリが大切

開口部は大きく開ける所、壁にする所のメリハリをつける。したがって、小幅の窓は連続して並べることで一体に見せたい。隣り合う窓の高さや、1階と2階の同じ位置で窓の幅をそろえるのも重要。

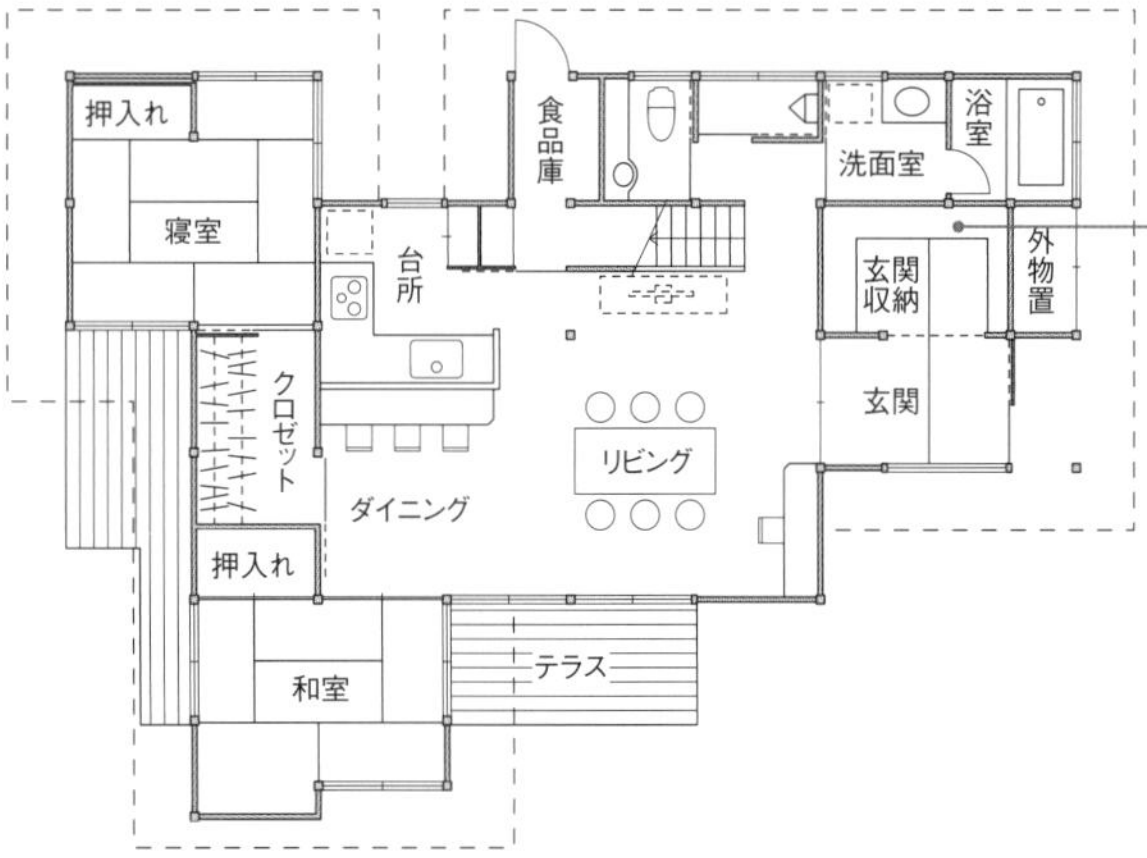

1階平面図（S＝1：200）

考え方2 下屋を1カ所にまとめる

玄関、玄関収納、洗面所、浴室をまとめて4坪の下屋をつくれば、総2階の建物とバランスのよい大きな下屋ができる。玄関だけ、浴室だけというように1坪ずつバラバラに下屋をつくった場合の外観は酷い。

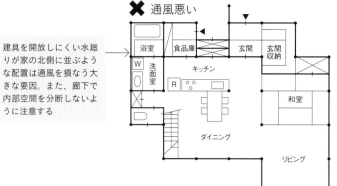

ヒアリングとプレゼン成功の手順

プランニングで大切なことは、いうまでもなく建て主の要望を的確に反映することである。そこで重要なのが、ヒアリングとプレゼン。ここでは、実際の手順に沿って、そのポイントを解説する。

解説：岸未希亜

手順1　建て主へのヒアリングの前に知っておきたい3つの確認事項

以下の情報を事前に知ることができれば、建物の大まかなイメージが固められ、建て主とのヒアリングで先手を打つことができる。
事前に情報が得られなければ、ヒアリングの最初の段階で確認すればよいし、後日、敷地を確認することもある。

A. 予算の把握

予算によって、建物の規模（床面積）が決まる。特に工務店・ビルダーなどの設計・施工であれば、仕様やつくり方など過去の先例が多数あるので、この想定床面積はほとんど外れない。

B. 敷地と法規制の把握

敷地の面積と形状、方位、建ぺい率、容積率、斜線制限そのほかの法的規制により、建てられる建物の大きさと形状が決まる。都市部の狭小敷地では、特に重要な情報。

C. 周辺環境の把握

日照条件、隣家の配置や窓の位置、敷地の高低差などは、実際に敷地を見なければ分からない。敷地周辺の住環境や町並み、眺望のよい方向なども設計の拠り所となる。

↓

敷地から導かれる建物の規模・形状をあらかじめイメージし、ヒアリングに臨む

手順2　建て主への確認事項と手順

建て主の要望をヒアリングシートに書かせることも多いと思われるが、シートだけでは本当に建てたいものは分からない。
設計をする者が実際に会って、生活の仕方や住まいに対する想いを聞き出すことが必要である。

1　家族構成

単純に誰が住む家かを知るところから始まるが、子どもの年齢や性別は子供部屋のつくり方に影響を及ぼすので重要である。内法高さを低く抑えたい場合に、各人の身長を聞くということもある。

→

2　基本的な住まいの考え方

後に聞く「過ごし方」にも関係するが、家族にとって家がどのような位置づけなのかを初めに聞いておく。子育て中心の生活か、子育てのない大人だけの生活なのかで、住まいの性格は大きく変わる。

→

3　家族の過ごし方

家族が時間と場所を共有するリビングやダイニングのつくり方の参考となる。食後の時間や、その他の時間をどこでどう過ごすのかも聞いておきたい。平日と休日での過ごし方の違いも。

→

4　個人の生活

個人で使うスペースについて決める際に参考とする。特別な空間、収納すべき特殊な持ち物などは聞いておきたい。仕事や趣味、好みなどを聞くことで、コミュニケーションを深めるという側面もある。

→

5　子供部屋の考え方・子育て

親子のコミュニケーションについての考え方を聞くことが必要。子供部屋のつくり方に反映させる。成長に応じて区画させる方法や、小さいうちから子どもにきちんと部屋を管理させる場合もある。

→

6　部屋の具体的な要望

希望の部屋と広さは、そのまま鵜呑みにできない部分でもある。本当にその部屋が必要か、その広さが必要かなどプロの目でアドバイスすることが少なくない。持ち込み家具などの寸法は必ず確認を。

→

7　今後の家族構成の変化

5年後、10年後、30年後の家族はどうなっているか。特に子どもの成長後、子ども部屋をどう転用するかについては確認しておきたい。また親との同居や自身の老後の住まい方なども確認を。

→

結果をメモまたはヒアリングシートに記入

手順 3

ヒアリングのメモと分析のポイント

ヒアリングの事前準備として、あらかじめ分析しやすい内容でシートにまとめておくことは有効である。
ここでは手順2の確認事項から重要なものをピックアップして解説する。

1 基本的な住まいの考え方

□ 家族が身近に感じられる大らかな空間の間取り
□ 個々の生活を重視した独立性の高い間取り
□ 法事や来客が多く、接客空間をリビングと分けた

2 家族での過ごし方

◎平日と休日それぞれの家族の暮らしぶりを聞く
□ 食事の時間だけでなく、家族で多くの時間を共有する
□ 食事はみんなで一緒に食べるが、食後は思い思いの場所で過ごす
□ 食事もあまりそろうことがない
◎床座と椅子座について
□ 食事は椅子に腰掛けてダイニングテーブルで、食後はソファーに座って過ごす
□ 食事は座布団に座って座卓で、食後は床に座ったり寝転がる など

3 個人の生活

ご主人：帰宅後にどこで何をするか。休みの日は何をするか。趣味 など
[　　　　　　　　　　　　　　　　]
奥　様：仕事をしているか、日中家にいるか。
趣味やこれから始めたいことはあるか など
[　　　　　　　　　　　　　　　　]
子ども：帰宅後にどこで何をするか。休みの日は家にいるか。
部活動や趣味など
[　　　　　　　　　　　　　　　　]

4 部屋の具体的な要望

希望する部屋とその広さ：予算で総面積は決まるので、あくまで目安として
[　　　　　　　　　　　　　　　　]
設備の大枠：ガスか電気か。冷暖房方式をどうするか。太陽光発電は?
[　　　　　　　　　　　　　　　　]

分析のポイント

家族構成などにもかかわってくる部分で、子育て中心の生活であれば大らかな空間の間取りを、子どものいない大人だけの住まいであれば独立性の高さを、親族が集まることの多い「本家」の建て直しのような場合は客間優先の間取りとなる。ただし、人によってはそれらの中間ということもあり、建て主との会話の中から探っていく。

ファミリースペースのつくり方に決定的な違いをもたらすのが、床座と椅子座の使い分けである。現在の住まいでは狭くてソファーが置けなかったが、家を建てたらソファーを置きたい、という考えもあれば、ソファーはほとんど使わなかったので床座にしたい、など現在の暮らしとこれからの暮らし方を比較しながらヒアリングしていくのがよい。

屋内に特別な空間を必要とするか否かを、希望だけでなく生活の実態から探っていく。たとえば書斎用の個室が本当に必要なのか、リビングの一画にコーナーがあれば事足りるのか。また趣味や部活動などで大きな道具類を所有している、衣類が多いなど、収納する物の量も確認しておきたい。

希望する部屋の広さを聞くのは一般的なことだが、「家の大きさ」の把握は6頁のRULE1を活用しながらその場で計算し、即答してしまうのがよい。プラン提案の段階で「間取りに入らなかったので小さくした」では建て主をがっかりさせてしまう。設備情報からキッチンの仕様や、冷暖房器具の設置スペース、配管ルートなどをつかむ。

要望に優先順位をつける

ヒアリングの最中、矛盾することがあったり要望がいくつも重なれば、その場で優先度を確認しておく。ヒアリングシートだけ受け取った場合、この優先順位がよく分からないため、建て主の希望に沿わない提案をしてしまうことが起こり得る。

あまりに多くの要望が出されたら、3段階で優先順位を付けてもらうのも面白い。実際、「諦めが肝心」ということを十分に理解してもらうと本当に求めていることが見えてくる。

必要以上に聞きすぎない

また、建て主へのヒアリングについて筆者の経験上最も大事なことは、必要以上に聞きすぎないことである。特に建て主にヒアリングシートを記入してもらう形式の場合、質問事項が多岐にわたって細かく書かれていると、建て主があまり考えていなかったことまで書き込まれてしまう。結果、要望が多くなり過ぎると、設計ががんじがらめになってしまい、十分な提案ができなくなってしまうのだ。建て主からは、優先度の高い根源的なテーマだけを聞き出したほうが、設計力を発揮しやすく、建て主も納得できる「間取り」となるだろう。

手順4 ヒアリング内容をもとにプランを考える

ヒアリングをもとに、優先順位を考えながら要望を整理し、
敷地条件を加えてプランニングを行う。実際の要望がどうプランにどう反映されたのか、
その流れをこの平面図から読み取って欲しい。

要望 ご主人と奥様の持ち物が多く収納スペースもたくさん欲しい
↓
反映 主寝室の脇にウォークインクロゼットと納戸を3畳ずつ確保

提案 以前、西側に見えていたという富士山が、視線を遮る新築家屋によって見えなくなった。建替えの際には緩やかな勾配の大屋根にロフトを設け、そこに富士山を望む窓を計画

要望 子どもが成人しているので、独立した6畳の個室を希望
↓
反映 寝室は6畳ずつ確保したが、将来の転用を考えて間仕切壁を取り外せるつくりに

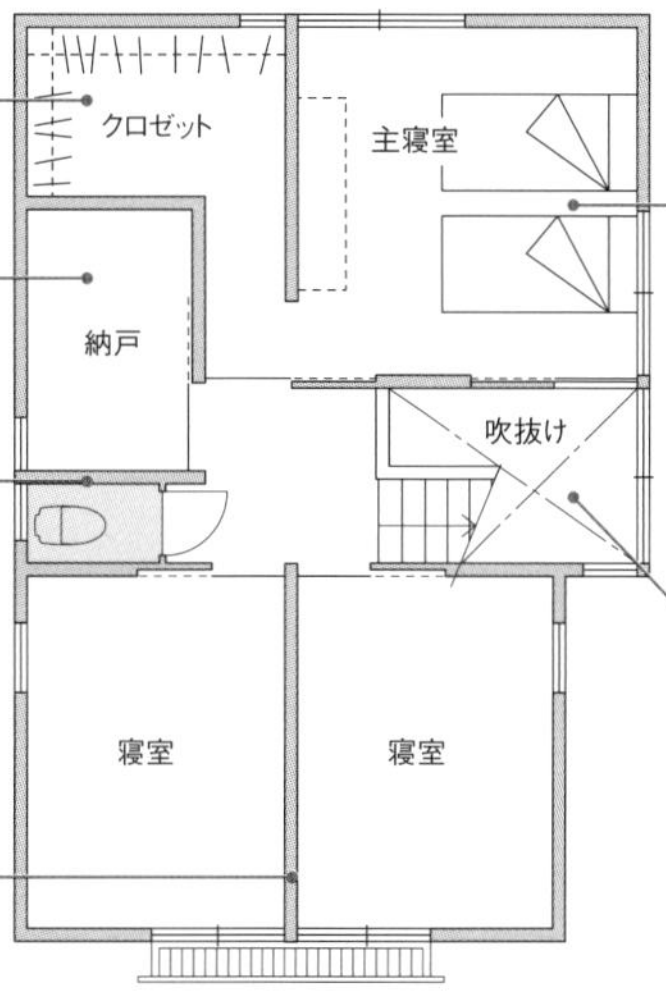

要望 ご夫婦の寝室は6～8畳の広さとし、ベッドを2台置く
↓
反映 ベッド2台を置く場合、できれば8畳は確保したい。6畳でもベッドは設置可能だが、そのほかの家具類が置けなくなり、通路も狭くなる

要望 吹抜けはあってもなくてもよい
↓
反映 子育て中ではないので、特別に上下階のコミュニケーションは意識せず、採光と通風の目的で小さな吹抜けを設ける

初回プラン
2階平面図（S＝1：150）

平面図だけでなく、形や空間はパースや断面図で説明する

敷地調査やヒアリングをもとにプランを検討し、平面図（間取り）を作成する。ただしよほど単純な形の家でない限り、次回の打合せ時のプレゼンの資料として、平面図だけでは不十分である。

平面図以外に準備したいのは、視覚に訴えるパースや模型だ。建て主は専門家ではないので、2次元の平面図や立面図から3次元の空間を読み取れる人はなかなかいない。

パースや模型を使うと、外観では建物のボリューム感や屋根の形状がよく分かり、窓の位置や高さを確認できる。室内では、連続する部屋の見え方や、外を見た時の景色などが表現できるので、平面では分からない空間の広がりがイメージできる。

模型は想像力を掻き立てるので見ていて楽しいが、抽象的な白模型だと分かりにくい人もいるだろう。その点、パースや3D映像は一般の人にも理解しやすいツールといえる。ただし、どちらも製作に手間がかかるのも事実。時間が掛けられない場合は、断面スケッチを描くことをお勧めする。さらに人物や点景を描き入れれば、スケール感が分かりやすく絵に動きも出て、空間を魅力的に伝えることができる。

持ち帰ってから読み返せるプレゼンシートに

プレゼンでは、建て主の要望がどのように反映されているか、設計者としてどのような提案をしたか、プランを提示しながら説明する。そのニュアンスは設計担当者自身が口頭で伝えるのが望ましい。

しかし、提示されたプランの採用をその場で決断する建て主は少なく、持ち帰ってもう一度プランを見直すことが多い。あるいは同席していない家族や、親族（特に資金提供者など）に説明する場合もあるだろう。

口頭で解説したことが、プレゼンシートに箇条書きになっていれば、分かりやすい。後で読んだときに楽しくなるような工夫も添えてみたい。

プランは一方的に説明せず、建て主の意見に耳を傾ける

自信をもってプランを提案することが建て主に安心感を与える一方で、建て主から出た感想や要望を受け止めることも大切である。

建て主のなかには、提案に対して積極的に意見をぶつけてくる人もいる。そのような建て主には自らの意見を押し付けるだけではなく、場合によっては最初のプランには固執せず、プラン変更に柔軟に対応することも求められる。

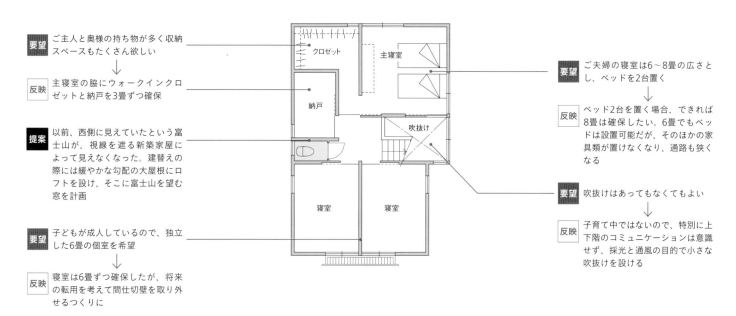

要望 家族が多くなって入浴中に洗面所が使えないのが不便なので、脱衣・洗濯室と洗面所は別々にしたい

反映 脱衣室と洗面所は引戸1本で別室にし、洗濯機も家事室に移して広くした。洗面コーナーはトイレの手洗いも兼ねており使い勝手がよい

要望 奥様は、趣味にしている鎌倉彫りのできるスペースを希望

反映 鎌倉彫りができる部屋を用意する。ただし、そのためだけに1室用意するのは贅沢なので、家事室と兼ねたミセススペースとして提案

要望 奥様は友人たちと、食事会や料理教室に通っている

反映 今後は自宅で料理研究会を開くことを予想し、キッチンに立つ人とダイニングチェアに腰掛ける人が同じ目線で、語らいながら楽しめるよう床に段差を設けた

要望 現在の家のキッチンは、寒くて暗いので不満

反映 東からの採光が得られる位置に設け、さらに明るいダイニングに向いた対面型キッチンとした

要望 今の玄関は狭くて収納もないので廊下に物が溢れている。しっかり収納量のある玄関収納がほしい

反映 玄関と土間続きの収納室で内玄関としての機能をもつ。大量の靴を並べる下足棚があり、冬のコートやゴルフバックも収納可能

提案 家族が顔をそろえる食事の時間を大切にし、家の中心にふさわしい特別な空間に仕立てる

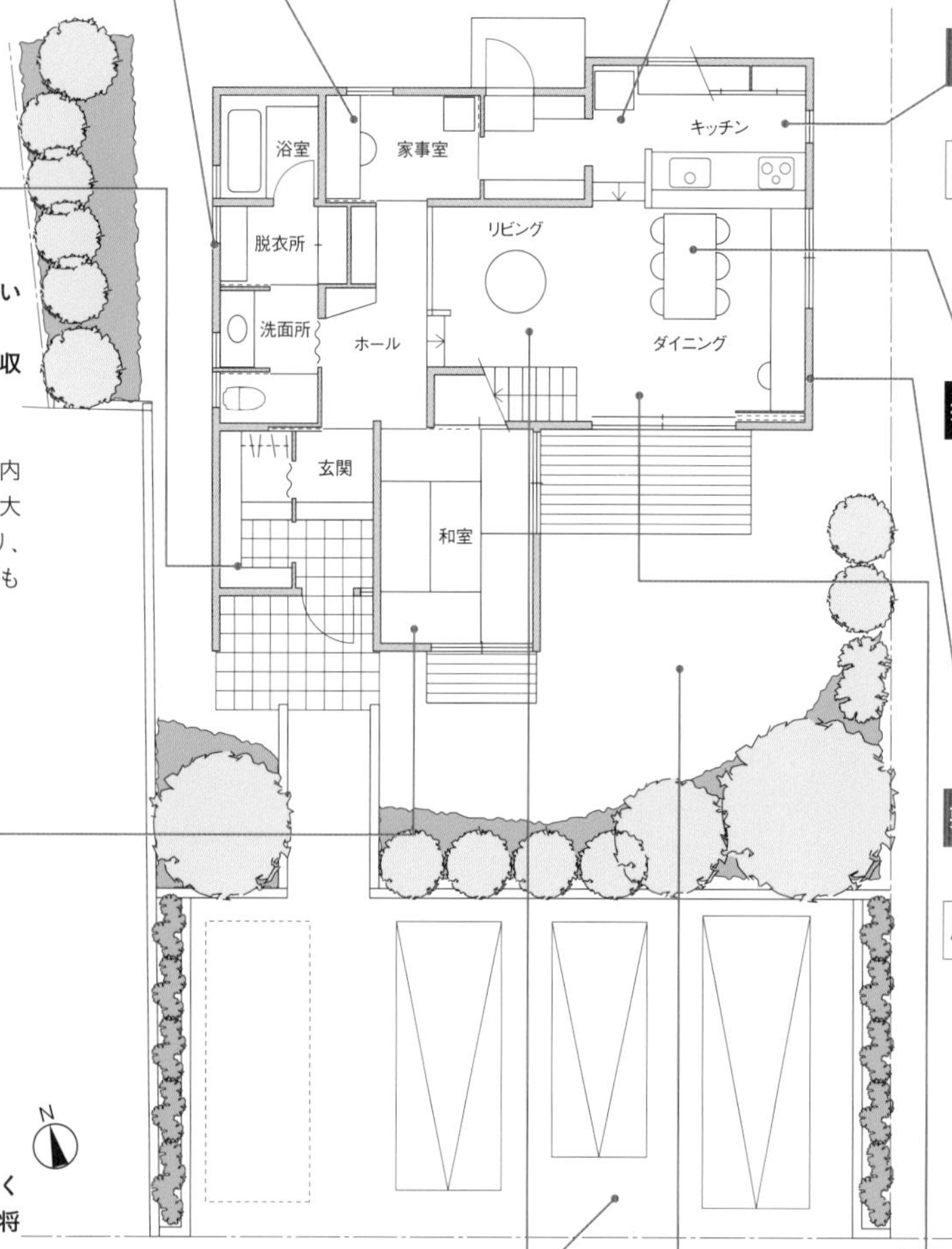

要望 場所はどこでもよいのでご主人の書斎がほしい

反映 夫婦仲がよいこともあり、書斎コーナーをダイニングの一画に設け、食後も自然に会話を交わせるような距離感を提案

要望 近所に母親が住んでおり、よく来訪して食事を共にする。将来は、同居の可能性もある

反映 母親が来た時に休む部屋として、リビングと続き間でない落ち着きのある和室を提案。将来的に母親の寝室となることも考慮して、トイレや浴室にも近い位置に

初回プラン
1階平面図(S=1:150)

要望 家族は食後、思い思いの場所で過ごす

反映 家族全員がくつろげるような大きなリビングは必要ない。ダイニング中心のLDKとする

要望 床に座るのが基本で、ソファーに座る習慣がない

反映 リビングにソファーを置くスペースを設けず、板の間に寝転がるイメージで

要望 乗用車を3台所有している

反映 道路に対して直角に入れる3台分の駐車スペースを用意したほか、来客用の予備スペースもアプローチを兼ねて確保

提案 東隣地の建物は道路から十分にセットバックしていて、南側に手入れされた庭がある。リビング、ダイニング、和室からこの眺めを借景にするため、建物を雁行させて南東方向に開く形としている

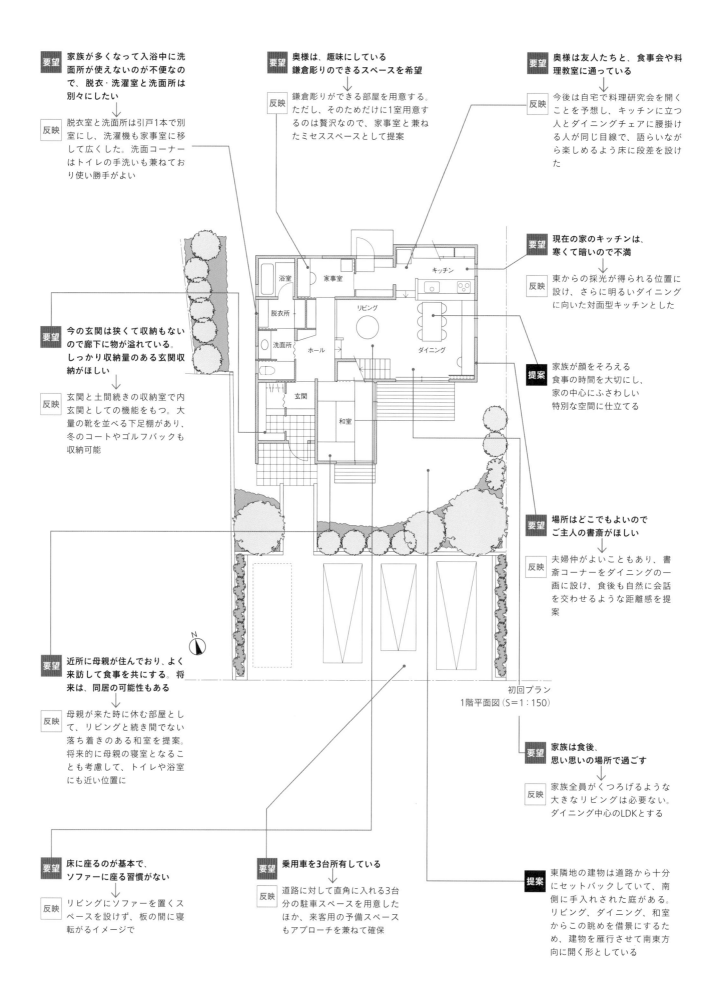

建て主のプラン変更要望を上手にまとめる

最終的なプランを確定するためには、最初のプランを客観視する目が必要である。要望に対する柔軟な対応とプランニングで、建て主の満足度が得られた具体例を紹介する。

解説：岸未希亜

手順1 最初の提案に対する建て主の希望

具体的な提案を受けてイメージが喚起されるのが、この段階である。
より切実な要望が多くなるため、できるだけ正確に聞き取ることが重要だ。

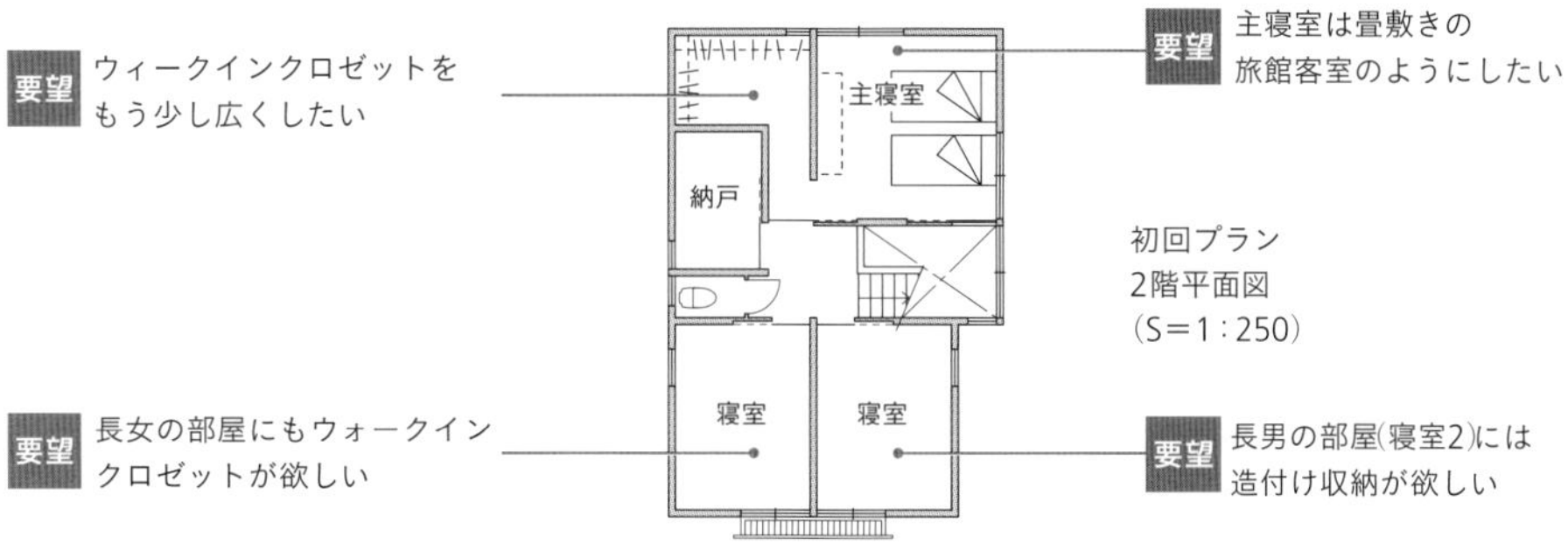
要望 ウィークインクロゼットをもう少し広くしたい
主寝室
納戸
寝室
寝室
要望 主寝室は畳敷きの旅館客室のようにしたい
初回プラン
2階平面図
(S＝1：250)
要望 長女の部屋にもウォークインクロゼットが欲しい
要望 長男の部屋(寝室2)には造付け収納が欲しい

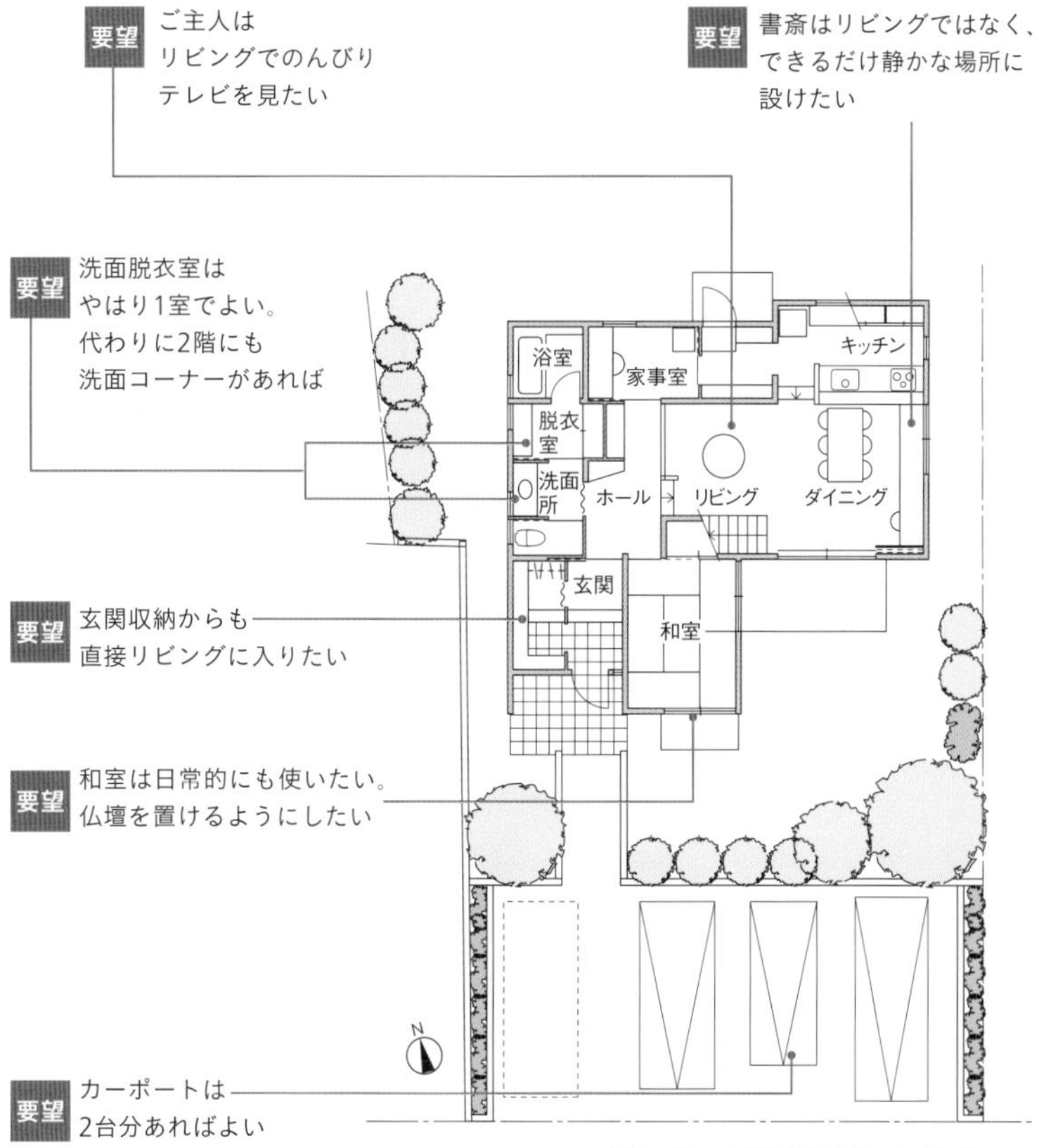
要望 ご主人はリビングでのんびりテレビを見たい
要望 書斎はリビングではなく、できるだけ静かな場所に設けたい
要望 洗面脱衣室はやはり1室でよい。代わりに2階にも洗面コーナーがあれば
浴室
家事室
キッチン
脱衣室
洗面所
ホール
リビング
ダイニング
玄関
和室
要望 玄関収納からも直接リビングに入りたい
要望 和室は日常的にも使いたい。仏壇を置けるようにしたい
N
要望 カーポートは2台分あればよい

初回プラン1階平面図（S＝1：250）

　建て主が納得するまでプランを直すことも現実としてはある。しかし何度も提案を重ねればよい住宅ができるとは限らない。むしろ形が崩れ、当初のプランのもつ輝きが失われるケースが多い。だから初回のプレゼンには相応の準備と覚悟をもって臨むべきだ。

　とはいえ、建て主に思うところがあればきちんと受け止める。そこで聞いた内容が、プラン全体に及ぼす影響の少ない小さな変更だと判断すれば、建て主の目の前で直してしまうとよい。建て主に時間的な余裕がたっぷりあれば、持ち帰って一から検討するのもよいが、その場で解決してさらに意見を聞くほうが有意義だからだ。

　ヒアリングでの取り違いや追加の要望などでプラン全体を見直すことになったら、最初のプランにひきずられることなく、まっさらな状態でプランを検討することをお勧めする。その際、新たなプランのイメージがあれば、ゾーニング計画を披露してみるのもよい。建て主とイメージの共有化が図れれば、次回の提案がスムーズに受け入れられる可能性が高まる。

　建て主は、プランの提案を受けて初めて想像力が働くもの。最初のプランで決めるのは理想だが、勝負は2度目かもしれない。

手順 2 新たな要望を調整し、最終プランを決定

要望はすべてかなえるのではなく、プロの目で取捨選択することが必要である。
前頁の要望をどのように調整し、最終プランに落とし込んだのか。照合してほしい。

要望

反映 **多目的な使い方の和室**
仏壇を備え、雪見障子を介して北庭に面する落ち着いた和室。襖を引き込めばLDKと一体の大空間となり、風通しにも大きな効果

要望

反映 **玄関と土間続きの内玄関を兼ねた収納室**
コート掛け・下足棚のある収納室で靴を脱ぎ、そのままリビングへ進む動線となる。玄関には家族の靴が並ばずいつもすっきりとしている

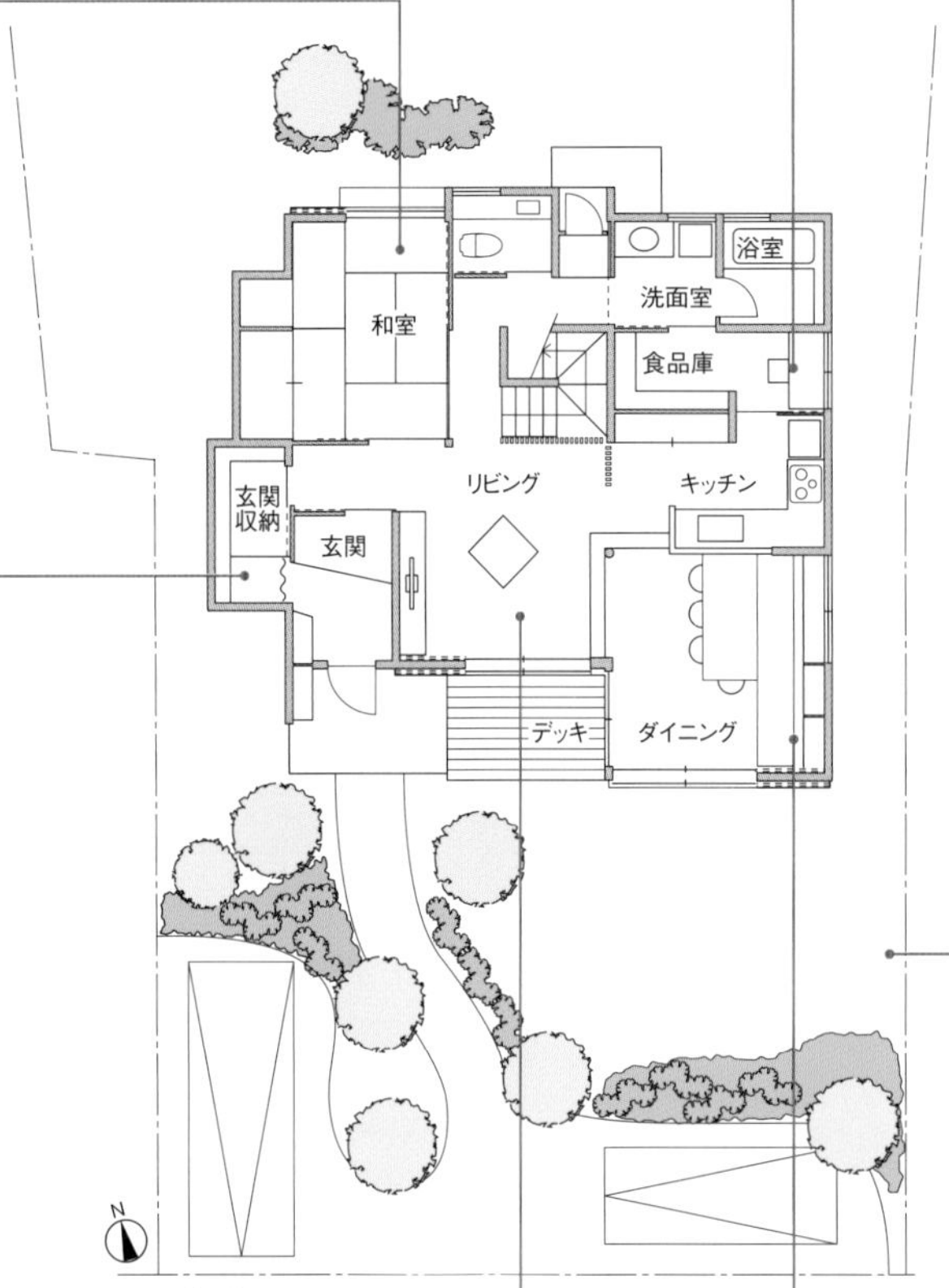

最終プラン
1階平面図（S＝1：200）

要望

反映 **テレビをゆっくり見られるよう掘りごたつを設けたリビング**
テレビを見る時は横になってゴロゴロしたり、床座でリラックスできるよう、足を下ろせる掘りごたつ式とした。座卓は床下に収納可

反映 **回れる動線とミセスコーナー**
キッチンと洗面室を結ぶ動線の途中に家事や趣味の鎌倉彫りをするカウンターデスク食品庫を設け、家事動線を整理した

要望

反映 **駐車台数を減らして、その分広くした庭**
引き続き既存家屋の車庫も利用するようにした。室内からの景色を踏まえて庭を広げ、アプローチも庭の一部となるように変化を与えた

反映 **庭に面した日当たりのよい場所に設置したダイニング**
家族団らんの中心であり、お友達を招いて過ごすダイニングをプランの主役にすえ、化粧野地天井の伸びやかな空間に仕立てた。ダイニングに対面するキッチンも明るく、眺めもよい

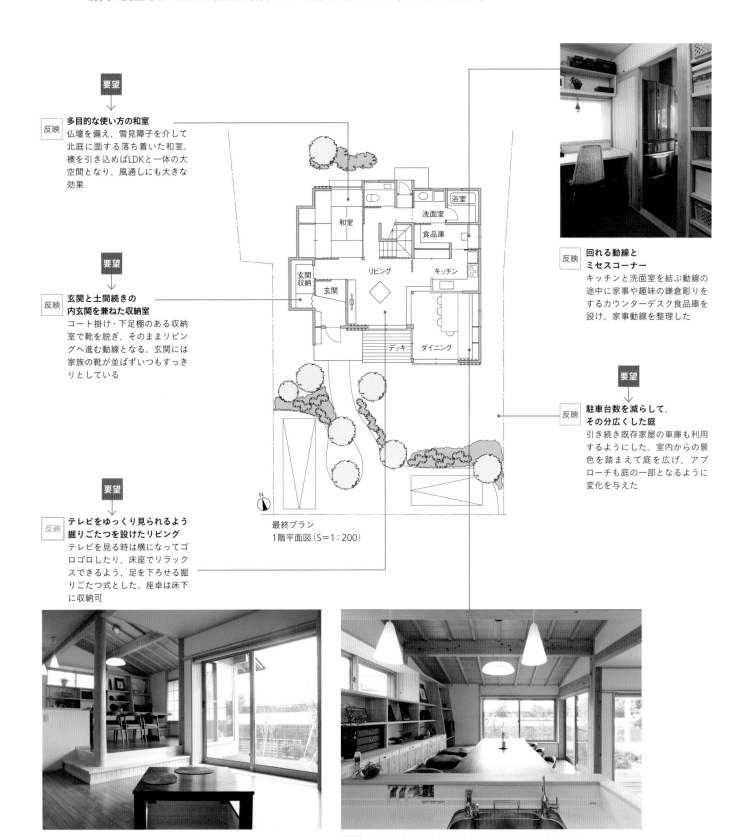

要望

反映 **朝晩の身支度に便利なパウダールーム**
寝室の近くに水廻りがあると何かと便利。1階リビングからの風が北に抜け、風の通り

要望

反映 **収納力が高い4畳のウォークインクロゼット**
壁長を生かせる4畳のほうが、4畳半よりも収納力は高い。布団を使うことになったので、内部に押入れも併設

要望

反映 **畳が小上がりとなり、和風旅館のような寝室**
山形県のある旅館をイメージした室内。偶然にも建て主の大好きな旅館だった

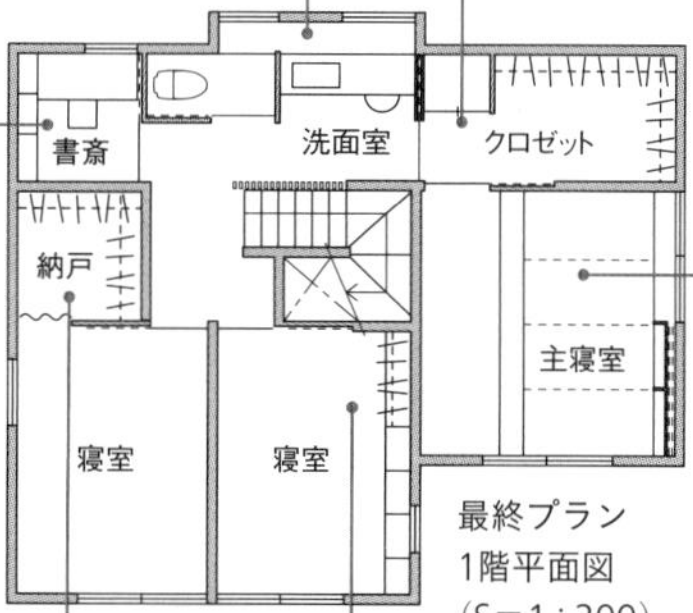

最終プラン
1階平面図
(S=1:200)

要望

反映 **ご主人の城となる独立した書斎**
書斎は安定した採光の得られる北面窓がベター。本が焼けないように西面を壁にした

要望

反映 **造付け収納を備えた長男の部屋**
洋服掛けを備えた収納棚を壁一面に。間仕切壁を撤去しても使えるよう反対側に設置

要望

反映 **長女専用のウォークインクロゼット**
長女と孫の寝室になるので、ベッド2台を置ける6畳間+2畳の収納という構成

家事を快適にする 7つの動線

動線は目的に応じて分けて、
それらが有機的に機能するように振り分けて、
プランに落とし込むことが重要である。
ここでは特に重要な7つの動線の考え方を整理したい。

解説：勝見紀子

動線1 買い物・炊事動線

●動線の流れ：炊事時は収納や冷蔵度を何度も往復

外から持ち込んだ食品はどこかで保存しなければならない。冷蔵庫が主となるが、常温保存できるものなどは別途パントリーなどに運ぶ。炊事の際は、冷蔵庫やパントリー、収納棚、食器棚などから必要な物を出したり、しまったりを繰り返し、諸々の機器類を使いながら作業を進める。また、調理などの際に出るゴミに関しては、一時保存の場所、ゴミ捨ての動線などが発生する。

●プランのポイント：冷蔵庫や調理家電、パントリーの配置に注意

キッチンキャビネットと、冷蔵庫を含めた調理家電置場が離れると、作業がしづらくなるため、振り向いて使える位置や90度の位置に配置する。常温保存食品や調理関連のストック品置き場として、勝手口に通じるパントリーを別途設けておくと非常に便利。パントリーはキッチンから近く、リビングなどを通らない位置に設ける。勝手口は食品の搬入、ゴミ出しに便利なので、設けるのが望ましい。

手順2 食事動線

●動線の流れ：キッチン・ダイニングの動線が最重要

食事では、キッチンからダイニングまでの、料理や食器の上げ下げが最も重要なルート。食事の前後だけでなく途中でも、調味料を取りに行くなど、その行き来は少なくない。キッチンとダイニングの関係が、対面式なのか、並列式なのか、独立式なのかでこの動線も異なる。

●プランのポイント：対面式キッチンは動線距離に工夫を

対面式キッチンはダイニングと近く向き合い、料理の受け渡しができることなどが喜ばれる点だが、キッチンとダイニングとの行き来には、遠く回り込む動線となる場合があるので注意が必要。

手順3 洗濯動線

●動線の流れ：作業がバラバラで動線も複雑

洗濯は、洗濯する衣類の収集→仕分け→（必要に応じて下洗い）→洗濯機洗い→干す→取り込み→たたむ・仕分け→収納、と作業時間もバラバラなうえに、動線も複雑である。また、この作業をすべて1人が行うのか、家族で分担するのか、ある部分は個人個人の領域になるのかなど、家族ごとのルールによっても動線が変わってくる。

●プランのポイント：作業分担の内容で部屋の広さや動線が変わる

作業分担の内容次第で各部屋の広さや動線が変わってくる。洗濯物を干す場所も重要なポイント。庭なのか、ベランダなのか、室内干しなのか、乾燥機利用なのか、などで動線が大きく変わる。次に衣類の収納場所が、各人の部屋なのか、共有の着替え室なのかを把握することも重要だ。

手順4 掃除動線

●動線の流れ：動線は家全体に及ぶ

掃除は、家全体に及ぶものである。掃除機がけに関しては、窓や出入口を開けて換気しながら、コードを引き出して作業を行う。また、雑巾がけは洗面所などとの往復動作が多くなる。そのほかモップや便利な掃除家電などもあり、そのつど清掃作業の流れは変わる。

●プランのポイント：清掃時に移動や換気が楽に行えることが重要

まめに掃除機がけをしたい家族にとっては、その移動や換気が楽に行えることが重要。床に段差がなく、出入口はドアより引戸のほうが作業しやすい。また掃除機の置場所がどこへでも持ち出しやすい位置であることも大切。階をまたいで持ち歩くのは大変なので、各階に1台分のスペースを設けるのが望ましい。雑巾掛けを考えると、2階にも洗面所は欲しい。

手順5 くつろぎ動線

●動線の流れ：リビング・ダイニングが起点

くつろぐ場としては、リビングやダイニングなどが当てはまる。これらは各部屋への移動の際の起点となる場所となる。

●プランのポイント：LDを通る動線に配慮

各部屋への移動の際の起点となるため、落ち着きを損なう動線計画になっていないか注意したい。特に家事動線や玄関、キッチン、階段など、頻繁な行き来が予想される動線がLDの中心を通らないようにしたい。また、くつろぐ際に煩雑に動かなくてもよいように、くつろぎにかかわる品々をLDに配置・収納しておくとよいだろう。

手順6 入浴の動線

●動線の流れ：脱衣、入浴、着替えと続く動線

1階に、洗面・脱衣所とセットで水廻りスペースとして配置されることが多い浴室。脱衣、入浴、着替えなどの一連の動作を考えると適切な配置といえる。

●プランのポイント：洗濯や収納を考慮

衣類の脱ぎ着が伴うので、洗濯や衣類収納との関連を考慮しておく。また、2階の寝室近く、物干しなどを行うベランダのそば、屋外から出入りしやすい庭のそばなど、その家族にとって生活しやすい動線が描けるよう、柔軟に考えたい。また、老後の使われ方も検討しておきたい。

手順7 外出・帰宅の動線

●動線の流れ：外出・帰宅で動線が変わる

外出時には着替え、身支度、洗顔、化粧、靴履きといった作業が、帰宅時には手洗い、着替え、状況によって入浴などの作業が想定される。

●プランのポイント：水廻りの動線を整理

外出・帰宅時の一連の作業がスムーズに行えるように、クロゼットや水廻りの動線を整理しておくとよい。帰宅後すぐに着替えや入浴を済ませたい家族にとっては、玄関やリビングの近くに家族共用の着替え室を兼ねたクロゼットがあるとよい。洗濯動線ともリンクして、脱衣所や洗濯機置場と隣接するとさらに使い勝手がよくなる。

↓

動線整理のポイント

家事動線とくつろぎや食事の動線がクロスしないようにすることが重要。また、炊事や洗濯など手間のかかる家事の動線は、建て主にヒアリングしながら作業が煩雑にならないよう注意深く計画したい。

7つの動線を計画してみる

事例は逆転プランであり、通常プランに比べて上下階への移動を伴う。家事動線を中心にいかに効率的に計画することが重要であるか、をこの動線計画から理解してほしい。

ダイニングからリビングを通して畳の間を見る。階段を中心にラウンドできる間取りで、くつろぎ、食事、外出とさまざまな暮らしの用途に対応する

円正寺の木の住まい

設計	アトリエ・ヌック
施工	国分工務店ほか
家族構成	夫婦＋子供3人
敷地面積	176.13㎡
延床面積	127.99㎡（1階：64.81㎡・2階：62.68㎡）

2階平面図（S=1：120）

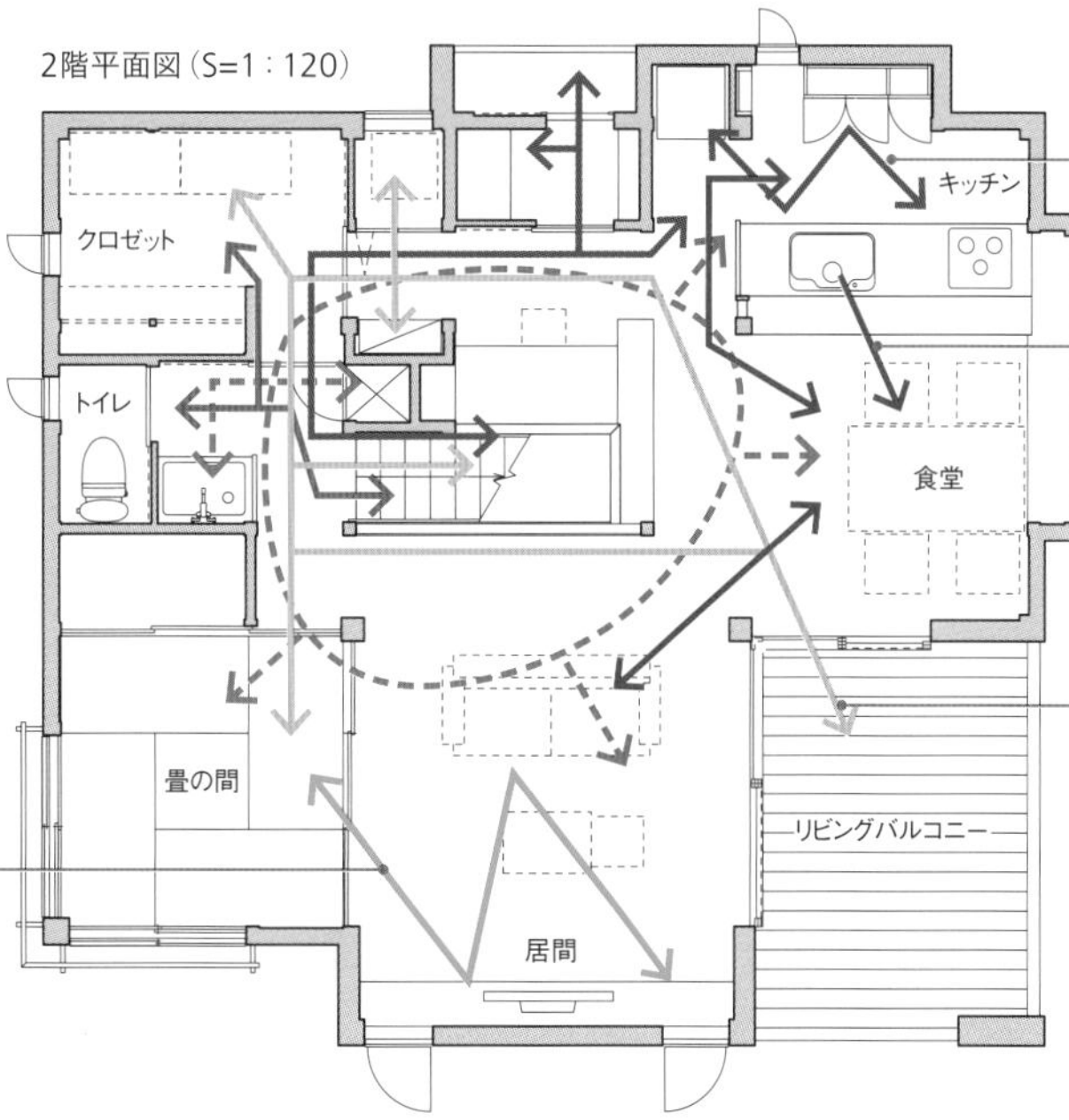

1階平面図（S=1：120）

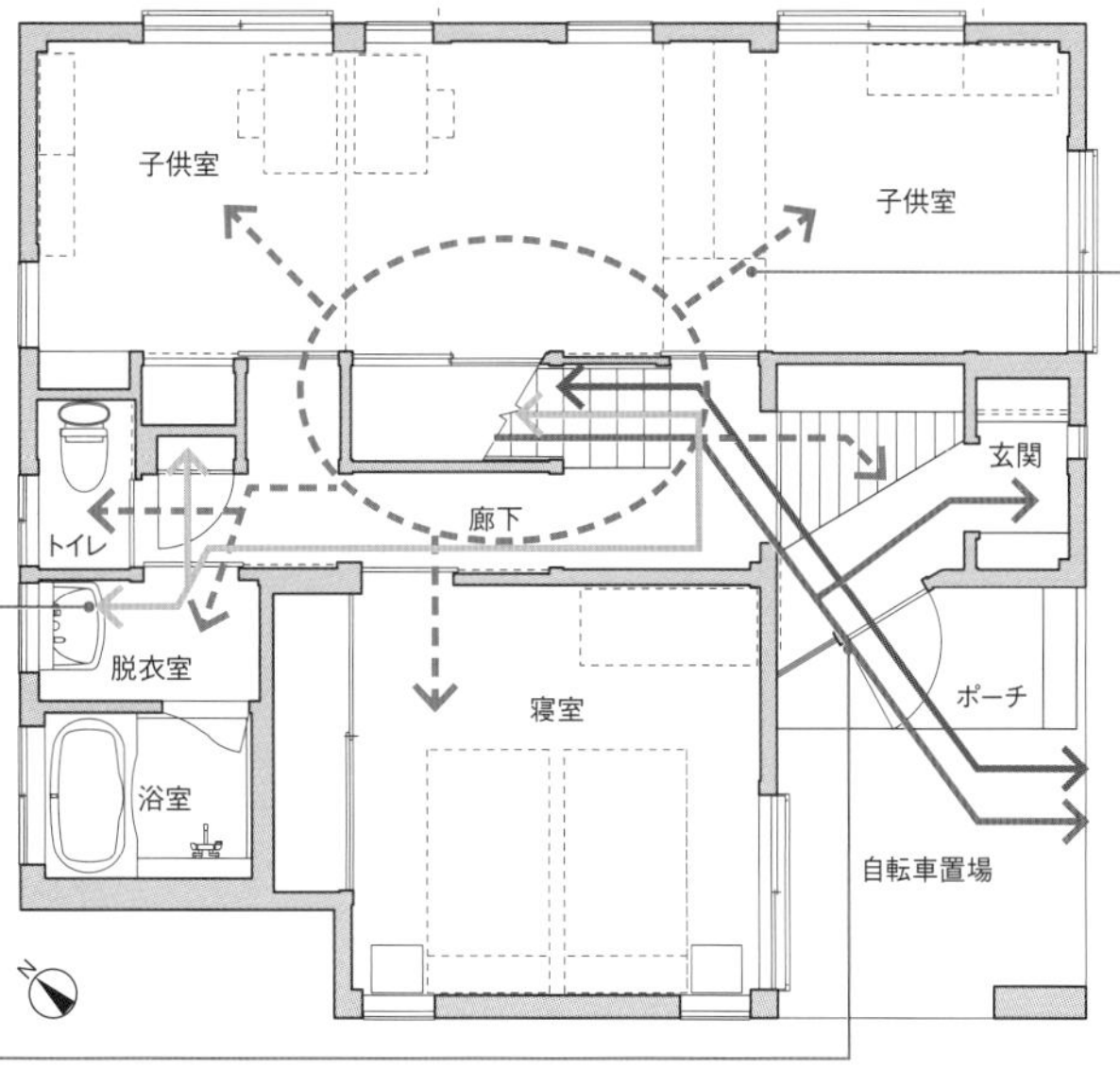

1. 買い物・炊事動線
2階にキッチンのあるこの住まいでは、食品や雑貨のストックを置くパントリーも、2階に設けている。勝手口の代わりに、小さいながらゴミの一時置場として活躍するサービスバルコニーがパントリーに続く

2. 食事動線
キッチンに接しているにもかかわらず、家事動線がダイニングの中心を通らないような配置としたため、食事を妨げずに家事を行える。また、キッチンに接することで、配膳などを行えるようになります

3. 洗濯動線
一番先に入浴する人が、2階の洗濯機前の物入れにある空の脱衣かごを持ってきてから入浴し、最後の人が洗濯物が溜まった脱衣かごを持って洗濯機前の物入れに戻す。翌朝奥様が洗濯機を回し、ガラス屋根付きのバルコニーに干し、夕方に取り込み。畳の間でたたみ・仕分けし、クロゼットにしまう

4. 掃除動線
1、2階ともに、洗面所近くに掃除機はじめ用具の収納場所を確保していることで、途切れなく掃除を行うことができる

5. くつろぎ動線
家事動線がリビングの端を通るプランとしたため、くつろぎを妨げずに家事を行うことができる

6. 入浴の動線
寝室のある1階に浴室を配置しているのは、就寝前の入浴が習慣となっているこの家族のライフスタイルに合わせたもの

7. 外出・帰宅の動線
帰宅時はみな玄関からリビング・ダイニングのある2階に直行することが多い。階段を上がってすぐ使用できるよう、洗面所とトイレを配している。出かける前の着替えや身支度も家族共用の2階クロゼットで済ませるため、階段・洗面所に隣接して設けている

畳スペースは、畳の枚数でプランを決める

和室など畳スペースは、畳の枚数（面積）によって用途や配置が大きく変わってくる。ここでは、畳スペースをどうプランに盛り込むかについて、面積の点から解説する。

解説：勝見紀子

2~4畳 畳コーナーに最適な広さ

リビング・ダイニング、寝室などの隅の畳コーナーに最適な広さで、
用途としては、昼寝スペース、小机を置いたデスクコーナー、
衣類をたたむなどの作業場、床を上げたベンチコーナーなどに使える。
コンパクトな住宅に採用可能だが、独立した個室としては狭い。

2畳

- 子どもの寝室
- 板床に置き床として設ける方法もある
- 狭いため、就寝の用を足さない

3畳

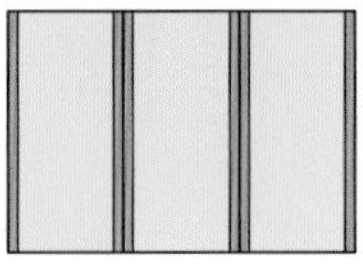

- 1人用の寝室
- 座卓をはさんで人が対面できる最小限の広さ

3畳＋板床

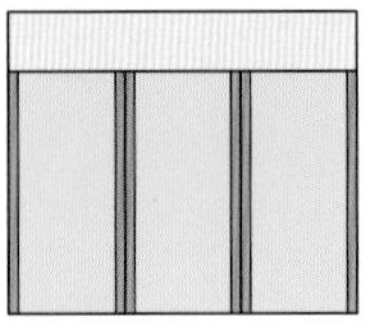

- 2人用の寝室
- 座卓をはさんで人が対面できる最小限の広さ

4畳＋板床

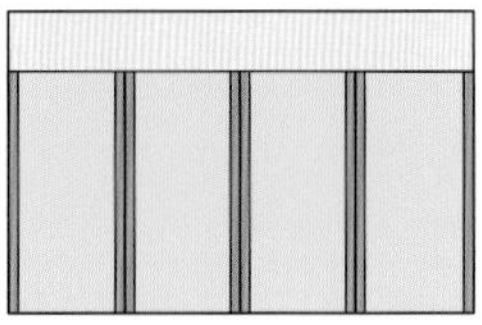

- 2人用の寝室（詰めれば3人も可能）
- 独立した個室としても成立する
- 座卓卓をはさんで人がゆったりと対面できる

4.5~8畳 個室の和室に最適な広さ

単独で和室として使うのに最適な広さで、畳の枚数に応じて、さまざまな用途の「和室」となる。
床の間や書院、仏壇を備えることで格式のある座敷にすることも可能。
ただし、生活の主要な場となるので、押入れや物入れなどの収納を設ける必要がある。

4.5畳

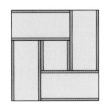

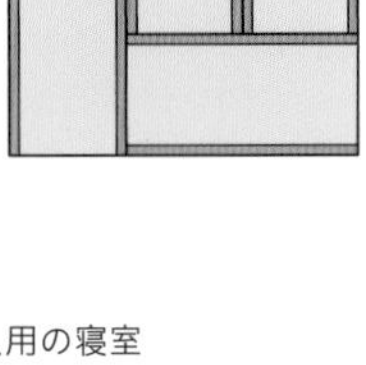

- 2人用の寝室
- 座卓を置いて小ぶりの茶の間
- 応接室（4人まで対応）

6畳

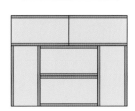

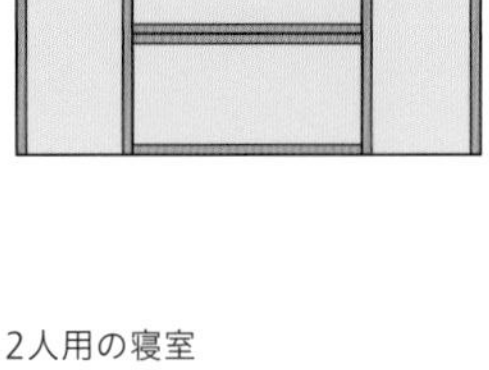

- 2人用の寝室
- 畳のリビング・ダイニング
- 和室として最も普遍的な大きさ
- さまざまな使い方が可能

8畳

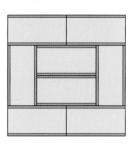

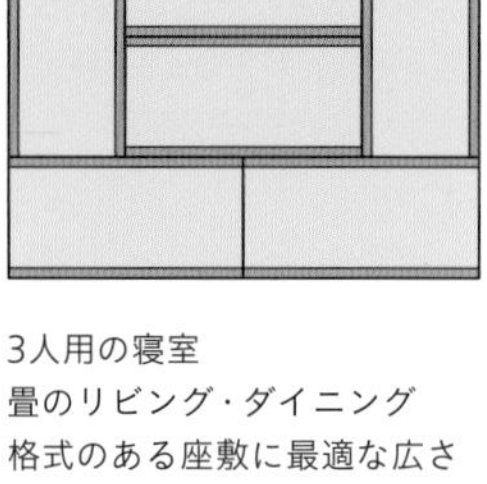

- 3人用の寝室
- 畳のリビング・ダイニング
- 格式のある座敷に最適な広さ
- 6畳和室と続き間とする場合は8畳が基本

4畳 オープン×クローズドが自在な和室

板床より35cm上げた畳の間。普段は大きなベンチのように、LDと一体に使っている。襖を閉めればゲストの寝室に転用できるが、メインは一体での使用。4枚の襖すべてが押入れ脇の戸袋に収納され、4畳の間口を遮られずに開放できる。

1階平面図（S＝1：120）

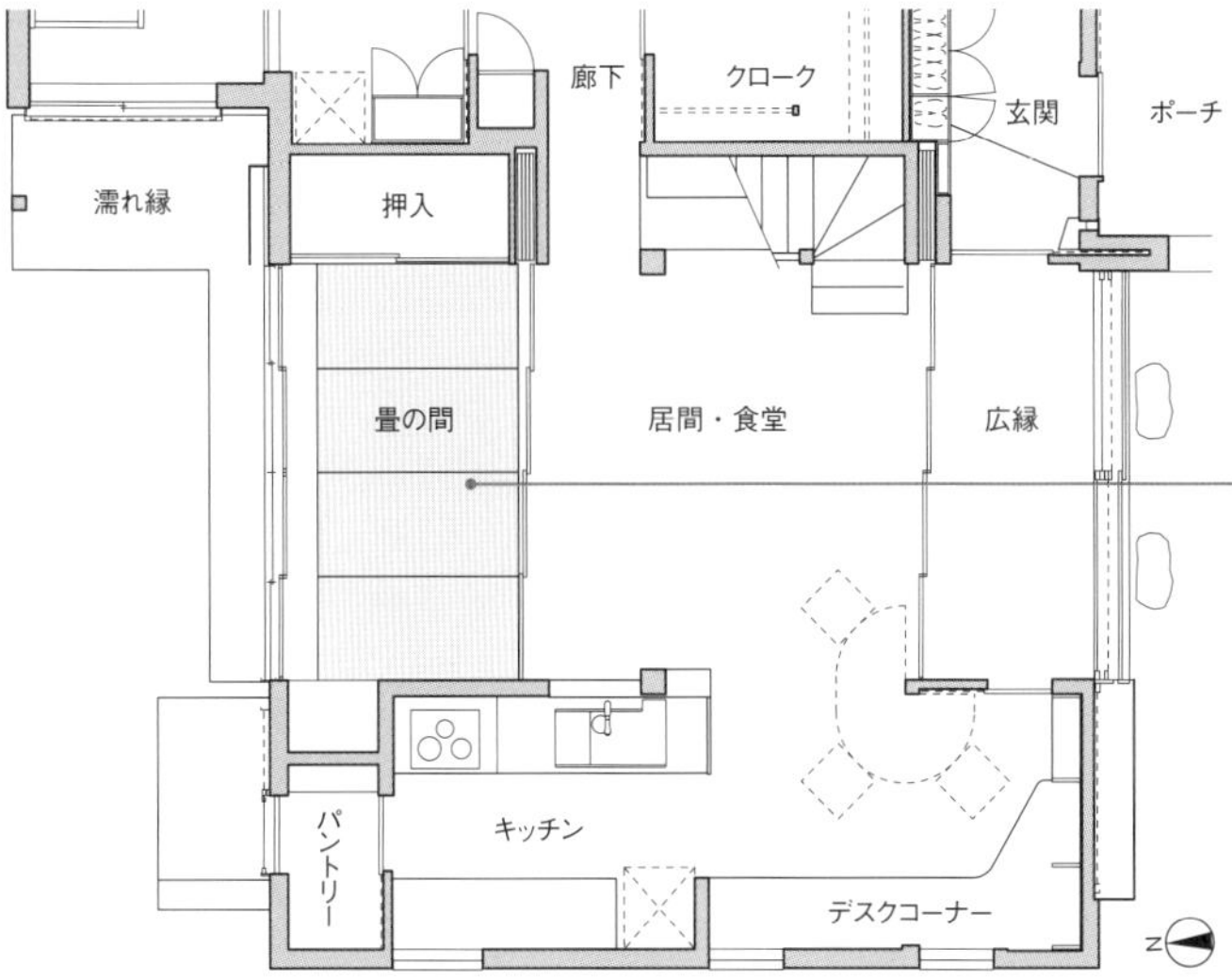

襖を開放した状態。北庭に面するため、全面に窓をとり、雪見障子を設けている

6畳 「和室」ではない畳敷きのリビング

14畳のLDのうち、6畳分を畳敷きとした例。板床部分との段差35cmはパターン1と同じ。食卓の脚の長さを違えて、家族が椅子座と、床座に分かれて食卓を囲む。キッチン側からの動線も確保し、より利用度の高いスペースとしている。

1階平面図（S=1：120）

畳を敷いていても、壁や天井の内装は板床部分と変えないことで、和室然とつくらない。段差部分は、引き出して使う大ぶりな収納スペース

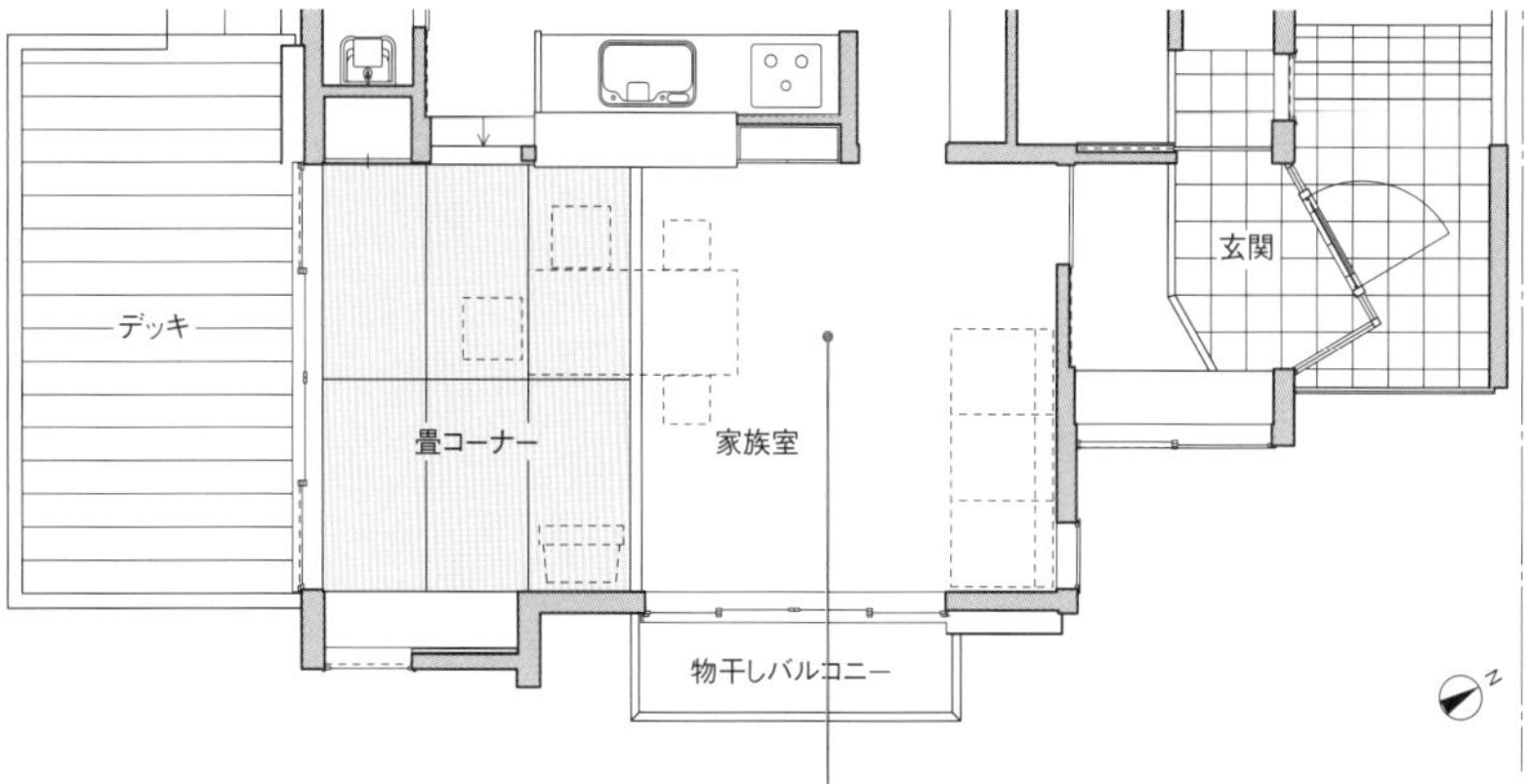

整理しやすい！収納スペースのまとめ方

ウォークインクロゼット、パントリーなど人が内部に入って物の出し入れを行う小部屋型収納を上手にプランニングすれば、建て主とって使い勝手のよいものになる。ここでは、小部屋収納の配置と、面積や寸法の要点を解説する。

解説：勝見紀子

2階平面図（S＝1：150）

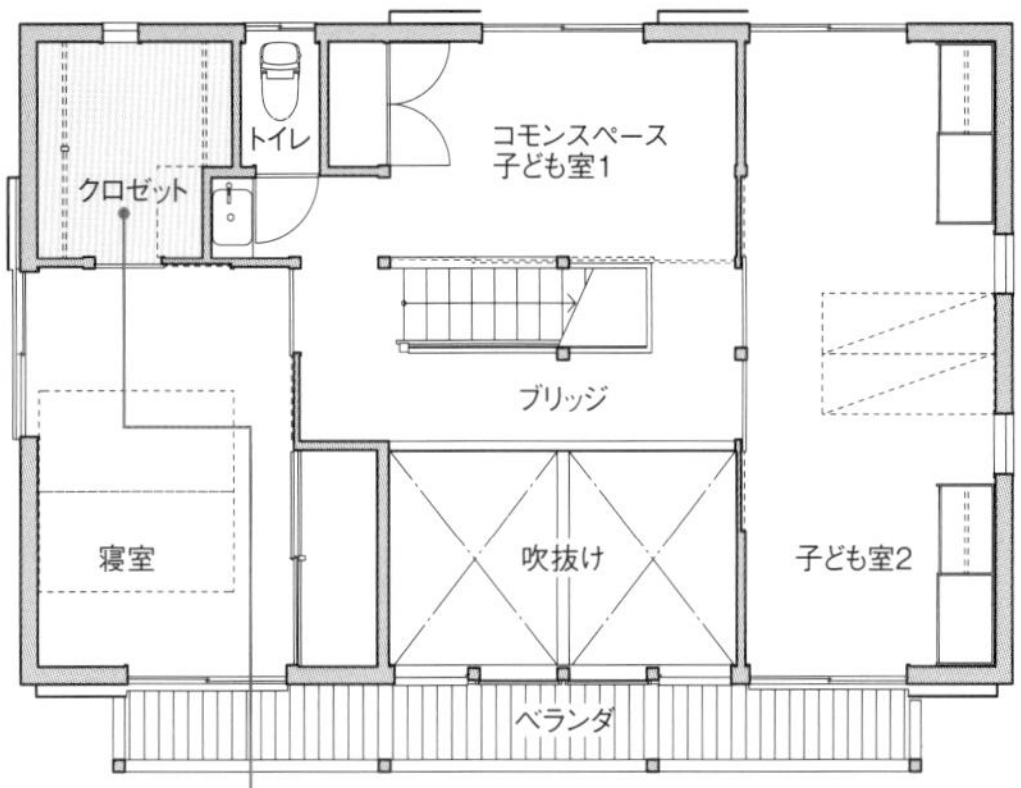

小部屋収納 1

ウォークインクロゼット

衣類をまとめて収納し、着替えも行える収納スペース

［配置の考え方］

このプランのように、寝室に隣接して設けることが多いが、家族の衣類をまとめて収納する場合は、個室に付属させず廊下など共用部分から出入りできる位置に設ける

［面積・寸法］

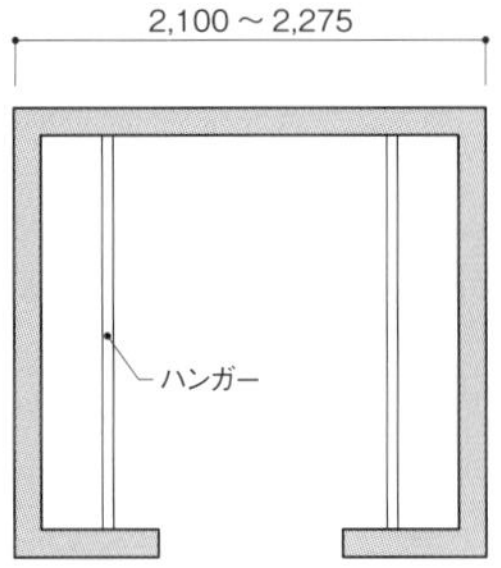

両脇に衣類を吊る構成とした場合

ハンガーに吊るした衣類の幅×2に真ん中の通路＆着替えスペースを足すと、壁芯々で2,100～2,275㎜ほどがよい。この幅寸法は大きすぎても収納量は増えない

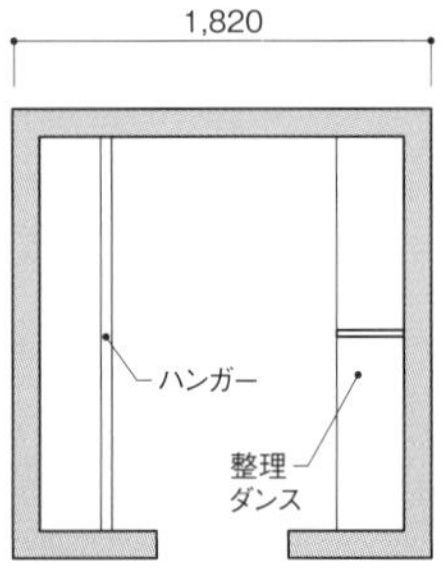

片側に衣類を吊り、もう片側は整理ダンスで構成

整理ダンスの奥行が少なければ1,820㎜でも配置可能。

奥行き方向は、大きくなればその分収納量も増す。このプランでは2,275㎜としている

写真のように、ハンガー用のパイプを配し、パイプより高い部分のみ固定棚を設ける程度として、細かな可動棚板や造付け棚などは設置しないほうがよい。必要に応じて市販の引き出し式衣類ケースを置いてもらうのがコスト・使い勝手の両面でベスト

家全体の適正な収納スペースの割り出し方

収納はたくさんあればよいというものではない。収納は多いに越したことがないが、その分、本来なら破棄するべき物が収納され続けるという危険性がある。収納の適切なボリュームについてはさまざまな意見があるが、筆者としては、過去手掛けた事例から割り出した数値や経験則から、以下のように収納面積を求めるのが適切であると考えている。

小部屋型収納

延床面積の 8～10％ 程度

人が内部に入って物の出入れをする小部屋型の収納。部屋内の通路の分も含むので、実際に物を置ける面積はこれの1／2～2／3程度

物入れ型収納

延床面積の 7～12％ 程度

腰高の棚なのか、天井までのものなのかで、当然収納量は異なるが、ここでは水平投影面積だけを示した

ちなみのこの頁で紹介しているプランでは、小部屋型収納に10％、物入れ型収納に10％、合計20％の収納スペースを割いている。ここまで取れれば、置き型の収納家具などはほとんど用いずに家中の物を収納できる

小部屋収納 3

サービスポーチ

玄関ポーチや庭とは別に設ける、家事のための屋外スペース

［配置の考え方］

家事のための屋外スペース。勝手口を出た付近に設け、敷地外へもスムーズに出られる位置にあると、ゴミ捨てなどに好都合。屋根が掛かっていると使い勝手は格段によくなり、置いたものを濡らさずにすむ

［面積・寸法］

1.5〜2畳分ほどあれば有効に使える

写真のように、床仕上げを土間コンクリートにしておけば、床面の汚れなどを洗い流すことができる。外流しも必ず備えておきたい

小部屋収納 2

パントリー

食品を置く小部屋。食品に限らず雑多なものを収納できる

［配置の考え方］

使い勝手の面から、屋外に出られる勝手口を備えたものがよい。キッチンやダイニングからすぐに出入りできる位置であることも重要。日当たりがあまりよいと食品保存には向かないので、北側が望ましい

［面積・寸法］

1畳ほどから設置可能。1畳大の場合はすべてを土間床にするのが基本だが、面積にゆとりがある場合は、板床と土間床を併用するとさらに使いやすくなる

写真のように壁際に足元から天井近くまで、20〜30㎝程度の浅い棚を設置するとよい。市販のスチール棚などでも代用できる。また、食品を置く場なので換気に留意。通風孔のついた勝手口ドアとルーバーサッシを対面に配置している

1階平面図（S＝1：150）

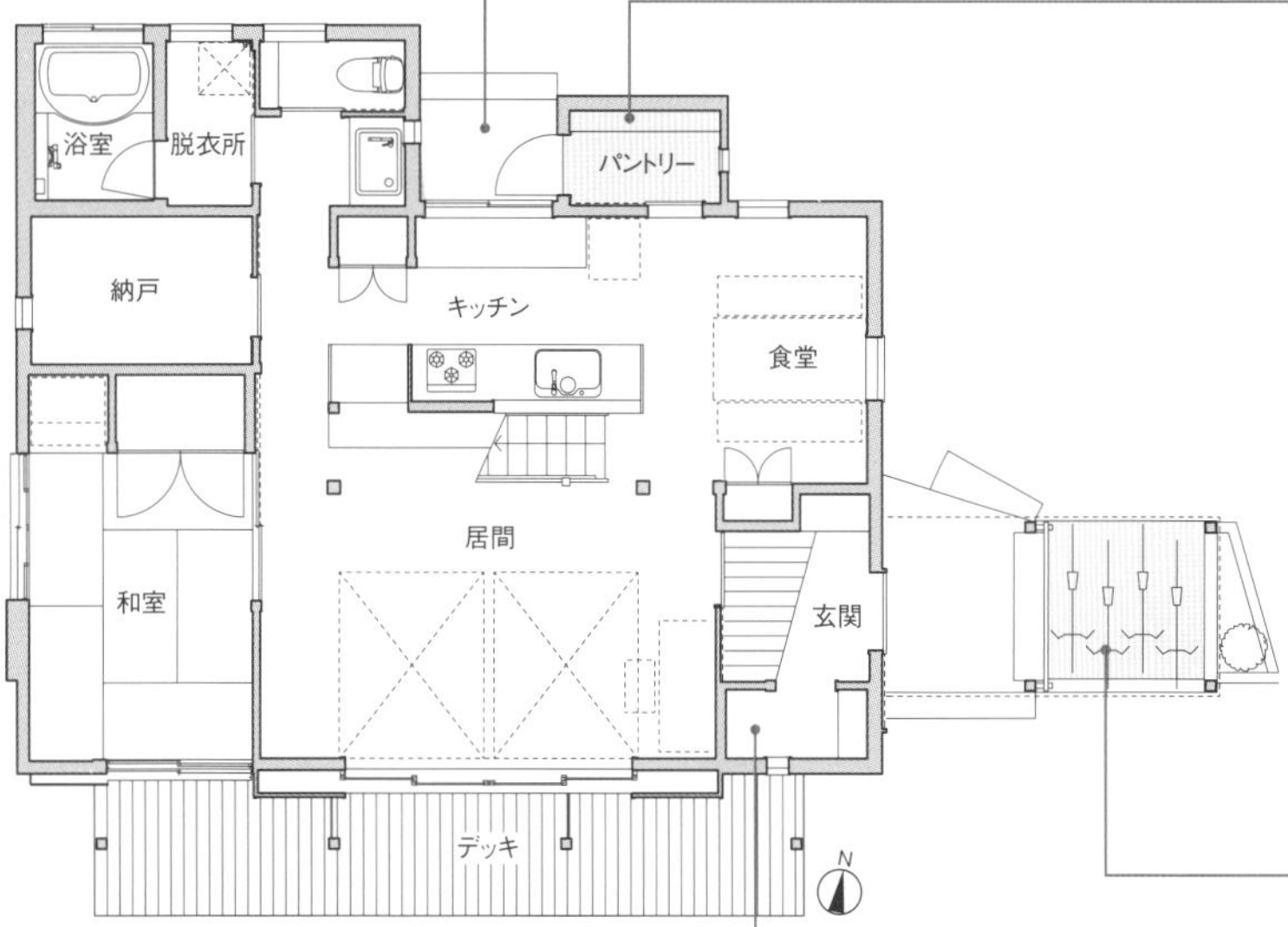

小部屋収納 4

外物置き

庭仕事関連、車関連、日曜大工道具、アウトドア関連などを収納

［配置の考え方］

既製のスチール物置の利用が多いが、車庫を計画しているなら、物置を車庫の壁として扱えば無駄がない。玄関ポーチやサービスポーチ部分に建築工事でつくれば、見栄えがよい

［面積・寸法］

ウォークインの収納室タイプなら1.5畳くらいから。深い棚で前後に物を置いてしまうと使いづらいので、狭くても通路を設け、その両脇に物を置けるつくりとする。物入れスタイルなら、壁芯々の奥行きで600〜750㎜程度が適当

小部屋収納 6

シューズクローク

靴のほか外から持ち込む雑多なものを収納する場合も

［配置の考え方］

玄関の土間部分から出入りできる位置に設ける。面積に余裕がある場合、板床部分を備え室内の裏回り動線につながる配置となっていれば、利用度はさらにアップする

［面積・寸法］

Ｉ畳以上で計画したい。コート類を置くなら、一方の壁際の目線高さにハンガーパイプを取り付けて、その上は固定棚とする。もう片側は靴用の奥行きが小さ目の可動棚を、10段ほど配しておく

玄関土間の狭い空間では開いたドアが邪魔になることが多いため、引戸がよい。ここでは戸はなしで、布のタペストリーで目隠し。なお、棚は下まで設けず、子どものおもちゃや濡れた靴の置場とする

小部屋収納 5

自転車置場

最近では雨ざらしを好まないケースも多い

［配置の考え方］

特別に設けないケースも多いが、場当たり的に置くと見栄えが悪く、また、雨がかかって傷んでしまう。既製品を用いてもよいが、見栄えを考えれば、建築と一体化して玄関近くに設置するとよい

［面積・寸法］

自転車4台収納することを考えれば、奥行・幅とも2mはほしい

ここではポーチ屋根をそのまま葺き下げ、4台の自転車置場とした

階段は「バック」と「リビング」を使い分ける

かつては玄関ホールの脇に設けられた階段であったが、今ではＬＤＫ廻りに設けられることが一般的になってきている。
ここでは定番の2つの階段からプランニングの要点を解説する。

解説：勝見紀子

パターン1 家の主役となるリビング階段

LDKにいる家族がほかの家族の動向を見聞きできるなどの
理由から定番になりつつあるリビング階段。
リビングに配置することで、インテリアデザインを豊かにする効果もある。

長所

- 1階と2階の一体感が生まれる
- 家族の動きをお互いが感じられる

短所

- 1階リビングの暖かい空気が2階に逃げてしまう
- 階段下が物入れとして使いにくい
- 昇降時の音や人の動きが始終耳や目に入る

2階平面図（S=1：120）

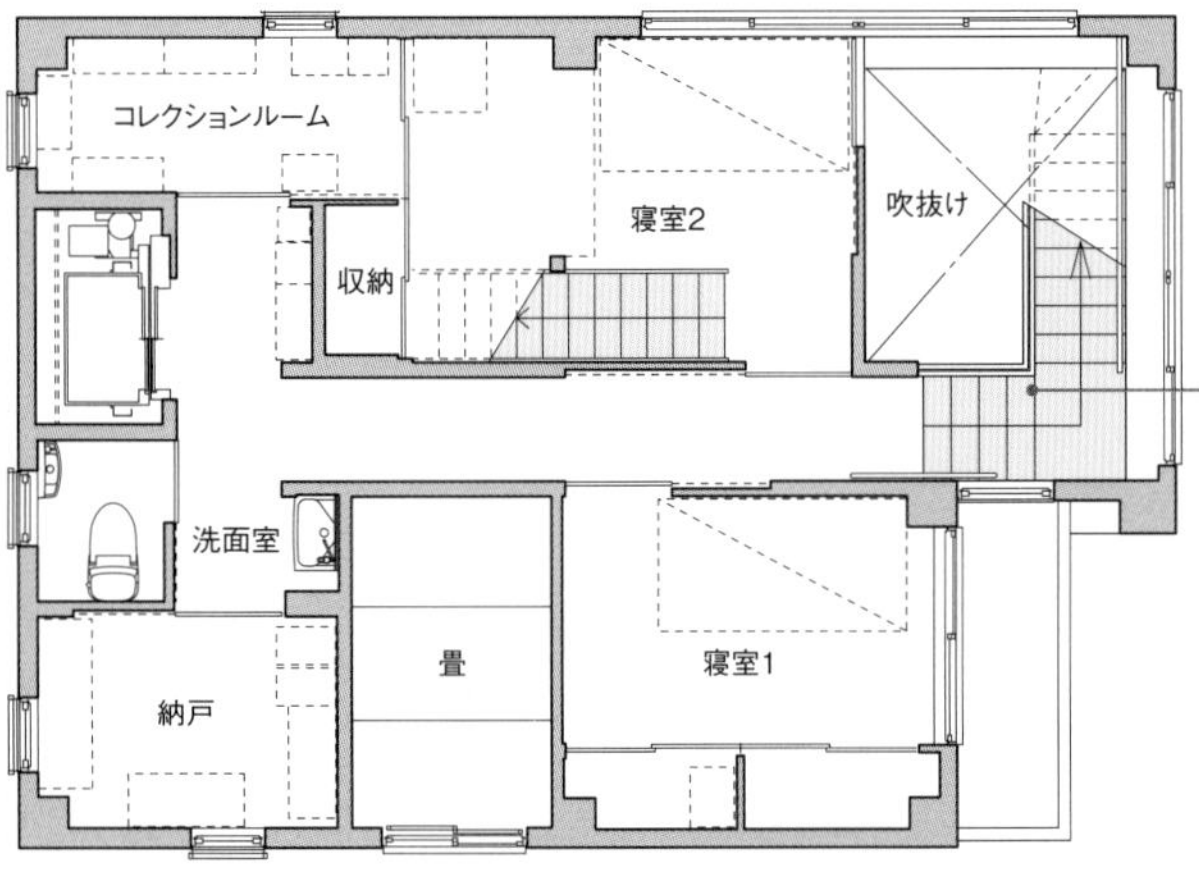

階段の踊場から南側車庫上のバルコニーに出入りし、そのまま上がると個室に通じる廊下につながる。一方の個室の引戸を開けると、吹抜けと階段を見下ろせる

1階平面図（S=1：120）

1階南側からの採光が望めないため、2階からの日光を導くためにリビング上部に吹抜けを設けており、この吹抜けの一部に階段を設けた。2人家族でお互いの気配がいつも分かるほうがよいとの要望とも一致した配置となった

建て主像

- 幼児から思春期くらいまでの子どものいる家族
- 家にデザイン性を求める家族
- 少人数家族

パターン 2 落ち着きと動線重視のバック階段

階段の昇り降りは、本人以外の家族にとっては騒々しく感じるもの。
リビング・ダイニングでは静かにくつろぎたい家族にとって、
階段は別の場所に設けるのが現実的選択。その際に、リビングの背後に設けるのが「バック階段」である。

長所
・昇降時の音が伝わりにくく、LDの落ち着きを損なわない
・目立たないので割り切れば安価につくれる

短所
・家族の昇り降りを把握しにくい
・壁に囲まれるなど狭さを感じやすい

リビング・ダイニングから離し、水廻りや家事机が並ぶエリアから上がる階段配置。2階寝室からの入浴の利便性と、2階バルコニーへの洗濯物を運ぶ動線を考慮して決めた。階段下のピアノの演奏時、音が2階に響くのを防ぐため、昇り口に引戸を設置

2階平面図（S=1：120）

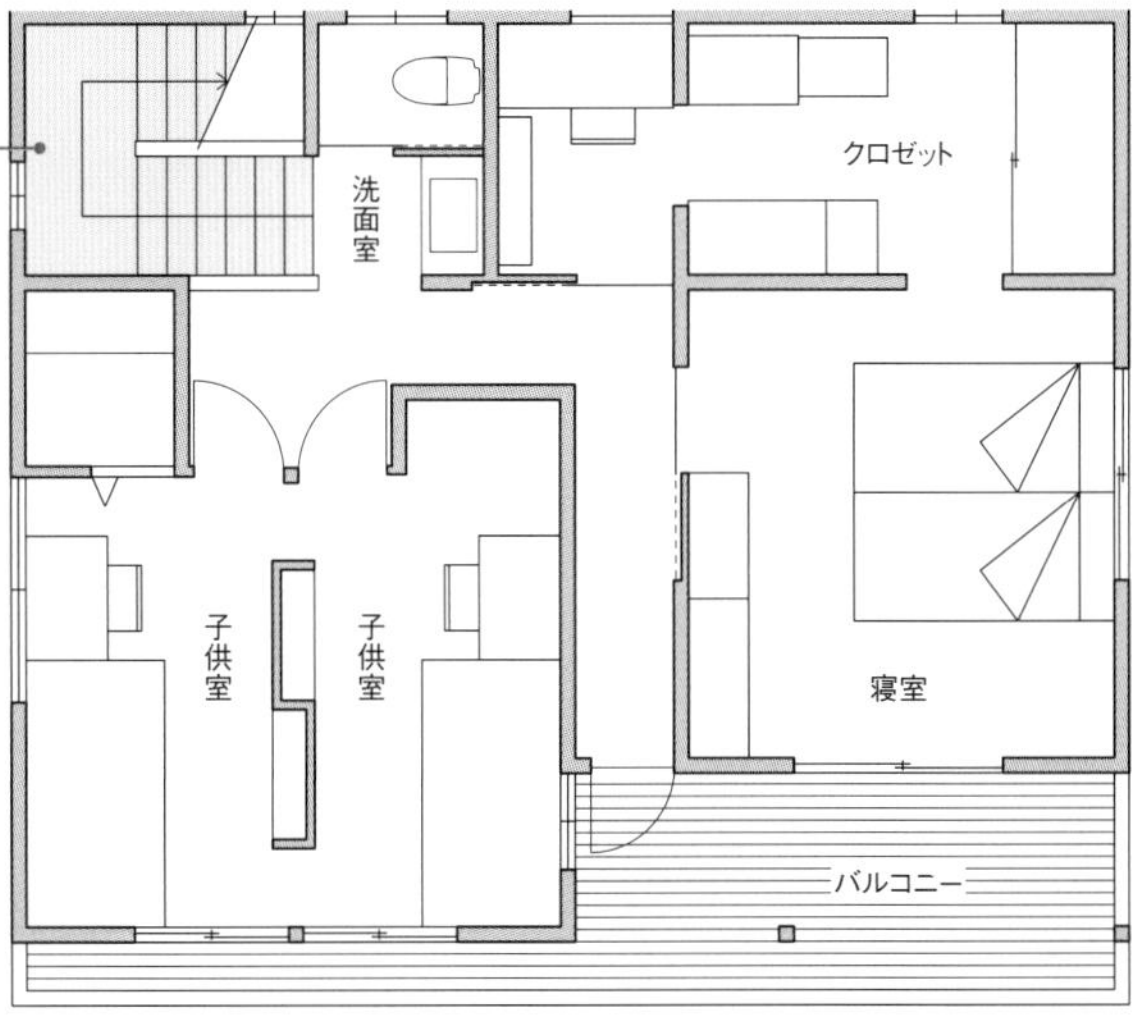

1階平面図（S=1：120）

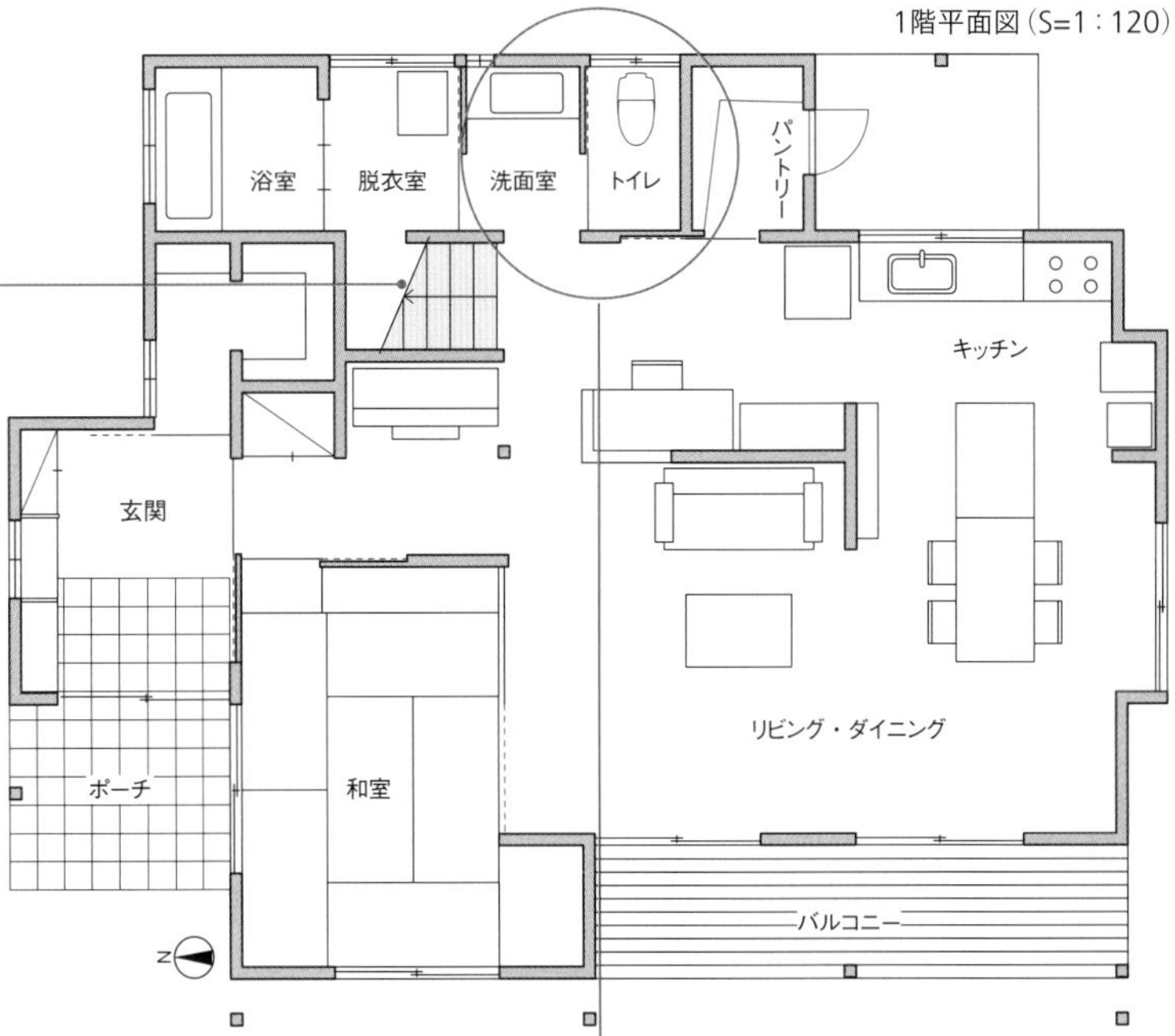

2階では北西隅に位置し、各寝室やバルコニーに至る廊下につながる。踊場は割り込まず、階段幅も広く取っているため、昇降が楽である

入浴・洗濯・身支度など、2階と1階を行き来する要素の多くは水廻りに関連する。階段は自ずと水廻りからの動線に有利な位置となる

建て主像
・幼児から思春期くらいまでの子どものいない家族
・人数が多い家族
・家事や外出準備を手早く行いたい家族

都市住宅を快適にする逆転プランの正しい設計法

逆転プランは、建て主との相性や敷地など諸条件を十分に検討したうえで採用すべきである。ここでは、逆転プランを検討するうえでの確認事項を手順を追って解説する。

解説：勝見紀子

手順1 逆転プランにするべきかを3つの点で考える

日が当たらないだけで逆転プランの家を設計してしまうと、あとで建て主の生活に支障をきたすこともある。
逆転プランを採用するか否かは、以下の3点で厳密に判断したい。

長所
- 近隣建物の影の影響を1階より受けにくいので、日当たりが良好
- 屋根の形状を生かした勾配天井にでき、開放感のあるリビングに
- 道路の視線が届きにくく、プライバシーを保ちやすい
- LDK＋水廻りがすべて2階となるため、総2階にしやすく安価になる

短所
- LDKから庭へ直接出られない
- 買い物（食品など）の搬入に手間がかかる
- 来客のたびに、階下に降りるのが面倒
- 子供室が1階の場合、子供の帰宅・外出に目が届きにくい
- 加齢で足腰が弱くなったとき、階段の昇降がきつくなる

建て主像
- 日中、在宅する時間が長い家族
- 日照を重視したい家族
- 近隣との交流よりも家族間でのだんらんを重視したい家族
- 老後までに年数のある若い家族

→ **長所・短所・建て主像と、建て主自身の考え方よく検討して最終的に決定する**

手順2 日影図を作成する

長所・短所・建て主像に加えて、実際の計画建物の日照環境を把握するために、日影図で厳密な日照を把握したうえで、最終決定を行う。

日のほとんど入らない場所 →	［逆転プラン］1階・2階の北側 →	納戸・水廻りなど
日が少ししか入らない場所 →	［逆転プラン］1階・2階の東西側 →	寝室・個室など
日が長時間にわたって入る場所 →	［逆転プラン］2階南側 →	リビング・ダイニングなど

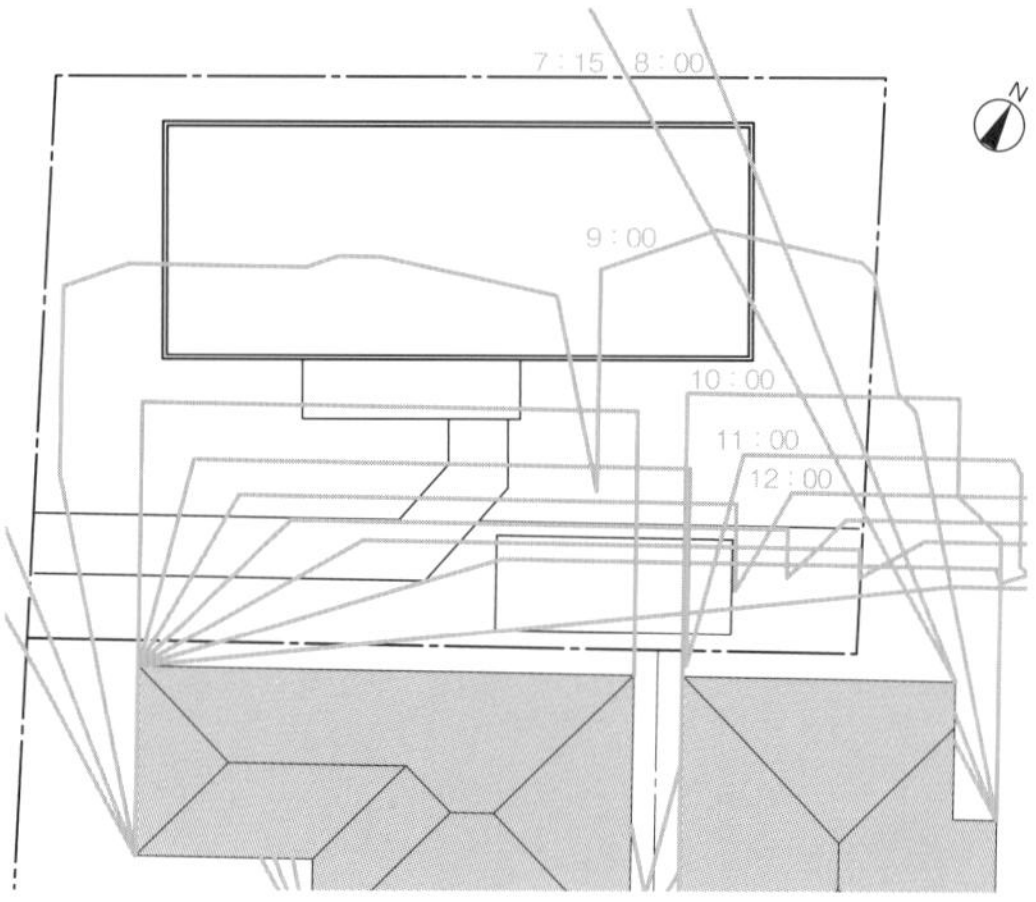

冬至の時期の2階の日影図。2階は早朝以外は光が入るため、リビングなどを優先して配置する。1階は日中の大半は光が入らないので、寝室など個室中心の構成とする

掟 逆転プランの間取りの掟7

逆転プランで間取りを考えるうえで、最低限抑えておきたいポイントは以下のとおり。できるだけすべてのポイントを網羅したい。

掟1 屋外との接点をつくれるようにバルコニーなどの工夫を

掟2 まとめ買いのための食品のストック場所を確保しておく

掟3 収集日以外に出たゴミの一時置場を2階に確保しておく

掟4 玄関⇔階段⇔2階キッチン・水廻りの動線に留意する

掟5 簡単な接客のために、玄関にある程度のスペースを割く

掟6 階段昇降機の設置スペースなど、加齢時の昇降対策を想定しておく

掟7 屋根を生かした勾配天井とする際、屋根剛性が不足しがちとなるので注意が必要

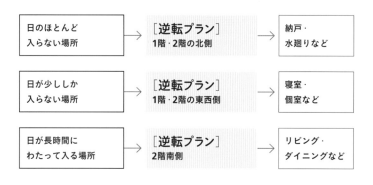

手順3 実際に逆転プランで設計してみる

逆転プランを設計するうえでのポイントは、2階が生活の中心となるデメリットをどれだけ改善するかに掛かっている。どうやって改善したのか、そのポイントを事例とともに解説する。

2階平面図（S=1：150）

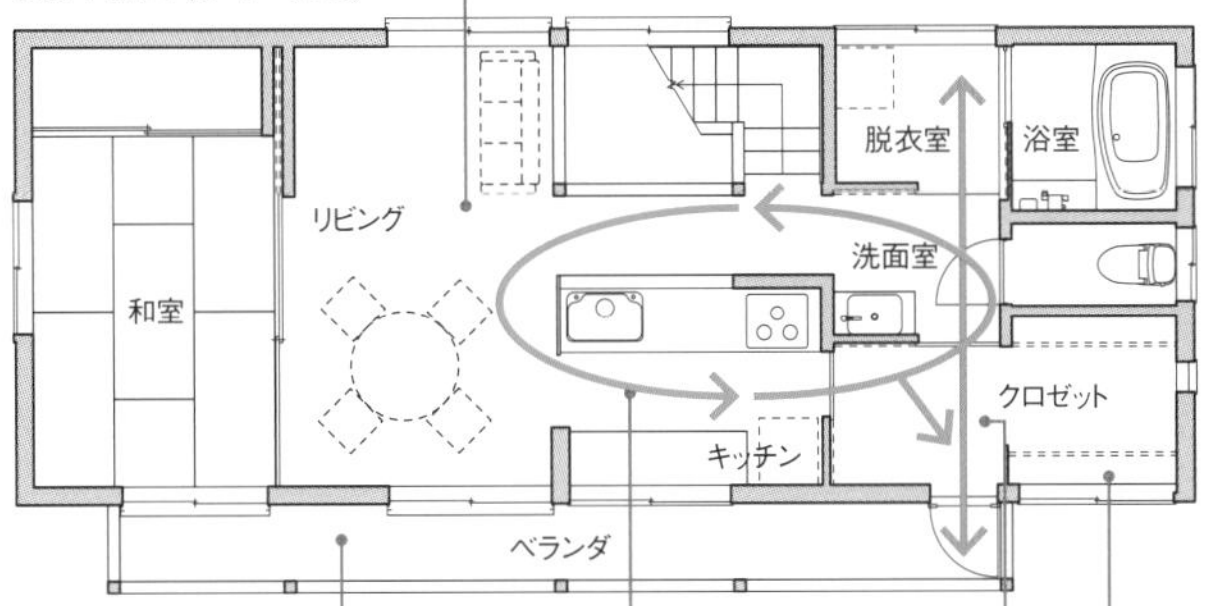

板床のリビングとその奥の畳敷きの和室。窓を開放的にとっても、通りからの視線をそれほど気にせずに済む。屋根の形状を生かした勾配天井

物干しだけでなく、植栽など「ゆとり」のスペースとしたベランダ。庭の代わりの屋外を楽しむ場として逆転プランには必須

家事の効率がよい回遊できるプラン

留守が多く、日中クロゼットの一部が物干しスペースとなるため、日当たりの良好な位置に配置している

脱衣室からベランダへ、ストレートな物干し動線。ベランダへはキッチンからの動線も確保し、ゴミの一時置場なども兼ねる

1階平面図（S=1：150）

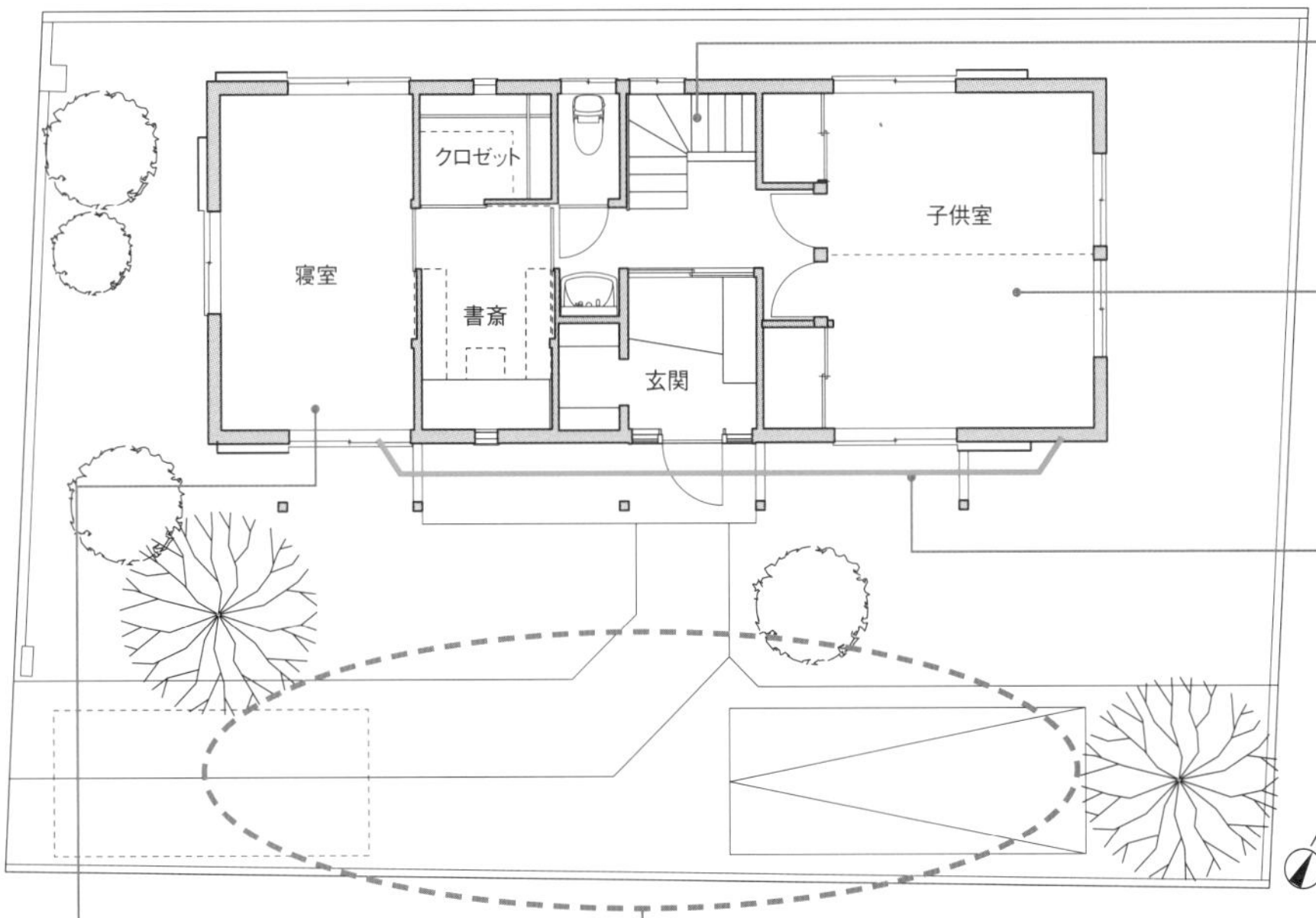

階段は玄関近くに設け、2階への出入りをスムーズにする

冬場でも朝日が入る位置に子供室を配置

冬場、日当たりの望めないエリア。日照を必要としない部屋を配置する

午後を過ぎると日照のある西寄りの南窓

ほとんどの季節で日当たりのない敷地の南側は、駐車スペースとしている

シンプル木箱・T邸

設計　アトリエ・ヌック
家族構成　夫婦
敷地面積　191.73㎡
延床面積　06.83㎡（1階：53.71㎡・2階：53.15㎡）

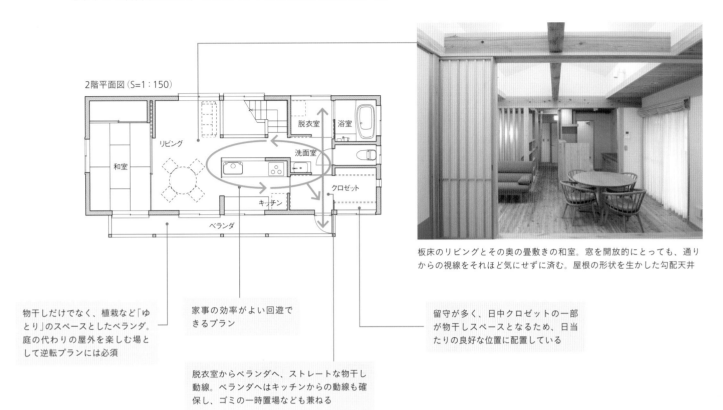

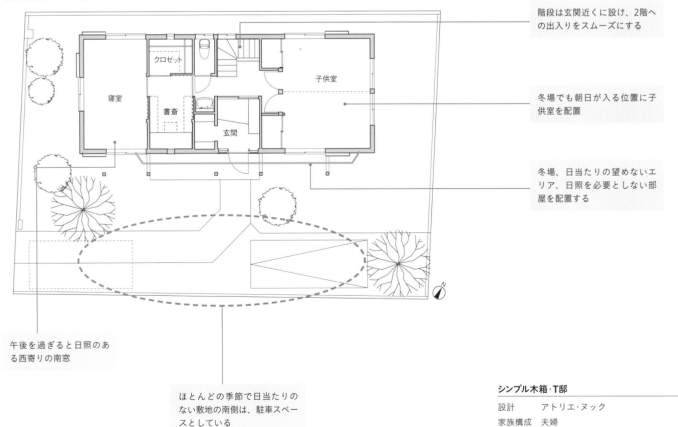

敷地条件から考える建物配置・形状のルール

敷地形状や、敷地の置かれている環境を無視して設計された住宅は、とても住みにくい、不合理なものになる。ここでは、建物配置や形状に関するルールを7つのポイントに分けて解説する。

解説：勝見紀子

RULE 1 建物配置は道路の位置から考える

建物は東西に長くして、敷地の北側に寄せるのが原則。
だが、道路の位置によっては、駐車スペースなどが道路側に必要になるため、
建物の形状や配置に工夫が必要になる。場合によっては単純な平面計画だけではなく、
ピロティなど断面形状のプランで対応することも検討したい。

南側道路

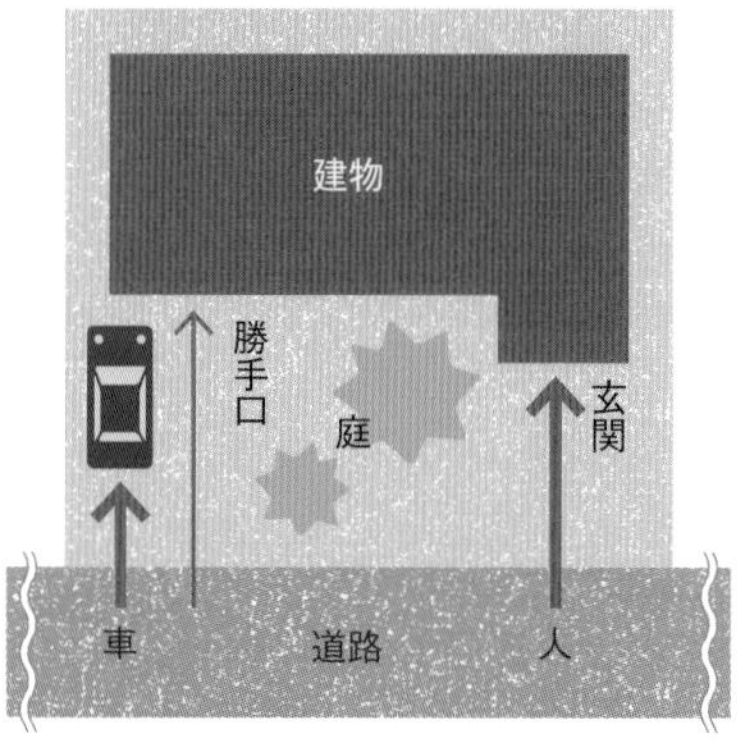

建物を北に寄せ、東西どちらかに駐車スペースを設ける。人と車のアプローチが離れる場合は上図のように勝手口を設ける。駐車スペースをピロティとするのもよい

北側道路

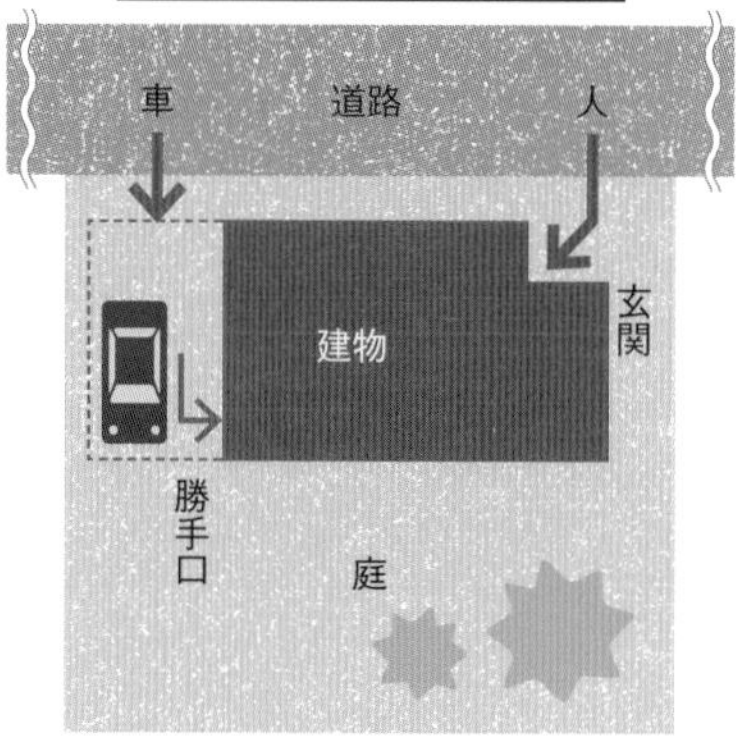

建物は北に寄せ、南側に大きな空地を確保し、駐車スペースは空地部分の東か西に寄せる。人と車のアプローチが離れる場合は、庭を細切れにしない位置に設ける。

東側・西側道路

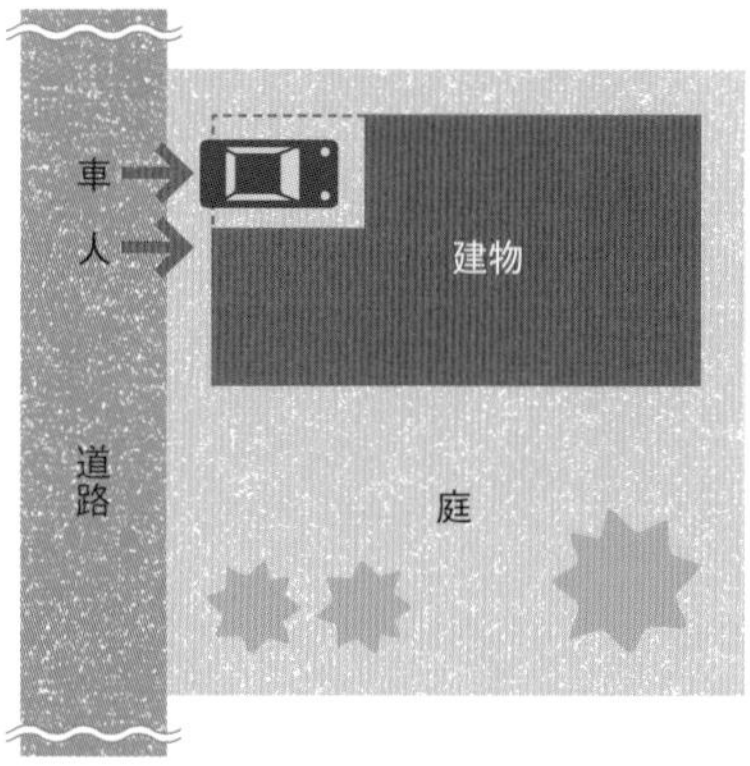

駐車スペースをピロティとすれば、その分建物は南側に広がらず、庭を広く取ることができる。

RULE 2 建物の形状は日照条件に対応させる

狭小な矩形敷地のローコスト住宅なら建物も矩形にならざるを得ないが、敷地に多少の余裕があれば、諸条件に照らして最適な建物形状を選択したい。特に日照条件の厳しい敷地では、下記のようなさまざまな解決方法を工夫するとよい。

矩形の建物

構造的にも安定しており、床面積当たりのコストがもっとも安価になるプランである。ただし、プランも外観も単調になりやすいので、設計には工夫が必要。また、日照条件の悪い敷地の場合は、南側敷地の影響を受けてしまい、すべての部屋の日照条件が不利になってしまう

L形の建物

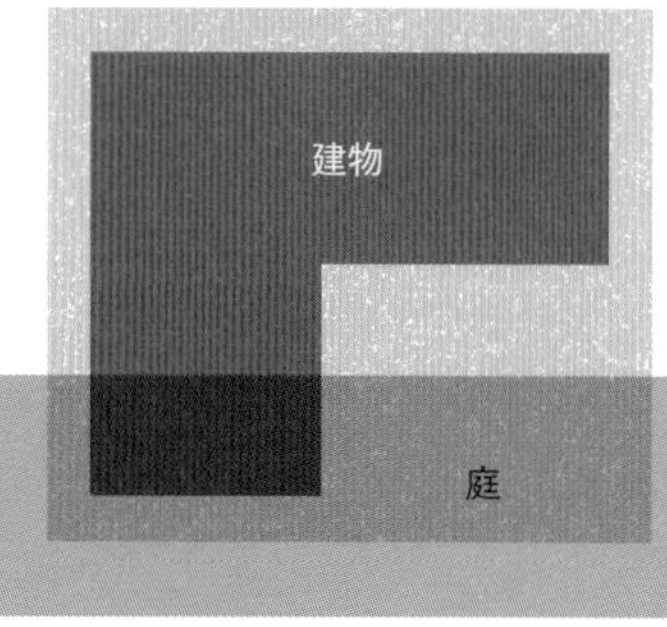

建物の一部を後退させたプランで、特に庭の見せ方に変化を与えることができる。また、日照条件の悪い敷地の場合は、後退させた部屋などで日照を確保することが可能になる。構造上も比較的安定しているが、屋根に谷が出てしまうので、防水上の欠点となることがある

かぎ形の建物

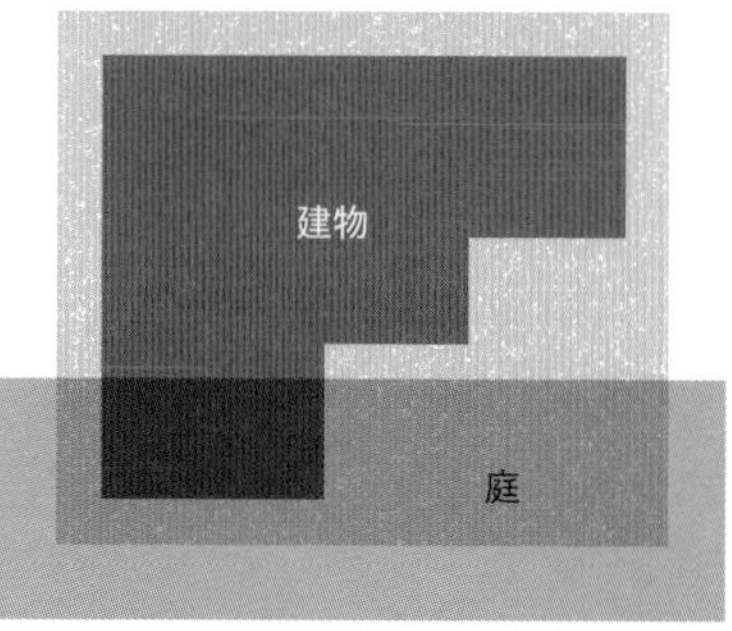

たくさんの面を設けることで、間取りに変化を与えられるが、構造的には若干不安定。床面積当たりのコストも割高になる。屋根形状が複雑になるので、防水施工にも注意が必要。ただし、日照条件の悪い敷地の場合は、太陽の動きに建物形状を合わせることで長時間の日照が得られる

RULE 4 道路の幅や交通量で建物形状が決まる

道路の幅から割り出される道路斜線によって建物の高さが制限されるため、注意が必要。また、道路幅や交通量などによって、車の出し入れの位置や角度なども検討する必要がある。交通量が多い場合は、窓の位置や面積などにも注意したい。

出かける方向に好都合で、2台とも屋根下駐車との要望から、自ずと駐車スペースが絞られた。そのため、建物は南寄りの配置となった

RULE 3 敷地内、周囲との高低差で建物形状を変える

道路と敷地の高低差や、敷地内の高低差は、アプローチの長さや建物形状に影響する。また、隣地と高低差がある場合は、敷地が受ける、もしくは隣地に与える日影などを厳密に検討して設計する必要がある。

基準GLが道路より4㎝高い敷地。玄関に至る階段段数分の平面長さに余裕をみておく必要がある。デッキは直接道路に下げられる高さではないため手摺を兼ねた目隠しを設けた

1階平面図（S＝1：150）

RULE 5 隣地建物から窓の位置を決める

隣地に建物がある場合は、互いのプライバシーに影響するため、視線がぶつからないような窓の配置を検討したい。隣地の大きな掃き出し窓などとぶつかり合う場合は、視線がぶつからない高窓や地窓などで逃げるのもよい。デッキテラスなどを計画する場合も、目隠しや位置などを工夫する。

1階は南西窓を隣家の影を免れる位置に設けている。2階は45度振ることで隣家と対面するのを避けている

RULE 7 敷地内外の樹木を効果的に活用する

敷地内外の樹木は、日射遮蔽や視線の制御、景観などさまざまな点で貢献する一方、日当たりの妨げになることもある。特に敷地内の樹木については建物の間取りなどと併せて効果的な配置を行い、敷地外の樹木には影響の大小を考えながらプランを考えるとよい。

RULE 6 塀の高さ、材質から建物や窓の位置を考える

隣家の塀の高さ、材質によって、内から外、外から内の見え方や、日照、通風が影響を受ける。壁の配置、部屋の向き、窓の向きや高さを決める際は考慮に入れておきたい。

高齢者・障害者にやさしい間取りの工夫

我々が考えている以上に、障害者・高齢者は家族に遠慮している。そのような心理を汲み取り、設計に配慮する、いわば「心のバリアフリー」の視点が大切である。ここでは車いす利用者のための間取りの考え方を紹介する。

解説：阿部一雄（阿部建設）

車いすでも自分で出入りできる玄関の工夫

車いす利用者が暮らす住宅を設計する場合、健やかに暮らせるよう、外出しやすいつくりにする。

介助を前提にすると、家族に遠慮して外出を控え、引きこもりがちになってしまうので、自力で出かけ、自力で帰宅することを基本に設計する。

POINT 1
車いすの種類と使い方

通常、車いすには、一般的な手動タイプのほかに、電動タイプがある。サイズや大きさによって、移動や保管に必要なスペースが変わってくる。また、「外用」と「内用」の2台を使って生活するケースもある。

▶ 車いすや歩行器の保管スペースを確保する

POINT 2
介助なしでも昇降できる方法を

玄関にスペースがあるなら、1人で昇降できるスロープを設置する。簡単に取り付けできる仮設タイプもあるが、これは介助者がいることが前提。スロープは、体調が悪く1人で登るのがつらい場合もあるので注意

▶ 一人でも操作できる段差昇降機がおすすめ

POINT 3
靴の脱ぎ履きをしやすく

車いす利用者も靴は履く。靴を土間に並べておくと脱ぎ履きに手間がかかるので、車いすに乗ったまま靴が出し入れできる収納があるとよい。また、玄関には乗り換え用の車いすや歩行器などを置くスペースも必要。

▶ 壁掛け式の下駄箱なら、下に車いすの保管スペースも確保できる

POINT 4
防滑対策も忘れずに

車いすや歩行器を使用する際に、雨で濡れていると、滑って転倒する危険がある。床は、防滑性の高い素材を使う。また、雨が吹き込まないように屋根や庇などの雨よけを設ける。

▶ タイヤの汚れが落とせて、張替えやすいタイルカーペットがおすすめ

POINT 5
玄関までの距離は短く

部屋から玄関までの移動経路には、段差を設けない。また、通路幅などにも配慮する。車いすの向きを変えるには、少なくとも直径140cmの円が入るスペースが必要となるのを覚えておこう。

▶ 玄関の近くに居室があると便利

Ⓐ 和室を洋室に

和室の畳をフローリングに張り替え、洋室にした。襖を引戸に変更し、床はリビングと連続させている。押入れの代わりに浅めの収納を設け、介助器具や着替えなどの生活用品を本人が出し入れできるようにしている

Y邸改修工事

設計・施工	阿部建設
家族構成	夫婦(夫が車いす利用者) ＋子ども1人
延床面積	106.1㎡

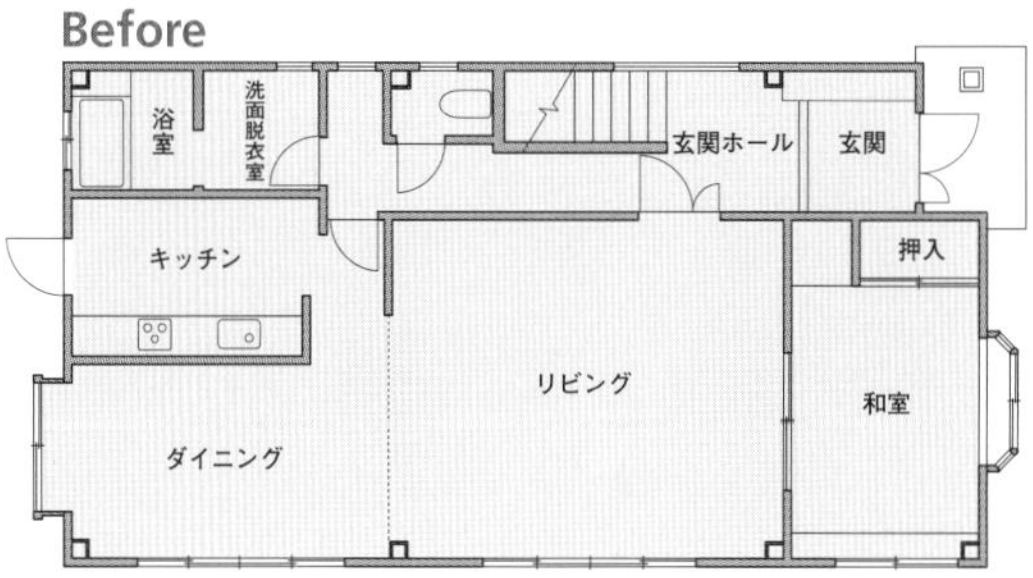

Ⓑ 車いす用玄関を増築

約2.2坪の車いす用の玄関には、外用・内用の車いす、歩行器や杖など、介助器具を保管するスペースを確保。靴や上着などを収納しておくスペースも設けている。また、昇降機に子供が挟まれたりしないよう、扉の高い場所に両側から開閉できる鍵を取り付け、事故を未然に防いでいる。手先が不自由な場合は、自動扉(カードキー)で開閉できるようにする方法もある

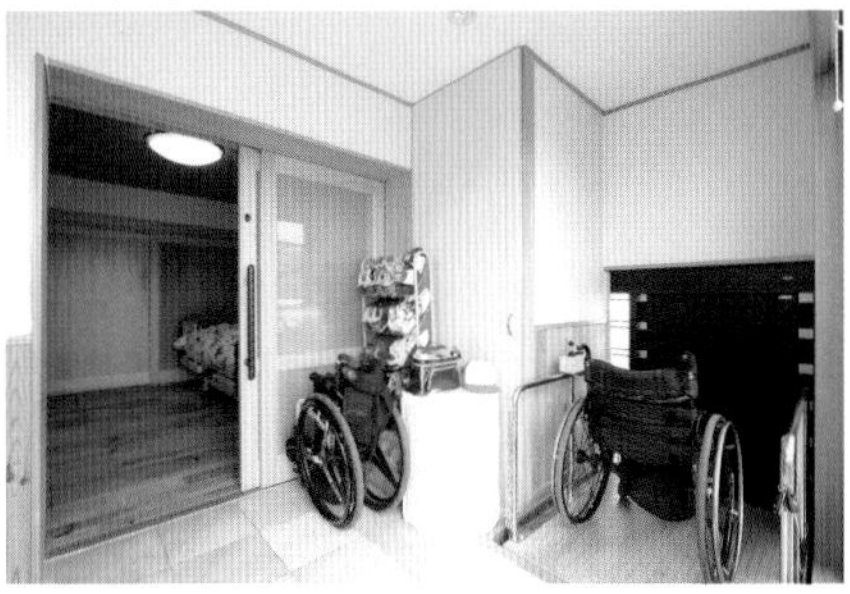

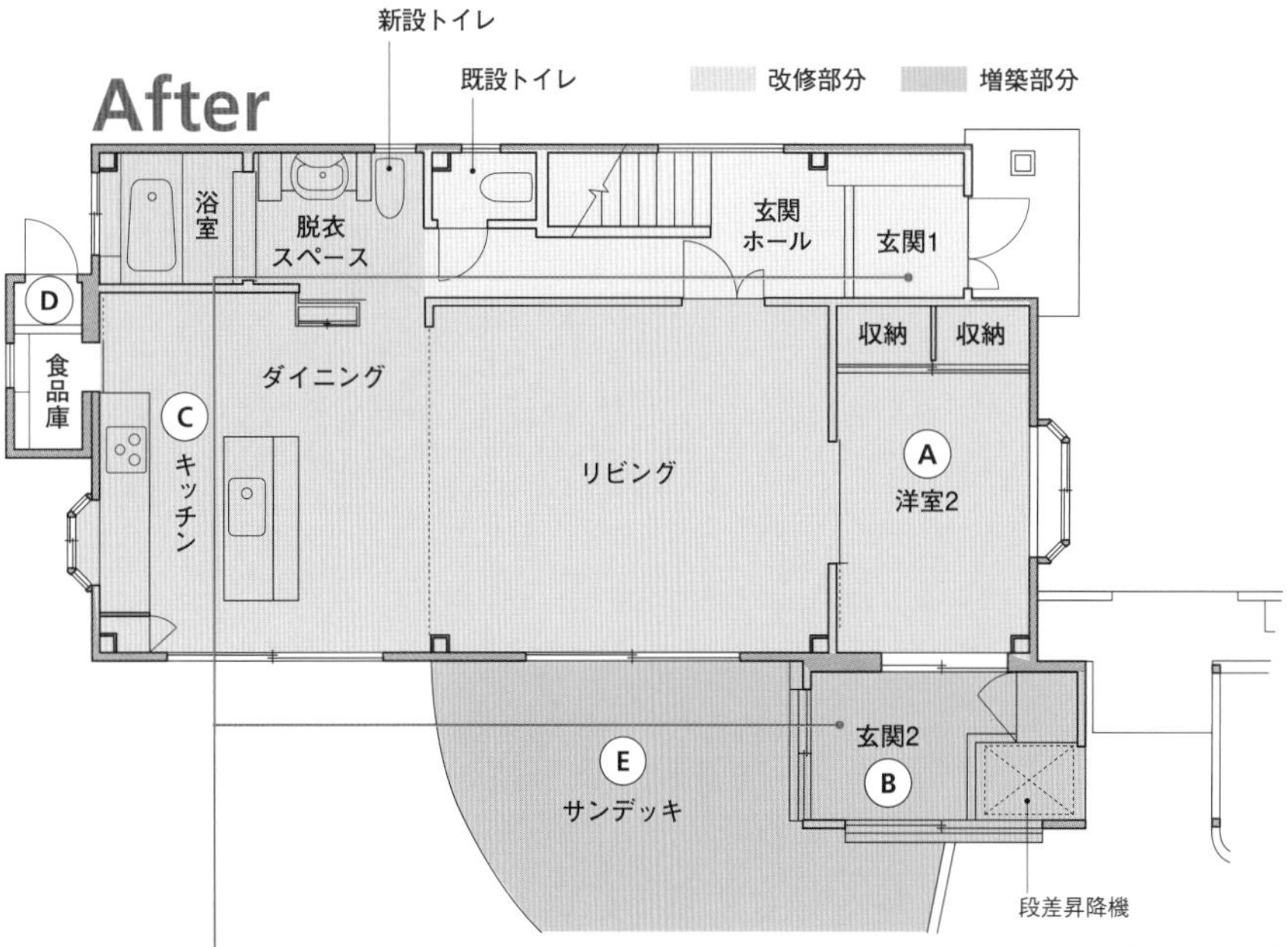

(S＝1：150)

Ⓒ アイランドキッチンで移動しやすく

改修前のキッチンはダイニングと仕切られ、行き止まりのレイアウトだった。そこでキッチン廻りの移動がしやすいようにアイランド型に変更した。シンク下をオープンにしたことで、車いすでも洗い物や調理が行える

Ⓓ 車いす動線と家事動線を両立

スムーズな車いす動線を確保するためには、棚や物などを床に置かないほうがよい。そこで収納が不足しないように食品庫を増設した。トイレを新設したことで置けなくなった洗濯機もここに置き、勝手口から食品やゴミの持ち運びができるようにしている。家事動線も短くなり、一石二鳥

Ⓔ 中途半端な大きさは×

車いすでは、気軽に庭に出ることが難しくなる。そこでデッキを設け、庭に出る開放感を味わえるようにしている。車いすの回転半径を考慮すると、直径140㎝の円が描ける広さが必要。広いデッキスペースは、火災などの非常時に一時的な避難場所にもなる

おすすめ！

アイディア玄関を2つ設ける

Y邸では、家族全員が出入りしやすいよう、2カ所に家族用と車いす用の玄関を設けている。車いす用の玄関には、昇降機を設置。家族の手を借りることなく、外出・帰宅することができる。昇降機で上がって室内用の車いすに乗り換えるスペースを設けており、そこからすぐ寝室(洋室)に移動できる。アプローチに屋根を設置し、帰宅・外出時にも雨に打たれないよう配慮している。また、出入口が暗くならないよう屋根に強化ガラスをはめ、光を取り入れている。人感センサー付照明が夜でも手元を明るく照らすとともに、家全体で防犯性を高める効果も担っている

生活しやすい浴室·トイレの工夫

浴室・トイレは、障害者・高齢者の住宅・施設の計画で最も悩ましい場所である。広いスペースをとれれば、腰を降ろす台の設置など自由なレイアウトが可能となるが、多くの場合は限られたスペースしかない。また、障害の進行や加齢といった将来の変化に対応できるように可変性を考慮した工夫が必要になってくる。

Y邸の洗面脱衣室に新設したトイレと電動の移乗台付きの浴槽

POINT 1
トイレに時間がかかる

障害者·高齢者は、排便に1時間程度かかることもある。そのため、家族がトイレを使えない場合が出てきてしまう。また排便の際に、特殊な器具や装備が必要な場合もあるため、それらの収納も検討する。

▶ 多機能トイレもよいが、トイレは2つあるとベター

POINT 2
トイレの広さ

車いす利用者の場合は、直径140㎝程度の円を描けるスペースが必要。電動タイプになると大きくなるため、さらに面積が必要になる。計画時に車いすのサイズは確認しておく。また、出入口は引戸がよい。

▶ 洗面台の下をオープンにすれば車いすでも使いやすい

POINT 3
洗面台の使いやすさ

洗面ボウルの下がオープンになっていないと、車いすからでは蛇口まで手が届かず、使いづらい。また、器具などの洗い物が発生することも多いため、大きめの洗面ボウルがよい（10ℓ程度）。収納も多めに設ける。

▶ 介助者が対応しやすい洗面室などにトイレを設けるのもアリ

POINT 4
入浴の方法

電動の移乗台付きの専用ユニットバスがあるが、約1.5坪と大型になる。また、広い面積があれば、腰を降ろす台の設置など自由なレイアウトが可能だが、多くの場合は限られたスペースしかないので工夫が必要。

▶ スペースがない場合は、浴槽に移乗台をかけるだけでも効果大

POINT 5
出入口の段差や仕上げ

浴室の出入口も基本は引戸にする。段差がある場合には、スロープを設ける。脱衣側の床仕上げには、滑りにくく、汚れも付きにくいタイルがおすすめ。また、ヒートショック防止に脱衣室や浴室にエアコンを設置する。

▶ 最近のユニットバスはフラット床で段差を解消。暖房機能付なら尚よい

POINT 6
手摺の設置

手摺は何度も動作確認を行い、必要な場所、高さに設置する。また、加齢や障害の進行などによって必要な位置が変わるため、後からでも変更できるように下地を大きめにとっておくとよい。

▶ 下地の幅を大きくとって将来の変更にも対応する

＊　30〜33頁の内容は、あくまで一例であり、障害の内容や身体の状況によって、対応策は異なります

高齢者・障害者に やさしい間取り

A 浴槽の向きを90度回転

車いすから浴槽に安全に移動できるようにするため、浴槽の向きを既存の状態から90度回転させることを提案。移乗台を備えたユニットバスを検討したが、コストや面積の点で困難だったため、移乗台を浴槽にかけて使うこととし、マンション改修専用のユニットバスを採用した。最近のものは浴室の出入口がフラットになっているため、スロープを設けなくても段差なしで納めることができた。

B 手摺を兼ねたシャワーフック

移乗台に座ったまま体や頭を洗えるよう、通常は取り付けない場所にシャワー水栓を取り付けた。手元で操作できる節水タイプのシャワーノズルを使うことで使い勝手をよくした。また、手摺を兼ねてシャワーフックを取り付け、両手が別の動作に使えるよう対応している。これは、車いす利用の障害者の場合、腹筋・背筋が働かず、手摺につかまっていないと転倒してしまうためである。

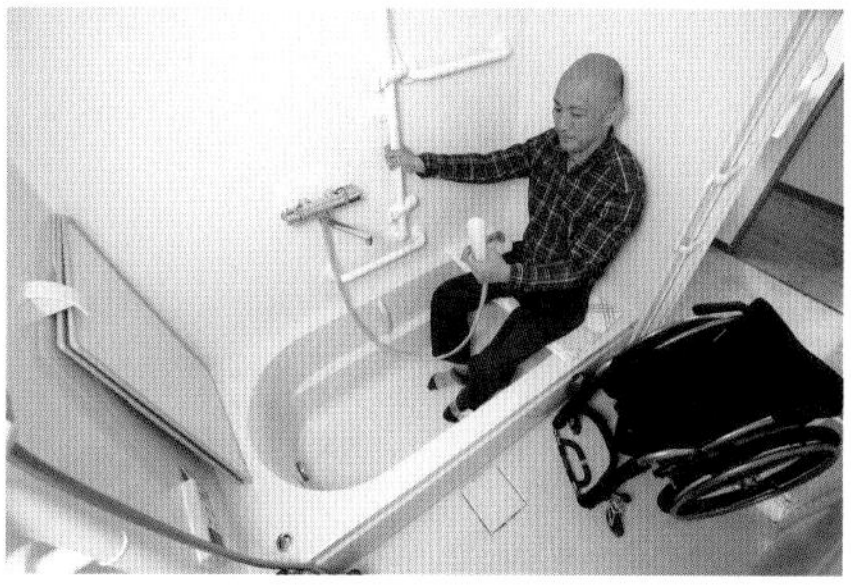

C 病院関係者との意見交換

北側の洋室の一部をトイレスペースに充てた。Kさんが左利きだったため、排便を行う際に必要となる備品を置く棚などを左側にもってくる必要があったためである。計画案検討中に病院関係者と改修案について意見交換をし、建築途中には新設トイレに入ってもらい、手摺の位置などを決めた。手摺の位置は将来の状態変化に備え、上下方向に微調整可能なよう許容範囲を設けている。

D トイレ内に洗面台を設ける

新設トイレ内に障害者・高齢者専用の洗面台を用意した。体調の悪いときは、ここのシャワー水栓で髪を洗える。また、ここではトレイの備品を障害者・高齢者自身が洗ったり、準備したりすることもできる。当初、宅内に2カ所洗面台があることをなかなか理解してもらえなかったが、障害者・高齢者本人の動作を何度も説明し、その必要性を納得してもらった

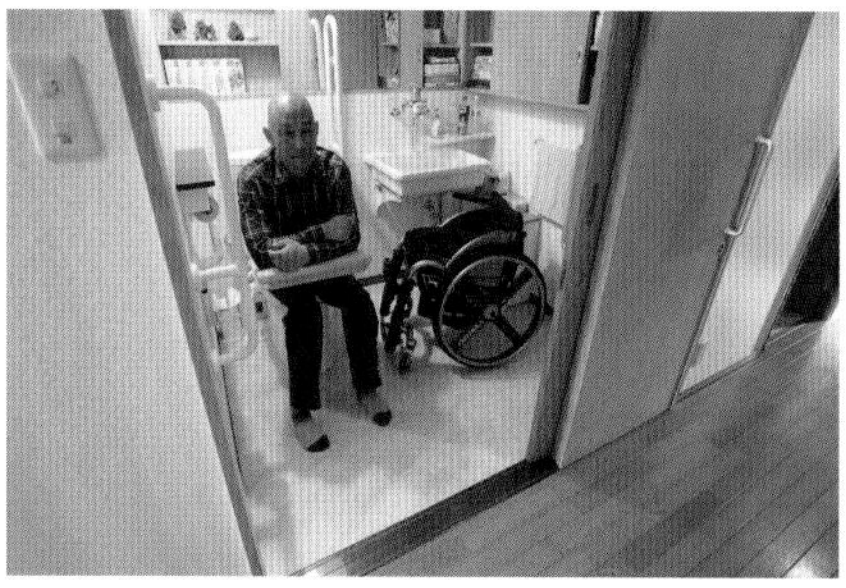

K邸改修工事

設計・施工　阿部建設
家族構成　両親＋本人
延床面積　115.8㎡

交通事故で脊髄を損傷し車いす生活となったKさんのバリアフリー改修。マンションのため、床のバリアはほとんどなく、リビングや廊下の広さも足りている。問題は、水廻り。施工できない躯体部分や取り外しのできない耐力壁、柱、梁の処理方法が提案のポイント

重要！ 温熱環境の改善

障害者・高齢者は温度変化を感じにくく、体調を崩すことが珍しくない。たとえば下肢麻痺の障害者の場合、感覚のある部分より下は温度を感じないため、床付近の温度が低くても感覚がないので分からない。体が冷えていることに気付いたときには、熱が出ているということもある。同じことが高齢者にもいえる。住宅や施設内の温度差を少なくし、ヒートショックを予防することが不可欠。

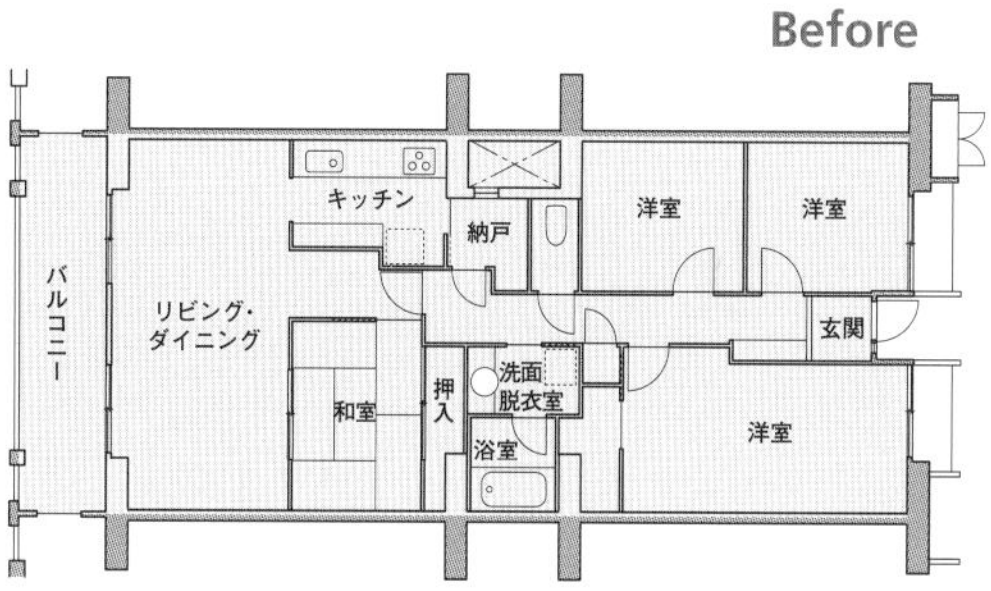

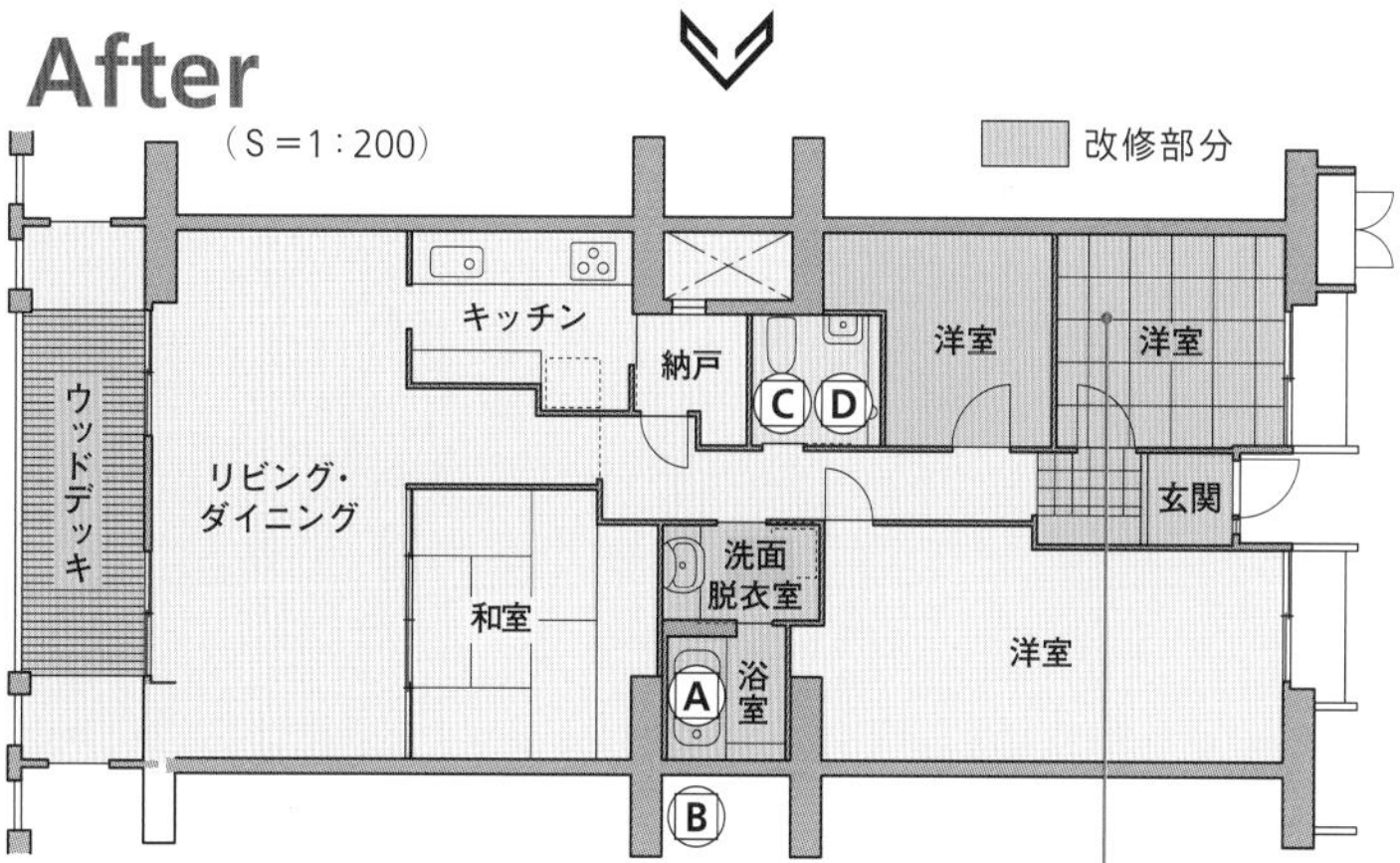

おすすめ！
床はタイルカーペットが便利

玄関を入ってすぐ右側が本人の部屋。マンションでは、玄関から部屋に入る際に車いすの回転スペース（少なくとも直径140cm程度の広さ）がとれるかどうかが問題となる。幸いここでは、ぎりぎり確保できた。玄関の一部と部屋の床を50cm角のタイルカーペットとした。外用の車いすで運んできたゴミやチリをタイルカーペットで取ることができるうえ、汚れたら取り換えやすい点がメリット。部屋で内用の車いすに乗り換える。

Topics

カーテンで緩やかに仕切る

プライバシーや空間を
カーテンで仕切る

壁ほど明確に仕切らず、建具ほどお金をかけず、
カーテン・を使って緩やかに
空間を仕切る手法を紹介する。

a.左奥にカーテンの収納部が見える（S邸）
b.カーテンで囲むように仕切られる個室（S邸）
c.寝室の中央をカーテンで仕切る（北浦和の家）

東京都S邸　平面図（S＝1：150）

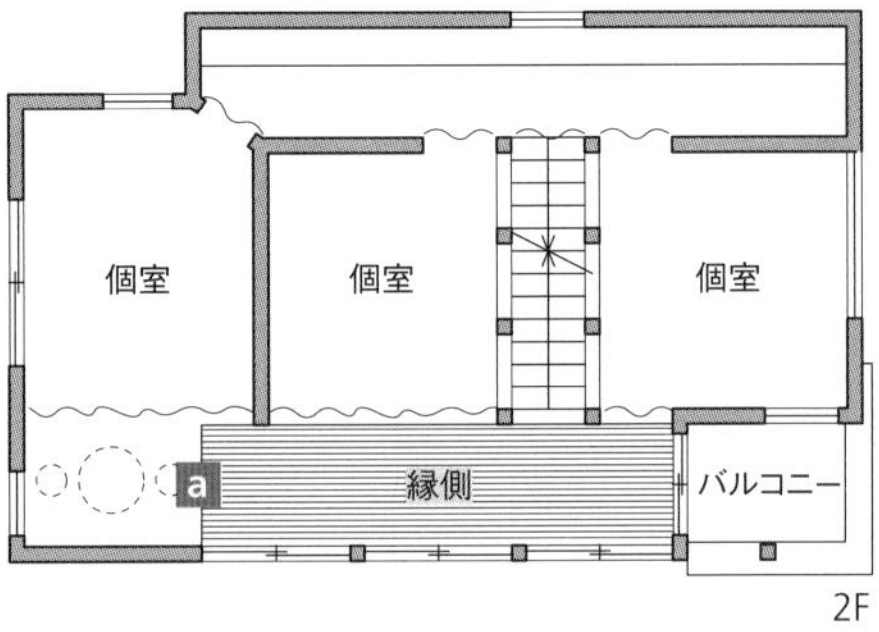

千葉県S邸　平面図（S＝1：150）

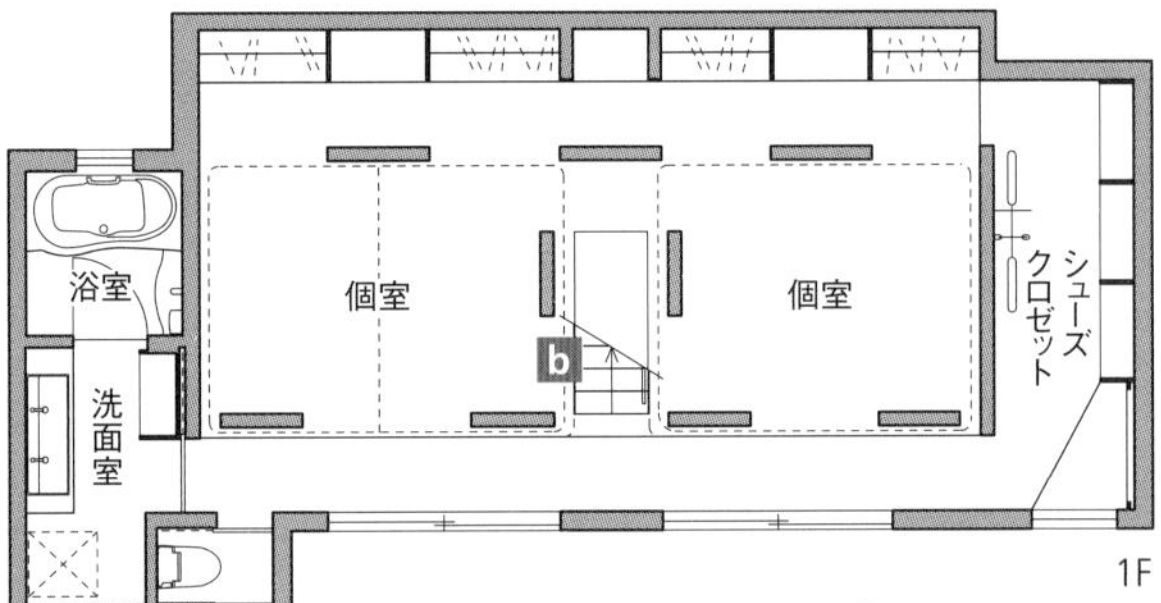

北浦和の家　平面図（S＝1：150）

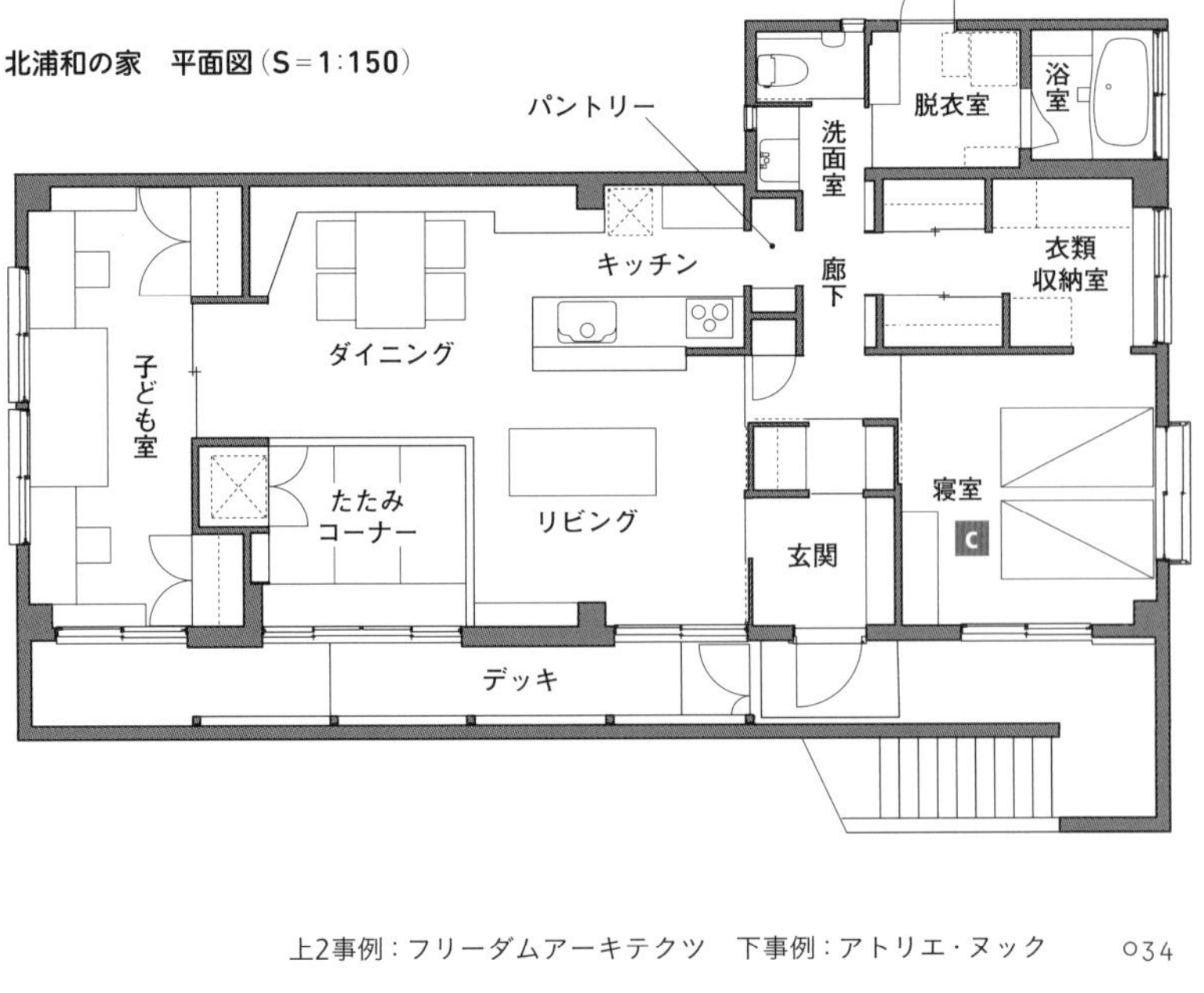

chapter

2

グリッドデザインで学ぶ 間取りの設計

間取りを上手にまとめるうえで欠かせないグリッドデザインの技術。
本章では、フォルクスAをはじめとした数多くの規格住宅を設計した、
グリッドデザインの第一人者、秋山東一さんの設計手法を解説するほか、
グリッドデザインを実践する工務店、チトセホームの試みを紹介する。

秋山メソッドで間取りを考える

設計者としての日々の経験、研鑽は自己形成そのものだが、一つひとつの計画案件には一定の「メソッド」、つまり「手法」というべきものがあると考えている。

解説：秋山東一

1 METHOD

テーマを決める

計画案件の条件はさまざまだ。お客にはさまざまな要望があり、また予算や敷地、それに伴う法律などさまざまな与条件がある。それらを正確に把握し、さらに優先順位を決めたうえで、何をつくらなければならないのか、お客に何を提供しなければならないのか、つまり住宅のテーマを考えることになる。それをおぼろげながらも決めてから、具体的な設計に取り掛かるべきだと考えている。

2 METHOD

敷地を見る

敷地は千差万別だ。大きいものから小さいものまで、細長い土地、さらに三角形や台形、L字形、旗竿敷地など、整形ではない形状のさまざまな土地がある。日照条件、接道、周辺環境などもケースバイケースだし、容積率、建ぺい率、道路斜線、北側斜線、防火指定などの法的規制もかかる。そのなかで敷地の性格を見極め、そこにどのような可能性があるのかを見極めることが重要となる。

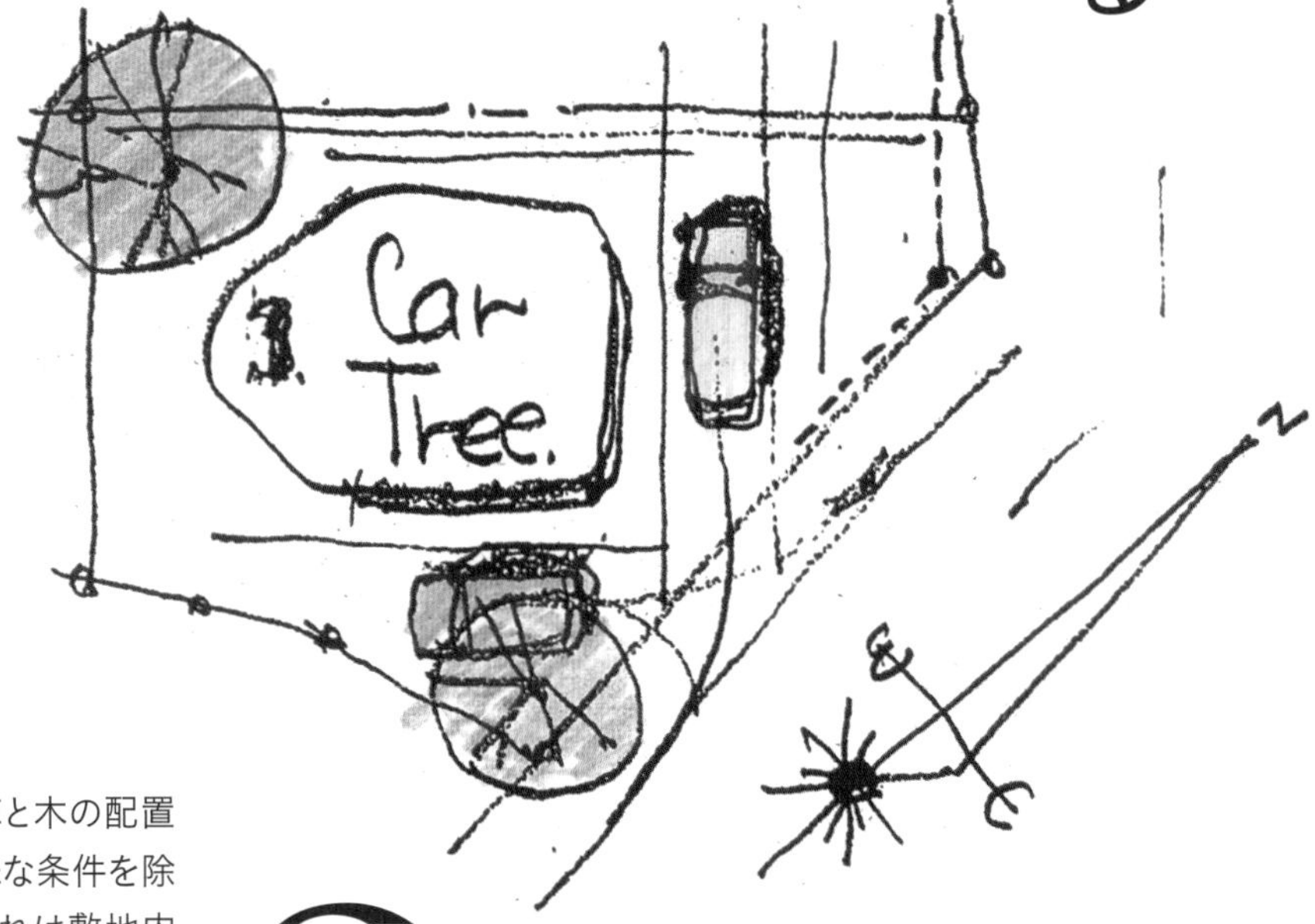

車と木を配置する

家の配置を決めるうえで重要になるのが、車と木の配置であると考えている。車は一部都市での特殊な条件を除けば、戸建住宅には欠かせない存在だ。それは敷地内に収納される物のなかでは最大サイズの存在であり、どこに置いてもよいというわけではなく、道路に対して出し入れしやすく配置しなくてはならない。樹木・植栽はなおざりにされがちではあるが、外構を構成するうえで重要な存在であり、前もって配置を考えておきたいものだ。これらの配置によって建物の位置がおのずと決まっていく。

3 METHOD

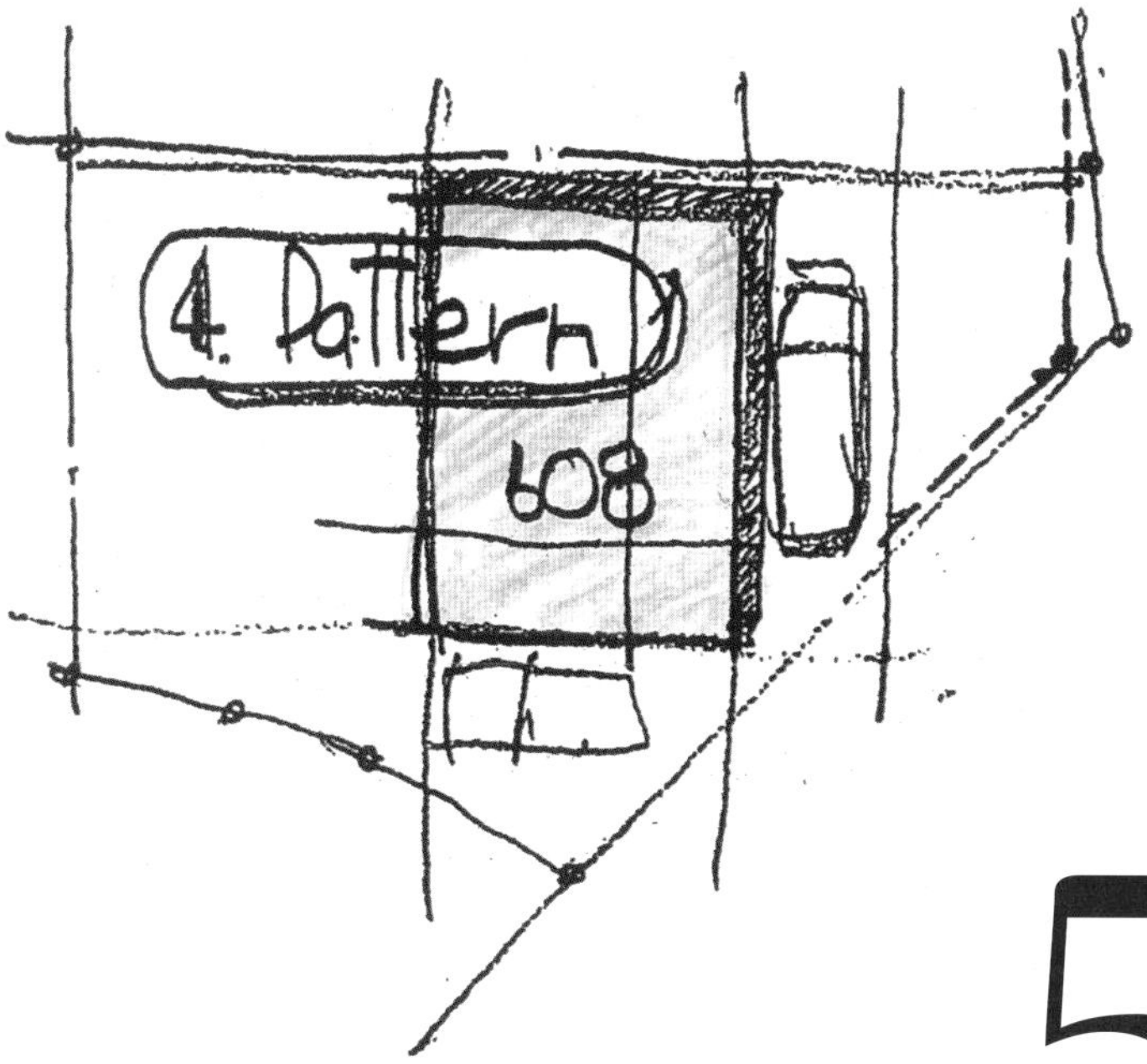

4
METHOD

パターンを置く

ここでいうパターン（型紙）とは、間取りのパターンのことで、間取りには定形があると考えることが基本的に重要である。「間取りは建て主の数だけ存在する」などと言われることもあるが、それほどたくさんの組み合わせがあるわけではない。決まったモジュールで合理的に間取りを考えていけば、間取りのパターンは数パターンに限られてくる。そのなかから汎用性のあるパターンを複数用意し、ベースというその核となる本体と、それに取り付く下屋を組み合わせて平面を決定していけばよいのだ。フォルクスハウスから始まった総2階のベースのパターンも、新しいフォルクスNでは1.5階というベースに進化している。

5
METHOD

シミュレーションをする

ベースと下屋を置くことで決められた間取りが適切であるかを検証し、必要に応じて調整する作業である。それは、諸条件を見直し、間取りを変更・調整していく作業であり、敷地に対して馴染ませていく作業でもある。ベースや下屋が適切な大きさと位置に配置されていれば変更点が少なくて済むが、変更点が多い場合はそもそものベース選びが適切でないのかもしれない。このように調整した間取りは、今後もパターンとして使うことができ、その蓄積がプランニング力強化につながっていく。

6
METHOD

チン・トン・シャンの重要性

5で終わらないのがプランニングだ。その先の手法を、私は「チン・トン・シャン」と呼んでいる。三味線を表す言葉だが、ここでは「リズム」として捉える。平面の美しさや、線同士のつながり・交差、合理性、連続性など、平面そして空間がリズミカルに展開していくことを考えて設計したい。そして、もう1つは「稽古」という意味もある。敷地に対して、繰り返し考え、何度となくシミュレーションする。つまり繰り返しながら身につけていくことが重要なのである。

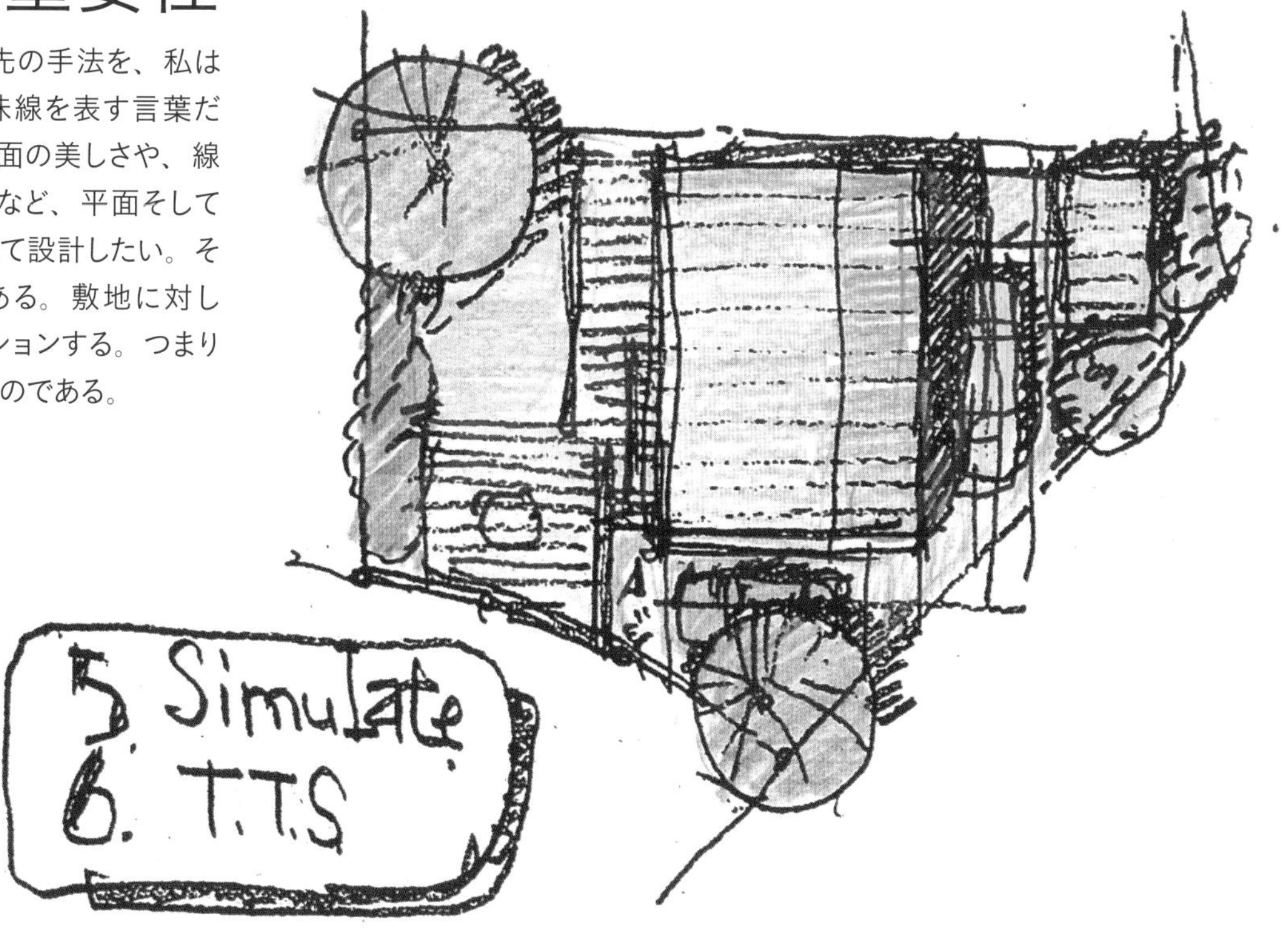

大原則はモジュールとグリッド

モジュールとグリッドは、プランニングにおける基本である。言うまでもなく、日本の住宅の多くは910㎜（3尺）の尺モジュールでつくられている。一方でフォルクスハウスが先鞭をつけた1ｍのメーターモジュールも、いまとなっては基本的なモジュールとして定着している。

解説：秋山東一

メーターモジュールの利点は、現在の日本人の体格に合ったゆったりしたスケールになる点、バリアフリーなどで車椅子や手摺を導入した場合、尺モジュールだとかなり難しいが、メーターモジュールであれば問題なくそれらが導入できる点だ。また、尺モジュールで、内法高といわれる人間が出入りする扉や戸の高さを今風に2000㎜以上とると、平面モジュールとのバランスが崩れ縦長の立面となりあまり美しくないが、メーターモジュールであれば、ちょうどよいバランスの立面の扉になる。

モジュールには地域固有のモジュールや、そのほか特殊なモジュールが数多く存在するが、1つのモジュールにとらわれることなく柔軟にモジュールを運用すべきである。メーターモジュールも、ある意味抽象的な「メーター」という尺度をもってきたという「無理」があり、人間の身体寸法を基準とした尺モジュールやフィートインチ尺、身体尺のほうが理にかなっていることもある。つまり、メーターモジュールによる構造、尺モジュールによる内部造作といった具合に、両方のモジュールを生かすダブル・モジュールの考え方が必要なのだ。その都度、適切なモジュールを選択し、それを使い続けてモジュール感を体得することが設計者にとって重要なことだと私は考えている。

グリッドは、基本となる寸法（モジュール）を、平面的、立体的に格子状に展開したものだが、高さ方向に対してはモジュール（メーター）にこだわることなく展開させている。実際的なプランニングでは、いつも基本的な階高・内法高を決めて、それを基準に部屋や廊下、柱、耐力壁、内外の開口部などを割り付けていく。平面的にゆったりさせて高さを低く、が原則である。

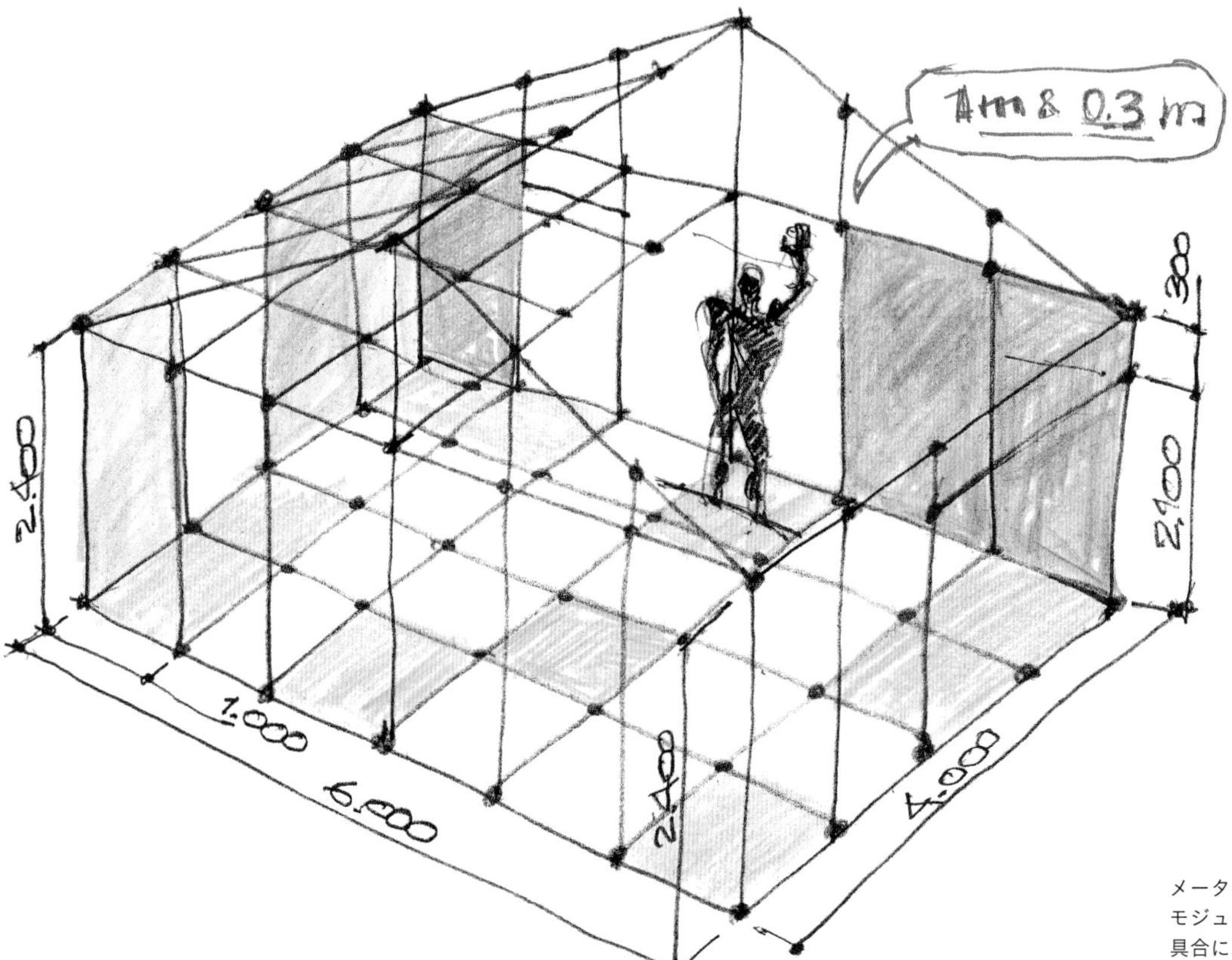

メーターモジュールによる構造、尺モジュールによる内部造作といった具合に、両方のモジュールを生かすダブル・モジュールの考え方が必要

何よりもまず最初にガレージの位置を決める

秋山メソッドでは、本題である建物より先に車（駐車場・ガレージ）の位置を決めることになっているが、ここでは具体的にどのように配置すべきか考えてみたい。

解説：秋山東一

左のスケッチは2つの車の留め方を概念的に描いたものだ。Aは直角駐車、Bは平行駐車である。どちらもよく見られるガレージの配置だが、実に平行駐車の例が多い。しかし、車を運転している方にとっては容易に想像がつくが、平行駐車の実に面倒なことと言ったらない。しかもそれが狭小敷地でスペースに余裕がないとしたら、駐車するたびにひと苦労である。まず大前提として、できるだけ直角駐車でガレージの位置を検討したい。

もう少し具体的にガレージの位置の考え方を整理してみよう。下の2図は現実の敷地で現実のフォルクスハウスの計画でのガレージ位置の検討を図解したものである。角地で東側と北側に4m道路が接道している。

図Aの1から4が、その場所のガレージの可能性がある位置である。1と2は北側道路に直角、平行な位置関係だ。しかし、北側道路は行き止まりであるため、使い勝手はあまりよくない。3は真っ当な位置と思えるが、東側道路の幅員4mとなるとガレージはセットバックしなければならず、また、建物の南側という位置は日当たりのよい庭をつぶすという意味でもあまりよくない。という訳で、北側道路に直角（東側道路には平行だが）という特殊な位置である4にガレージを決定した。この位置であれば、ガレージに容易に出入りができ、また北側であるため日当たりを遮るなど敷地への影響も少ない。

図Bは、現実の1階の様子である。ガレージの位置が決まることで、そのほかの住宅の間取りもおのずと決まってくることが分かる。ここでは、ガレージによって玄関の位置が決まり、そこから水廻りが連なる。そしてガレージの南側には、庭、デッキ、樹木と外構が形成され、そこから室内の食堂・厨房と決まってくるのが分かる。ガレージの位置が住宅のプランに影響を与えることがよくわかる。したがって、ガレージを何よりも先に決めるべきなのである。

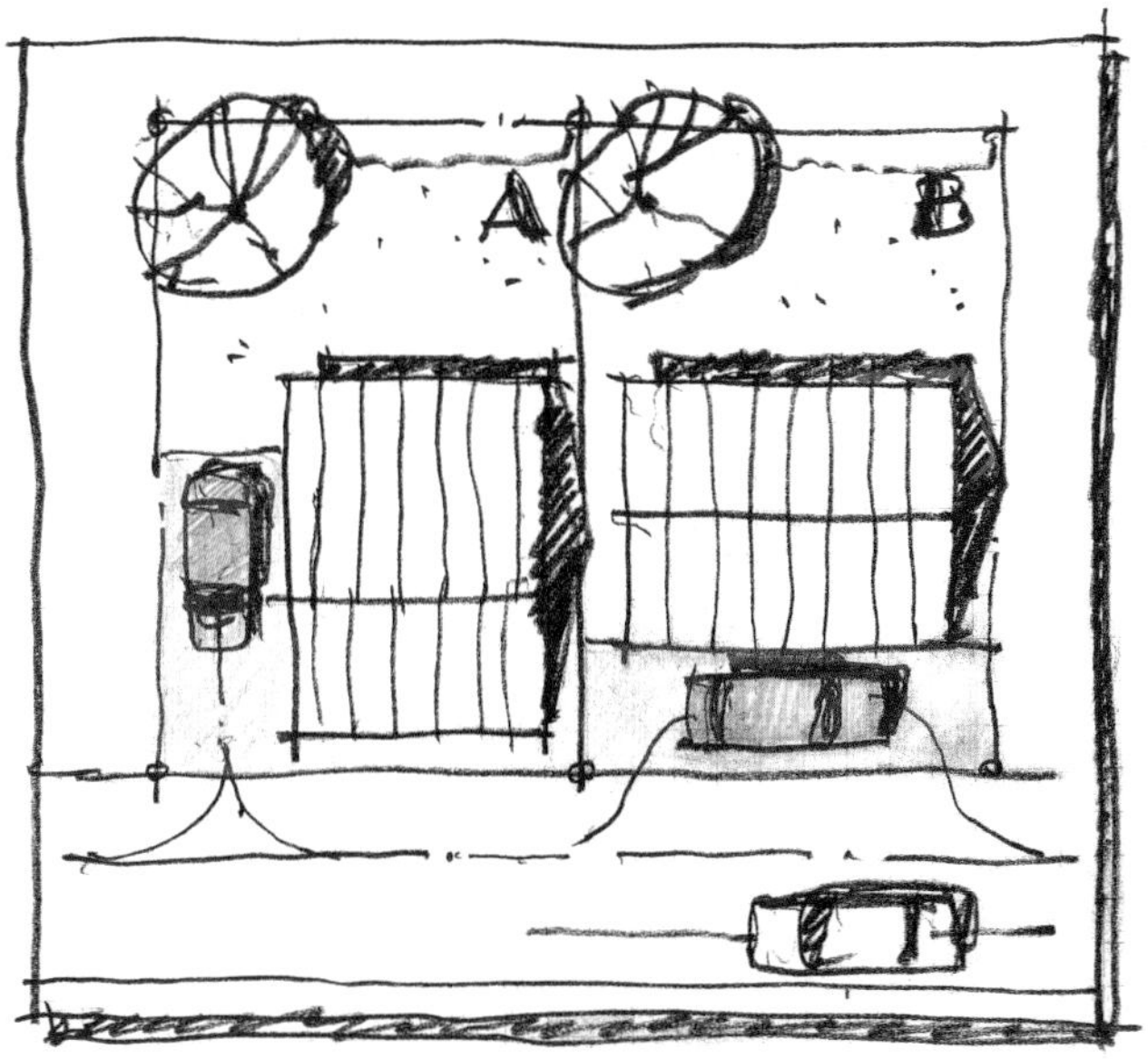

A.

B.

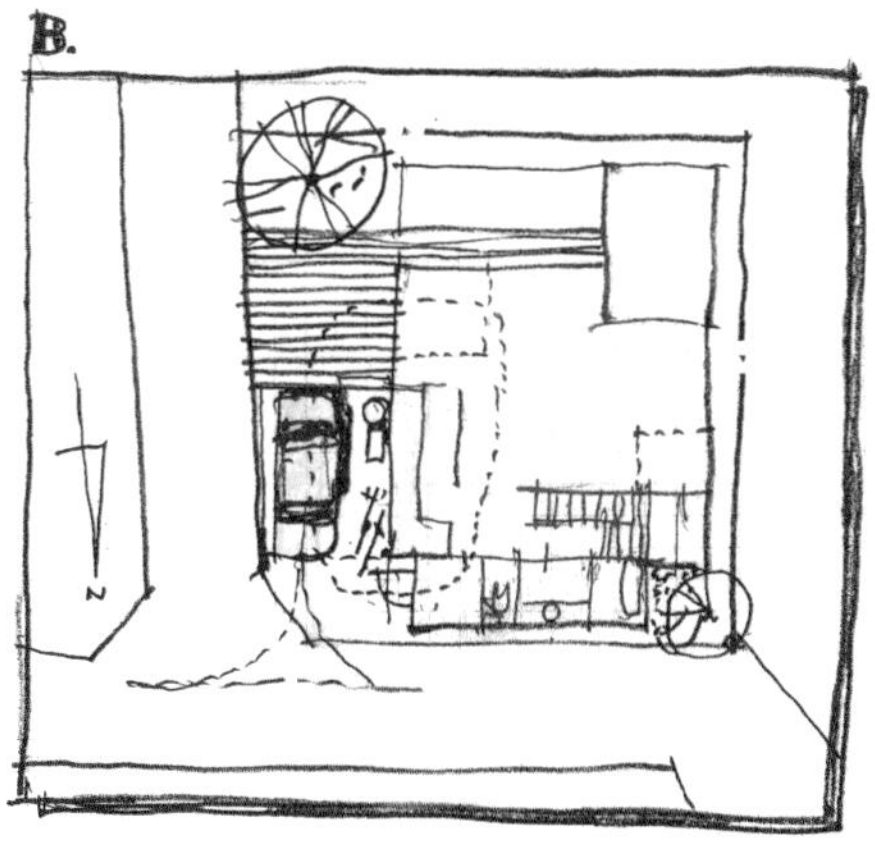

すべての基本はベースの選択

フォルクスハウス初期の時代はベースが大きなものが使われることが多かったが、最近では小さなベース606を使い下屋によって選択肢を増やす手法が多用されている。フォルクスハウスから最近のフォルクスハウスN、それらと背景の異なるMKの606ベースを挙げる。

解説：秋山東一

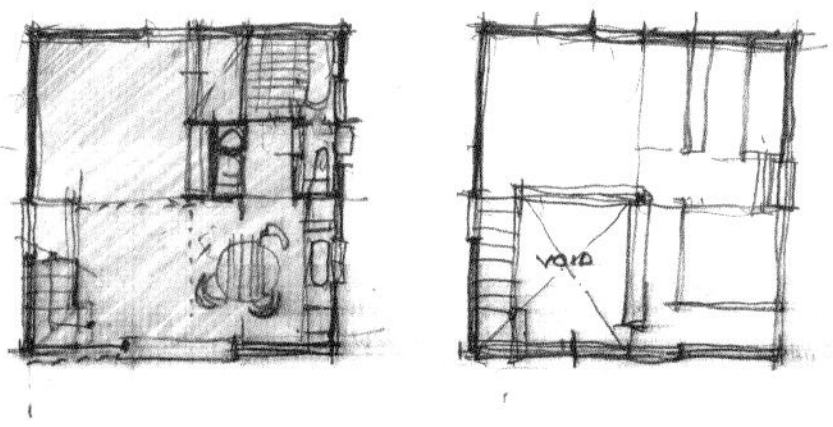

606・フォルクスハウス

フォルクスハウスの典型的606。総2階で、増沢恂の最小限住宅がもととなっている。下屋を使わなくても使える

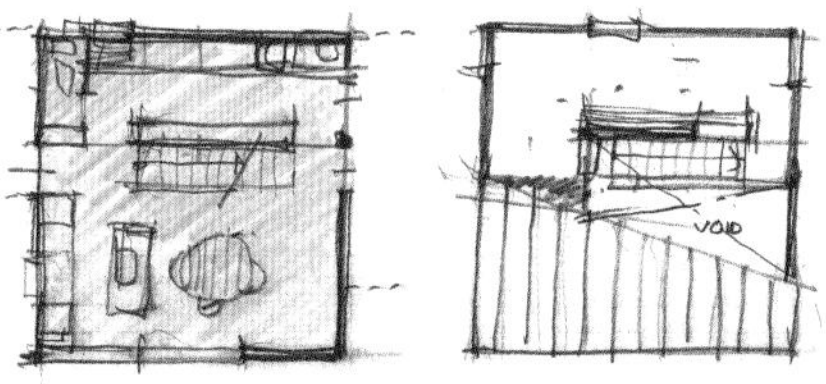

606・フォルクスハウスN

同じ606でもフォルクスハウスN は1.5階となる前提があり、片流れ屋根とロフトという内容に下屋による展開が必要だ

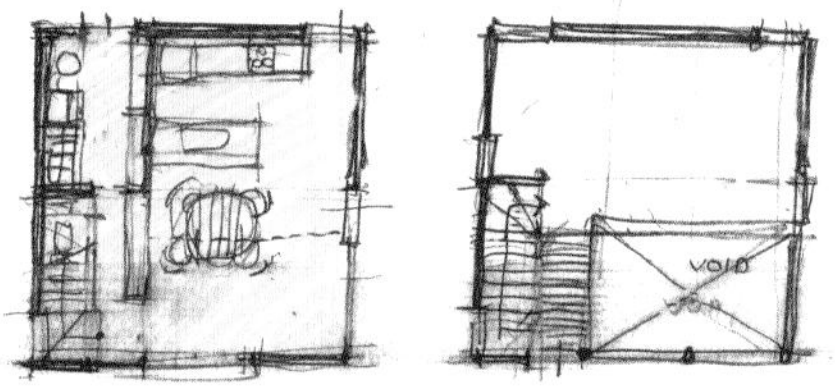

606・MK

MKはフォルクスハウスとはまったく違う背景の住宅である。同じ606だが、内容を固定化して、その三方に下屋を付けられる

秋山メソッドで住宅をプランニングする際の基本構成となるのが、ベースと下屋である。フォルクスハウスから始まり、最新のシステムであるフォルクスNでも同じである。

ベースは、「母屋」とも言い換えることができるもので、システムの基本となるものである。初期のフォルクスハウスでは基本を総2階として、住宅に必要な要素——浴室、トイレ、洗面脱衣室、LDK、玄関、個室などをすべて含んだものだ。つまりベースを選ぶだけで、住宅の間取りがまずは基本的に完成する。それがフォルクスの考え方である。

もちろん、敷地や家族構成、予算などに応じて、求められる面積は変わるので、ベースにはさまざまな大きさのものが用意されている。たとえば、6m×6m（「606」と表記する）や、7m×10m（「710」と表記する）といった具合である。そして606であれば、平面の大きさは6m×6m＝36㎡となり、それが2層分あるので延床面積は72㎡となる。

そして、数あるベースのなかから、さまざまな要件・要望を検討して、適切な大きさのベースを選ぶことが重要になる。ベースごとにプランの方向性や傾向は異なり、建て主家族の考え方や住まい方と合致する必要があるためだ。

また、あとで詳しく述べるがベースには「下屋」を付け足せば、ベースに足りない部屋や要素を加えることが可能になる。そこで、敢えて小さめのベースを選び、下屋を巧みに配置することでプラン的がうまく収まる例もある。たとえば、2階の個室が多くは必要ない場合や、老後を踏まえて1階に個室を増やす場合などである。また、玄関までのアプローチやガレージの位置、道路との関係や見え方などを調整するものとして、下屋は役立つことが多い。ともかく、さまざまな可能性を考えながら、ベースを選び、敷地にどう置くかを検討してほしい。

なお、ベースと下屋の考え方は進化している。フォルクスNでは1.5階という、初期フォルクスハウスとは異なったベースの考え方をとった。それはベースだけで成り立つことを前提としないもので、下屋の役割も大きく変わっている。下屋も「土間」「水」「おまけ」というような抽象的な名称となり、新たな可能性を模索しているのだ。

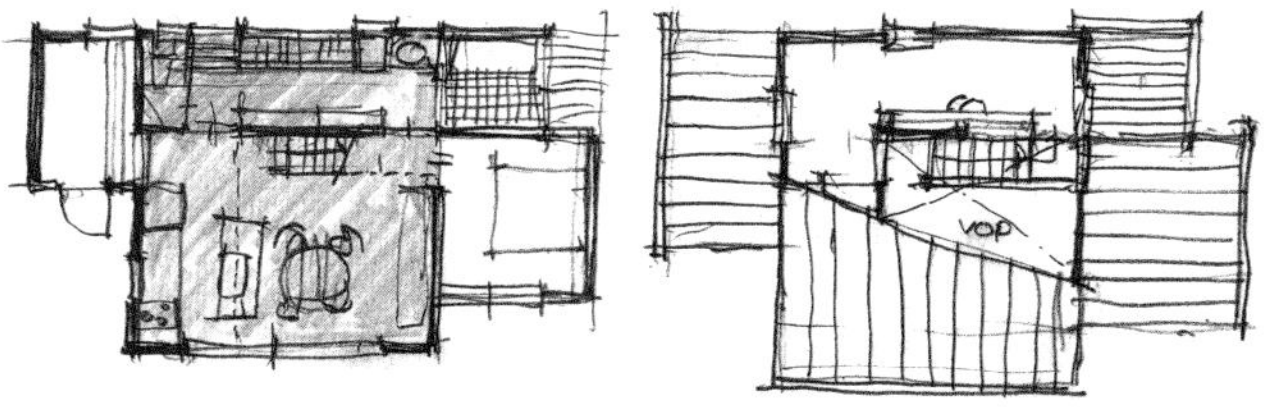

606+・フォルクスハウスN

新しいフォルクスハウスとして構想された1.5階ベースの606。玄関土間、浴室、寝室が下屋で構成されている

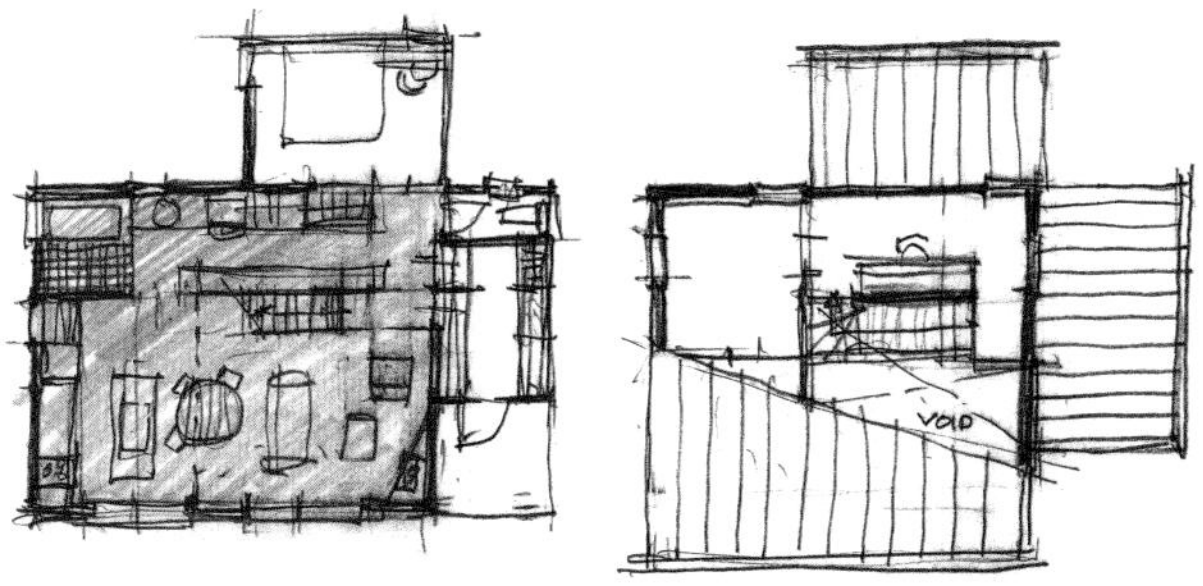

608+・フォルクスハウスN

同じく1.5階ベースだが、608と大きくなっている。浴室をベース内に置き、寝室と玄関で下屋を構成している

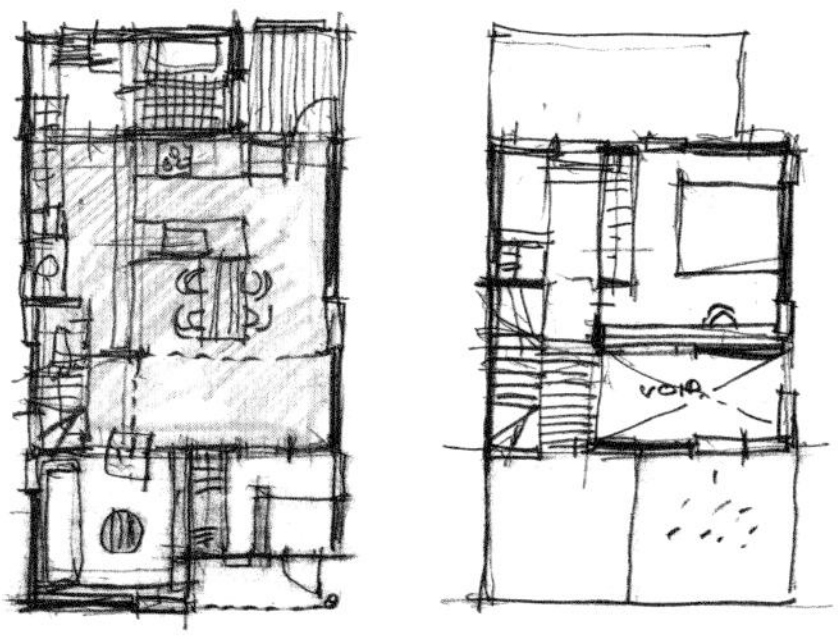

606+・MKs

MKの606ベースは、厨房と食堂、階段と便所、そしてユーティリティが固定化されている。テレビ室的扱いの居間、玄関、水廻りが下屋となっている

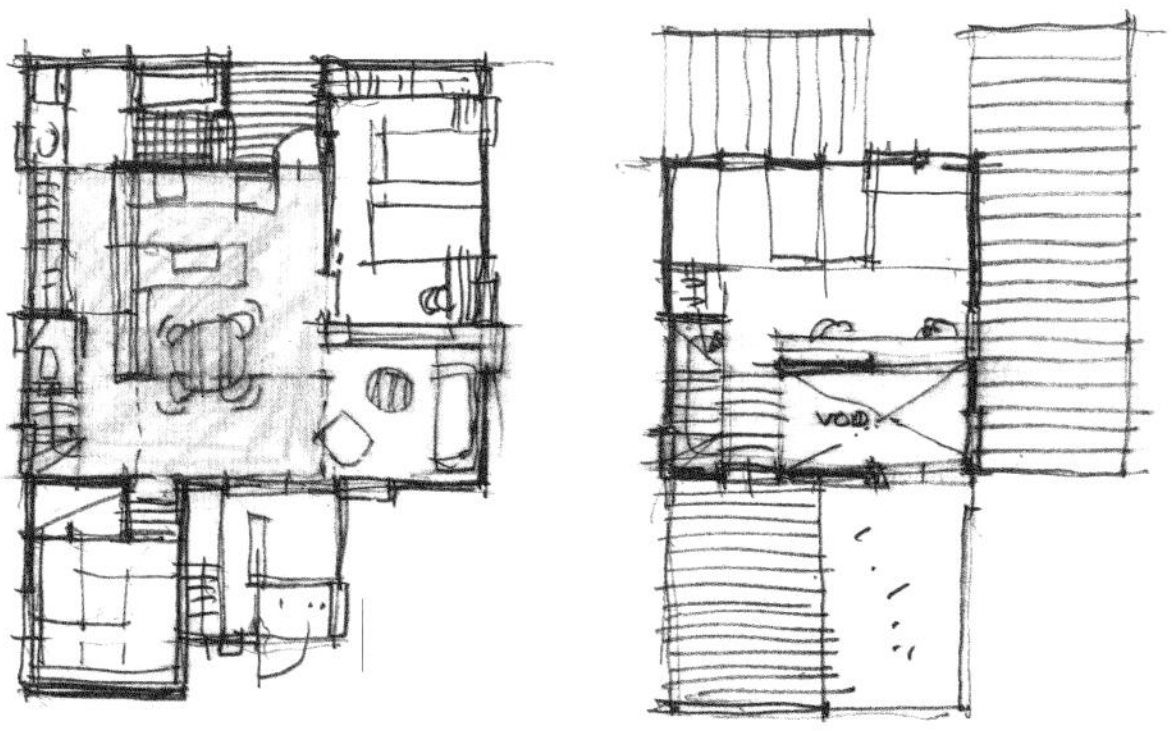

606+・MKM

より大きなMKの展開。玄関、和室、水廻り、寝室、居間がすべて下屋で構成されている。Nの最大のメリットは、下屋を加えていけばプランニングができるということだ

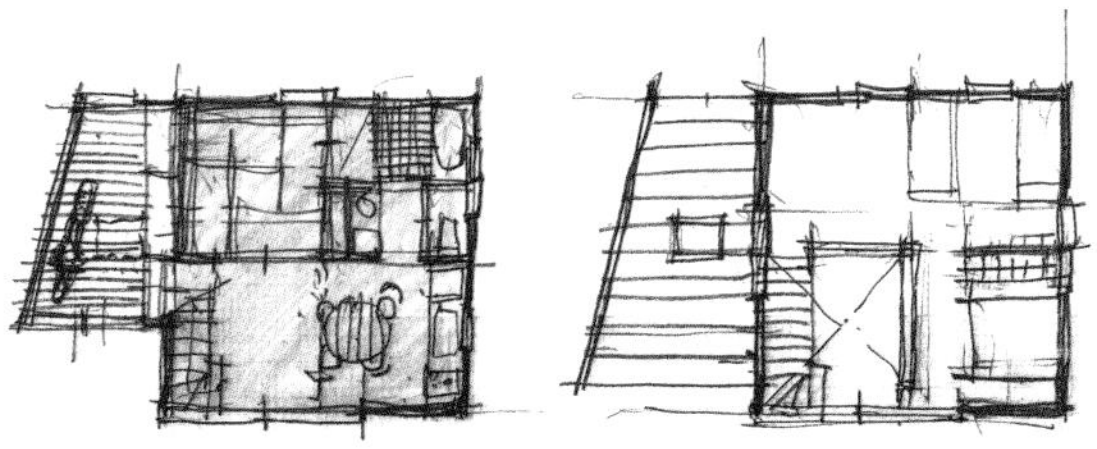

606+・フォルクスハウス

ベースに簡単な土間の下屋を付けてみる。この例にはバイクが入っているが、いろいろだ。また、敷地形状によって変形させている

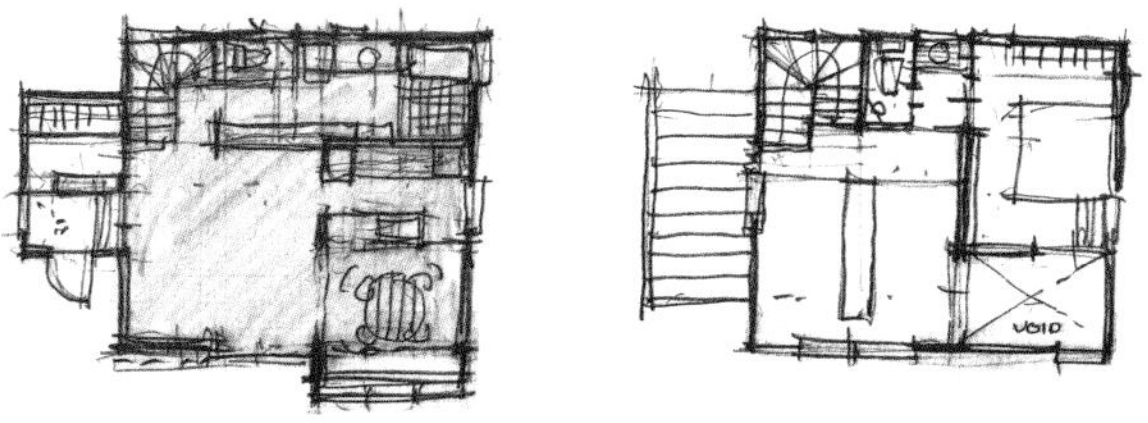

607+・フォルクスハウス

607ベースは階段と水廻りを北側に配置するという典型的なフォルクスハウスだ。玄関を下屋として扱っている

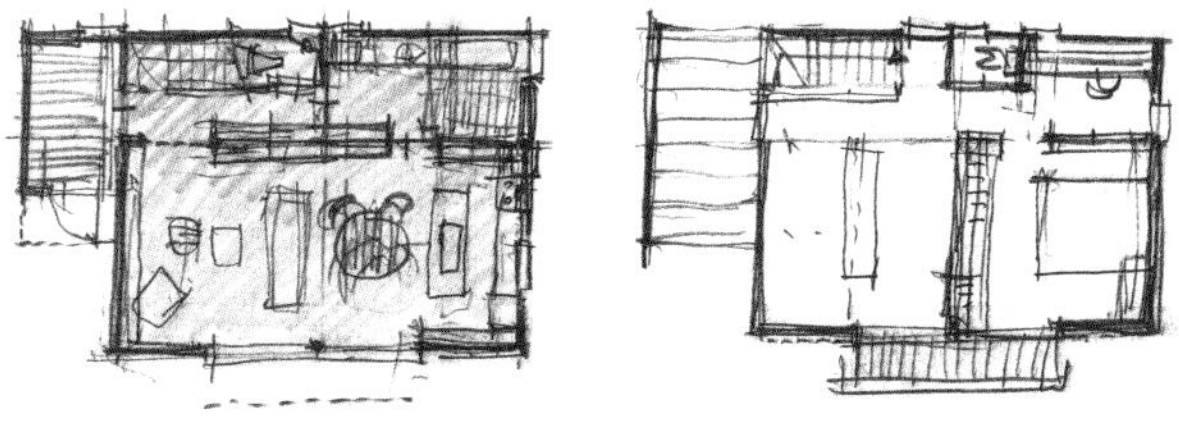

608+・フォルクスハウス

典型的な608ベース。北側に配した階段・水廻りによって南側のプランニングの自由度が上がる。玄関には単純な土間の下屋だ

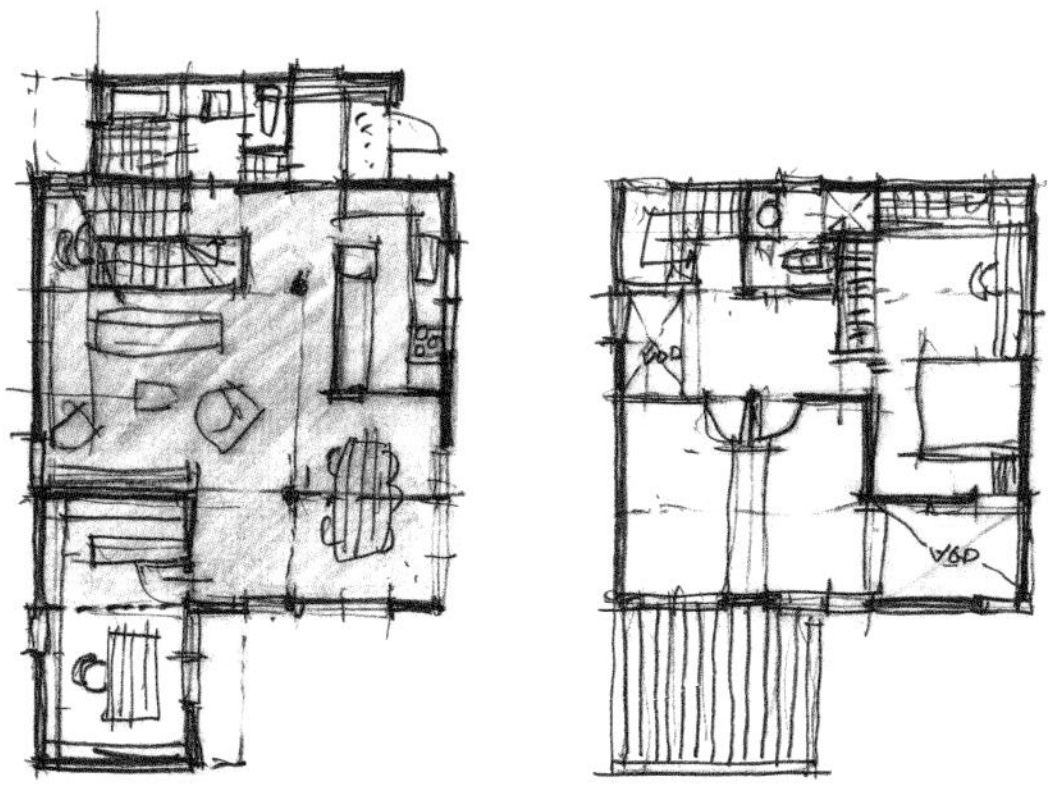

808+・フォルクスハウス

808という大きなベース。玄関・水廻りの下屋と書斎部分を大きくする下屋によって構成されている

下屋でベースとプランを整理

下屋は、「母屋にかけるかたちでつくった小部屋」のことで、基本的に2階の建物に取り付く1階部分を指す。秋山メソッドでは、このベースと下屋を用いて、住まいを構成する。一定のベースにさまざまな下屋が取り付くことによって、多種な要件や要望に応える組み合わせを選択できる。さらに細かな壁や下屋の位置を調整すれば完璧である。

解説：秋山東一

下屋は、その内容のよって大きく2種類に分けられる。1つは「機能下屋」である。たとえば、玄関、水廻り、厨房などである。機能下屋が取り付くことで、ベースはゆったりとした間取りになり、自由度もアップする。ガレージなどを下屋として取り付ける場合もこちらも含む。

もう1つは「空間下屋」である。空間下屋を取り付けることで、ベースが広がり、ベースの主にリビングやダイニングなどの有り様が大きく変化する。LDKの脇に和室などを設ける場合も、この空間下屋を取り付けるだけで完了する。

下屋の考え方は非常に理にかなったもので、古い民家が長寿命だったのは、しっかりとした構造でつくった母屋（ベース）があり、その時の家族構成や必要な用途に合わせて簡易な下屋を増築して、母屋には手をつけなかったためである。ベースをしっかりと考え、下屋で機能や不足する空間を補い、住宅の使い方における時間的な変化にも対応する。ベースと下屋の組み合わせは、とても合理的なプランニング手法なのだ。

水廻り+玄関土間+坪庭

2m×4mの水廻りの下屋と、2m×1mの玄関土間を組み合わせた例。間に坪庭を組み込んだアレンジ

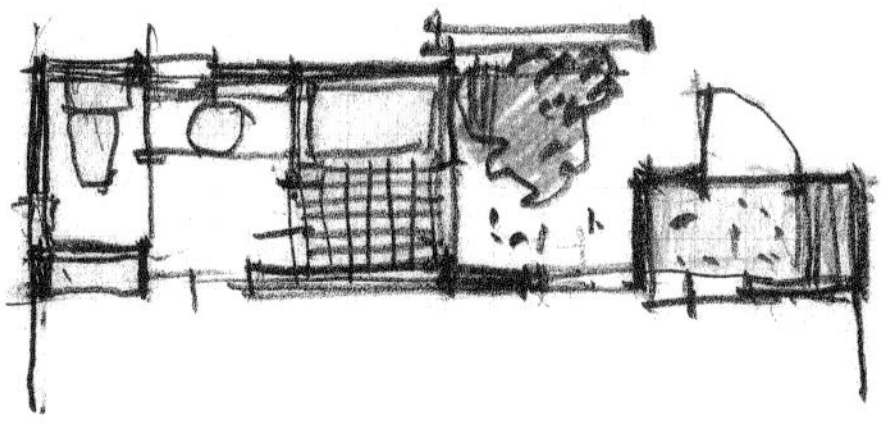

キッチン+玄関

2m×4mのキッチンと、2m×2mの玄関の下屋を組み合わせた例

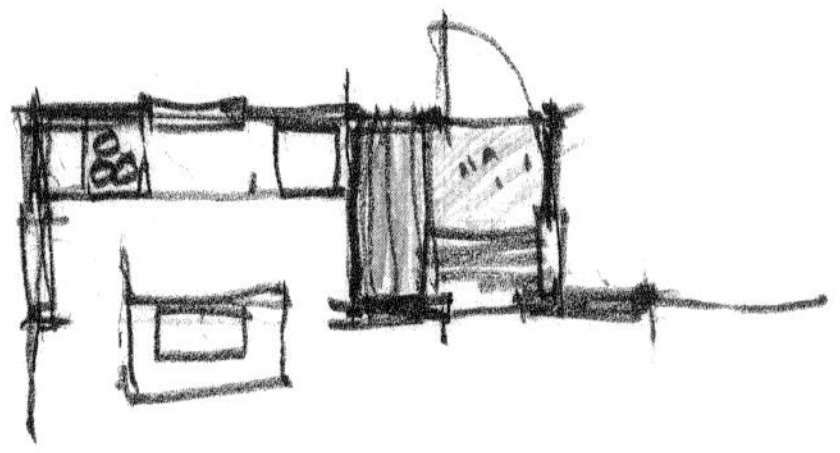

収納

2m×1m。収納を下屋に出した例

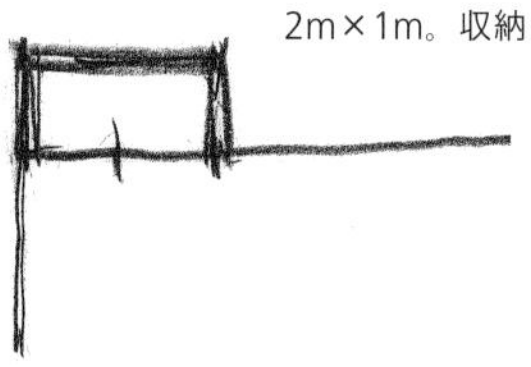

水廻り（浴室・洗面脱衣室・トイレ）

2m×4m。水廻りをベースの外に出せば、ベースの間取りが楽になる。小さなベースや1階に部屋が欲しい場合に有効

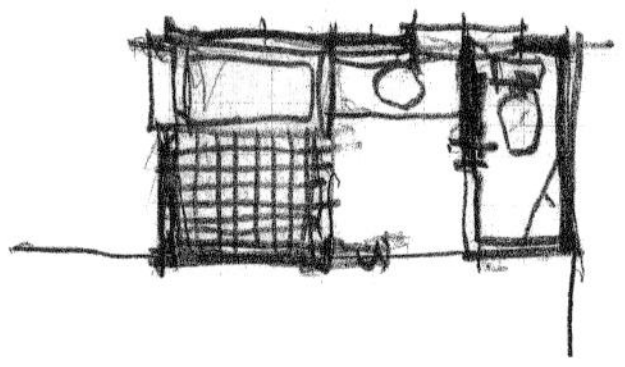

水廻り+玄関

2m×6m。玄関にクロゼットも付けた収納力の高い下屋

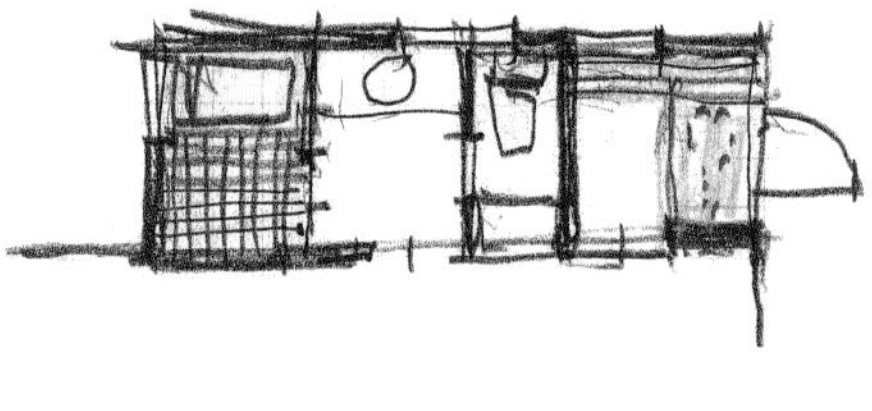

水廻り+玄関+坪庭

2m×4mの水廻りの下屋と、2m×2mの玄関の下屋を組み合わせた例。間に坪庭を組み込んだアレンジ

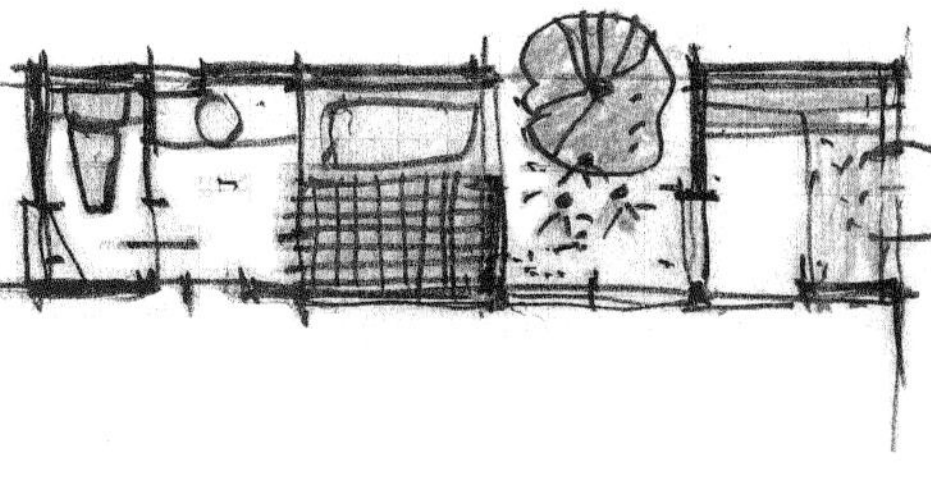

土間

2m×1m。玄関の土間部分だけでなく、厨房の横につけて勝手口の土間としても使える

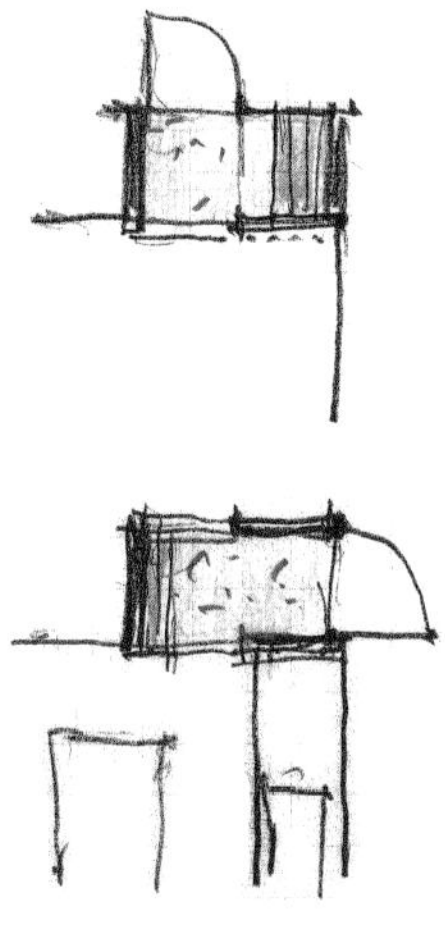

大きな土間

2m×4m。土間の用途を拡大した下屋。大きな物置を兼ねたクロゼット。自転車も入る

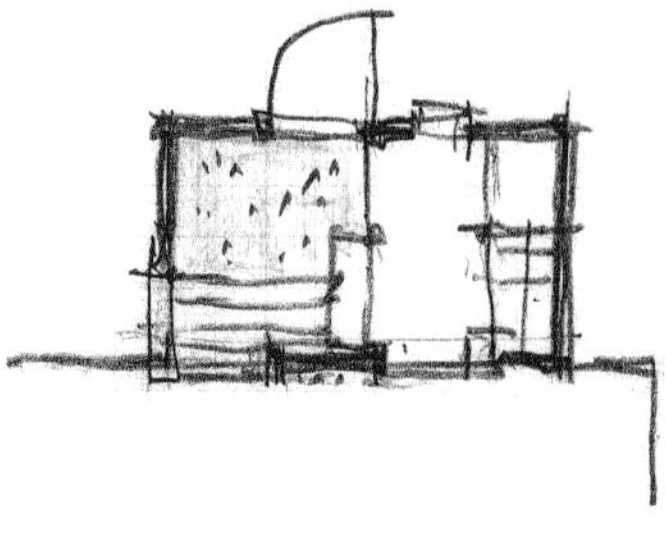

余裕のあるガレージ

3m×6mにすることで、自転車置場や物置、設備スペースが生まれる

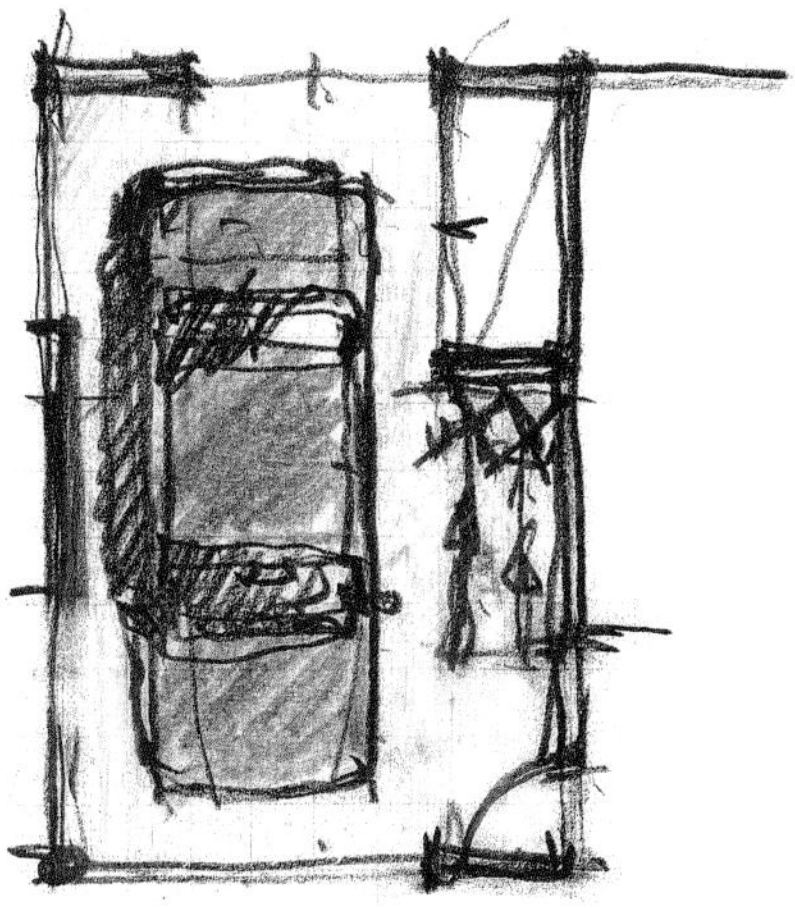

ガレージ

3m×5mが最低のライン。車だけが収まる

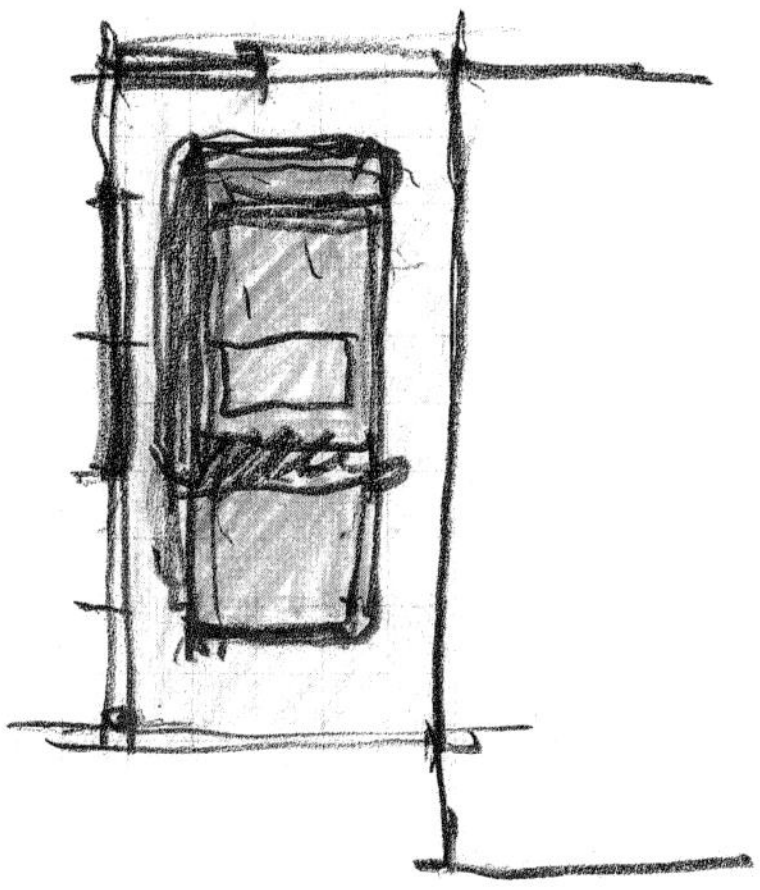

大きな水廻り（浴室・洗面脱衣室・トイレ）

3m×3mの大きな水廻りの下屋

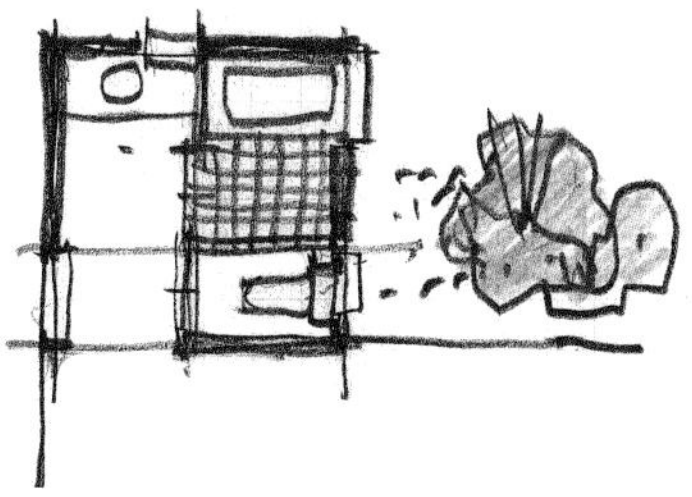

キッチンとダイニング

4m×4mのキッチンとダイニングの下屋

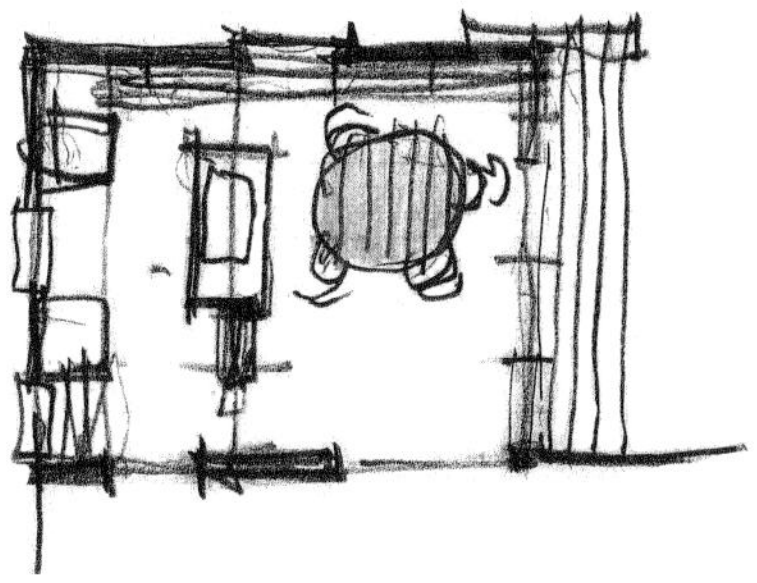

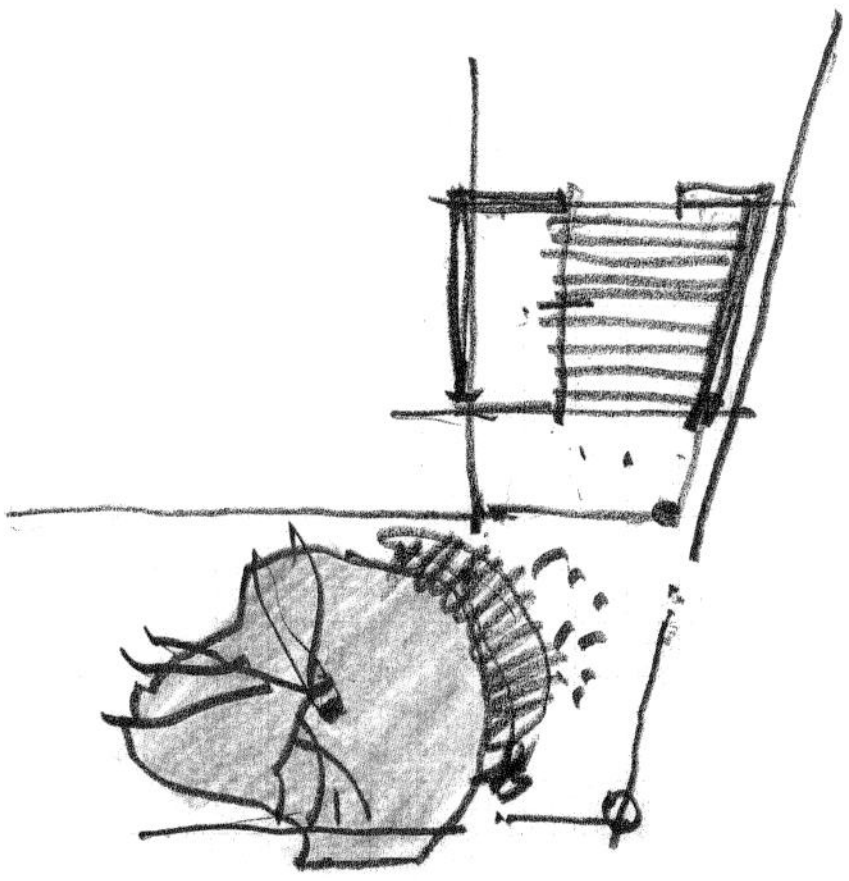

変形の下屋

敷地形状に合わせて変形の下屋を取り付けることも可能

空間下屋

ベースの空間を広げるために使う

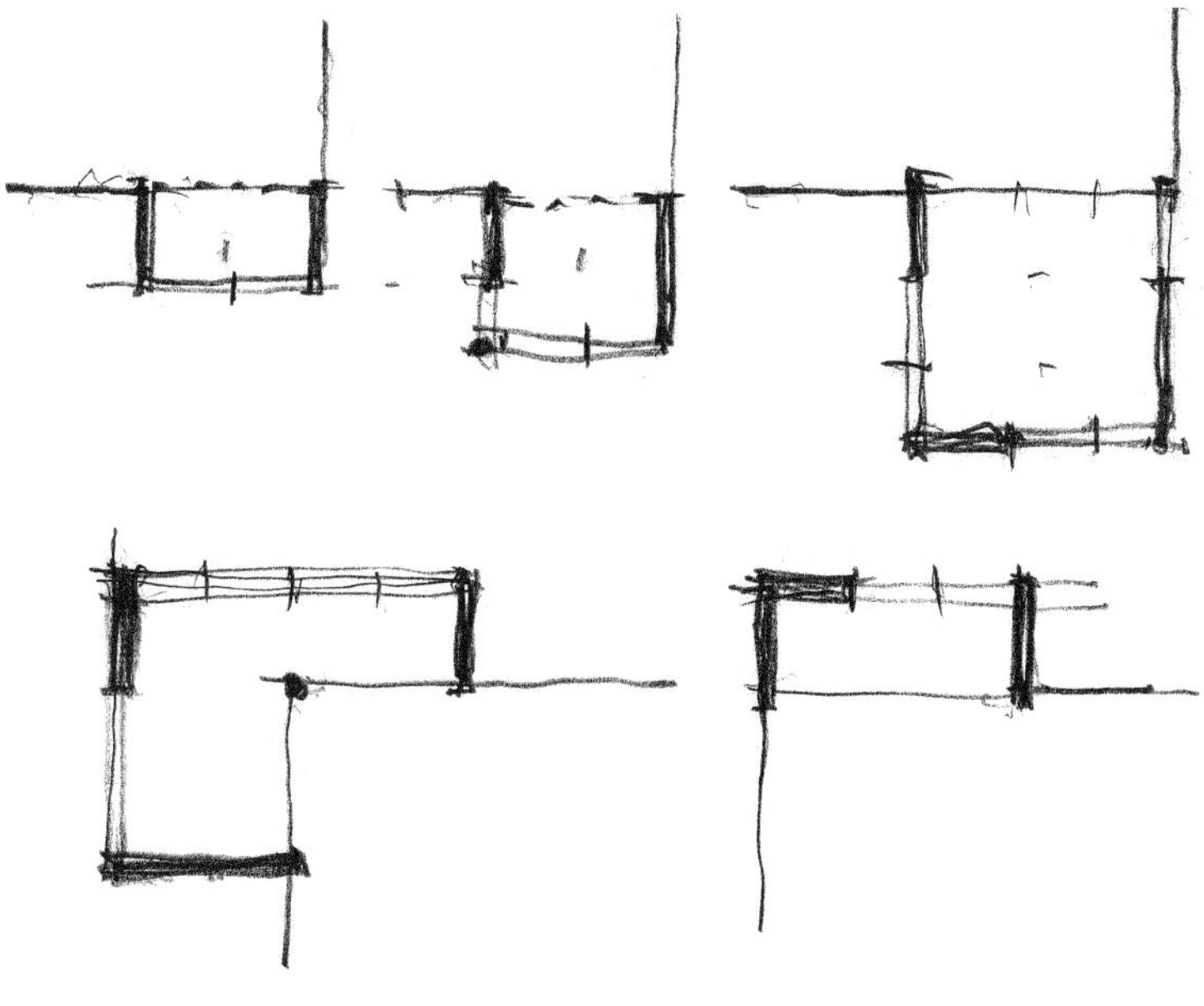

和室

4m×4mの下屋で和室8畳ができる。押入れ・床の間も工夫

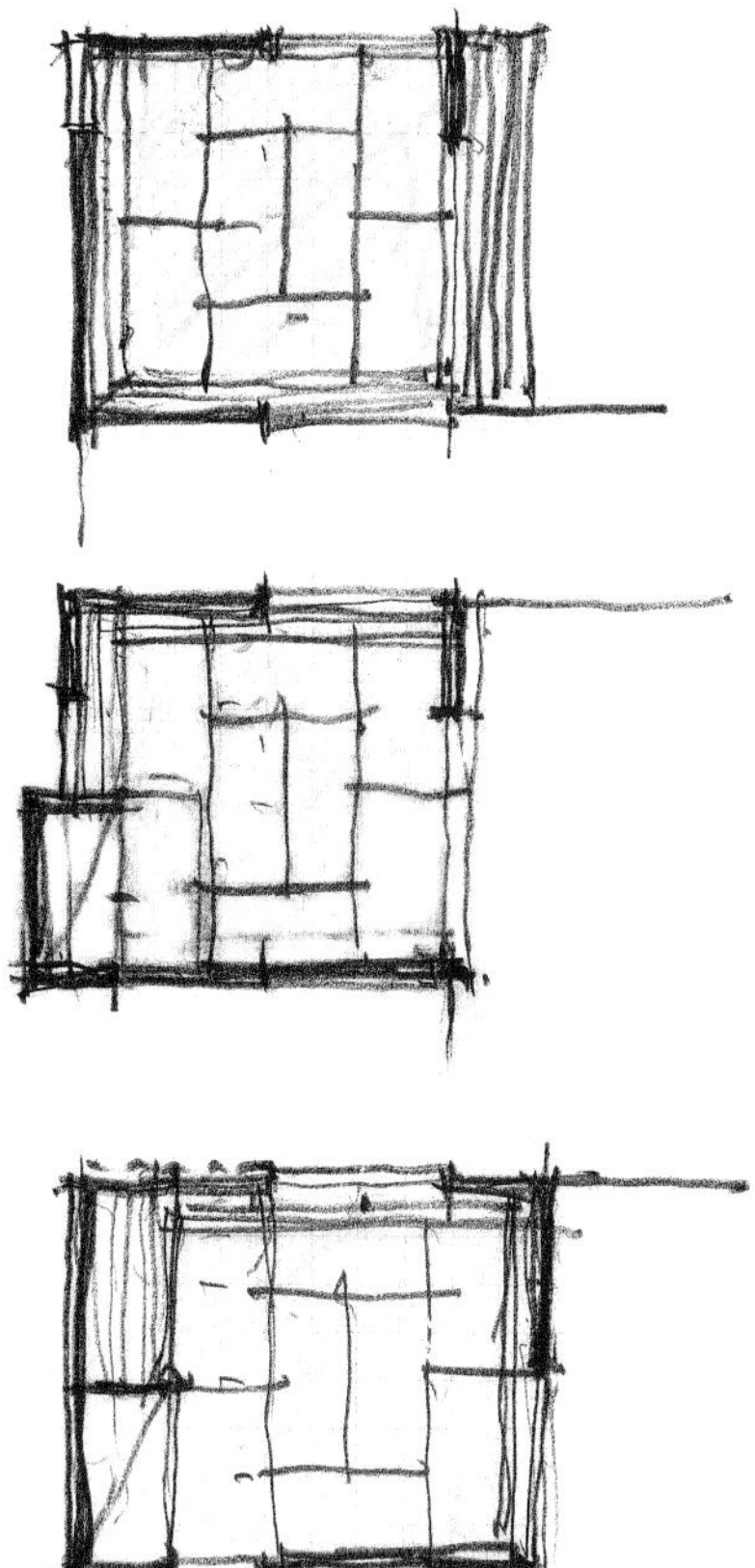

階段は4つのパターンから選ぶ

秋山メソッドでは、階段を吹抜けあるいは2階の床に設けた開口部に付随する「装置」としてとらえる。階段を構成する要素、段板、ささら桁、手摺などの構成はまさしく装置というべきものだ。

解説：秋山東一

フォルクスハウスに代表されるシステム住宅では、基本グリッドも階高も事前に決定されているため、住宅ごとにデザインする必要はなく、パターンとして用意しておくことができる。階段は4つのパターンに集約される。そして平面上の形をアルファベットに模して記号化し、面積や形状に応じて使い分けるように考えている。

標準的な平面パターンで考えると、北側外壁に沿って階段を配置するプランが、汎用性の高いパターンの1つと言える。2階の残りの空間がワンルームになるようにすれば、平面のいろいろな変化に対応できる。もちろん、空間の真ん中に階段を配置しても構わないが、その場合は空間が分断されてしまうので、そのような分断され制限されたかたちを生かす平面計画である必要がある。まあ、外壁に沿って配置すれば間違いないであろう。

パターン1

L階段

一本階段の変形である。1m×4mのスペースで上がり口、あるいは上がった頂上で90°曲がる。これによって限られたスペースに階段を設置することが可能になる

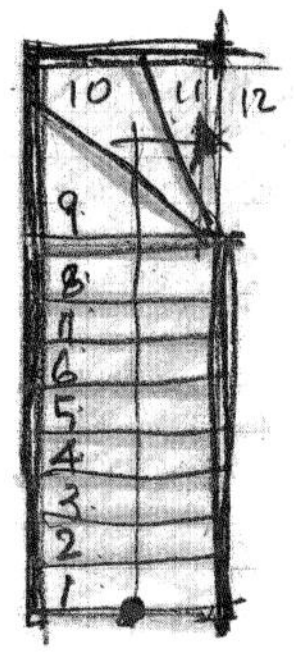

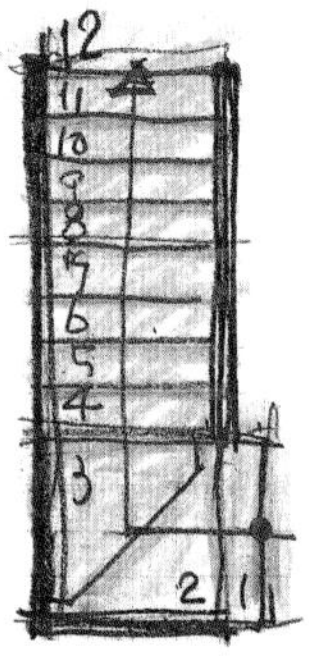

パターン2

I階段

一番単純な一本階段である。1m×4mのスペースに入る。長ささえとれれば、踏み面も自由に取れる

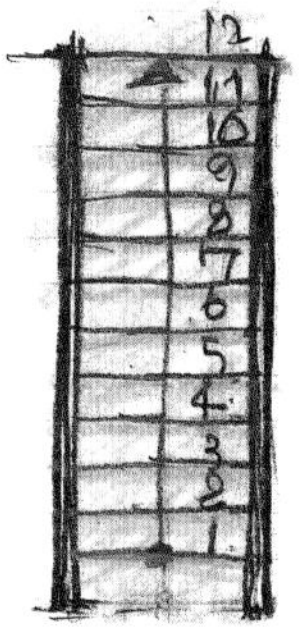

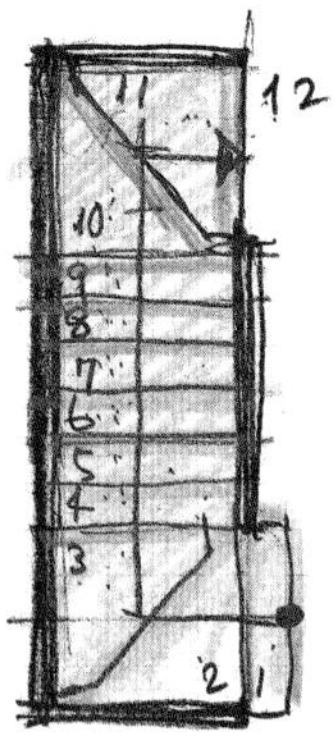

パターン3

J階段

U階段では勾配がきつかったり、もっとスペースに余裕があったりする場合に用いる。2×3mのスペースに収まる

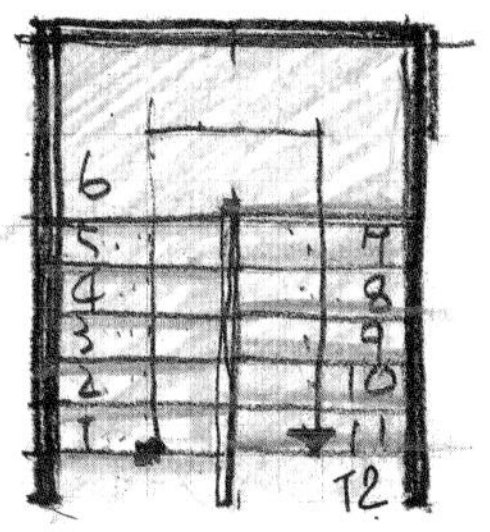

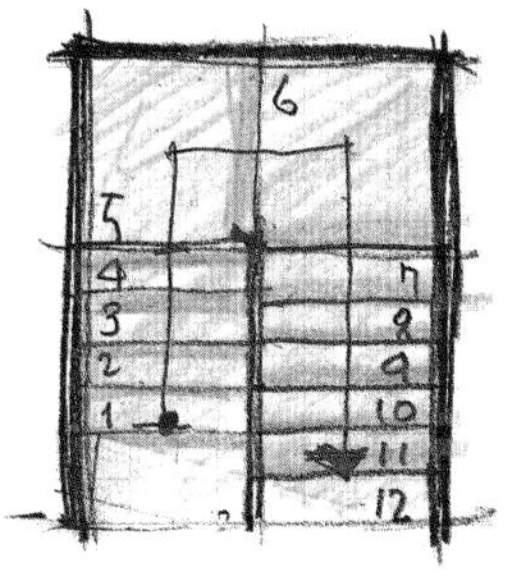

パターン4

U階段

2m角のスペースに入る、いわゆる「イッテコイ」の階段である。コンパクトに収まる

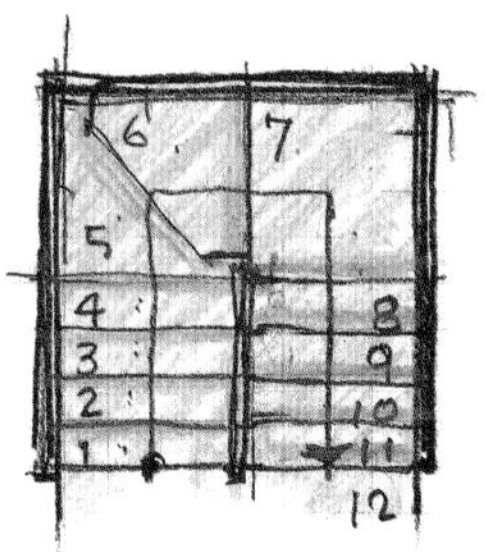

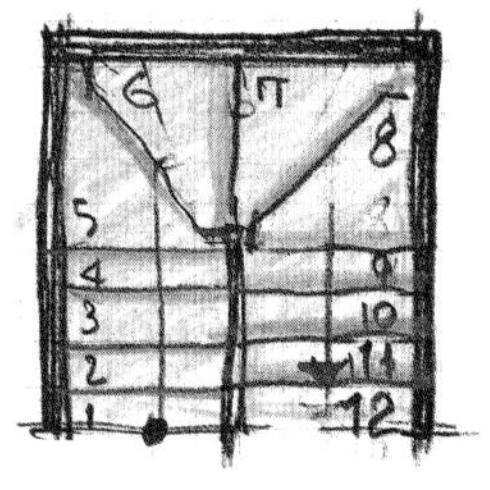

グリッド厳守で構造を破綻させない間取り設計

910グリッドを忠実に守りながら長年に渡って質の高い間取りを設計し続けているのが、宮崎を代表する地域工務店、チトセホームの西山哲郎社長である。年間50棟にもおよぶ住宅の間取りを社長以下数名でどのように設計しているのか、実際の打ち合わせやプレゼンなど設計前後の工程も踏まえながら解説する。

解説：西山哲郎　撮影：杉野圭

チトセホームでは、定期的なイベントや完成見学会などで集客。その後、セミナーなどの勉強会を経て、同社の家づくりに興味のあるお客に対して打ち合わせの場をつくり、その時のヒアリング結果を元に間取りやCGパースなどを作成し、提出する。この間に仮契約や手付金をもらうことはなく、この間取りやCGパースなどのデザインを気に入ってもらって初めて仮契約となる。つまり、契約するうえで間取りが重要な要素を占めているのだ。

PROCESS

間取り作成のプロセス

↓

見学会・セミナーなど

↓

簡単な打ち合わせ

↓

アンケート

↓

詳細打ち合わせ

↓

間取り設計

↓

プレゼン

↓

仮契約

↓

設計変更・プラン決定

それほど数が多くない良質なお客を競合他社と取り合う関係上、詳細な間取りを提示するプレゼンまでを無料でを行っている

手順
1
打ち合わせの場で間取りを設計する

打ち合わせでは対面したお客と事前に記入したアンケートを見つつ、雑談しながら部屋や収納の要望、趣味、持ち物などを聞き、その情報から部屋の位置や動線計画などを提案。間取りのラフのようなものを手描きで起こしていく。

この時作成する間取りのラフは部屋を紙にそのまま配置したもの。敷地条件や予算などのイメージから、910㎜ピッチで8×8（4×4間）、同6×10（3×5間）、同7×9（3.5×4.5間）の外周ラインを描き、その中に910㎜ピッチで4（2間）、3（1.5間）、2（1間）といった間隔で縦横に分類。そこにできた910㎜ピッチで4×4（2×2間）、4×3（2×1.5間）、4×2（2×1間）などの囲みに部屋を割り付けていく。そして、平面を部屋で埋めつつ、「この部屋ではこのような行動をして隣の部屋に移動する」といったことや「この収納はこのくらいの大きさがあればだいたいの物が収まる」といった具合に、この間取りでの生活がお客にイメージできるように説明していく。そして、お客の反応を見ながらその場で間取りを修正したり、メモを取ったりしながら、打ち合わせを終了する。これが同社での一般的なお客との打ち合わせの過程である。

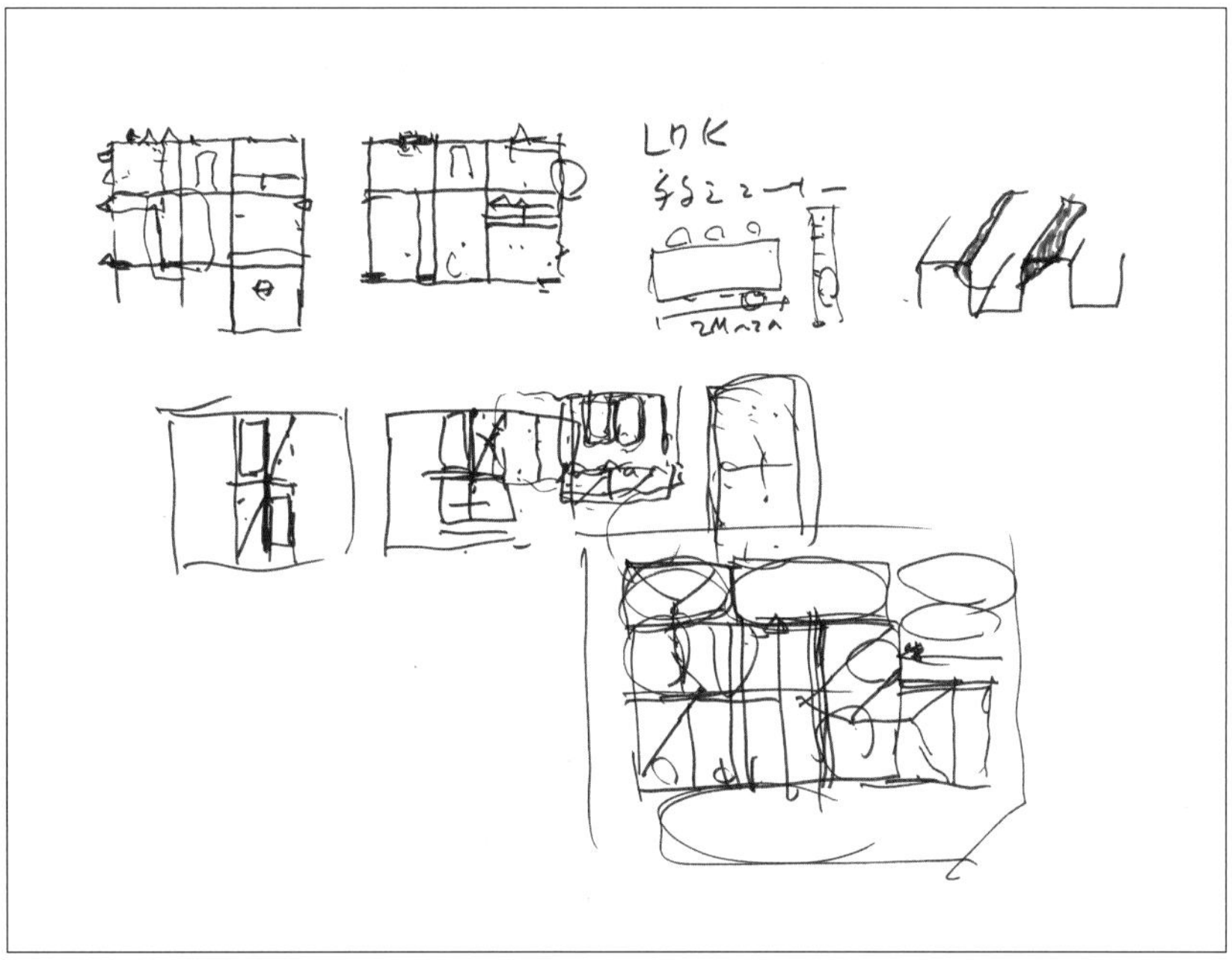

打ち合わせで西山社長が描いたスケッチ
お客の話を聞きながら、間取りに対する要望や提案をその場で図面化していく

チトセ流間取りの原則

6×10（3×5間）

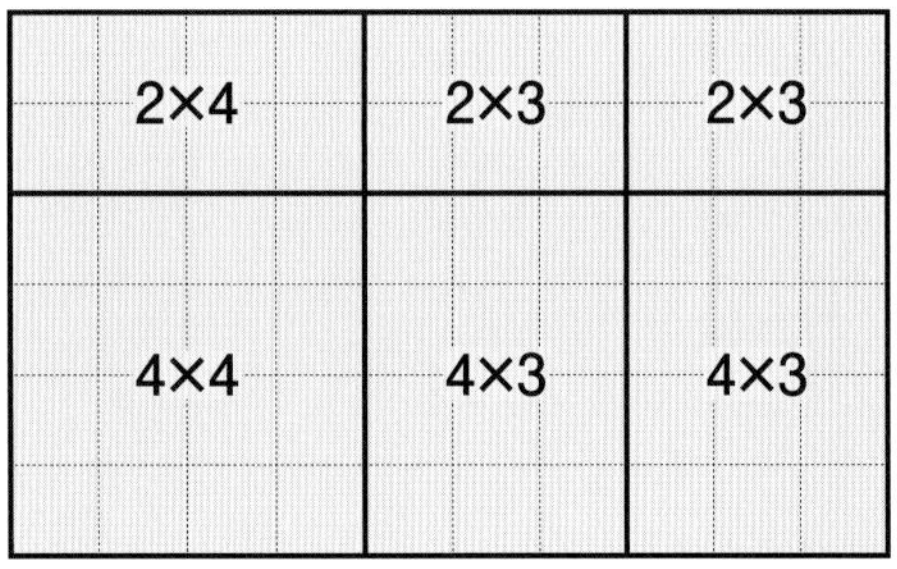

間取りを考えるうえでのグリッド原則。敷地条件や必要な部屋数に応じて平面の大きさが選択され、それを910mmピッチで4×4といった四角形に分類される。こうすることで構造を破綻させずに間取りを整理することができる

7×9（3.5×4.5間）

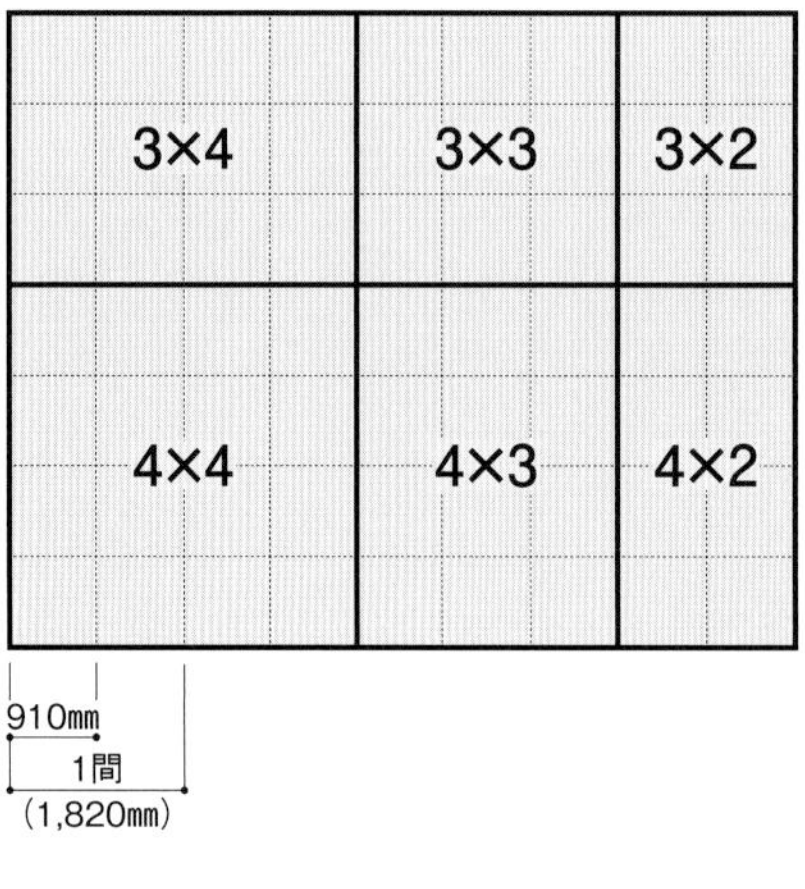

8×8（4×4間）

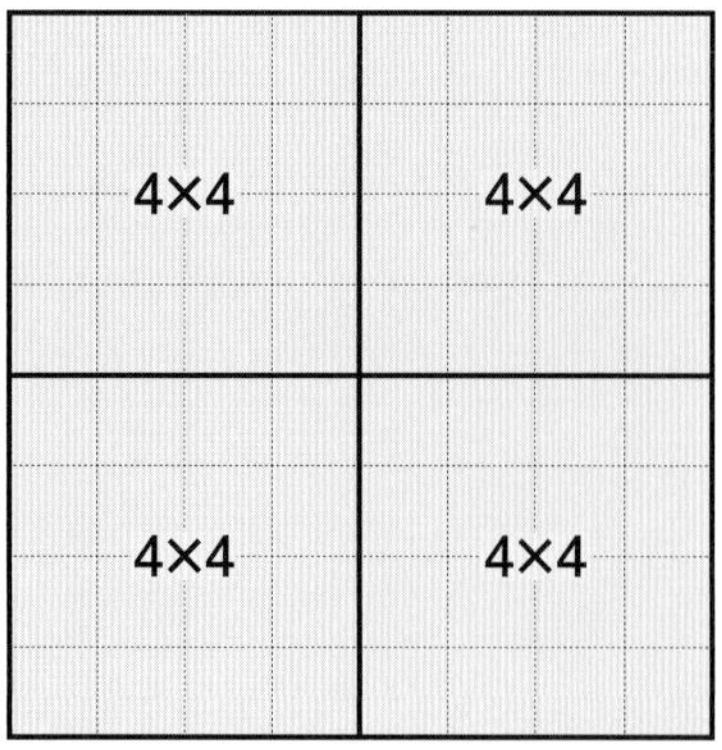

手順2

間取りの規格化

チトセホームには、外形を固定した規格住宅が存在する。これは、世の中の規格住宅と同じように、間取りや仕様、寸法を固定することでコストダウンを図り、金額を固定化した住宅である。ただし、同社の場合は、間取りや寸法はほぼ固定するものの、オプション料金を支払うことで、仕上げや設備などの仕様に関してはいくつかのデザインを選択したり、アレンジしたりできるようになっている。

また、この規格住宅の間取りは、長年にわたって間取りの設計を担当してきた西山社長の経験や蓄積をまとめた、まさに万人にとって住みやすい間取りだ。3～4人の家族であればほぼ不自由なく快適に過ごすことができる工夫が随所に盛り込まれている。また、さまざまな形状や大きさの敷地に対応できるように、総2階を基本とする910㎜グリッドで8×8、7×9、6×10と、それを90°回転させた9×7、10×6と、合計5種類の間取りを用意。さらに玄関の位置を複数用意して、敷地と道路の関係性に合わせてさまざまな間取りが選択できるようにしている。

規格住宅のプラン例（S＝1：300）

10×6南入り

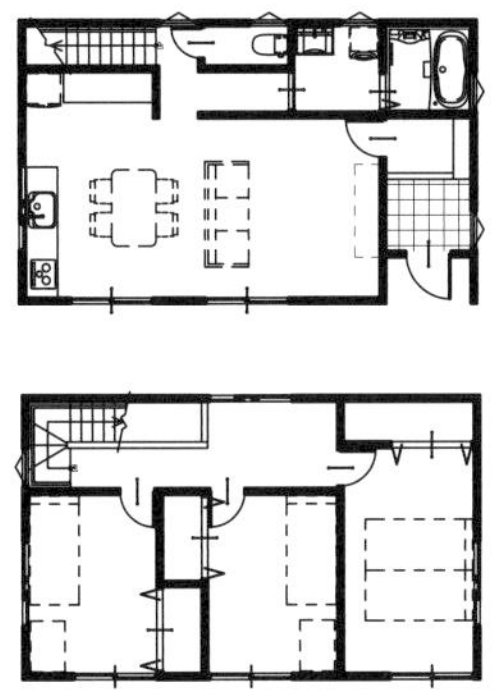

南北に4：2で分割した間取り。上下階ともに南側に居室をまとめている

9×7南入り

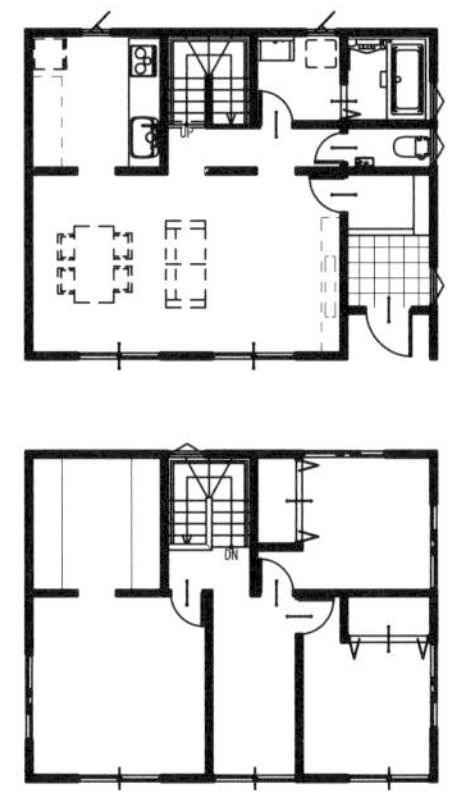

南北に4：3で分割した間取り。1階北側に水廻り、廊下などをまとめた

8×8南入り

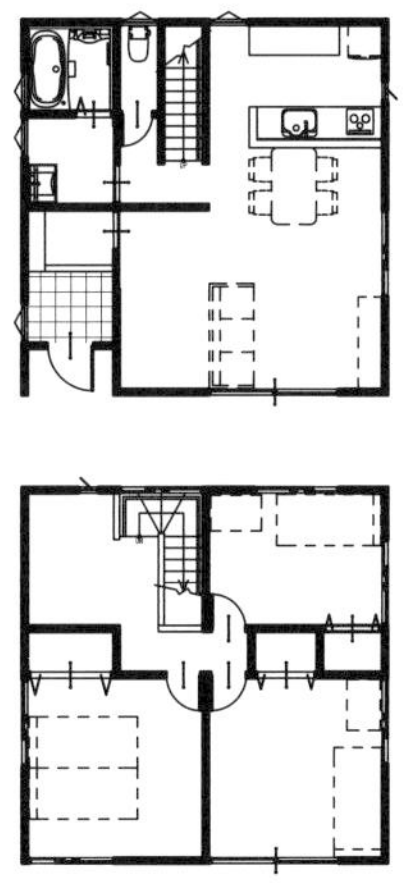

正方形を4×4で4分割した間取りがベース。1階西側は2×4に分割して浴室や玄関に

7×9南入り

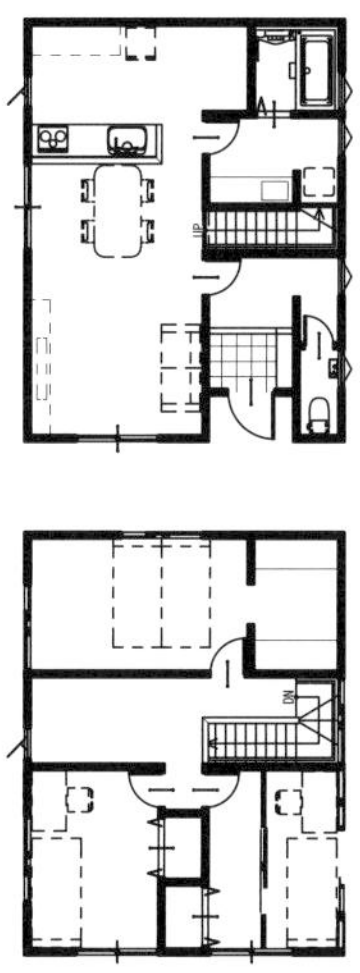

東西を3：4、南北に4：2：3を基準とした間取り。1回左側に水廻りと動線を集中

6×10南入り

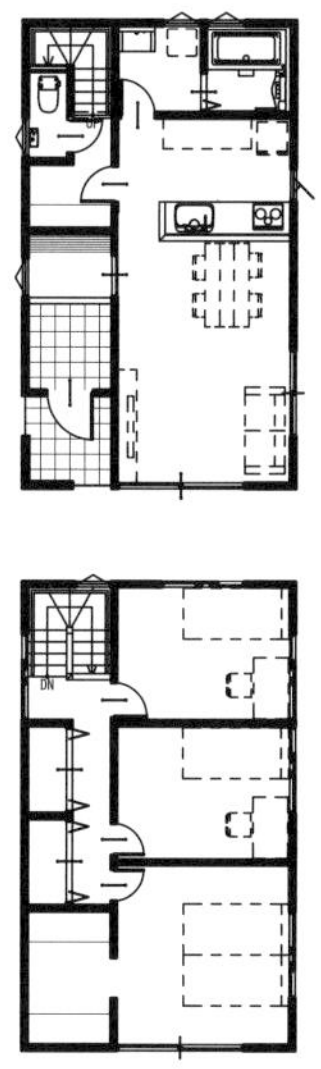

間口の狭い敷地に適した間取り。東西を4：2で分割、東を居室、西を収納や動線とした

10×6西入り

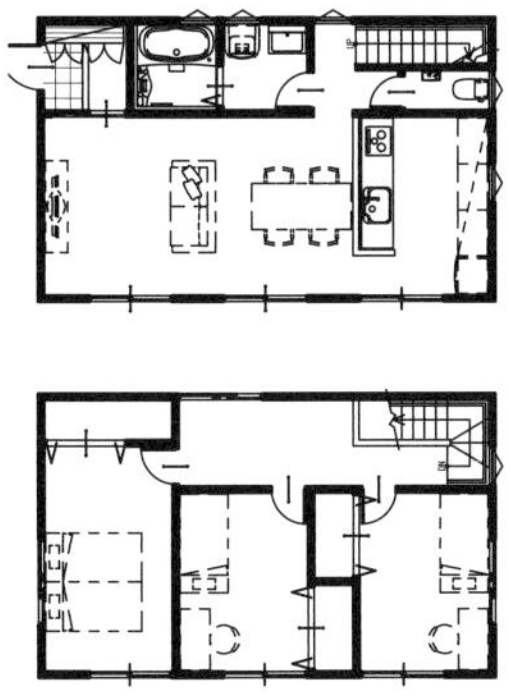

南北に4：2で分割。南に居室、北側に動線や水廻りを集中させた間取り

9×7西入り

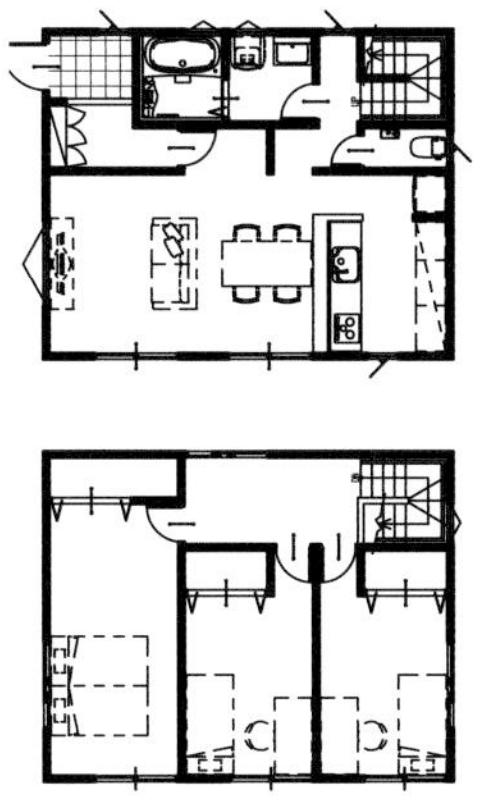

南北に5：2で分割。さらに5のうちの1を廊下や収納に利用した。2階個室は東西に3等分

8×8西入り

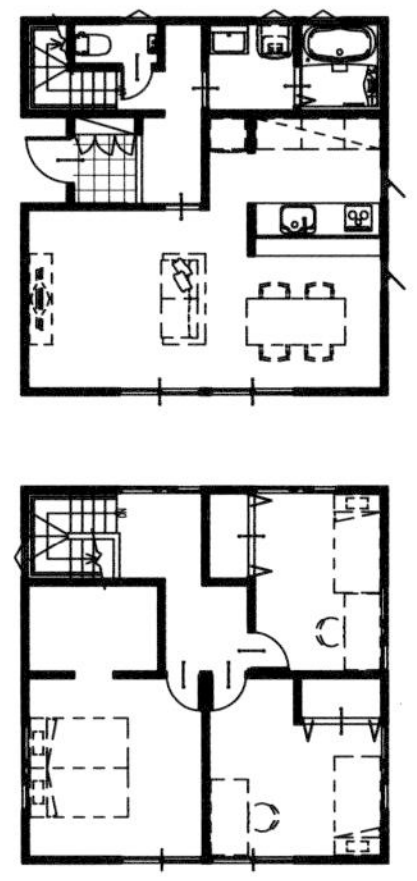

正方形を4×4で4分割した間取りがベース。北側をさらに分割して階段と水廻りにした

7×9西入り

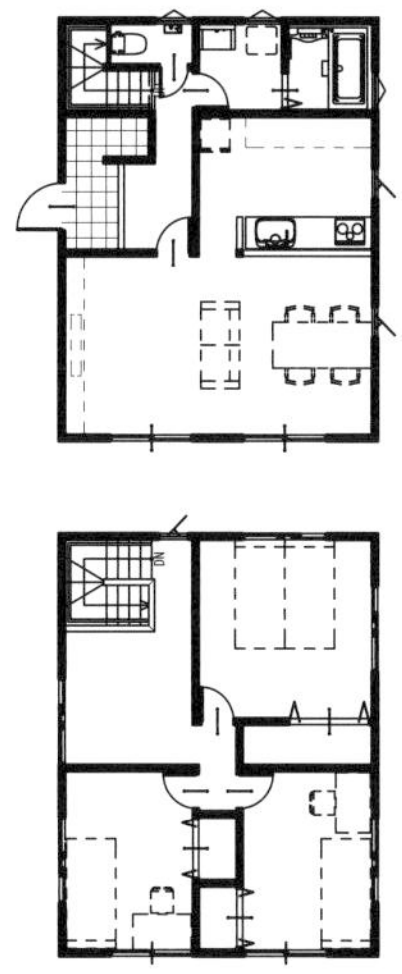

南北は4：3：2、東西は4：3をベースに作成した間取り。階段と水廻りを2に収める

6×10西入り

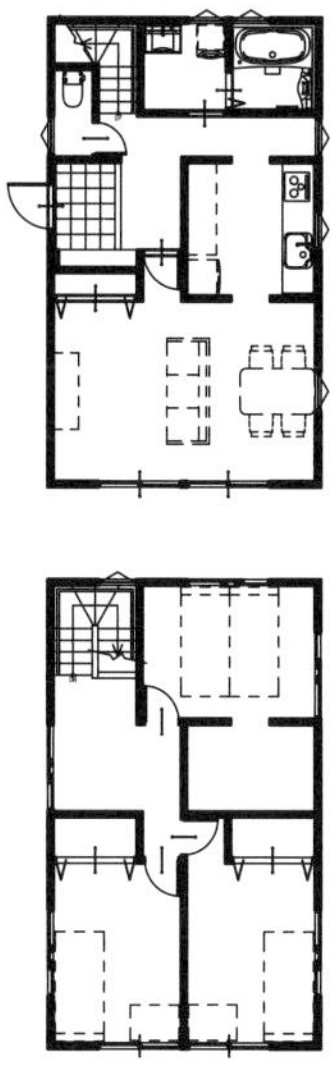

南北は7：3、東西は2：2：2と3：3を組み合わせて間取りを作成。やや変則的

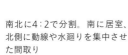

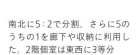

敷地への規格住宅の収め方例 南入りの場合 S＝1：350

— 10×6南入り —

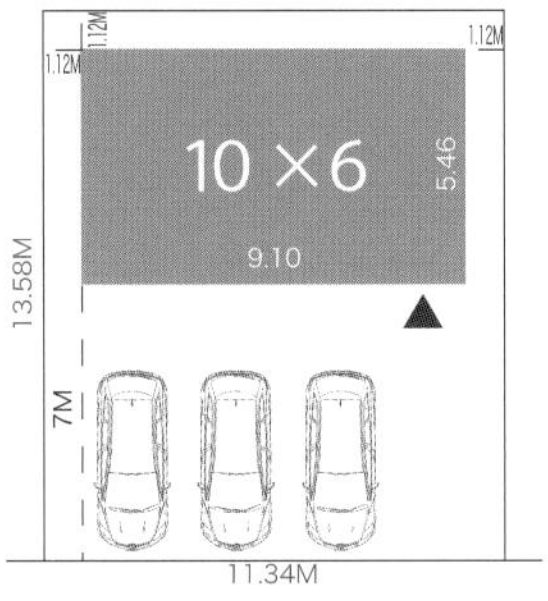

153.99㎡
（46.58坪）

道路側の間口が11.34m、奥行きが13.58mで納まる横長10×6の家。車は4台置けそう

— 9×7南入り —

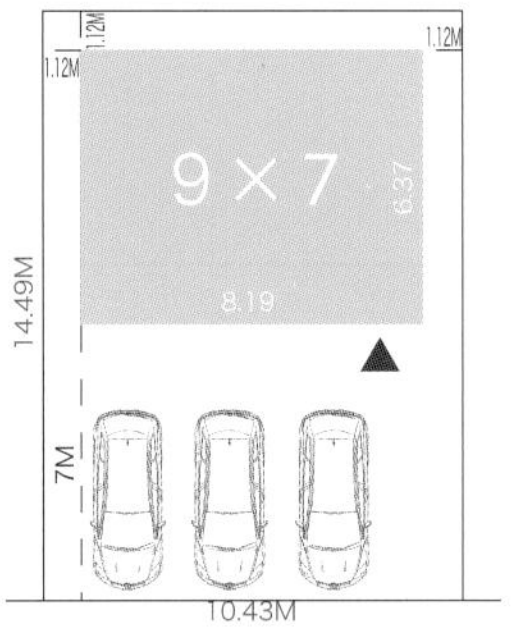

146.60㎡
（44.34坪）

道路側の間口が10.43mで納まる横長の9×7の家。駐車場含めて奥行きも14.49mで納まる

— 8×8南入り —

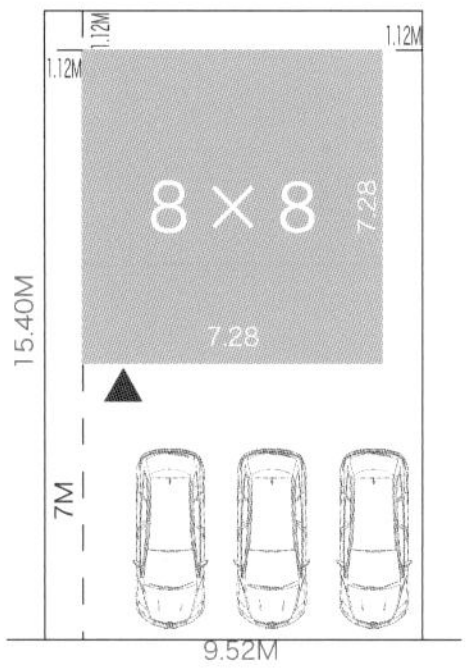

146.60㎡
（44.34坪）

道路側の間口が9.52mあれば納まる8×8の家。車3台のほかに自転車置き場も設置可能

— 7×9南入り —

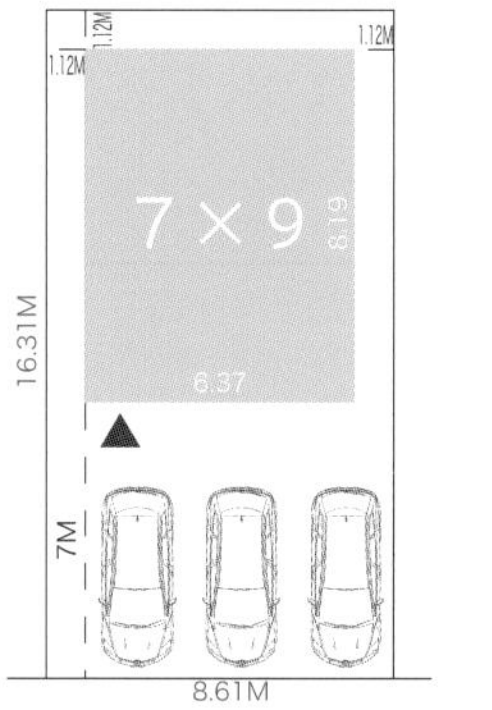

140.42㎡
（42.47坪）

道路側の間口が8.61mあれば納まる縦長の7×9の家。車は最大で3台置ける

— 6×10南入り —

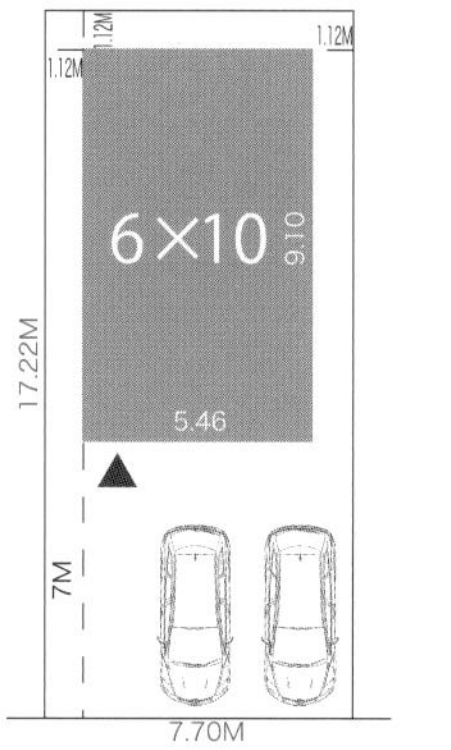

132.59㎡
（40.10坪）

道路側の間口が7.70mあれば納まる縦長の6×10の家。車は最大2台置ける

— 10×6西入り —

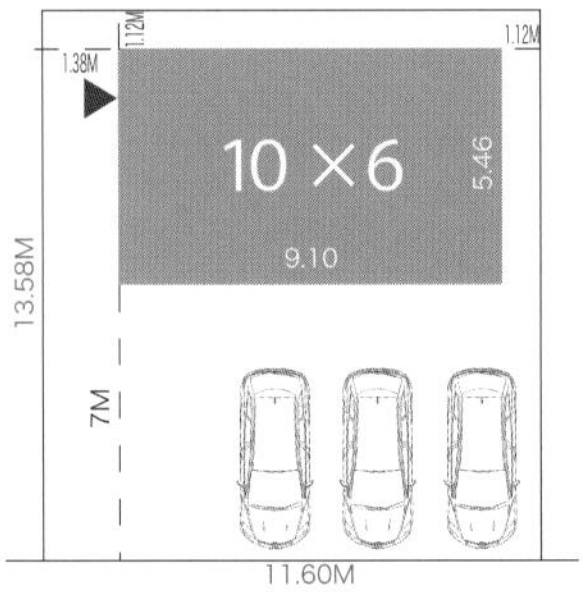

157.52㎡
（47.65坪）

道路側の間口が11.60m、奥行きが13.58mで、西入り・横長の10×6の家が設置可能

— 9×7西入り —

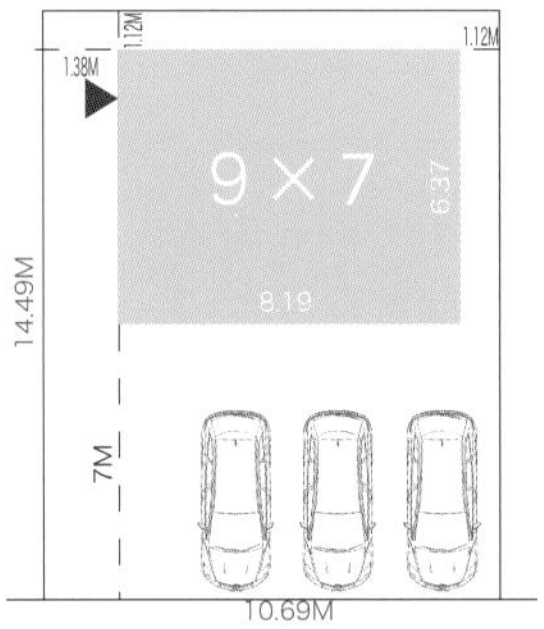

154.89㎡
（46.85坪）

道路側の間口が10.69m、奥行きが14.49mで、西入り・横長の9×7の家が設置可能

— 8×8西入り —

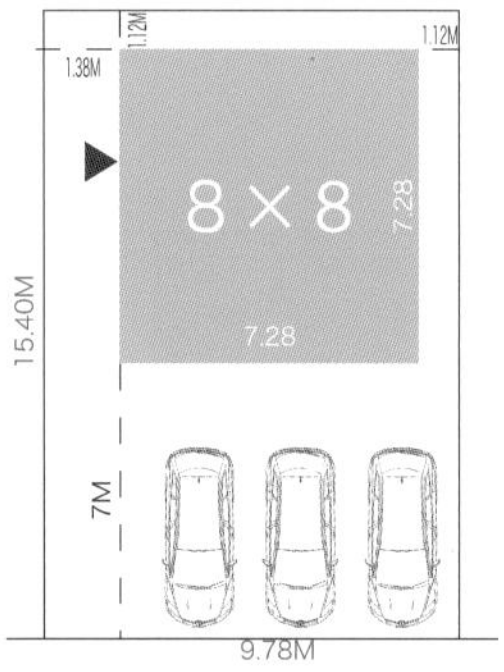

150.61㎡
（45.56坪）

道路側の間口が9.78mで、西入りの8×8の家が設置可能。車は3台、アプローチも取れる

— 7×9西入り —

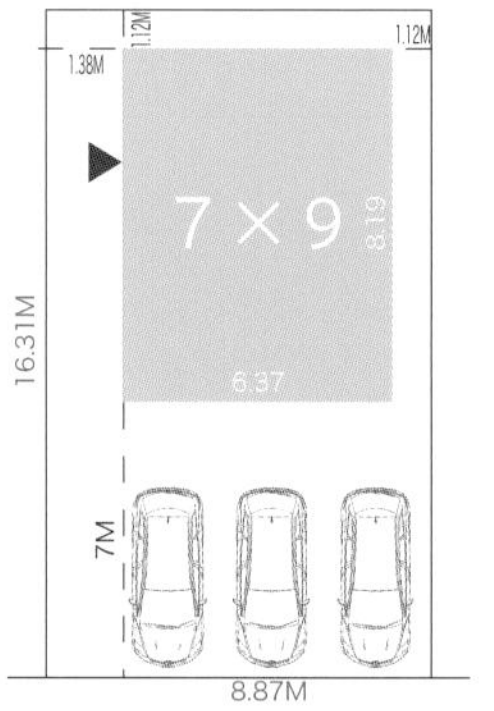

144.66㎡
（43.76坪）

道路側の間口が8.87mで、西入り・縦長の7×9の家が設置可能。車は最大3台置ける

— 6×10西入り —

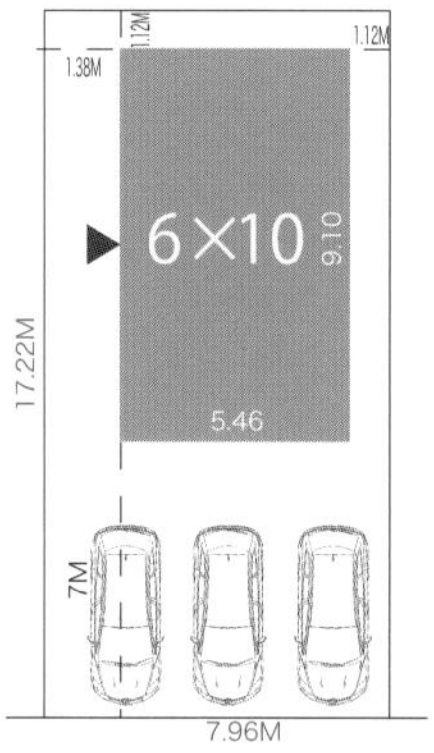

137.07㎡
（41.46坪）

道路側の間口が7.96mで、西入り・縦長の6×10の家が設置可能。車は最大3台置ける

手順 3

規格住宅＋下屋で足りない面積を補う

規格住宅の総2階の間取りをベースに、さらに下屋によって部屋を追加した住宅商品も用意している。これは、よりゆったりとしたリビングの要望や、畳スペースや和室（客間）などをリビング脇に設けたいといったニーズに対応した商品で、構造などの破綻なく1階の面積を容易に拡張することができる。

取材した「パークヴィラ佐土原」もまさにこのタイプで、基本は1階をLDK＋玄関＋水廻り、2階は3つの個室で構成された910㎜グリッドで、7×9の矩形の総2階としつつも、LDKの隅にはお客のニーズが強い畳スペースを設置。さらに玄関にもシューズクロゼットなどを設けるなどして面積が増えたため、はみ出した浴室や洗面脱衣室などは下屋として総2階の外側に追い出した間取りとなっている。また、ここでは下屋の屋根を生かして、2階にバルコニーを設置している。

パークヴィラ佐土原

所在地	宮崎県宮崎市
想定居住者	夫婦＋子ども2人
構造	木造2階建て（在来工法）
敷地面積	200.66㎡（60.69坪）
1階床面積	53.32㎡（16.13坪）
2階床面積	44.71㎡（13.52坪）
延床面積	98.03㎡（29.65坪）
竣工年月	2017年10月
設計・施工	チトセホーム

総2階の切妻の右側に下屋を追加したのがよく分かる外観。グリッドで間取りを設計したことで、窓の位置や幅などもそろい、端正な見た目となっている

1階

右／玄関。廊下の先に窓を設けて、室内空間の広がりと明るさを感じるようにしている　左／洗面脱衣室。天井高さを2,205㎜に抑えることで、床から天井までの高さの窓を使うことができた

LDK

右／リビングから和室、ダイニングを見る。リビングは梁を露出して天井を高く、ダイニングやキッチンは天井を低くして梁を隠しているのが分かる　中上／ダイニングからキッチンを見る。キッチンを中心に回遊動線になっているのが分かる　中右下／ダイニングからリビングを見る。天井高さの変化によってリビングの広がりを感じられる　中左下／既製品のキッチン収納のカウンター部分の奥行きを910mmほど伸ばして、ゆったりと活用できるようにしている　左上／20cmほど下げたキッチンの天井裏にはレンジフードのダクトを設置　左下／既製品の1間半の掃出し窓。大きな窓によってリビング全体に明るさと広がりがもたらされる

窓の位置や高さの調整で広がりのある空間に

2階

右／左から主寝室、ウォークインクロゼット、洋室。写真右の梁の直下を仕切ることで、2つの部屋にできる　中右／洋室から主寝室を見る。勾配天井と間仕切壁の桁より上の部分を抜いたことで、部屋全体がより広く感じられる　中左／ホールから2つの洋室を見る。左側の壁には主寝室のドアがある　左／ホールから階段室を見る。写真右の窓からの光が階段全体を明るく照らす

前面の庭やアプローチなど。道路からの視線を遮り、心理的な距離も取れるような塀や植栽の配置を行っている。庭には無垢材のウッドデッキを設置

パークヴィラ佐土原平面図 S=1：150

総2階のエリアからはみ出した下屋部分には浴室、洗面脱衣室などを設置

2×3のホールをつくることで各部屋の出入口を確保し、廊下を省略

南側の2つの洋室の余分なスペースをウォークインクロゼットに利用

下屋の上部は屋根とせず、防水バルコニーとした。主寝室から出ることができる

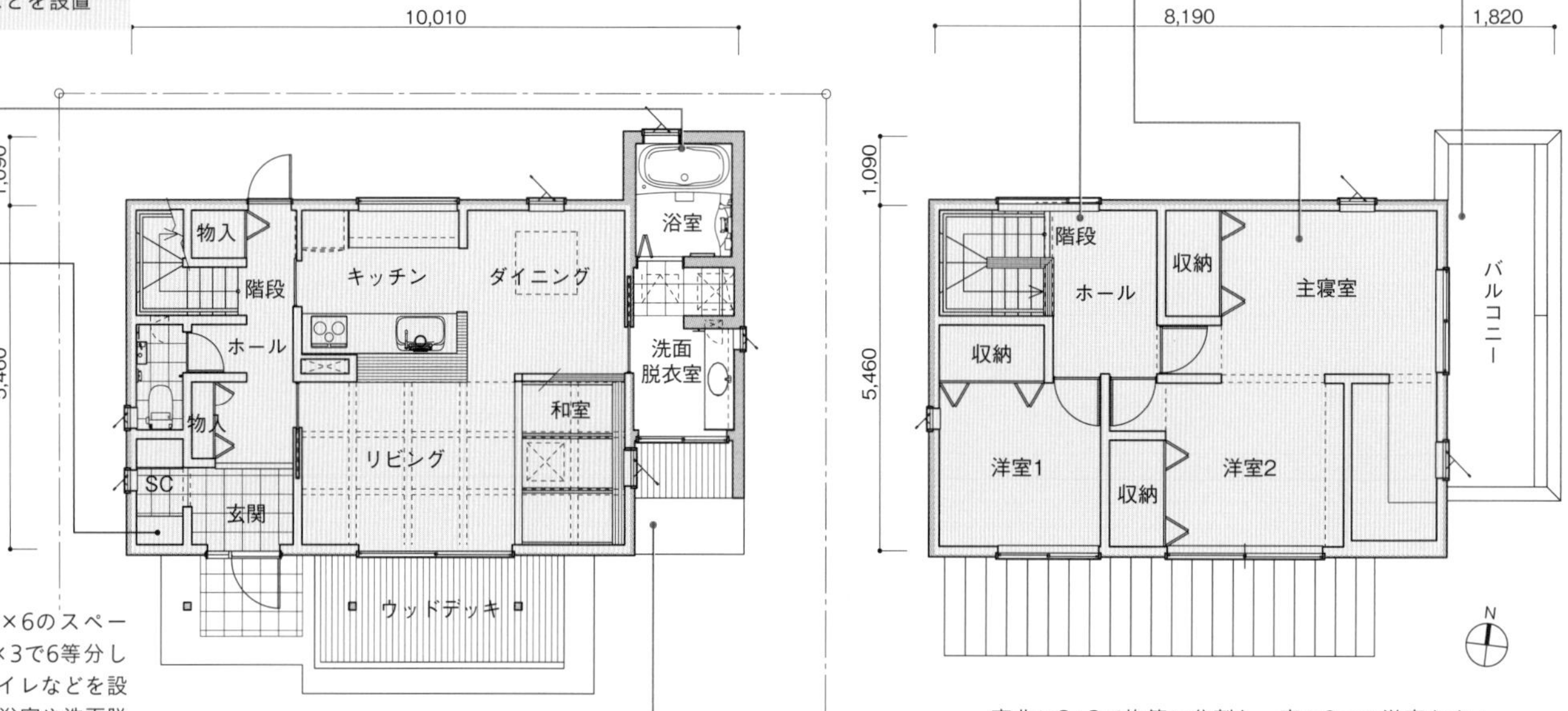

トイレ脇の910×1,820㎜のスペースを生かして、シューズクロゼットを設置

910㎜グリッドで9×6のスペース（色の部分）を3×3で6等分して、LDK、玄関、トイレなどを設置。ただし、ここに浴室や洗面脱衣室などを納めるとやや窮屈になるため、下屋をつくり、それらを外に出した。これによって面積的な余裕が生まれ、新たに和室などを設置できた

水廻りを下屋に出した分の面積的な余裕を利用し、ニーズの多い3畳の和室を確保

南北に3：3で均等に分割し、南に2つの洋室とウォークインクロゼット、北に階段室、主寝室、ホールをバランスよく設置した間取り。部屋をややコンパクトにまとめることで、各部屋に収納を確保できている

下屋の上部は断熱・防水処理が必要になったため、天井を張り、天井高さを2,205mmで納めた

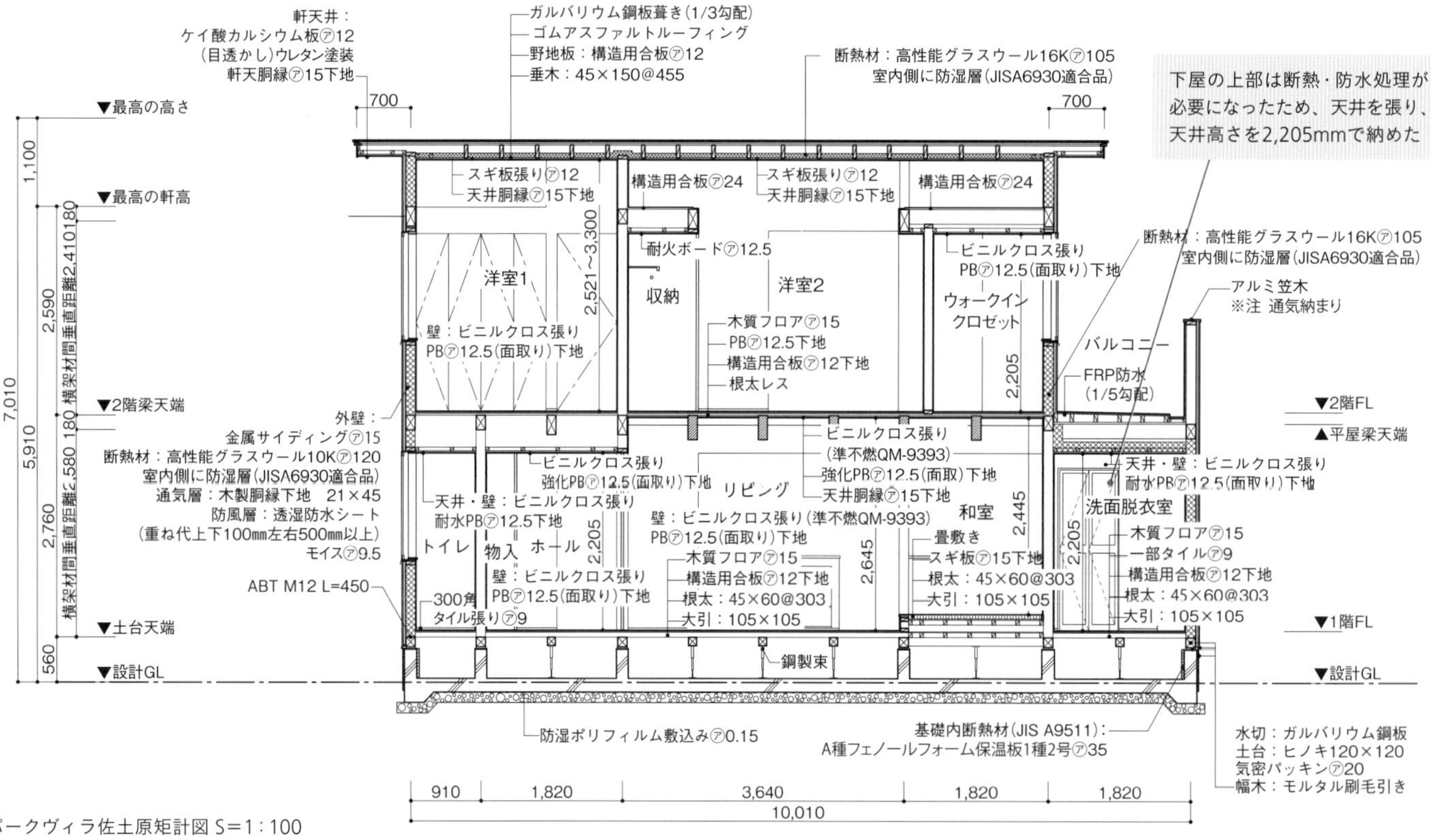

パークヴィラ佐土原矩計図 S=1：100

上／リビングから3畳の和室を見る。コンパクトながらニッチを利用した床の間を設置。右奥の廊下の奥は主寝室
下／リビングからダイニングを見る。ダイニングの北面には、リビングの南面の窓と同じFIXと引戸によるサッシを設置

手順4

注文住宅のお客に規格住宅の間取りを提案

お客との打ち合わせの結果を踏まえて実際の間取りの設計を行うのだが、ここで役立つのが規格住宅の間取りである。

まず、住宅の予算がかなり少ないお客の場合。この時は規格住宅の間取りから適切なものを選択し、そのままお客に提案する。その汎用性の高い間取りは、一般的なお客であればかなりの範囲の要望を満たすものであり、圧倒的にコストパフォーマンスの高いその価格を提示すれば、おおよそのお客は納得してくれる。そして、要望がやや多い場合、予算も多少余裕がある場合は、規格住宅の間取りに下屋などを追加してよりゆったりと生活できる間取りを提示すればよい。

決して住みやすいとはいえないマンションの間取りであっても、立地や建物の魅力、コスパのよい価格であれば満足して選ぶ人が多いのと同じで、生活動線や収納量、採光や通風などがより配慮された同社の規格住宅の間取りであれば、ほとんど問題なく受け入れてもらえるのである。もちろん、間取りの設計時間や打ち合わせの手間なども大きく削減できるため、規格住宅の間取りの提案は業務的にもメリットが大きい。

チトセホームの規格住宅の例。総2階を基本としながら、陸屋根、片流れ、切妻、寄棟と屋根形状と外壁を変えるだけで、かなり印象が変わることが分かる。間取りを変えなくてもお客のニーズに合わせてデザインはいくらでも変えられるのだ

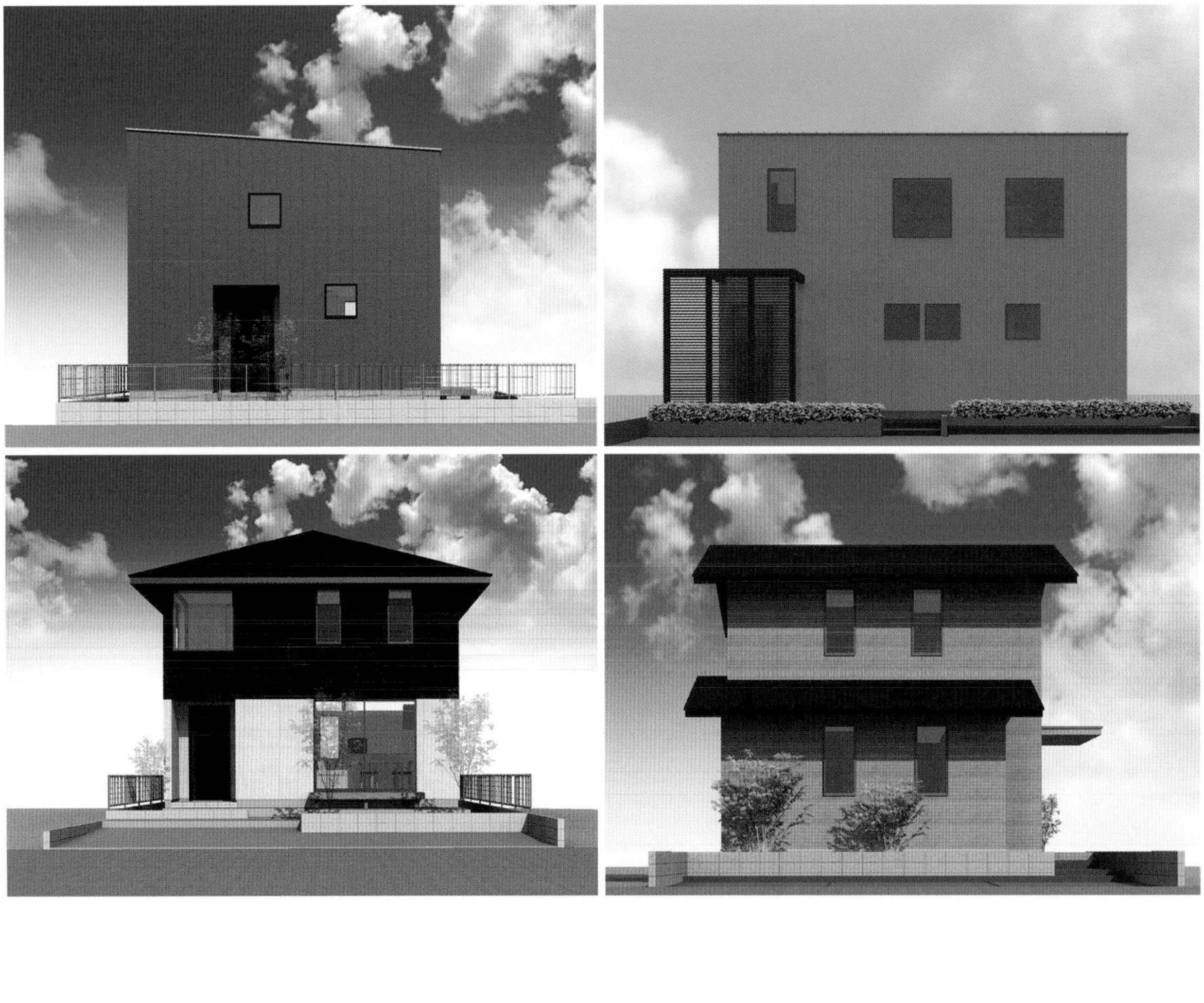

手順 5

グリッドや構造に配慮した設計

東西に長い平屋と寄棟屋根が特徴的な阿波岐原モデルの南面外観。窓の上端を軒裏高さにそろえた統一感が美しい

徳殊な要望が多い、敷地が狭小・変形である、居住する家族の人数が5人以上いる、2世帯住宅である、平屋を希望している、といった場合などは、1から間取りを作成することになる。ただし、間取りの設計の仕方は、打ち合わせ時に行った手描きの間取りラフの作成時と同じように、総2階を基本とした910㎜ピッチで8×8、7×9、6×10などの外周を決め、4×4（2×2間）、4×3（2×1.5間）、4×2（2×1間）などを意識しながら部屋を割り付けていく。

2階建てであれば、2階から必要な部屋を割り付けていく。おおよそ真ん中に廊下を配置し、片側に子供部屋、もう片側に主寝室とクロゼットを配置、そしてその隙間に1坪階段やトイレなどを設けて正方形もしくは長方形の2階の間取りを決める。この時に柱や耐力壁、窓の位置などもおおよそ決めておく。続いて、2階の階段の位置を元に1階の階段の位置を配置し、2階の柱や耐力壁の位置などを考慮しながら玄関の位置、浴室、洗面脱衣室などの水廻りの位置を決め、残りをＬＤＫに割り振っていく。また、書斎や家事室、客間、畳コーナー、室内干しスペースなどの要望があれば、それらを盛り込んで、はみ出した分を下屋として総2階から出して収めていく。そして、2階も含めて、外観の見え方を考えながら窓の位置を整理する。

また、平屋であれば、グリッドを意識しながらももう少し自由な間取りとなる。阿波岐原モデルは、東西に長い敷地の特徴をそのまま生かした横に長い間取り。こちらも8×15グリッドの長方形の矩形の間取りを基本として東西に分割、東側に玄関とＬＤ、西側に個室とキッチン、水廻りの構成とした。ただし、そこからはみ出した浴室や洗濯室、主寝室などは、2階建てにおける下屋室のようなイメージで矩形からはみ出させて追加。これによって、玄関アプローチに奥行きをもたせたり、北側に落ち着いた中庭のスペースをつくることに成功している。

そして出来上がった間取りを平面図に清書し、ＣＧパース、工事費の見積り明細などを作成、次回打ち合わせ時のプレゼン資料とする。

北東側から見た外観。主寝室を矩形の間取りの外側に出すことで、玄関を奥に引き込むことができた

阿波岐原モデル立面図 S＝1：200

1間半のFIXと引戸を組み合わせたサッシを腰窓から左右対称となる位置に配置

南

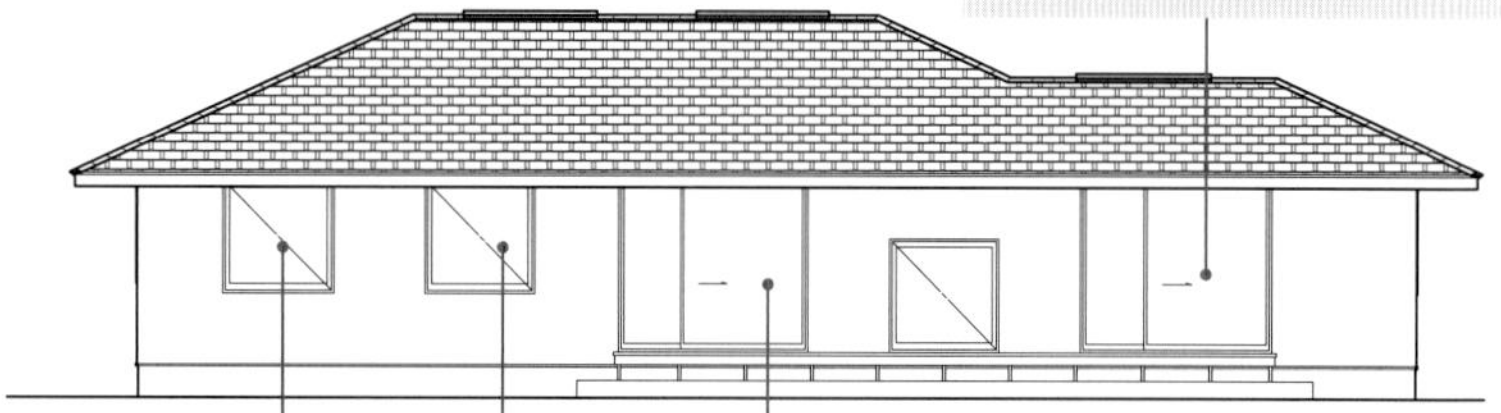

東

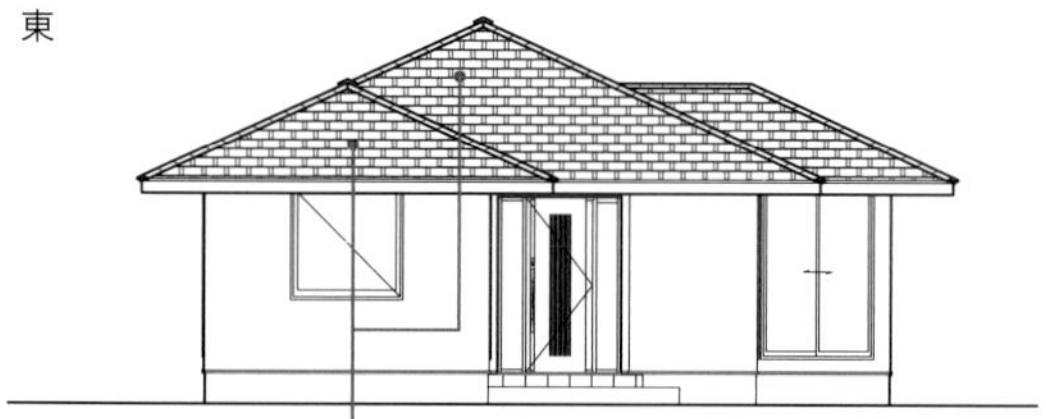

窓の上端と軒の下端の高さをそろえることで、外から見たときの統一感を演出している

建物の南北を貫通するように大きな窓を配置。開放感のある明るいLDKを演出する

2つの寄棟がきれいにみえるように屋根の高さを調整している

北

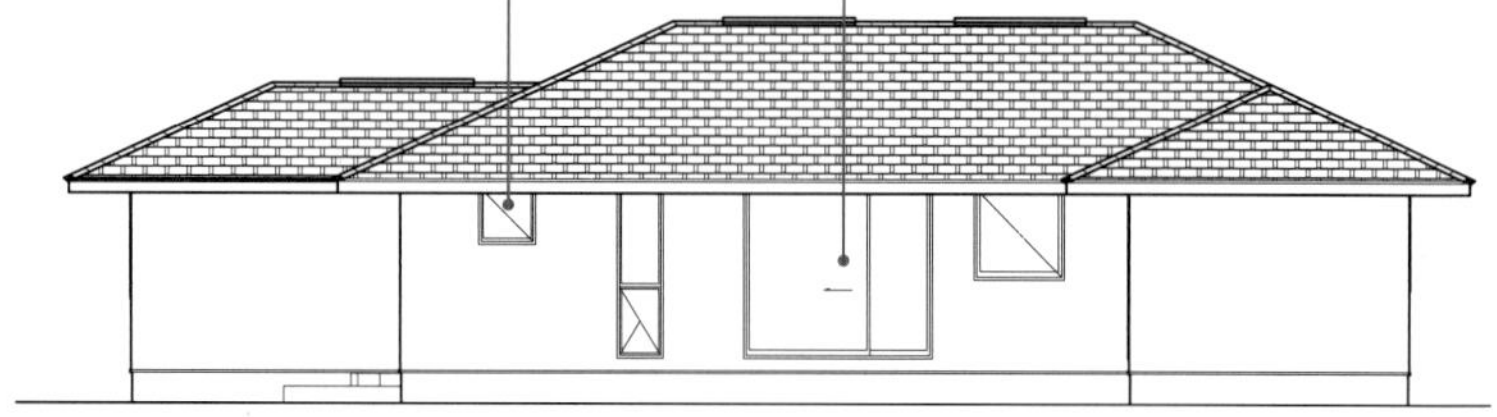

西

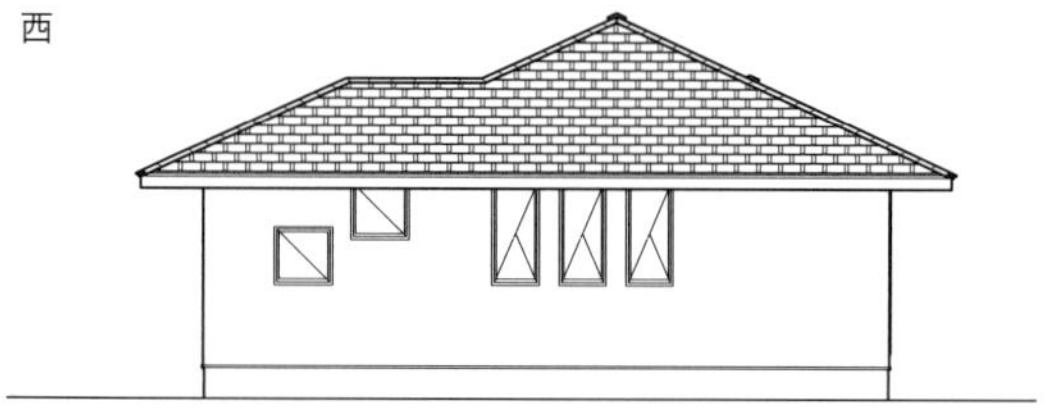

阿波岐原モデル

所在地	宮崎県宮崎市
想定居住者	夫婦＋子ども2人
構造	木造2階建て（在来工法）
敷地面積	329.58㎡（99.69坪）
1階床面積	117.35㎡（35.49坪）
竣工年月	2018年11月
設計・施工	チトセホーム

阿波岐原モデル平面図 S＝1：150

北側に張り出したのは浴室と洗面コーナー。洗面コーナーは北庭から入った際の手洗い場ともなる

廊下の奥に窓を設置して、視線の抜け感を演出するとともに、廊下奥の明るさを確保

東側に張り出して設けた主寝室。玄関を南側道路から隠し、東側道路からも距離を取れた

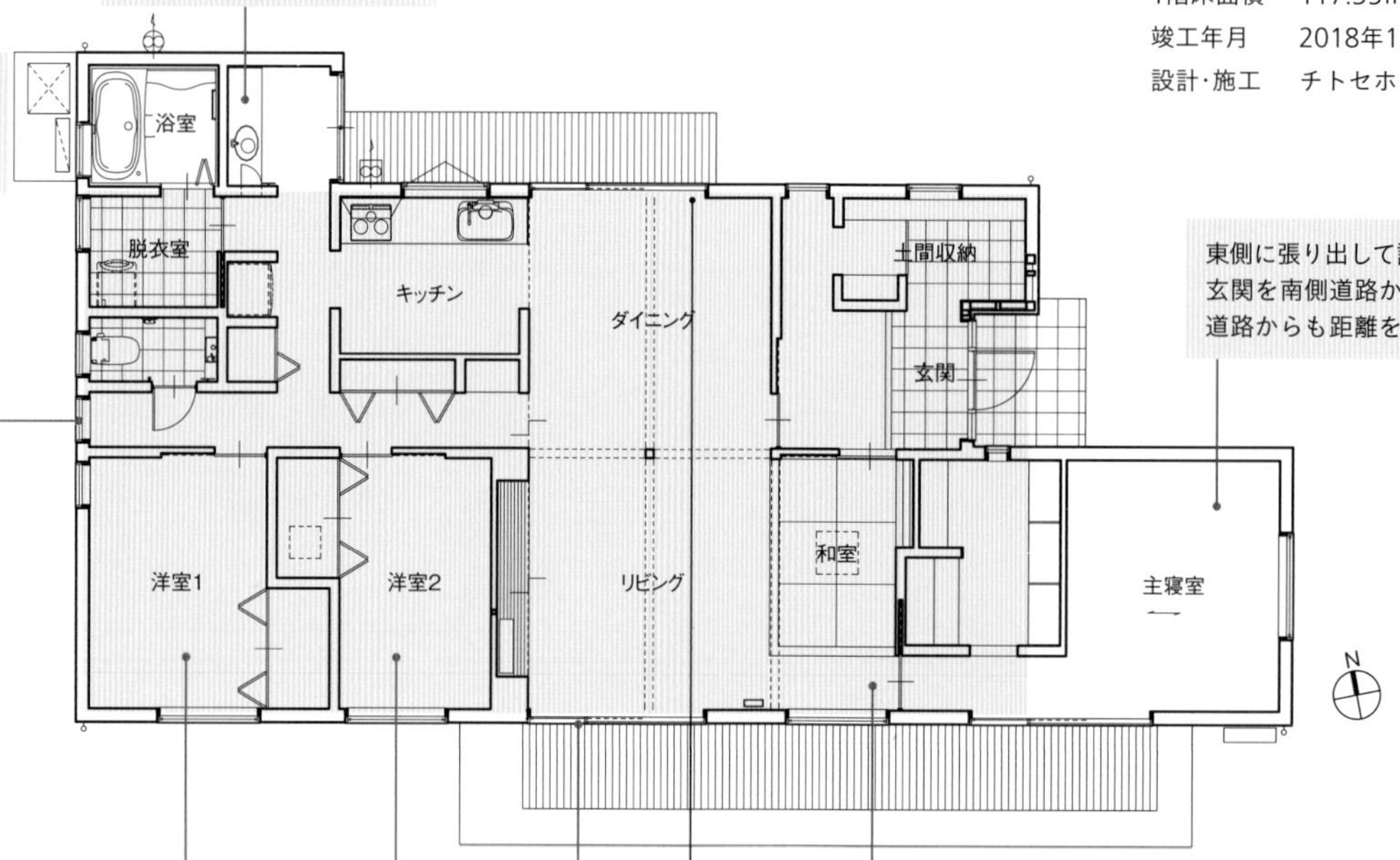

910㎜ピッチで8×15の長方形（色の部分）をベースに、東側と北側に部屋を伸ばした間取り。また、南北に4：4で均等に分割し、南にリビング、主寝室、和室、2つの洋室などの居室を設け、北に玄関、ダイニング、キッチン、トイレ、脱衣室などの機能的な部屋を設けるなど、グリッドによる規則正しい設計を行っている

各4畳のコンパクトな洋室。ベッドと机が置けるうえに、1畳分の収納もあるなど十分な広さ

主寝室へとつながる廊下には窓を複数設置して明るくすることで、空間の広がりを演出した

南北面の同じ位置に同じ大きさの窓を設置。空間の広がり、南北の庭の動線としての効果を狙う

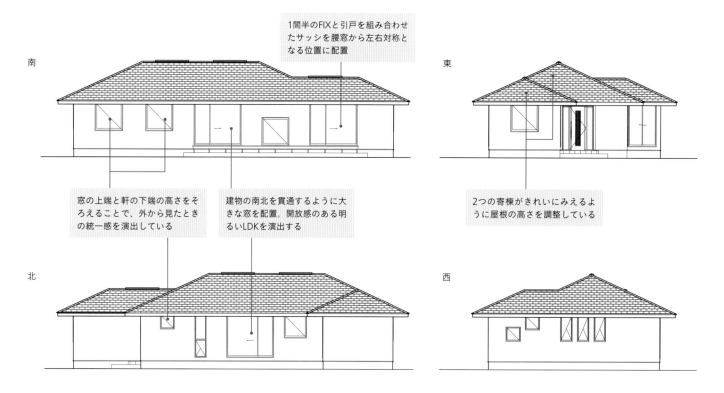

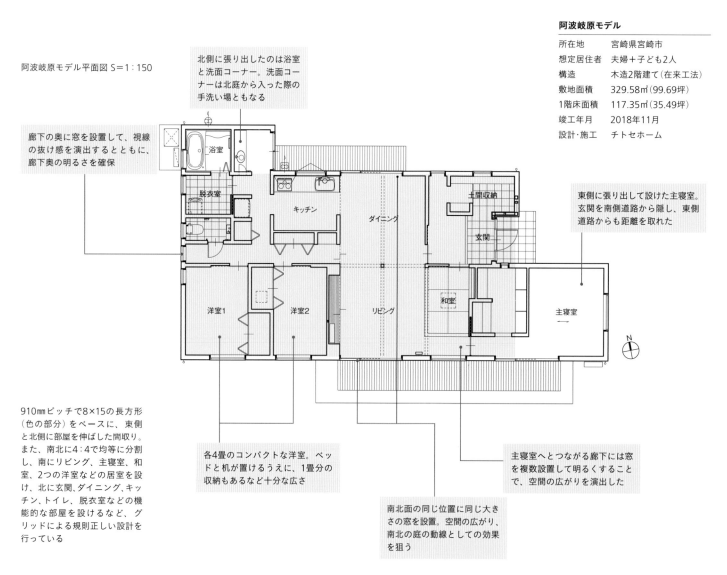

リビングから西側の廊下を見る。突当りの先の窓が室内空間を広く見せる効果を発揮している

右／キッチンの窓。窓枠にはチトセホームからの要望で神谷コーポレーションが開発した見付け7㎜の既製品を使用
左／南側ウッドデッキと軒天井。軒天井は見た目を考え、既製品の外壁通気部材、横樋などの下端をそろえて設置している

手順6

間取りと詳細見積りで一発OK！

プレゼンでは、平面図、CGパース、工事費の見積書などを用意し、それを元にお客に説明を行う。まずは平面図やCGパースを使って、お客がこの間取りのなかでどのように過ごすことができるのかを説明。また、道路や周辺環境、構造などさまざまな配慮についても補足していく。

次に、工事費の見積り書の説明を行う。見積書で提示する金額は、概算ではなく実際の工事費そのものを明示したもので、提示した金額でこの住宅のコスパのよさを理解してもらうとともに、先に提示した間取りからさらに部屋の追加や仕上げ、設備のグレードを上げる場合、どのくらいの追加費用がかかるかについてもその場で説明する。

そして、さらに要望や意見などを聞いたうえで、プレゼン資料を持ち帰ってもらい、次回の打ち合わせからは仮契約と手付金が必要な旨を伝えておく。そしてその場で、もしくは後日の連絡によって仮契約が確認できた段階で、設計変更などや細かい仕様の確認なども含めた詳細な設計打ち合わせへと進む。

ちなみにこのプレゼンから仮契約につながる確率は9割以上だという。そもそも最初の基準となる価格が、競合するハウスメーカーや工務店に比べていかにコスパに優れているかを、プレゼン時に提示する見積書で再確認してもらうとともに、お客の要望を無駄なく取り入れていることにより、間取りへの満足度が高いことが大きいようだ。実際にお客の多くは、ハウスメーカーや同じ地域の工務店と天秤にかけているのだが、この2点の差が決め手になるケースが多いようである。

右／玄関の左奥には土間収納を設置。土間収納側からも室内に上がることができる
左／キッチンからダイニングを見る。カウンターは既製品より奥行きをもたせて、大きな調理家電も設置可能。天井を2,200㎜程度に下げたことで、吊り戸棚上部の物が出し入れしやすい

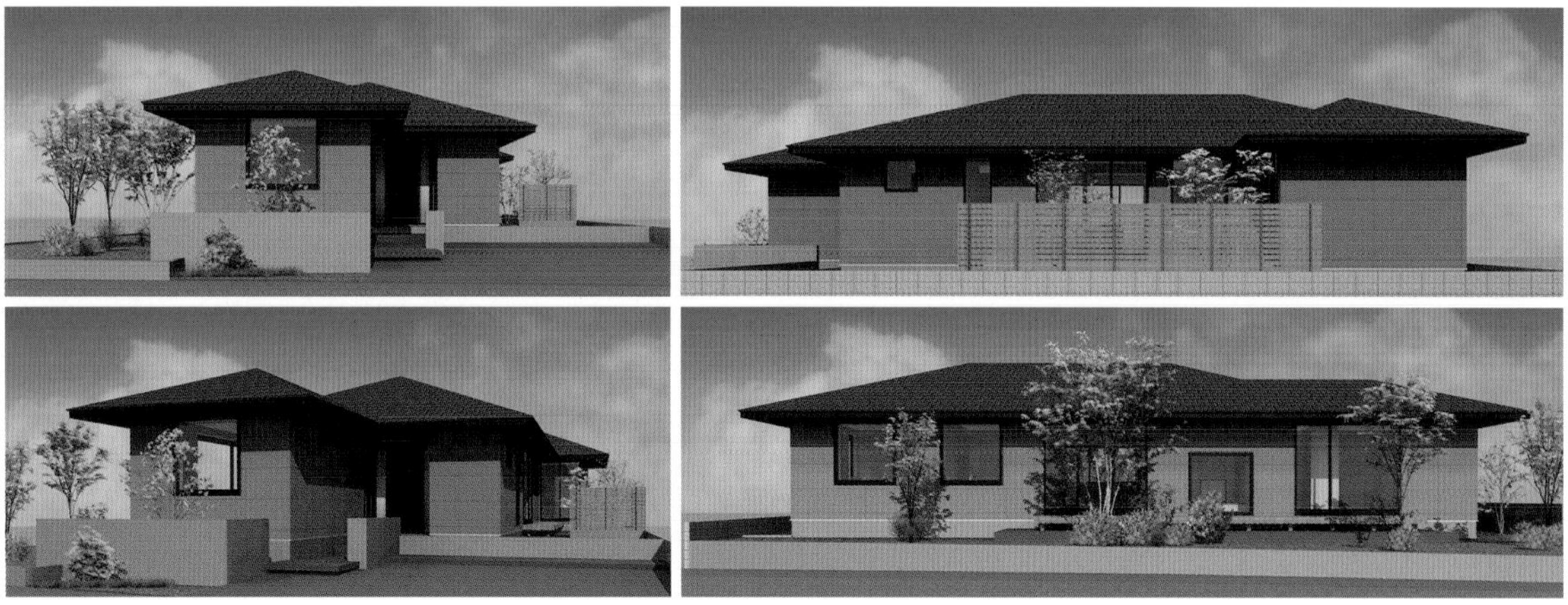

阿波岐原モデルのCGパース。CADと連動した3DCGソフトを使うことで、3時間程度で作成可能とのこと。プレゼン時には、間取り図や見積り書とともにこのCGパースを用意する

chapter

3

地震に強い間取りのつくり方

住宅の耐震性能の優劣に大きな影響を与える「間取り」。
本章では、被害状況から地震が木造住宅に与える影響を分析するほか、
耐震性能を高めるための間取りの考え方や具体的な設計方法、
最上位の耐震性能である耐震等級3の住宅の設計・検討方法を解説する。

耐震等級1では「財産としての家」は守れない

解説：佐藤実

熊本地震における木造住宅の被害状況

2016年4月に発生した熊本地震では、多くの木造住宅が倒壊・全半壊の被害が生じた。日本建築学会の調査報告と一般社団法人くまもと型住宅生産連合会の「耐震等級3のススメ」を見ると、新耐震基準以降の木造住宅も'00年5月までに建てられたもので79・6%、'00年6月以降に建てられたもので38・6%が、何らかの被害を受けている（無被害以外）。

耐震性能つまり耐震等級の違いについても、木造住宅の被害には1つの傾向が顕著に見られた。

耐震等級とは、品確法の住宅性能表示制度における耐震性能に関する基準で、建築基準法が求めている耐震性能を耐震等級1、その1・25倍の耐震性能を2、1.5倍の耐震性能を耐震等級3としている。許容応力度設計の場合には、設計用地震力を建築基準法が求めている耐震性能の1・25倍、または1.5倍で設計したものを、それぞれ耐震等級2、3と位置付けている。

しかし、建築基準法の仕様規定を定めている建築基準法施行令（以下、令）46条の壁量計算による存在壁量を、そのまま1・25倍、1.5倍としても耐震等級2、3とはならない。これは単に壁量を増やしただけでは耐震性能の向上につながらないためで、言い換えれば、建築基準法の最低基準だけでは構造性能として検討が不十分であることを意味している。

熊本地震における木造住宅の被害状況を見てみると、震源にほど近い益城町では、耐震等級1の木造住宅には倒壊・崩壊したものが少くなかった。現地で聞いた話では、最初の地震の時は傾きながらも倒壊・崩壊せずに耐えていたが、2度目の震度7の地震で倒壊したようである。また、見た目には被害がなくても、内部の構造部分の損傷が激しく、耐震性能が著しく低下している木造住宅はかなり多く存在した。

やはり、耐震等級1は要求性能どおり、震度7に対してすぐには倒壊・崩壊しないものの、構造部分の損傷が激しく、余震を受けると倒壊の危険性が高まるのだといえる。当然のことながら、地震後に住み続けることはかなり難しい。

一方、益城町に16棟あった耐震等級3の住宅は、2棟が半壊もしくは一部損壊、それ以外の14棟は無被害

右上／引張り筋かいの引張り破断　右下／柱頭金物部横架材の破断　左／圧縮筋かいの座屈

表　熊本地震における木造住宅の建築時期別の損傷比率

損傷ランク			Ⅴ（破壊）倒壊	Ⅳ（大破）全壊	Ⅲ（中破）大規模半壊	Ⅱ（小破）半壊	Ⅰ（軽微）一部損壊	無被害
損傷比率	旧耐震基準〜1981年6月		214棟（28.2%）	133棟（17.5%）	373棟（49.1%）			39棟（5.1%）
	新耐震基準	1981年6月〜2000年5月	76棟（8.7%）	85棟（9.7%）	537棟（61.2%）			179棟（20.4%）
		2000年6月〜	7棟（2.2%）	12棟（3.8%）	104棟（32.6%）			196棟（61.4%）
		うち耐震等級3	0棟（0%）	0棟（0%）	0棟（0%）	2棟（12.5%）		14棟（87.5%）
損傷イメージ				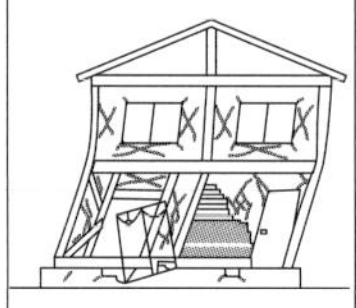				

出典：一般社団法人　くまもと型住宅生産者連合会：耐震等級3のススメ

であった。半壊、一部損壊の2棟も構造の損傷はなく、補修することで住み続けることが可能だった。

建基法レベルの家が大地震で倒壊する理由

建築基準法レベル（耐震等級1）の家はなぜ大地震で倒壊するのか。それは建築基準法1条を見れば分かる。建築基準法の最低基準で要求している耐震性能は、倒壊防止である。これは、永遠に倒壊しないという意味ではなく、大地震に対して「一度だけ」倒壊しないと考えるとよい。たび重なる余震や熊本地震のように2回目の震度7に襲われれば倒壊する可能性が高いのだ。最初の地震時に倒壊を防いで人命を守るが、その後はすみやかに避難することが前提としている基準なのである。

さらに、四号建築物の場合は四号特例によって、構造に関する検討（仕様規定）を確認申請時に提出すること省略できるが、この四号特例を勘違いし、確認申請に構造検討提出義務なし→構造検討不要と考えている設計者も少なくない。この場合、仕様規定の壁量計算すら行われず、耐震性能が不明確、耐震性能の不足という状態も考えられる。このような木造住宅は、当然のことながら、1回の大地震でも倒壊する可能性が高い。

全壊した築10年の建物。家全体の荷重に1階の構造が耐えられずに1階部分が完全に破壊されてしまっているのが分かる。全壊しなかった周囲の古い建物との対比が印象的だ

木造住宅は地震でどのように壊れるのか

解説：佐藤実

建基法の設計仕様を満たしているが

熊本地震で全壊した築10年の木造住宅を解体して、倒壊原因を調査した。調査物件は益城町木山地区にあり、地震の被害の多いところである。調査対象の建物は、前震とされる1回目の震度7では、倒壊せず、本震とされる2回目の震度7で倒壊したそうである。また、倒壊方向は1階の、2通り柱の柱頭が西に2.5m、北に0・75mずれた位置にあった。両隣の築年数の古い木造住宅は大破していたものの、倒壊は免れていた。

まずは設計性能を調べる。調査物件は四号建築物であり、仕様規定の簡易計算である壁量計算、四分割法、N値計算は行われていたが、再度、仕様規定のチェックを行った。地震の被害の多いところであるが、両隣の築年数の古い木造住宅は大破したものの、倒壊は免れていた。

耐力壁は各階・各方向とも、建築

総2階＋下屋のシンプルな構造

平面図 S＝1：200

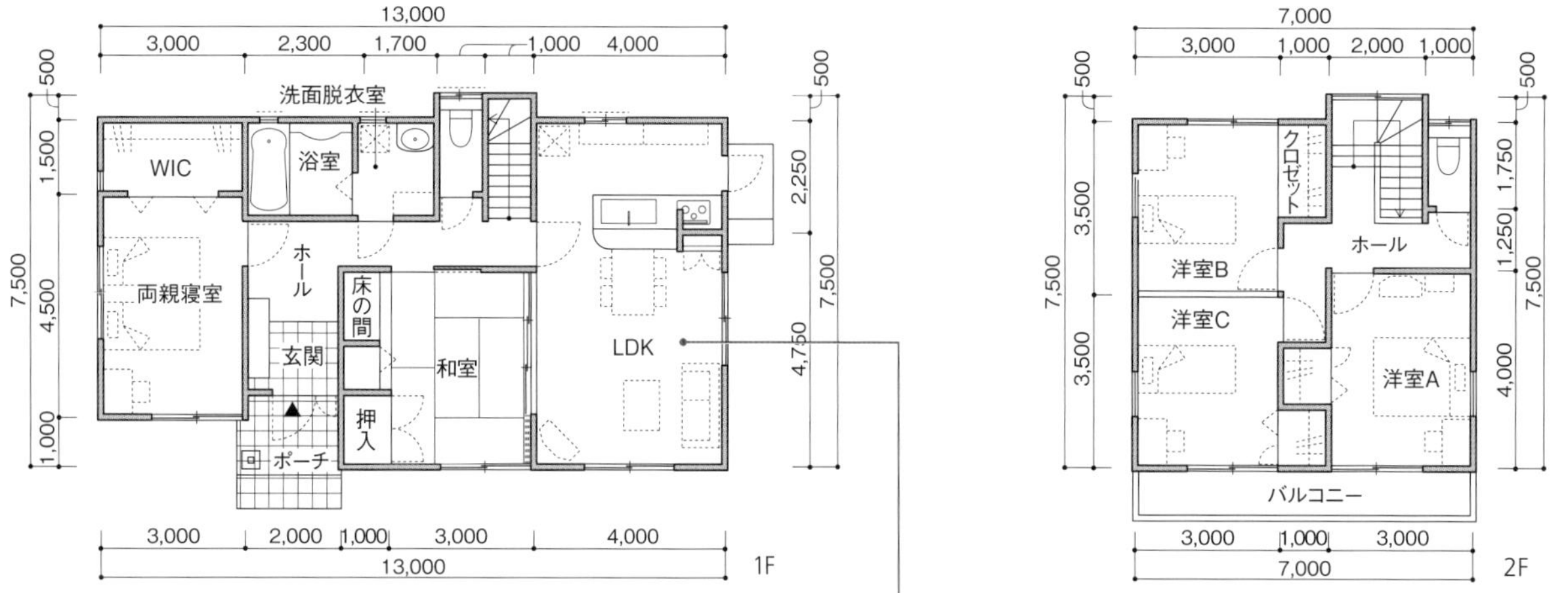

平面図を見ても耐震性能に影響がありそうな、間崩れ、壁量不足、壁の配置バランス、吹抜けは見られない

立面図

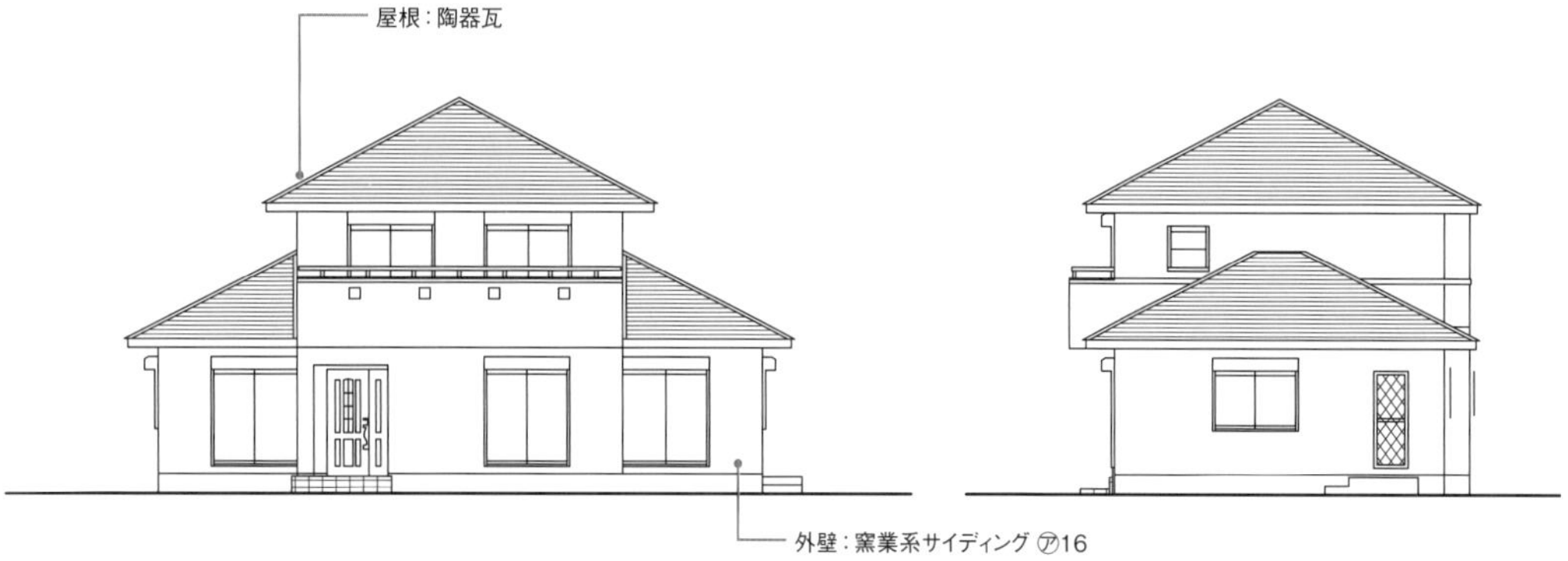

寄棟屋根で両側に下屋がある立面。耐震性能に影響がありそうな間崩れ、オーバーハング（バルコニーを除く）は見られない

解体調査建築の概要

構法	在来軸組工法2階建て
面積	1階床面積　86.00㎡ 2階床面積　50.00㎡
延床面積	136.00㎡（41.06坪）
着工	平成18年10月
竣工	平成18年12月
請負金額	約1,600万円／税抜き （坪単価38.97万円）

解体調査建築の使用材料

通柱・隅柱	同一等級構成構造用集成材E95-F315スプルース120㎜×120㎜
管柱	同一等級構成構造用集成材E95-F315スプルース105㎜×105㎜
土台	ベイヒバ集成材105㎜×105㎜
梁	対称異等級構成構造用集成材E120-F330オウシュウアカマツ　105㎜×105㎜～
母屋	無等級材　スギ105㎜×150㎜
棟木	無等級材　スギ105㎜×150㎜
間柱	LVL　105㎜×30㎜、105㎜×45㎜
筋かい	ホワイトウッドKD　45㎜×90㎜
根太	ベイマツKD　45㎜×60㎜
垂木	ホワイトウッドKD　45㎜×60㎜
2階床下地	構造用合板厚さ15㎜

壁量計算

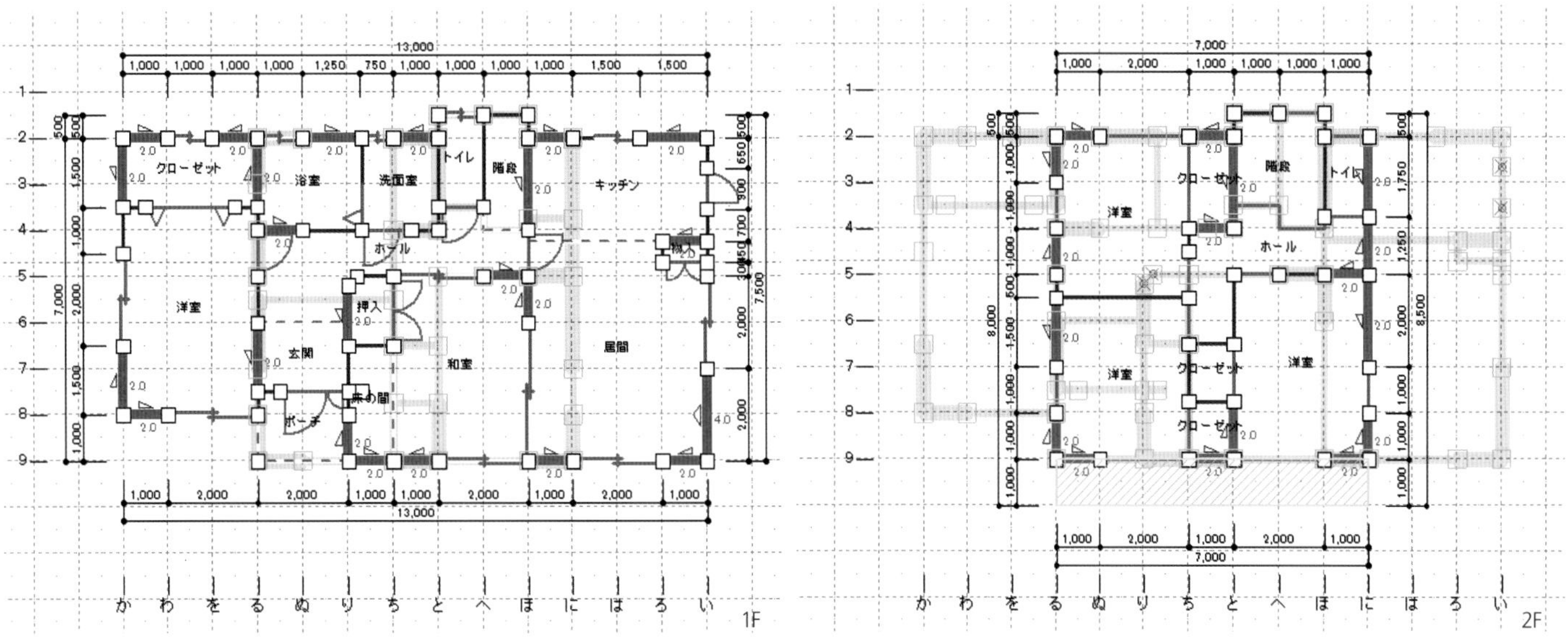

建物情報

屋根の重さ	重い屋根	風力区分	一般地域

壁量計算

		地震力	風圧力	地震力	風圧力
2階	X方向	1.33	1.35	◎	◎
	Y方向	2.61	2.7	◎	◎
1階	X方向	1.04	1.31	○	◎
	Y方向	1.07	1.05	○	○

令46条「構造耐力上必要な軸組等」（＝壁量計算）の計算結果。各階・各方向に、存在壁量が地震力および風圧力に対する必要壁量の両方の数値以上であることを確認する
◎：建築基準法で定める壁量の1.25倍以上
○：建築基準法で定める壁量の1.00倍以上
×：建築基準法で定める壁量の1.00倍未満

基準法が定める壁量を確保しているが、地震力に対する壁量計算において、1階壁量充足率がX方向1・04、Y方向1・07とやや低い数値となっている。

　耐力壁の配置バランスは、四分割法の結果、各階、各方向とも充足率および壁率比を満たしており、適合と判定された。また、偏心率の結果、各階・各方向とも0・15以下となり、壁の配置バランスがよいことが確認できた。

　柱の柱頭柱脚の接合方法は、N値計算の結果、最大金物は15kNとなり、5.6を超えるN値は存在していない。実際の設計では、通し柱の1階柱脚部はN値計算に関係なく15kN用のホールダウン金物が設計されていた。いずれにしても、設計上、建築基準法を満たした建物といえる。

水平構面以外は設計どおりの施工

　施工状況については、基礎工事と建方の写真が存在しており、写真による確認を行った。

　基礎は砕石地業にベタ基礎（耐圧盤シングル配筋）で、地盤補強なしの直接基礎で施工されていた。仕様規定である令38条および平成12年建設省告示第1347号のベタ基礎仕様規定は満たしているものと思われる。また、写真を見る限り、基礎梁人通口部分にも若干の補強筋があるように見受けられる。

　建方では、水平構面の仕様を確認できる。2階床部分は根太（45×60㎜）落し込み、根太間隔500㎜に構造用合板厚さ15㎜張り仕様、下屋部分は火打材仕様、野地はヒノキ板厚さ12㎜張り仕様となっていた。2階床水平構面は釘の仕様が施工写真で確認できなかった。下屋部分の火打ち材は断面寸法および最終的な配置を写真では確認できなかった。なお、設計図書を確認したところ、野地はヒノキ板ではなく構造用合板厚さ12㎜張りとなっている。

解体調査でわかったこと

　解体調査では、当初設計どおりの施工が行われてるかどうかの確認と、施工上の問題点があるか否かの確認を行った。

　まず設計図書との突合せでは、筋かいは断面寸法・配置・端部金物などは、設計図書どおりに施工されていた。柱頭柱脚の金物も同様に問題なく施工されていた。

　次に施工上の問題の有無を調査した。施工されていた火打ち材は、断面寸法45×90㎜で、住宅金融支援機構の木造住宅工事仕様書（工事仕様書）で規定している火打ち材断面寸法90㎜角を満たしていない。また、品確法における住宅性能表示制度の

壁配置バランス

壁配置バランス（令46条および平12建告1352号）

		偏心率	判定	
2階	X方向	0.06	◎	平12建告1352号「木造建築物の軸組の設置の基準を定める件」に基づいた偏心率の結果。偏心率が0.30以下であることを確認する ◎：偏心率が0.15以下 ○：偏心率が0.3以下 ×：偏心率が0.30を超える
	Y方向	0.13	◎	
1階	X方向	0.11	◎	
	Y方向	0.03	◎	

		充足率	壁率比	充足率	壁率比	
2階	X方向	1.79／2.17	-	◎	◎	平12建告1352号「木造建築物の軸組の設置の基準を定める件」に基づいた四分割法の結果。壁量充足率が1.00を超えるまたは壁率比0.5以上であることを確認する ◎：偏心率が1.50を超える　◎：壁率比0.70以上 ○：偏心率が1.00を超える　○：壁率比0.50以上 ×：偏心率が1.00以下　×：壁率比0.50未満
	Y方向	3.49／4.52	-	◎	◎	
1階	X方向	2.18／1.25	-	○	◎	
	Y方向	1.83／1.06	-	○	◎	

耐震等級設計（性能表示計算）による火打ち材の床倍率も火打ち材断面寸法が不足していることにより、満たしていないことになる。

2階床の構造用合板も、留め付けたN釘を用いておらず、釘の間隔も150㎜を超えていた。工事仕様書で規定している火打ち材を省略できる構造用合板による床仕様も、性能表示計算による構造用合板による床倍率仕様も満たしていない。

屋根面の水平構面は施工状況でも説明したどおり、ヒノキ板張りで、板の幅も100㎜しかないため、性能表示計算による屋根面床倍率仕様を満たしていない。

したがって、調査物件は令46条3項の火打ち材の設置基準を満たしていない部分（2階床）があり、建築基準法の仕様規定には含まれてはいないものの、性能表示計算による床倍率も計算できる前提条件を満たしていないため、水平構面が非常に弱かったことが分かった。このことから、柱、壁、耐力壁の直下率が低い場合には、地震力により2階に作用する水平力が1階へと伝達されにくいことが想像できる。

柱、壁、耐力壁の直下率が低い場合には、地震力により2階に作用する水平力が1階へと伝達されにくい

解体調査現場写真帖

地震後に全壊した木造住宅の解体調査に立ち会った。おおよそは設計図書どおりにつくられていたが、
一部部材の断面が小さく、まは、構造用合板などが正しい釘、正しい間隔で施工されていないなど、
わずかながらも構造上影響の大きい施工不良がいくつか見られた。

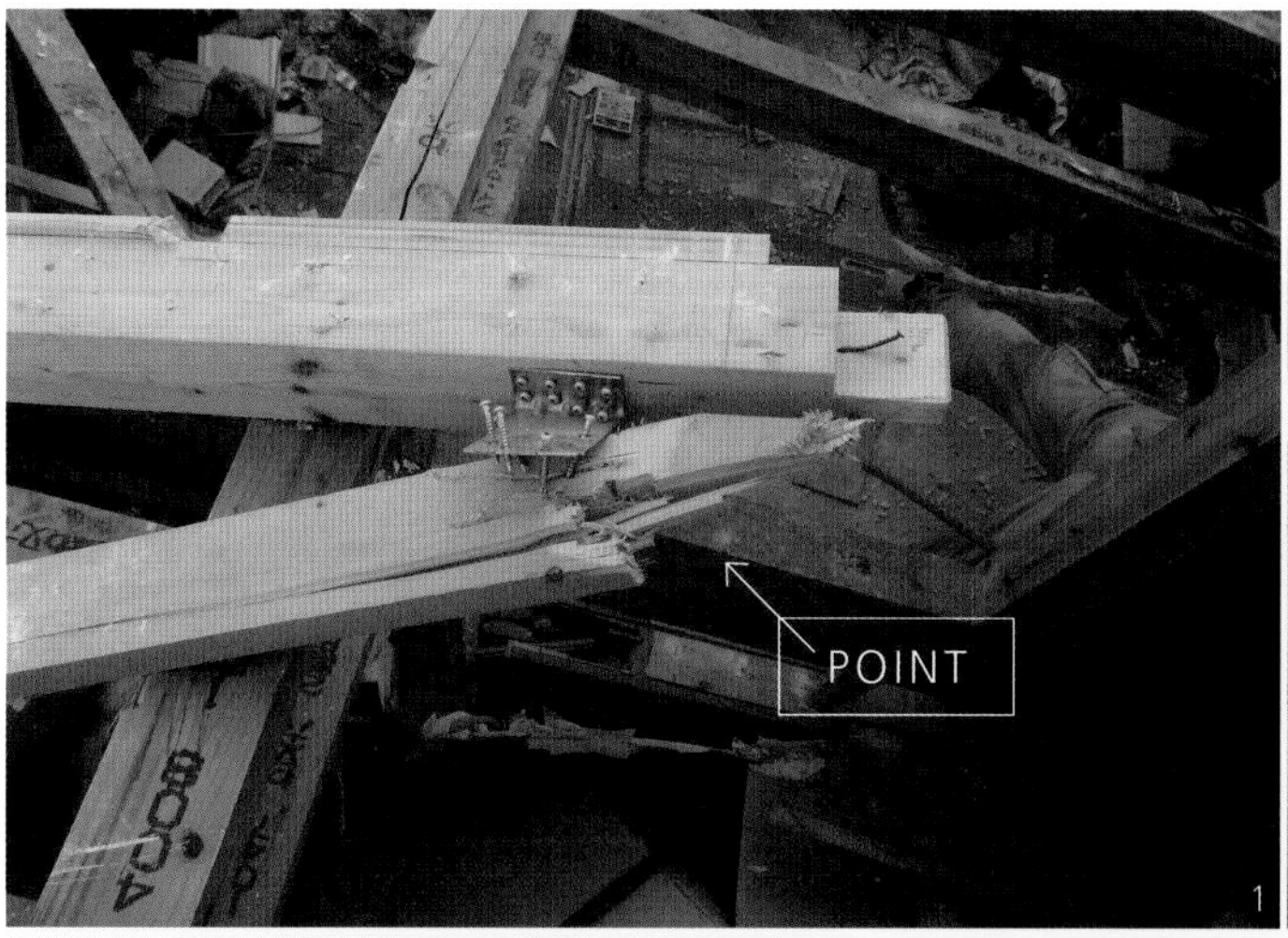

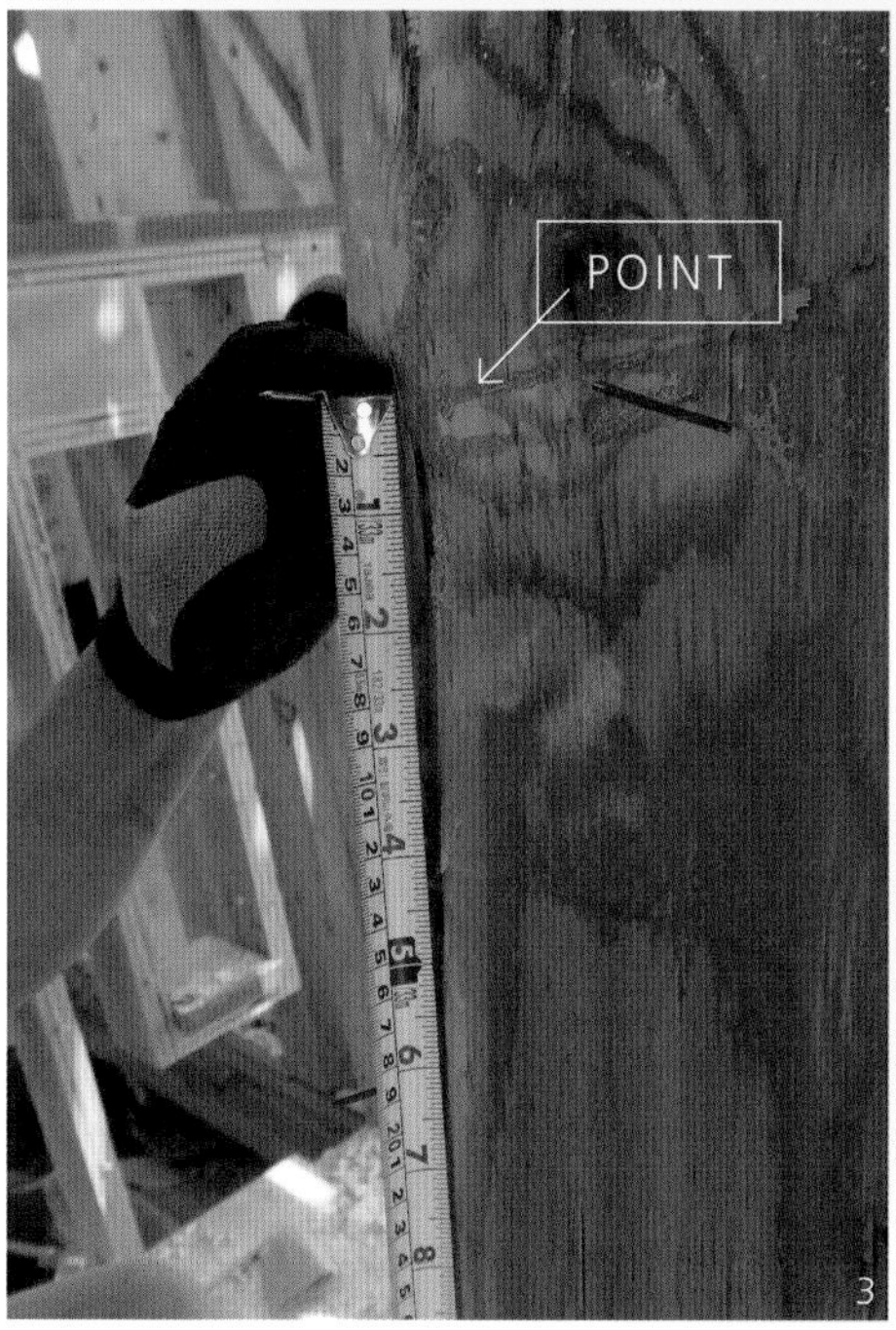

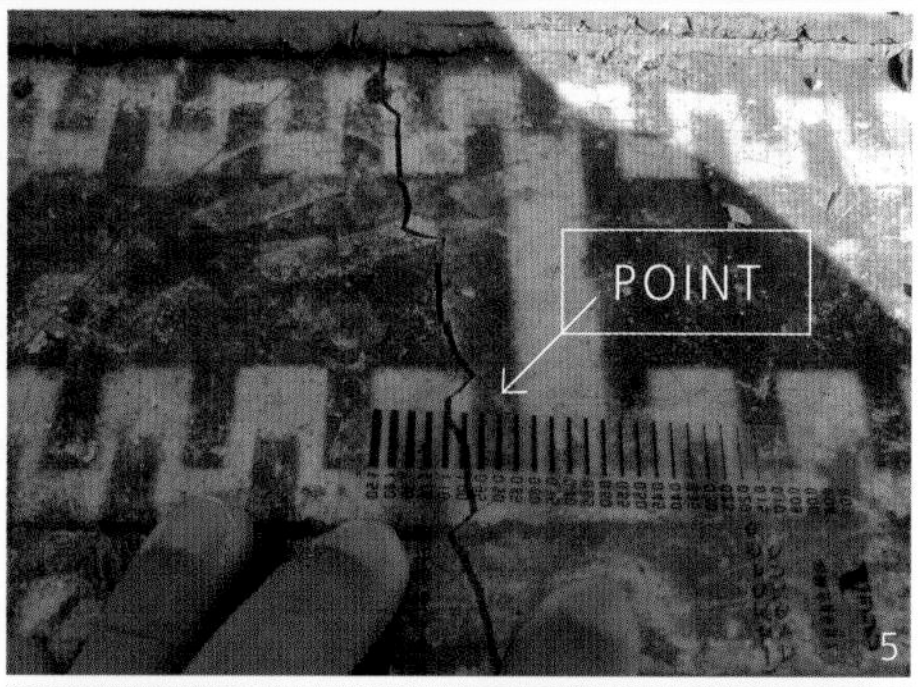

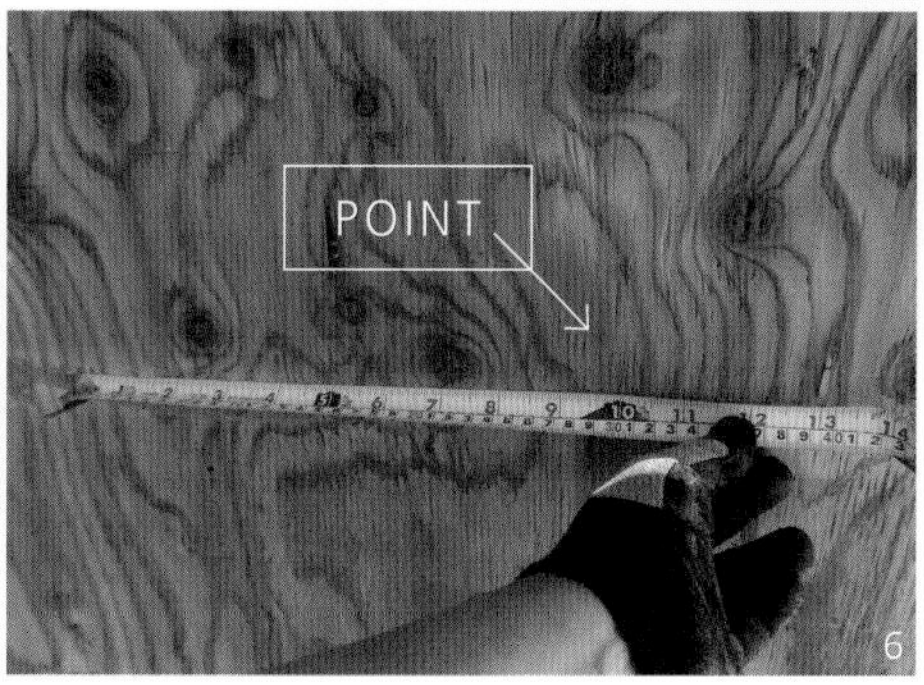

1／破断した筋かい。建物倒壊の影響で筋かいは破断しているが、筋かいは壁量計算および四分割法どおり配置されており、筋かい端部にも規定の金物が設置されていた
2／柱頭金物。N値計算の結果どおり柱頭柱脚金物が設置されていた
3／2階床の構造用合板。釘の種類、ピッチが違うことを確認できた
4／柱脚のホールダウン金物。建物倒壊の影響でアンカーボルトが曲がっているが、ホールダウン金物はN値計算どおり設置されていた
5／基礎に大きな損傷は見られない。クラックが若干ある程度
6／写真4同様に、2階床構造用合板の釘種類、ピッチが違う。水平構面としては機能しない可能性が高い
7／2階床組。地震時の揺れの影響なのか、倒壊の影響なのか、接合部が大きくずれている

直下率の低さが倒壊を招く

水平構面が弱いという前提に立ち、柱・壁・耐力壁の直下率の確認を行った。その結果、耐力壁の直下率が特に低く、Y方向で14・5%であった。直下率図で分かるとおり、2階のずれが確認できる。水平構面が弱く、直下率が低い場合、地震力が下階に伝わりにくく、建物が大きく変形し、倒壊するおそれがある。実際、熊本地震における築年数の浅い木造住宅の倒壊には、直下率の低さが影響したといわれている。

直下率は四号建築物の仕様規定で

解体調査で分かった耐力壁の配置

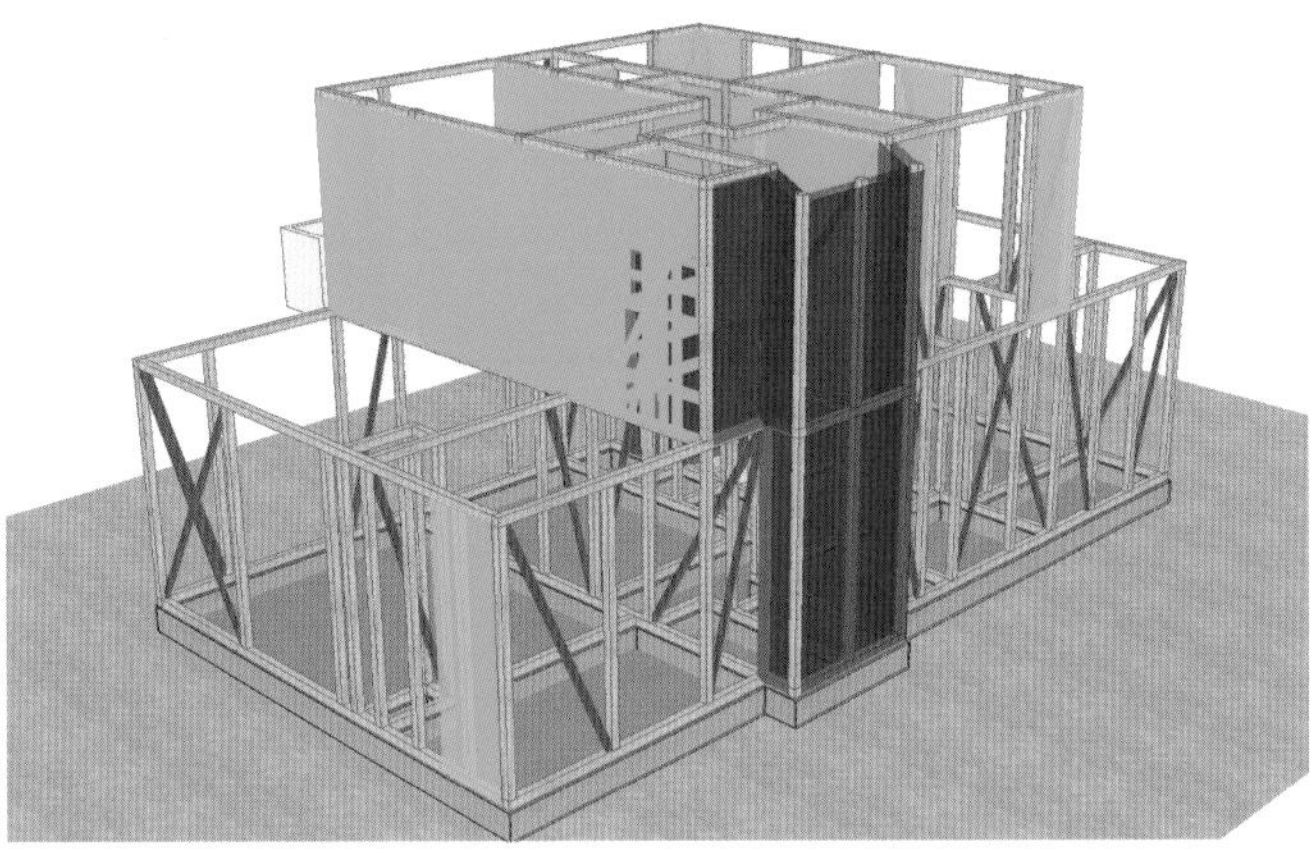

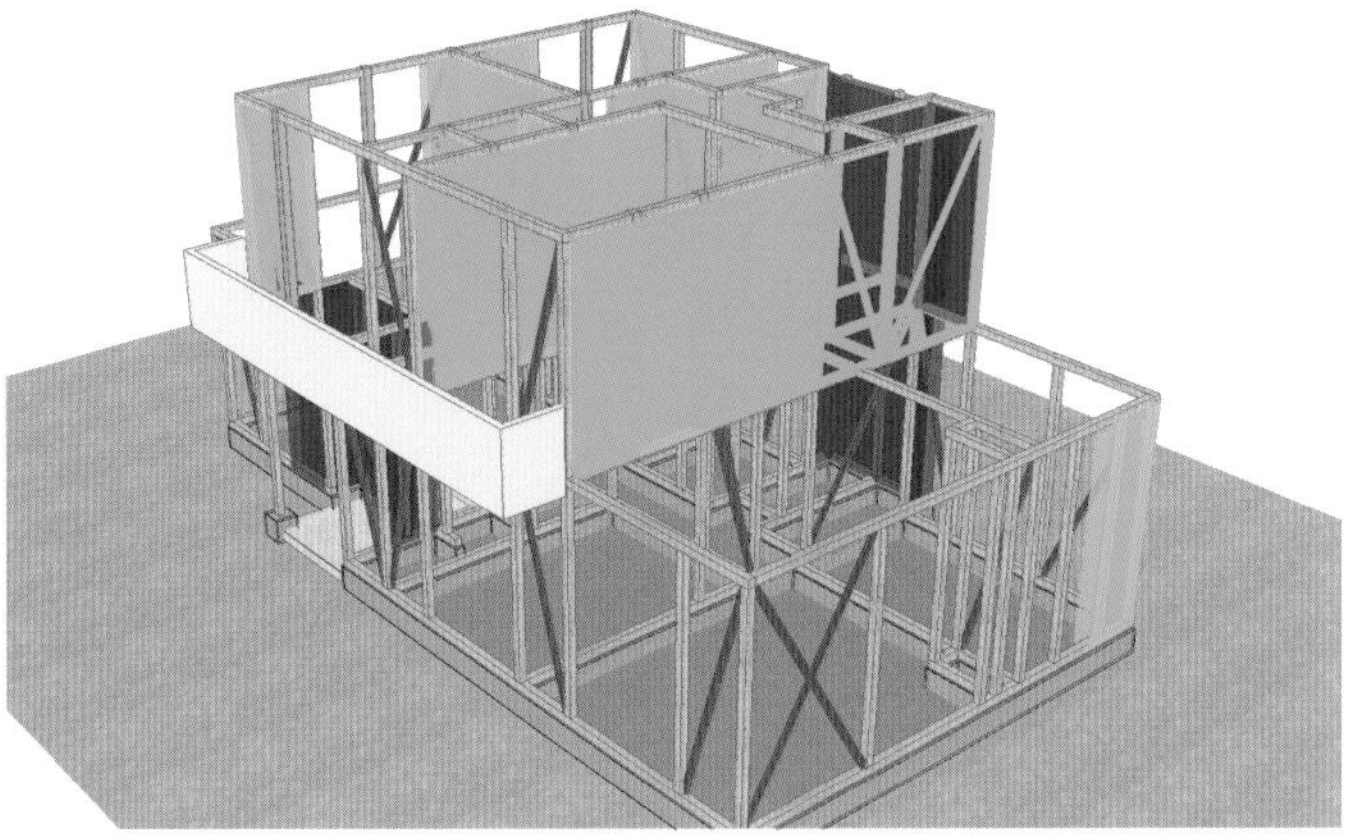

2階緑色の壁は1階に耐力壁のない2階耐力壁で、2階耐力壁の大半が1階耐力壁と連続していないことが分かる。2階耐力壁が受けた地震力は水平構面により、ずれた1階の耐力壁へと伝達されることになる

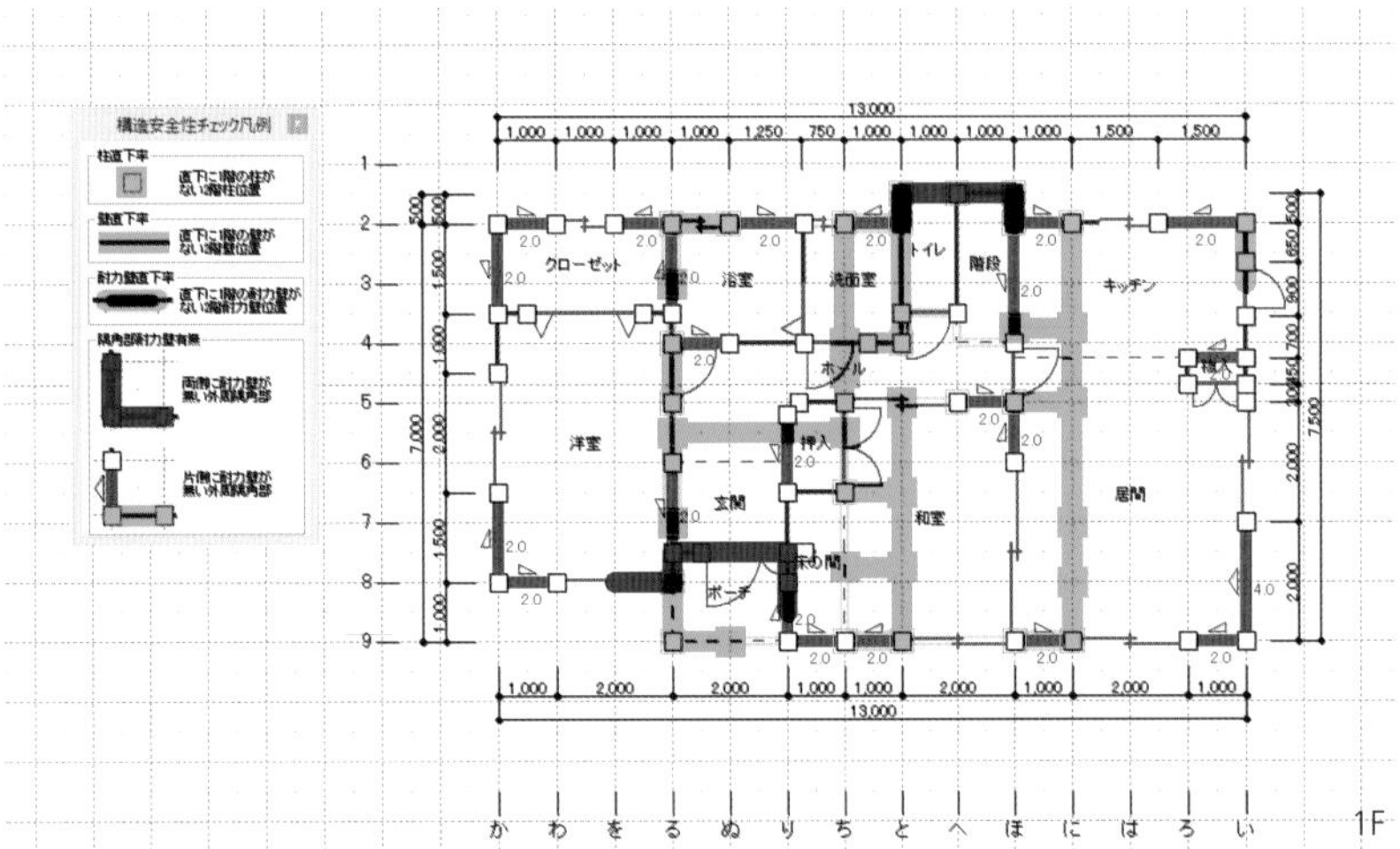

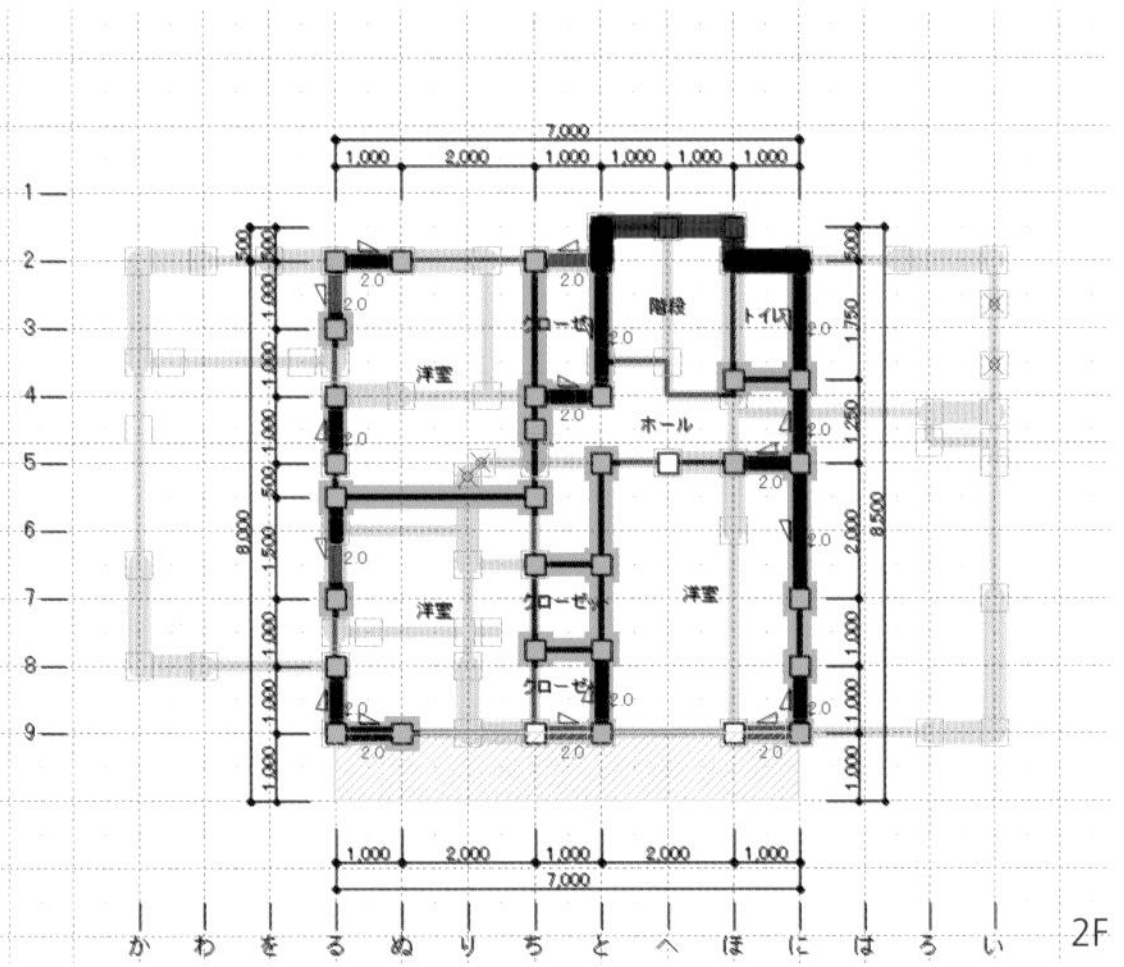

壁・柱直下率

直下率		判定	
56.70%		△	
62.80%		△	
42.80%		△	
14.50%		×	
充足率	壁率比	充足率	壁率比
3/8カ所	2/8カ所	△	◎
5/12カ所	3/12カ所	×	△

①柱直下率＝2階柱の総数に対する、直下に1階の柱がある2階柱の本数の割合（◎：60%以上　△：50%以上　×：50%未満）
②壁直下率＝2階の間仕切壁の全長に対して、直下に1階の間仕切壁がある2階の間仕切壁の長さの割合（◎：65%以上　△：55%以上　×：55%未満）
③耐力壁直下率＝2階の耐力壁の量に対する、直下に1階の耐力壁がある2階の耐力壁の量の割合（◎：50%以上　△：30%以上　×：30%未満）
④隅角部耐力壁なし＝建築物の隅角部において両側または片側に耐力壁が配置されていない部分の個所数（◎：2カ所以下　△：4カ所以下　×：5カ所以上）

検討事項になっていないが、これは検討の必要がないという意味ではなく、そもそも直下率のよい意匠設計を行うことを大前提としたものであり、また直下率は簡易的な検討程度で安全性を確認できるためである。しかし、最近の四号建築物には、「自由設計」という言葉の流行の裏で、直下率をまったく考慮せず架構設計も行わない意匠設計が多く、この解体物件のように直下率が低い例が多く存在する。

実際に倒壊した建物を確認すると、2階の変形は少ない一方、1階が大きく変形し、2階の鉛直方向荷重により柱が復元できず倒壊していた。このことから、1階壁量充足率がギリギリだったことで1階の変位が大きくなったことに加え、直下率が低く水平構面が構成されていないことにより、2階に作用する水平力が1階へと伝達しにくくなり、2階床梁部分に滞る水平力で2階床組の変形が増大した可能性が考えられる。

なお、両隣の築年数の古い木造住宅は、どちらも水平構面は火打ち程度で、水平構面としての機能はさほどない。しかし、直下率が高かったため、2階が受けた地震力が1階へとうまく伝達できることで倒壊を免れたと考えられる。この差こそ、被害の軽重を分けた要因だと考えられる。

建物の倒壊メカニズム

層間変形角＝変位δ／高さH　耐震等級1の場合

○ 在来軸組構法　1／120（階高3.0mで2.5cm）

○ ツーバイフォー工法　1／150（階高3.0mで2.0cm）

初期段階から変形させない→耐震等級3

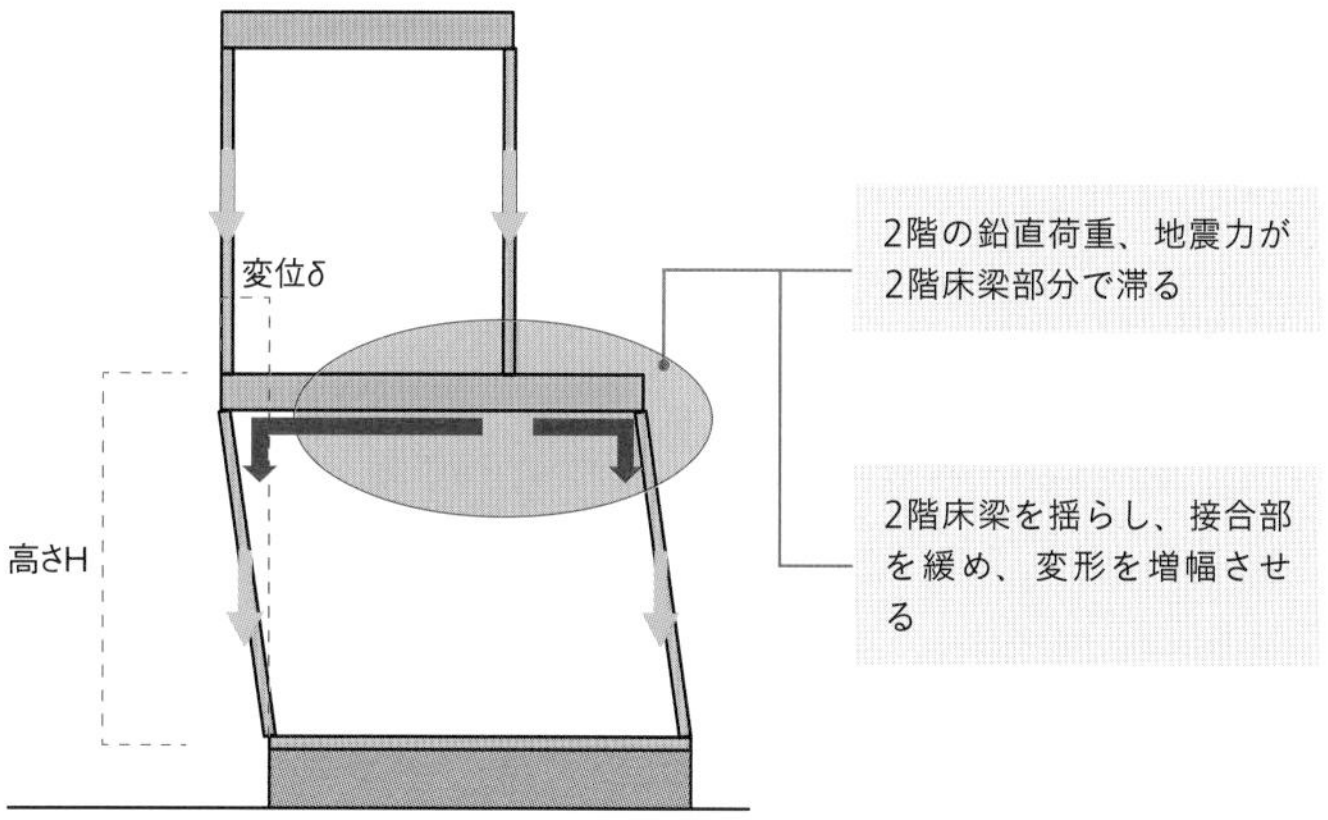
変位δ
高さH
2階の鉛直荷重、地震力が2階床梁部分で滞る
2階床梁を揺らし、接合部を緩め、変形を増幅させる

直下率の低さなどが倒壊の原因か

設計	○ 四号建築物の仕様規定に準拠（壁量計算・四分割法・N値計算済み） ○ 壁量充足率は2階が高いが、1階は低い ○ 直下率の検討なし、水平構面の検討なし（法律上不要） ○ 地盤の影響は現在検証中
施工	○ 仕様規定どおりの施工（耐力壁配置、金物配置など） ○ 水平構面は不成立（品確法仕様規定の床倍率は0倍）
浮き彫りになった 問題点	○ 基準法で求められている構造検討は設計・施工とも満たしているが倒壊している
考えられる 倒壊原因	○ 直下率が低いと、鉛直荷重、水平力が下階へと伝達されにくい ○ 水平構面が弱いと、下階へ水平力が伝達されにくい ○ 2階床梁レベルでのひずみ→1階の層間変形増幅→倒壊

地震に強い耐震等級3の住宅をつくる

解説：佐藤実

構造区画で間取りを考える

耐震等級3の木造住宅はどのように設計すればよいのだろうか。耐震等級3は、品確法の住宅性能表示制度（性能表示）の耐震等級設計、もしくは許容応力度設計によって、建築基準法で定められた耐震性能の1.5倍を満たす必要がある。具体的には、壁量計算、壁の配置バランス（四分割法）、柱頭・柱脚の接合方法、床倍率のチェック、横架材のチェック、基礎のチェック、接合部のチェックなどを行いながら、必要な耐震性能をクリアしていく。

このように説明するととても難しそうに感じるかもしれないが、単純に耐震等級3レベルの木造住宅を設計することがそれほど難しくない。構造（柱や梁、耐力壁の配置や水平構面の確保）と間取り（プランニング）を同時に考えながらバランスよく設計すれば、比較的容易に設計することが可能だ。

特にプランニングでは、構造区画を考えることが重要だ。構造区画とは、横架材と柱4本で構成された区画のことで、図のように横架材流通材を考慮し、2間（3・64m）×3間（5・46m）または、2間（3・64m）×2間（3・64m）で構成するとよい。

そして、構造区画の条件である、「四隅に柱があること」「構造区画の四隅柱の下に柱があること」を満たせばよい。こうすることで構造安定性はかなり高まる。

耐力壁と水平構面の原理を理解する

また、耐力壁と水平構面は、構造区画の上から被せるように配置する。そして、構造区画上の耐力壁に穴をあけるイメージで開口部をつくると配力壁線がうまくできてくる。

耐力壁の配置バランスは、人間が横に揺れたときにどのように耐えるのかをイメージすると考えやすい。たとえば、電車に乗り吊革につか

構造区画

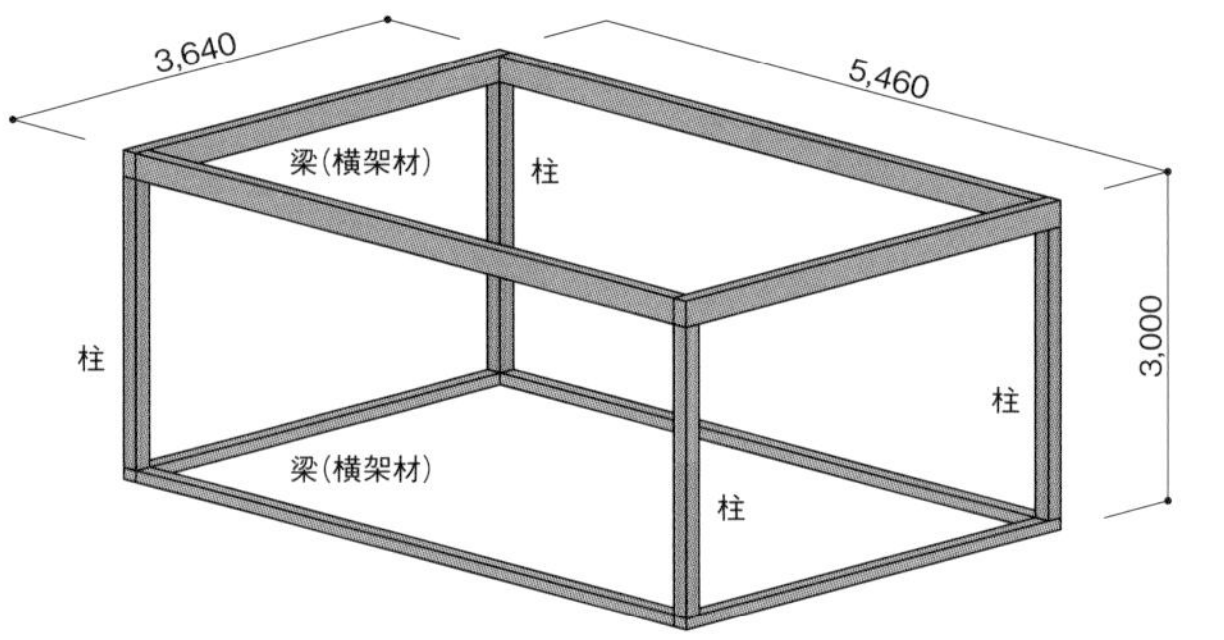

構造区画とは、横架材と柱4本で構成された区画のこと。図のような2間（3.64m）×3間（5.46m）のほか、2間（3.64m）×2間（3.64m）で構成するとよい。こうすることで構造安定性はかなり高まる

横架材4m材と6m材の有効活用

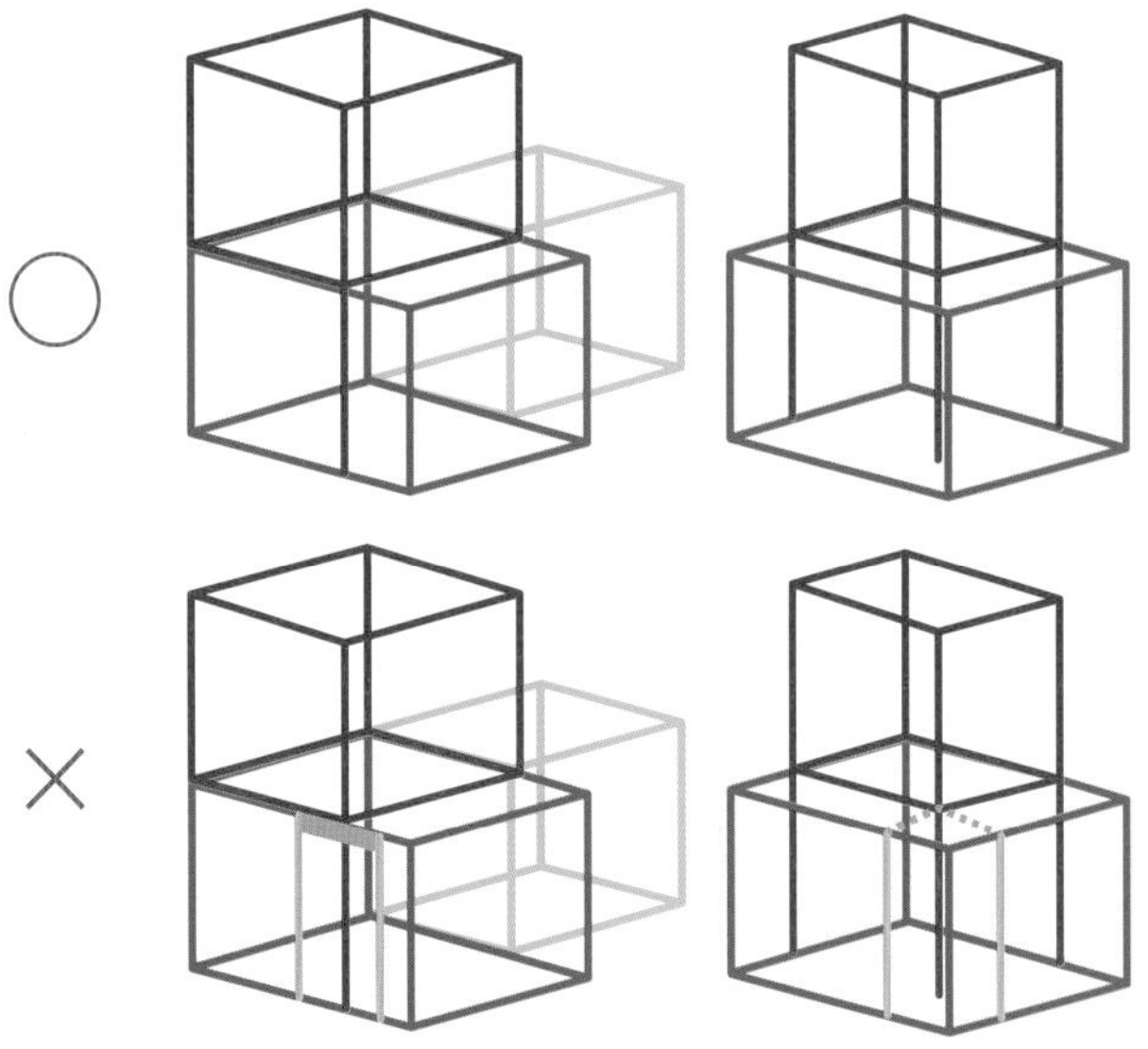

複数の構造区画で建物を構成する場合、上の2つの図のように「構造区画の四隅柱下には柱があること」が必須要件になる。下の図のように緩和することはできるだけ避けることが望ましい

構造と間取りをバランスよく設計する

まって立っているとき、人は自然に足を開いて横揺れに抵抗している。それも両足にバランスよく体重をかけながら。

　これと同じように、建物も横方向（X方向）に働く地震力には横向き（X方向）の耐力壁が抵抗し、縦方向（Y方向）の地震力には縦向き（Y方向）の耐力壁が抵抗する。したがって、耐力壁は、人が足を踏ん張る様子をイメージしながら、左右対称にバランスよく配置する。

　水平構面は、耐力壁の上にある「フタ」と考えるとよい。耐力壁の上に水平構面でフタをすることで「箱」ができ、建物の耐震性能が向上する。したがって、箱におけるフタのイメージを持ちながら水平構面の設計を行う。

　また、水平構面の構造上の役割は、地震力を負担し耐力壁へと伝達することだ。水平構面に穴（吹抜け）が多いと地震力が耐力壁へとスムーズに伝達されない。また、水平構面と耐力壁が接していない、フタが開いている状態もよくないことが分かる。

　間違えやすいのが、屋根部分の水平構面である。小屋梁火打ちによる水平構面は耐力壁と接しているが、屋根垂木部に構造用合板を張った水平構面は、耐力壁が小屋梁までしか張られていないと「フタが開いている」状態になる。この場合は、小屋束部分に雲筋かいを入れて、小屋火打ちと垂木部構造用合板の水平構面を一体化し、立体的なフタを構成する必要がある。これは勾配天井でも同じような問題に直面するので、とにかく耐力壁を屋根の水平構面と連続するように設置することが重要だ。

　このような構造のルールを守りながら設計するだけで、耐震等級3を容易にクリアできることも多い。また、構造のルールに則った無理のな

上下階の柱位置の重要性

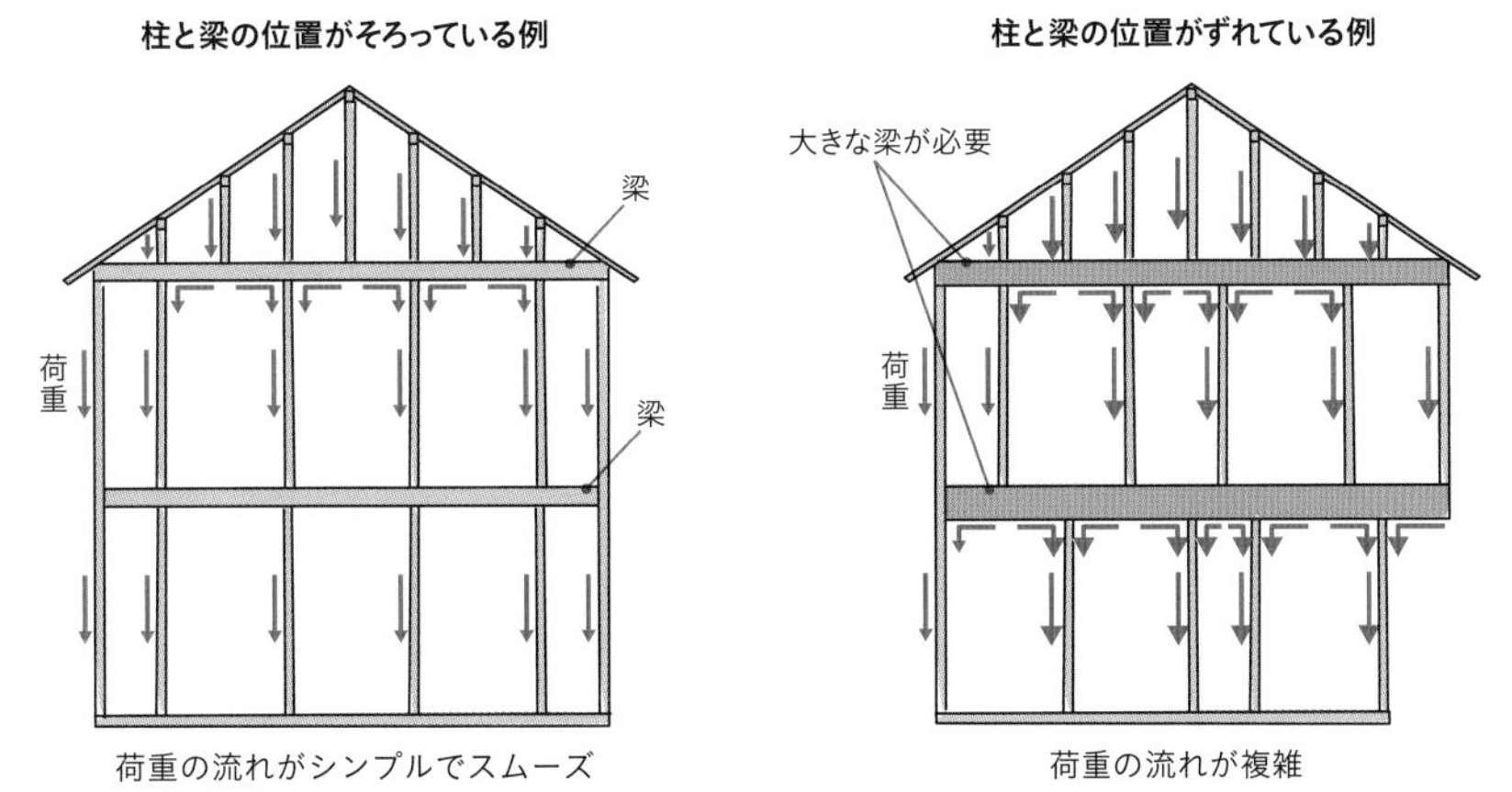

壁の配置バランス

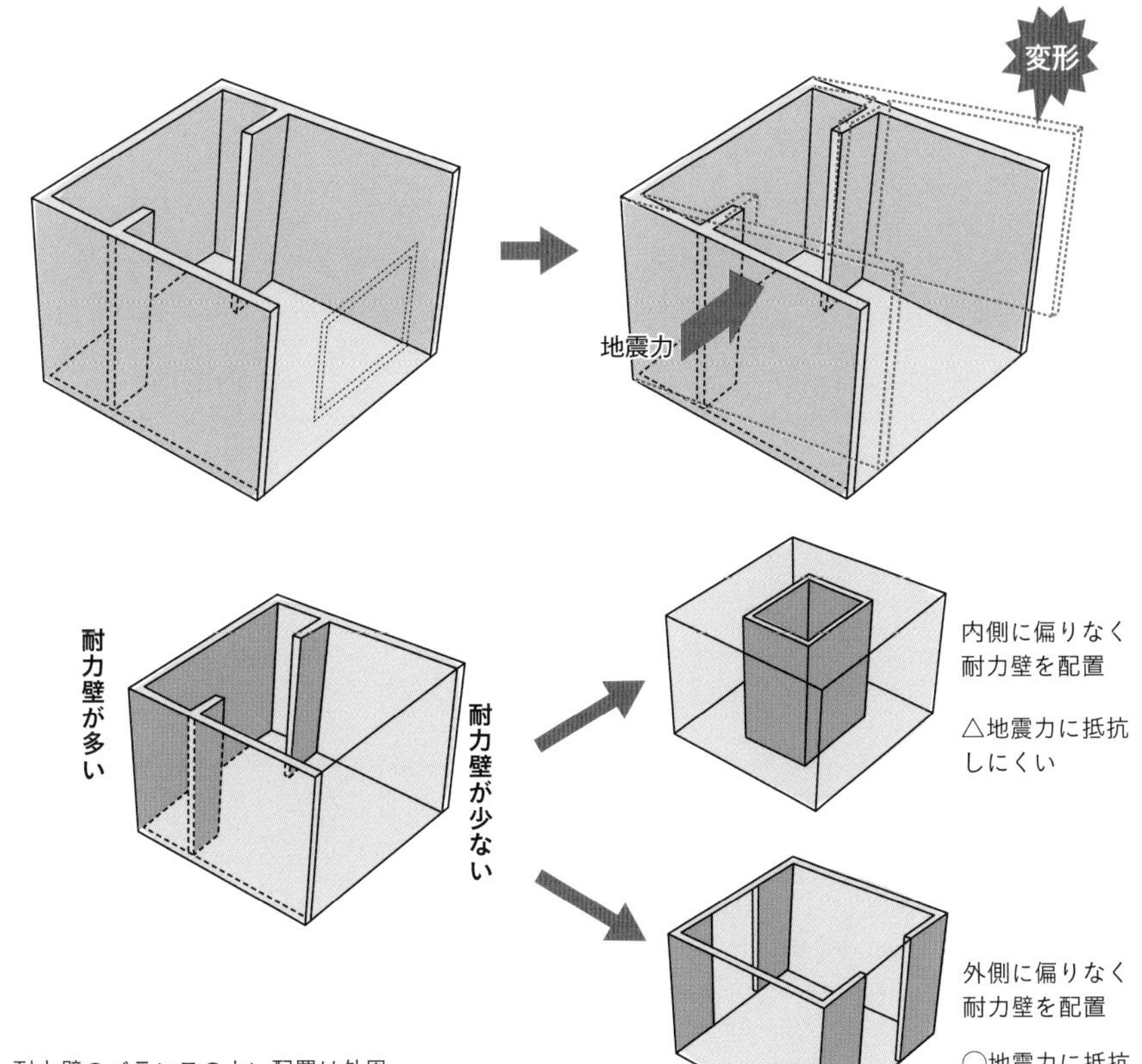
◯地震力に抵抗
しやすい

耐力壁のバランスのよい配置は外周部のみでよいという意味ではない。実際の設計では外周部、内部ともにバランスよく耐力壁を配置する

構造区画を頭に入れて間取りを考えることが重要

水平構面の考え方

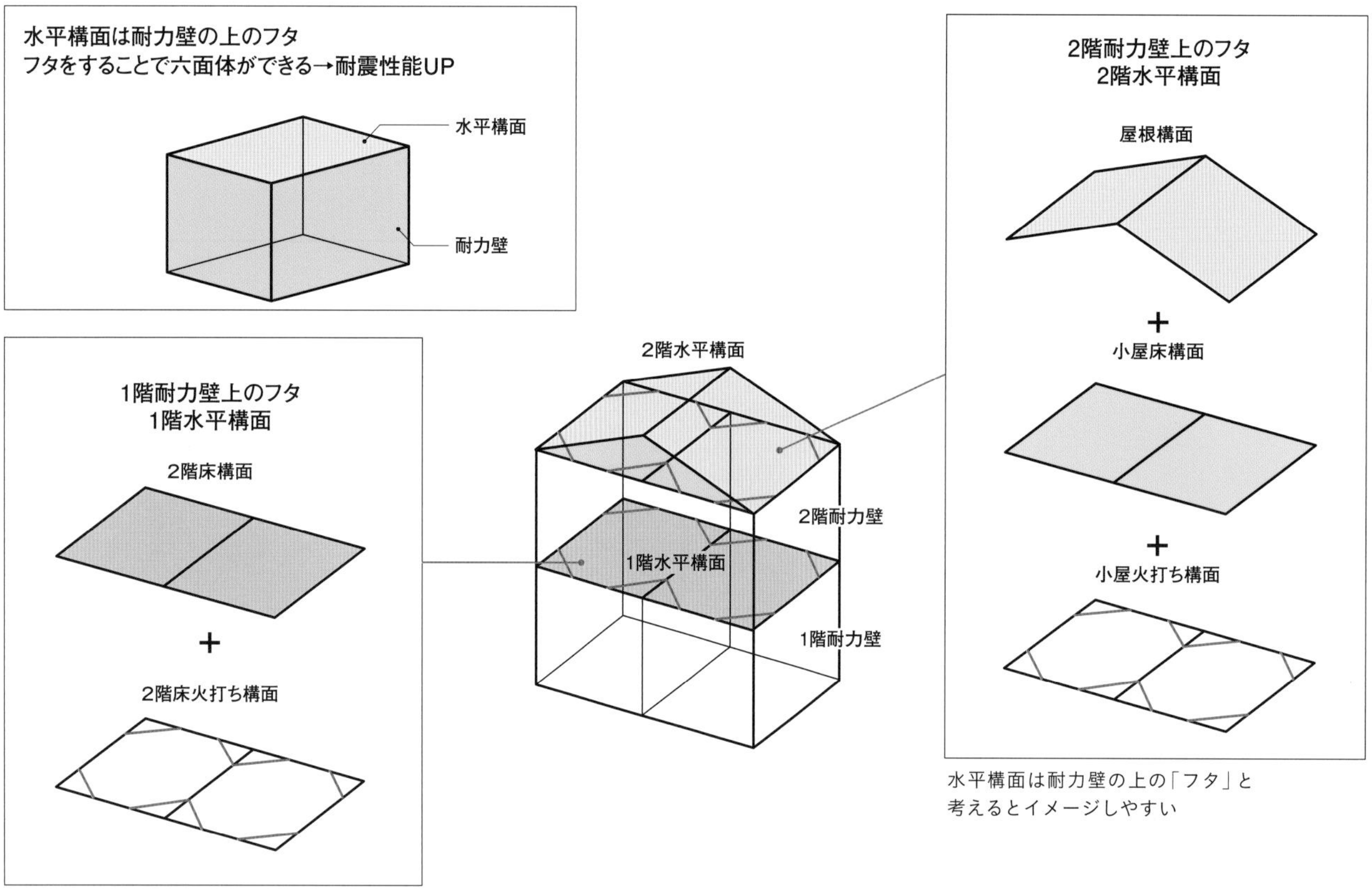

水平構面は耐力壁の上の「フタ」と考えるとイメージしやすい

吹抜けの変形と対策

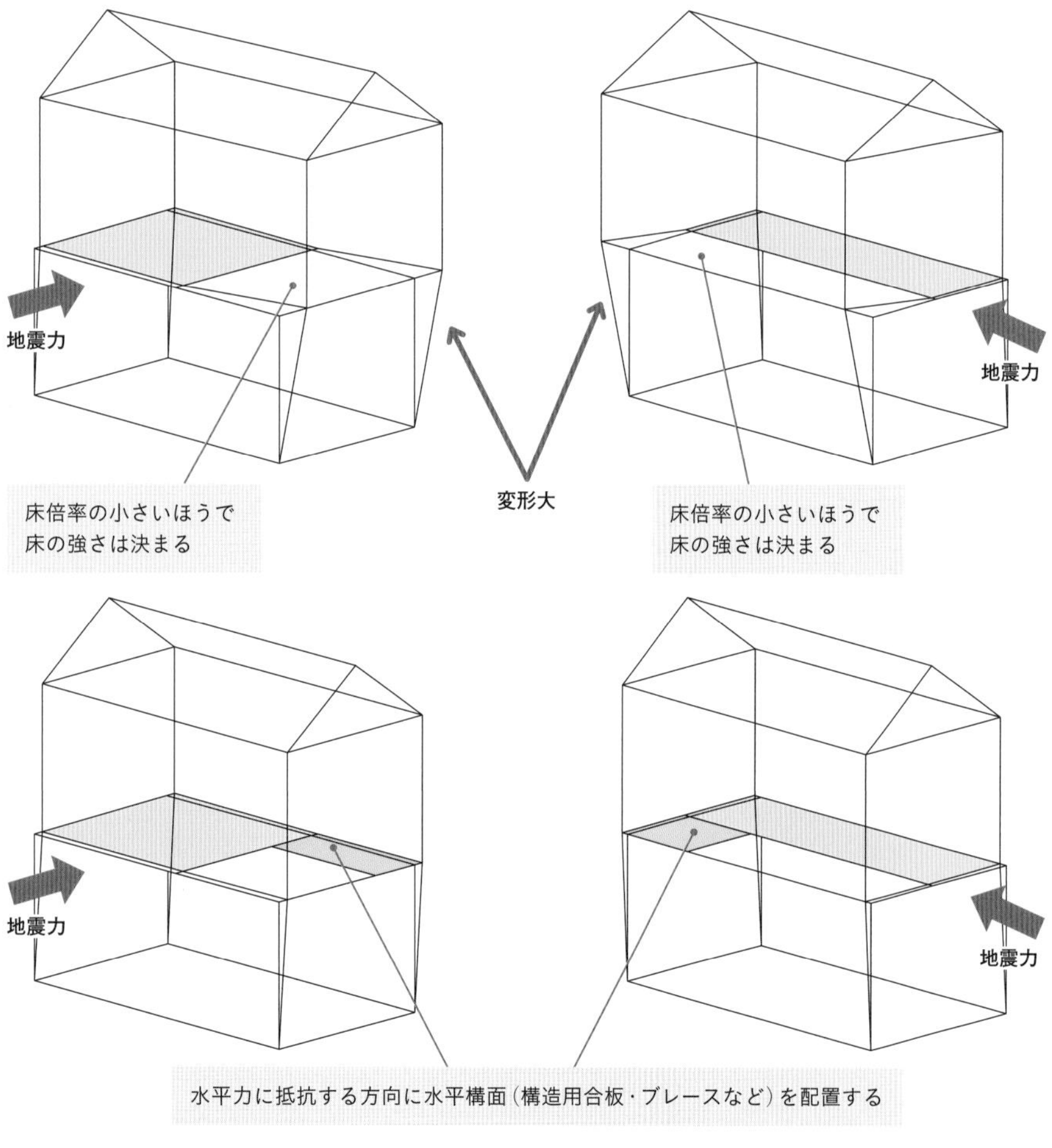

上図のように建物の端から端まで吹抜けがあると、床組は変形する。したがって、X方向、Y方向とも吹抜けの手前や向こう側にフタを設ける（吹抜けは外壁側に2面までOK）

いプランをつくることで、構造材や構造金物などの量も少なくすることができ、経済的である。なお、実際には基本的な設計が固まった段階で、性能表示計算もしくは許容応力度設計などでチェックし、構造上の過不足を調整していけばよい。

構造設計者や構造計算ソフトとの付き合い方

品確法・性能表示計算は、それほど難しいものではないし、構造を理解するうえで、性能表示計算は最低限できてほしいことではあるが、構造設計が苦手であれば、構造設計者に依頼するのも1つの方法である。ただし、耐震等級3は、壁量が多く水平構面の扱いも厳しくなるため、慣れないうちは、意匠設計段階でこまめに構造設計者に安全性を確認しながら進めていくことが大切である。意匠設計が出来上がり、建て主の承認を得た後に構造設計者に相談されても、安全性を保証できないこともある。

また、設計者が自身で構造計算を行う場合には、構造計算ソフトを使うことになる。構造計算ソフトは数多く存在するが、市販品であればどれも入力が容易で、かなり使いやすくなっている。しかし、多くのソフトは、構造のイロハが分からなくても、入力、エラー解消を繰り返しているだけで何となく耐震等級3がクリアできてしまうが、構造的にはいびつなものになってしまう。先ほどの構造のルールに則って設計することが大事であり、最初のうちは構造設計者に相談しながらソフトの入力をおぼえていくことが望ましい。

なお、工務店の多くが、伏図などの構造図の作成などをプレカット業者に依頼していることだろう。しかし、構造計算や検討をプレカット業者が十分に行われているのか確認する必要がある。なぜなら、プレカット業者の多くは、構造はあくまで設計する側の仕事でありその責任も設計者が負う、と考えているためだ。したがって、構造の検討は設計する側が主導して行うべきであるし、必要に応じてプレカット業者に「構造計算」依頼するか、構造の専門家である構造設計者に協力を依頼すべきなのである。

地震に弱い家づくりからの脱却

木造住宅の地震による倒壊のメカニズムや、耐震等級3の家づくりについて解説してきた。ここまで読まれた読者はお分かりだと思うが、特別難しいことは説明していない。木造住宅の構造を真面目に検討して設計すれば、建て主にとって幸せな、地震で倒れない家がつくれるということである。

1995年の阪神・淡路大震災から、木造住宅では構造関連の仕様が格段に強化され、それに合わせて構造性能も格段に上がったように思われた。だが、熊本地震では強い揺れに対して相変わらず脆弱であることを露呈してしまった。それは、木造住宅の実務者がいまだに「経験と勘」で家をつくっているからにほかならない。

2018年政府の地震調査委員会は、70%程度としてきた南海トラフ地震が発生する確率を最大で80%に引き上げた。東海地方から九州までの太平洋沿岸地域で最大マグニチュード9クラスが予想されるということの大地震に加え、過去の大地震の傾向も踏まえると、大地震が起きる可能性は日本全国どこでもある。人命はもとより、住宅という資産を守るうえでも、「経験と勘」の家づくりからは今すぐにでも卒業し、耐震等級3の家づくりを目指してほしい。

最後に、古代ローマ時代の城郭設計者Vitruvius『建築十書』で述べた建築の3大要素「強・用・美」の言葉を贈りたいと思う。

強がなければ用は
果たせない、
強と用がなければ美は
形だけのもの、
そして、美がなければ
建築とは言えない

強（構造）がないがしろにされることなく、3大要素すべてに気を配った家づくりにまい進していただきたい。

経験と勘の家づくりから耐震等級3の家づくりへ

建基法の仕様規定と性能表示計算・許容応力度設計はどこが違うのか

解説：佐藤実

壁性能表示の壁量計算

一般地域

階数	屋根の仕様	等級２	等級３
1階	軽い屋根	{45×k1×z}×s1	{54×k1×z}×s1
	重い屋根	{58×k1×z}×s1	{69×k1×z}×s1
2階	軽い屋根	{18×k2×z}×s2	{22×k2×z}×s2
	重い屋根	{25×k2×z}×s2	{30×k2×z}×s2

最深積雪量＝1ｍ

階数	屋根の仕様	等級２	等級３
1階	軽い屋根	{(45×k1+16)×z}×s1	{(54×k1+20)×z}×s1
	重い屋根	{(58×k1+16)×z}×s1	{(69×k1+20)×z}×s1
2階	軽い屋根	{34×k2×z}×s2	{41×k2×z}×s2
	重い屋根	{41×k2×z}×s2	{50×k2×z}×s2

K1＝0.4＋0.6×Rf K2＝1.3＋0.07／Rf	K1・K2とは上下のバランス（Rf）が 建物の構造上の特性に与える影響を表す係数

$$Rf=\frac{\text{2階壁量計算用床面積（S2）}}{\text{1階壁量計算用床面積（S1）}}$$

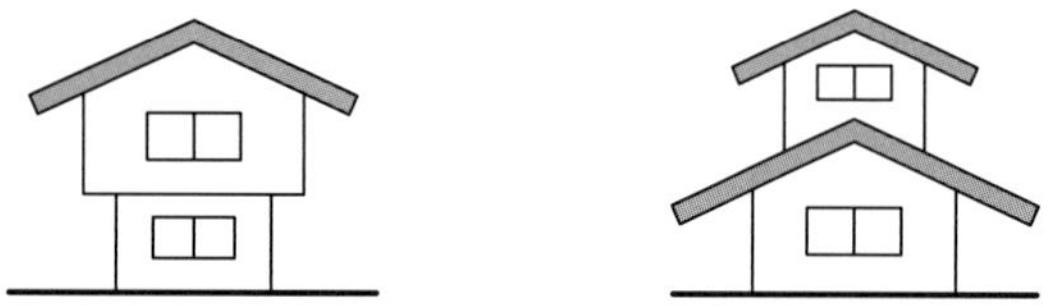

2階床面積大→1階必要壁量大　　2階床面積小→2階必要壁量大

2階壁量計算用床面積（S2）＝2階の壁量計算用床面積＝建築基準法２階床面積＋吹抜け部分

1階壁量計算用床面積（S1）＝建築基準法1階床面積＋オーバーハング部分＋バルコニー×0.4

仕様規定と性能表示計算と許容応力度設計の違い

木造住宅の構造安全性検討方法は、①許容応力度設計、②品確法の住宅性能表示制度における耐震等級設計（性能表示計算）、③建築基準法の仕様規定（仕様規定）がある。

①許容応力度設計は、建物の固定荷重、積載荷重、積雪荷重などから重量を算出し、その重量に地震層せん断力係数を掛けることで建物に作用する地震力を算出、その地震力に抵抗できるだけの耐力壁が必要となる。

②性能表示計算と③仕様規定は計算方法が少し似ている。たとえば、壁量計算についてはいずれも各階床面積などの特定の数値を掛け算することで必要壁量を算出する。ただし、②性能表示計算は、③仕様規定に比べ、必要壁量の算出が詳細になる。床面積は見上面積とし、床面積に乗ずる数値は、積雪の考慮があり、各階で屋根の仕様を選べる。さらに、上下階の床面積の大きさで必要壁量を増減させるK1、K2という係数、地震地域係数Zにより必要壁量を算出する。

③仕様規定は、簡易的な設計なので、床面積に乗ずる数値は屋根種類（仕様）については建物につき1仕様のみで、その他細かな係数などはない。積雪荷重の考慮はない。

しかし、②性能表示計算と③仕様規定の一番大きな違いは、③仕様規定に水平構面の計算がないことである。耐震性能が明らかに不足しているような大きな吹抜け、水平構面の連続性を失ったスキップフロアなどがそのまま建ってしまう怖さがある。このように、③仕様規定は、建物の構造安全性の正確な評価はできないものであるといえる。

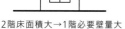

実際の耐震性能の差を比較する

省エネ設計は、簡易的な仕様規定で行えば断熱材の厚さが厚くなるなど安全率が高めに設定されており、詳細な計算を行えば性能を確保しつつ断熱材を薄くできるなどのメリットが生まれる。

しかし、木造住宅の構造設計はまったく違う。③仕様規定の簡易計算を行うと耐力壁の量が最も少なく済み、②性能表示計算、①許容応力度設計と詳細な計算をすればするほど耐力壁の量は増していく。もちろん、それだけその建物に適した耐震性能を満たすことになるのだが、③仕様規定を順守しているだけでも建築基準法上は問題ないため、手間のかかる詳細計算をして耐力壁が多くなるのであれば、簡易計算で建築基準法ギリギリの耐力壁の量で済

耐震等級2の壁量のチェック（計算例）

【設計条件】
木造2階建て（軽い屋根）｜一般地域｜Z=1.0
S1：1階床面積：50㎡（見下げ、見上げとも）
S2：2階床面積：50㎡（見下げ、見上げとも）

耐震等級2

①許容応力度計算の必要壁量（耐震等級2）
1階：約250kN×0.25／1.96kN／m=31.89m　③仕様規定の1.76倍
2階：約175kN×0.30／1.96kN／m=26.79m　③仕様規定の2.86倍

②品確法性能表示耐震等級設計の必要壁量（耐震等級2）
1階：（45×1×1.0）×50㎡=45㎝／㎡×50㎡=2,250㎝（22.50m）
③仕様規定の1.24倍
2階：（18×1.37×1.0）×50㎡=24.66㎝／㎡×50㎡=1,233㎝（12.33m）
③仕様規定の1.32倍

③仕様規定の必要壁量1.25倍（耐震等級2レベル）
1階：50㎡×29㎝／㎡×1.25=1,812㎝（18.12m）
2階：50㎡×15㎝／㎡×1.25=937㎝（9.37m）

Rf=S2／S1=50㎡／50㎡=1
K1=0.4+0.6×Rf=1
K2=1.3+0.07／Rf=1.37

耐震等級3の壁量のチェック（計算例）

【設計条件】
木造2階建て（軽い屋根）｜一般地域｜Z=1.0
S1：1階床面積：50㎡（見下げ、見上げとも）
S2：2階床面積：50㎡（見下げ、見上げとも）

耐震等級3

①許容応力度計算の必要壁量（耐震等級3）
1階：約250kN×0.30／1.96kN／m=38.26m　③仕様規定の1.76倍
2階：約175kN×0.36／1.96kN／m=32.14m　③仕様規定の2.86倍

②品確法性能表示耐震等級設計の必要壁量（耐震等級3）
1階：（54×1×1.0）×50㎡=54㎝／㎡×50㎡=2,700㎝（27.00m）
③仕様規定の1.24倍

2階：（22×1.37×1.0）×50㎡=30.14㎝／㎡×50㎡=1,507m（15.07m）
③仕様規定の1.34倍

③仕様規定の必要壁量1.50倍（耐震等級3レベル）
1階：50㎡×29㎝／㎡×1.50=2,175㎝（21.75m）
2階：50㎡×15㎝／㎡×1.50=1,125㎝（11.25m）

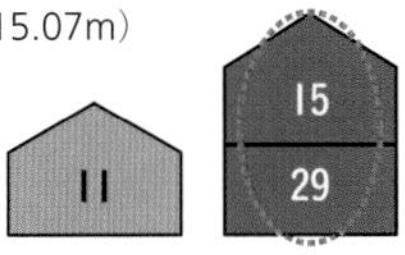

平屋建て　2階建て

耐震等級1の壁量のチェック（計算例）

【設計条件】
木造2階建て（軽い屋根）｜一般地域｜Z=1.0
S1：1階床面積：50㎡（見下げ、見上げとも）
S2：2階床面積：50㎡（見下げ、見上げとも）

耐震等級1

①許容応力度計算の必要壁量（耐震等級1）
1階：約250kN×0.20／1.96kN／m=25.51m　③仕様規定の1.76倍
2階：約175kN×0.24／1.96kN／m=21.42m　③仕様規定の2.86倍

②品確法性能表示耐震等級設計｜③仕様規定の必要壁量（耐震等級1）
1階：50㎡×29cm／㎡=14.5m
2階：50㎡×15 cm／㎡=7.5m

詳細な構造検討を行うほど、壁量が増える。
また、同じ耐震等級でも構造検討方法により壁量に差が生まれる。

ませようと考えてしまう設計者が多くなる。そのため、安全率の低い仕様規定の建物が建ち続けているのだ。

では、実際に各検討方法でどれだけ耐力壁の量が違うのかを計算例で見てみる。耐震等級2と耐震等級3の比較を行う。なお、③仕様規定は耐震等級という規定がないため、必要壁量に対して存在壁量を1・25倍、1.5倍とする。

計算例の結果を見ると、①許容応力度設計で耐震等級2・3ともに①仕様規定の1・76倍（1階）、2・86倍（2階）、②性能表示計算で耐震等級2・3ともに①仕様規定の1・24倍（1階）、1・32〜1・34倍（2階）と、必要壁量がかなり多くなっていることが分かる。特に①許容応力度設計とそのほかの検討方法の差は顕著で、条件によっては②性能表示計算で耐震等級3と判定した建物を①許容応力度設計で計算しなおすと耐震等級が下がってしまうこともある。

耐震等級1は建築基準法で求められている耐震性能であるが、この耐震等級1にも構造安全性検討方法により違いがある。

②性能表示計算と、③仕様規定では、耐震等級1の検討内容が同じで、基本的に③仕様規定を順守することになる。しかし、①許容応力度設計は、耐震等級1であっても耐震等級2・3と変わらない計算が行われ、単純に地震力の割り増しを行わないだけとなる。先ほどの計算例で再度、耐震等級1の比較をしてみる。

計算例の結果を見ると、①許容応力度設計と②性能表示計算、③仕様規定では、1・76倍（1階）、2・86倍（2階）とこちらも必要壁量がかなり多くなっていることが分かる。たかが耐震等級1といっても①許容応力度設計とそれ以外ではかなり別物であることが分かる。そして改めて浮き彫りになるは、③仕様規定つまり建築基準法のみで構造設計がなされた木造住宅の安全性の問題なのである。

性能表示計算で耐震等級3を達成する

ここでは、建築基準法の仕様規定に相当する「耐震等級1」と、性能表示計算による「耐震等級2」「耐震等級3」の違いをi-worksでシミュレーションしました。性能表示計算で耐震等級3を達成するには、耐力壁線と床倍率がポイントとなります。耐震等級1から3まで上がっていく過程で、この2つがどのように強化されていくのかを比べてみてください。なお、本稿内の耐震等級については、「ホームズ君 構造EX」※を用いて計算しています。

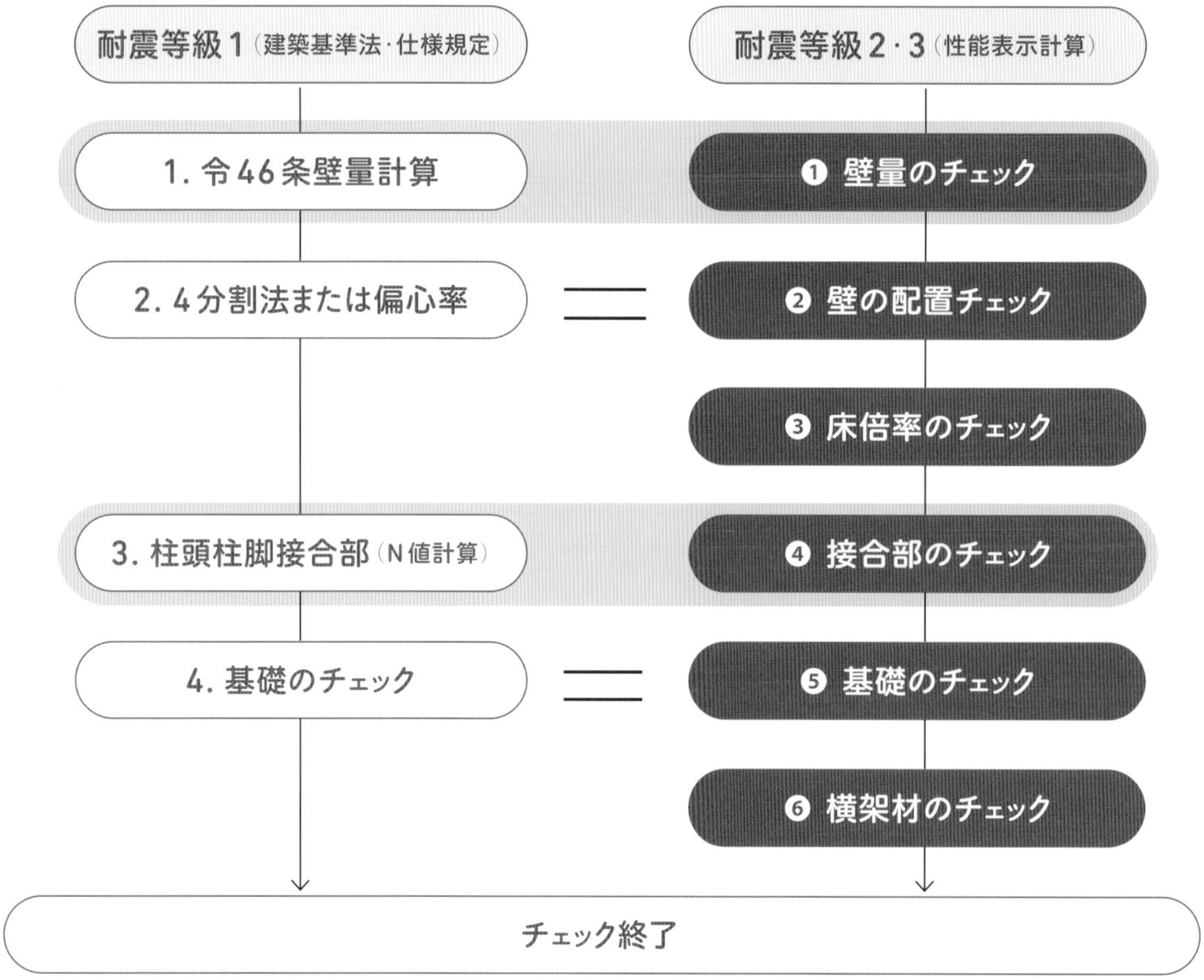

基本用語1 壁量

基準法施行令46条に示された壁量計算を行う。存在壁量が必要壁量（地震用と風用）よりも多いことを確認する。品確法の性能表示計算では、壁量は耐力壁＋準耐力壁等（準耐力壁、垂壁、腰壁）で検討する。

基本用語3 耐力壁線

準耐力壁等も含めた存在壁量が、その通りの床長さの6割以上（最低4m）の場合に耐力壁線とみなす。ただし耐力壁線間の距離は8m以内でなければならない。

基本用語2 性能表示計算による耐震等級

基準法施行令46条の壁量計算では考慮されない準耐力壁等を含めた壁量計算や、基準法では考慮の対象となっていない床倍率の判定も行う。このほか許容応力度設計による耐震等級がある（76頁参照）。

基本用語4 床倍率

床の強さを示す指標。壁量を確保しても、2階床や屋根面が固められていないと地震力や風圧力が加わった時に、水平力を壁に伝えられない。壁量に応じた床倍率かを確認する。

※公益財団法人日本住宅・木材技術センター、木造建築物電算プログラム認定取得

耐震等級3（性能表示計算）

数百年に1度発生する地震力の1.5倍の力に対して倒壊・崩壊しない程度。

壁量の確認

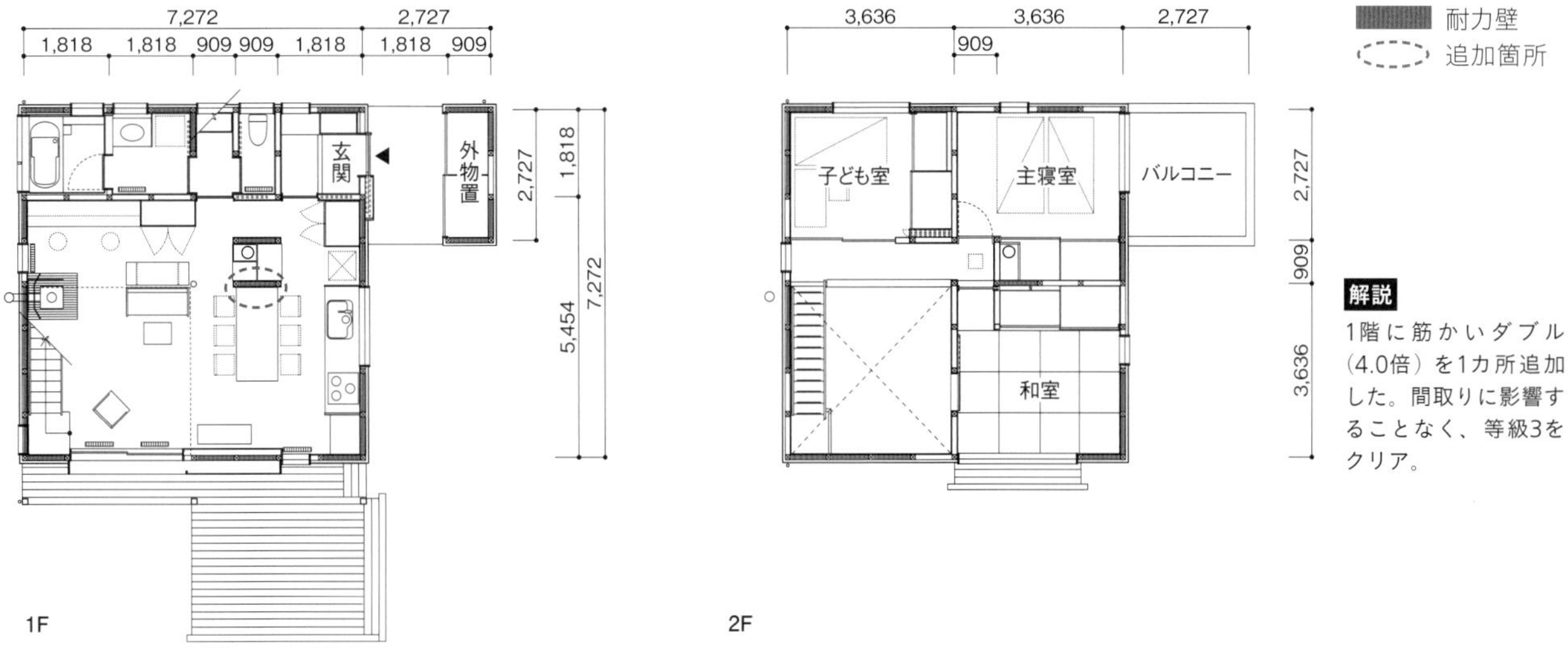

解説

1階に筋かいダブル（4.0倍）を1カ所追加した。間取りに影響することなく、等級3をクリア。

床倍率X方向の検討

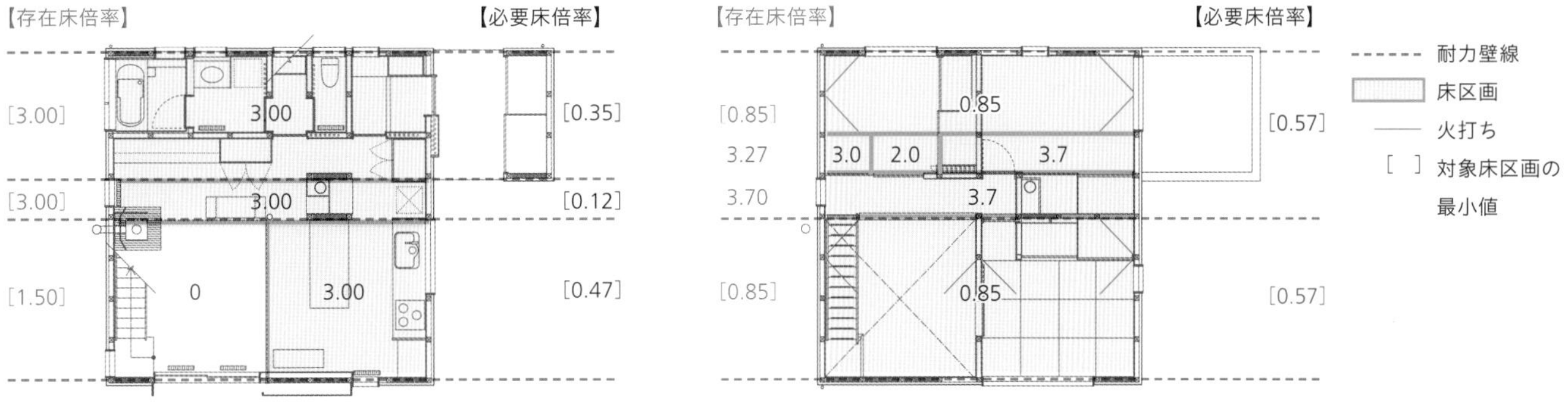

床倍率Y方向の検討

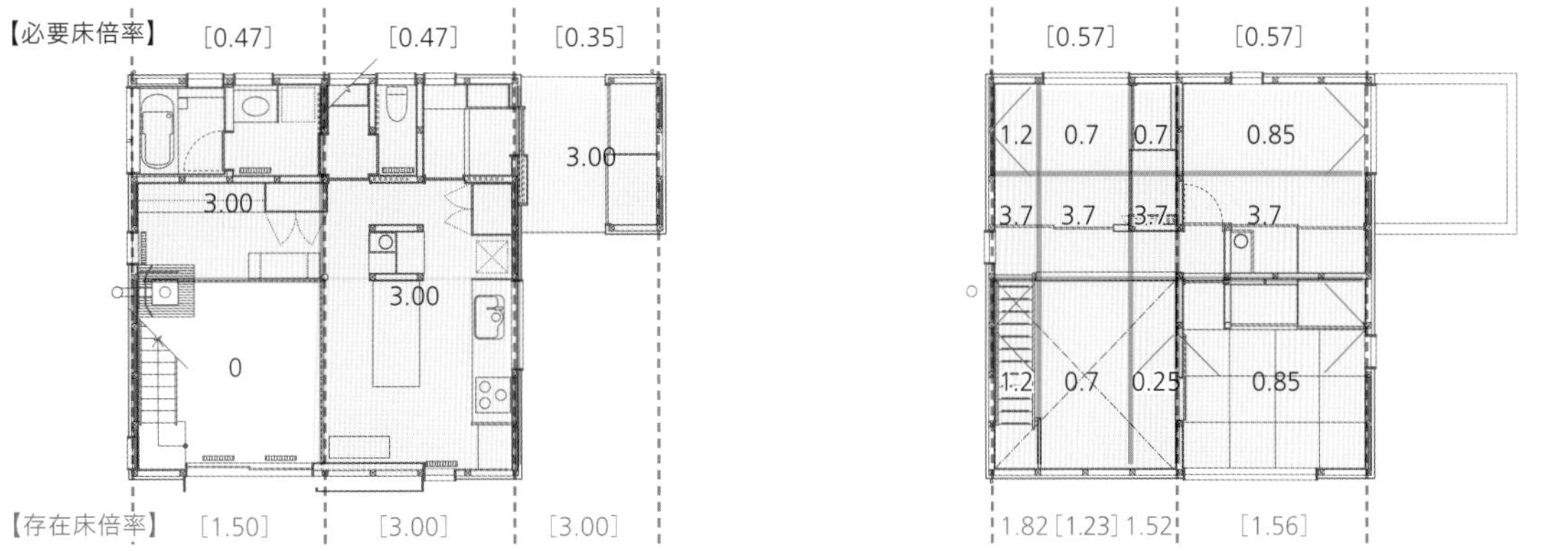

解説

不足していた1階X方向の壁量充足率を満たし等級3をクリア。耐力壁線も増え1階X方向の床倍率の充足率が高まり、余裕をもって床倍率を満たしている。

等級3クリアには

1：耐力壁線間距離を小さくする
2：上下階の耐力壁線を合わせて、必要床倍率を小さくする
3：最外周線が耐力壁線になるようにする
4：建物外部の小区画（床倍率0）を除くように耐力壁線を設ける
5：水平構面の床倍率を高める

地震に関する判定

階・方向	等級1		等級2		等級3	
	壁量充足率 A／D	判定	壁量充足率 C／E	判定	壁量充足率 C／F	判定
1階X方向	1.64	○	1.22	○	1.01	○
1階Y方向	1.71	○	1.26	○	1.05	○
2階X方向	2.67	○	1.90	○	1.55	○
2階Y方向	2.52	○	2.02	○	1.65	○

床倍率判定表

階・方向	耐震等級2		耐震等級3	
	充足率の最低値	判定	充足率の最低値	判定
1階X方向	3.75	○	3.19	○
1階Y方向	3.75	○	3.19	○
2階X方向	1.84	○	1.49	○
2階Y方向	2.67	○	2.15	○

吹抜けを囲む通りを耐力壁線とすることで、床倍率をクリア

許容応力度設計で耐震等級3を達成する

性能表示計算で耐震等級3を達成することが、当面の目標と考えてよいが、本来は構造計算によって許容応力度設計を行うことが理想である。許容応力度設計も、性能表示計算と同じように耐震等級2・3と表記されるが、前提条件が違うため耐震性能の解釈も異なる（詳細は71頁）。グラフは、あるプランについて建築基準法の必要壁量から想定している地震力を逆算し、性能表示計算と許容応力度計算の耐震等級ごとに想定される地震力を比較したもの。各等級の耐震性のイメージとして参考にしてほしい。

地震力の比較

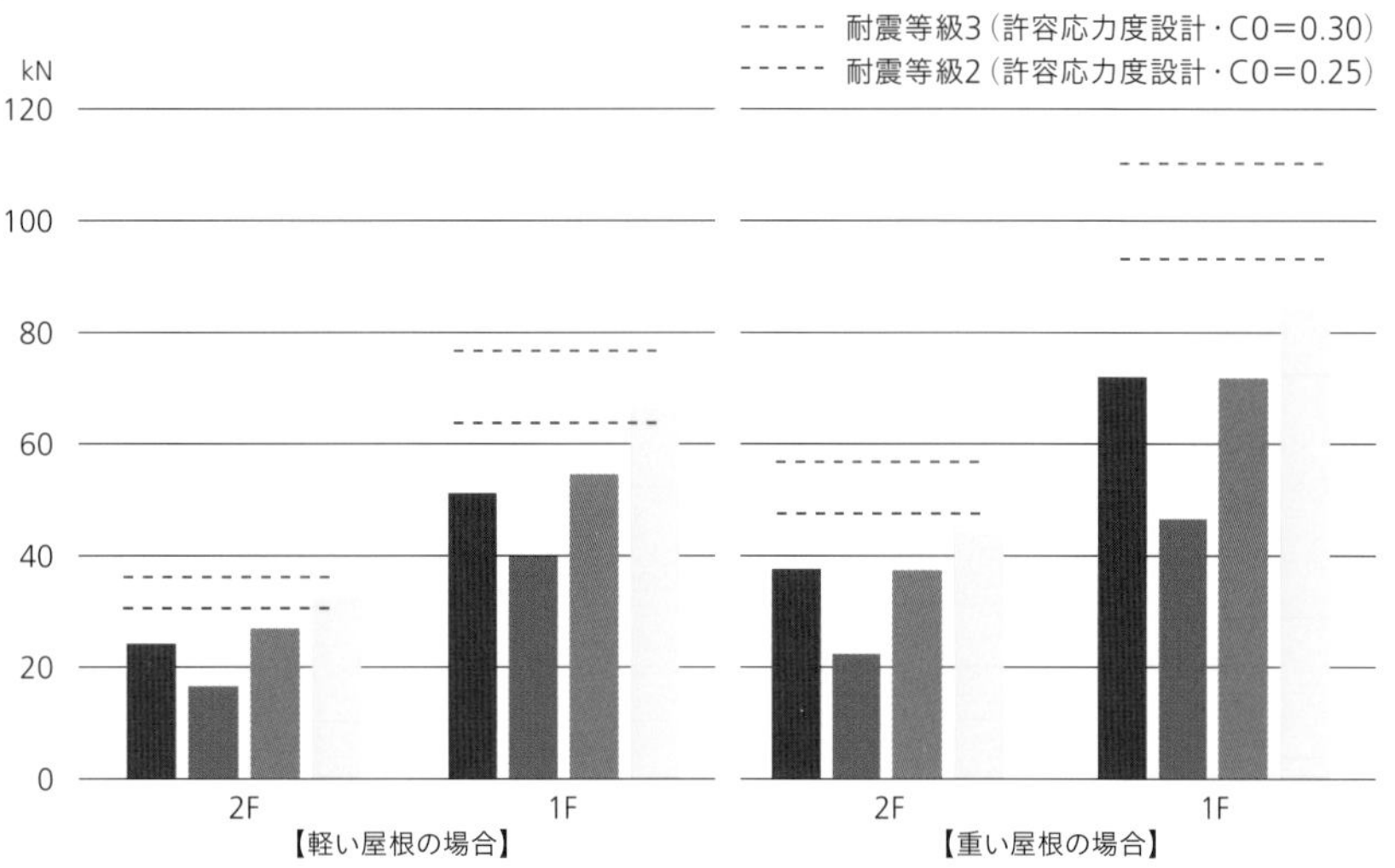

■耐震等級1（許容応力度設計・C0=0.2）　■建築基準法
■耐震等級2（性能表示計算）　耐震等級3（性能表示計算）

【モデルプラン概要】木造2階建て／床面積125.88㎡（1階71.22㎡、2階54.66㎡）
軽い屋根（屋根：スレート、外壁：サイディング）／重い屋根（屋根：瓦、外壁：モルタル）

用語解説 **許容応力度設計**

許容応力度設計とは、基準法施行令20条に則り、構造耐力上主要な部分ごとに応力度が許容応力度を超えないことを確かめて判定する方法

性能表示計算の耐震等級3を満たした状態で、i-works1.0を許容応力度計算（等級3）にかけたところ…

赤NG ｜ 緑OK

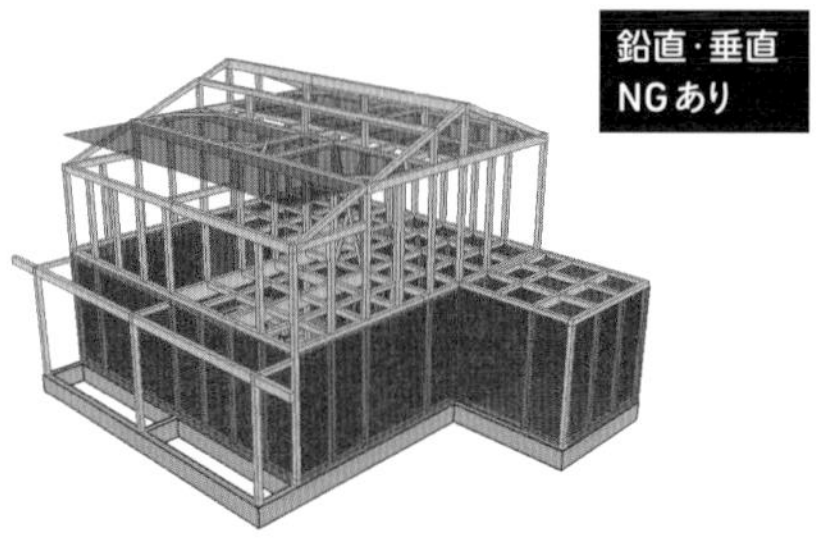

性能表示計算の耐震等級3を満たしていても、許容応力度計算では鉛直構面、水平構面の耐力が十分ではなく、NGとなる

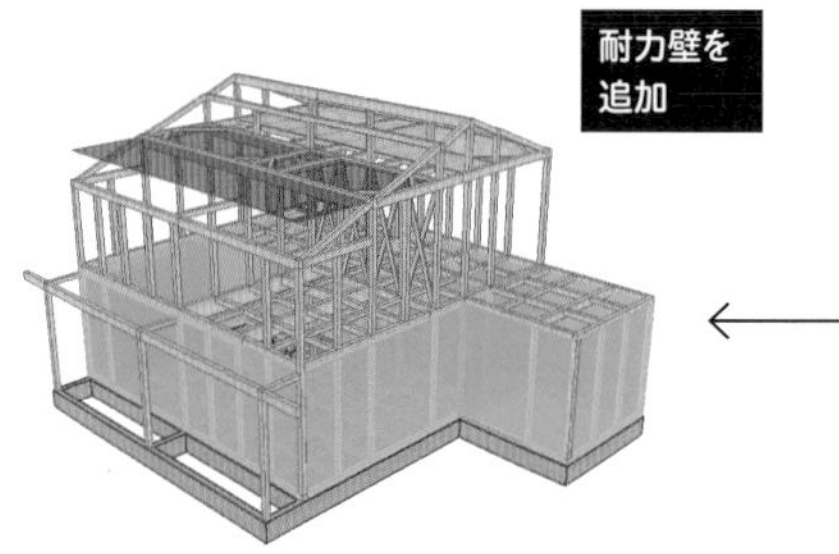

間取りを変更せずに耐力壁を7カ所追加すると、鉛直構面と一部の水平構面のNGが解消された

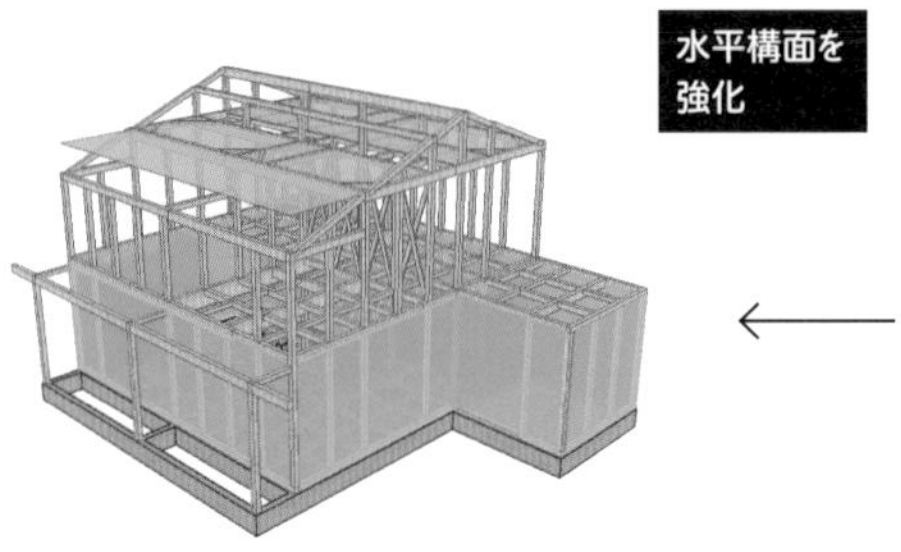

火打ちを追加するか、垂木の転び止めなどを用いて小屋や屋根の耐力を大きくすると、水平構面のNGも解消された

さらに

NG解消の手順と許容荷重の流れを確認する

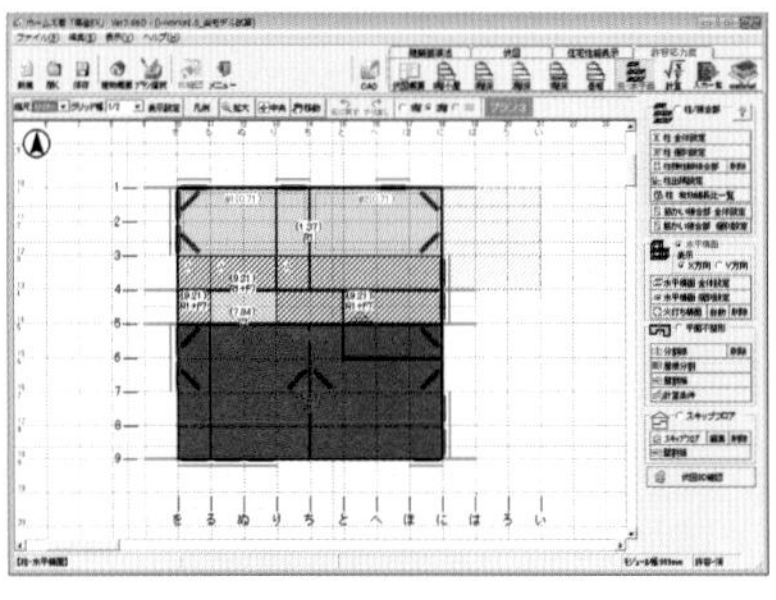

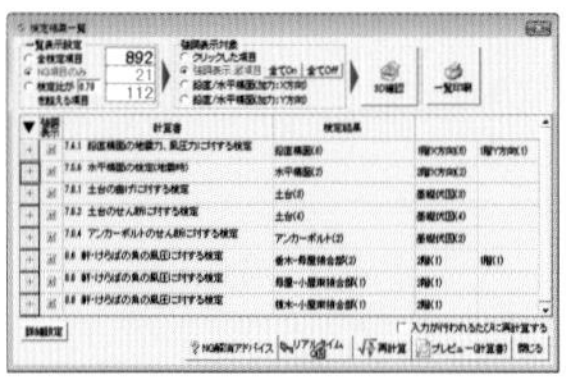

検定結果一覧を確認すると、勾配天井のため小屋レベルの水平構面の耐力を確保できず、NGとなっていることが分かる

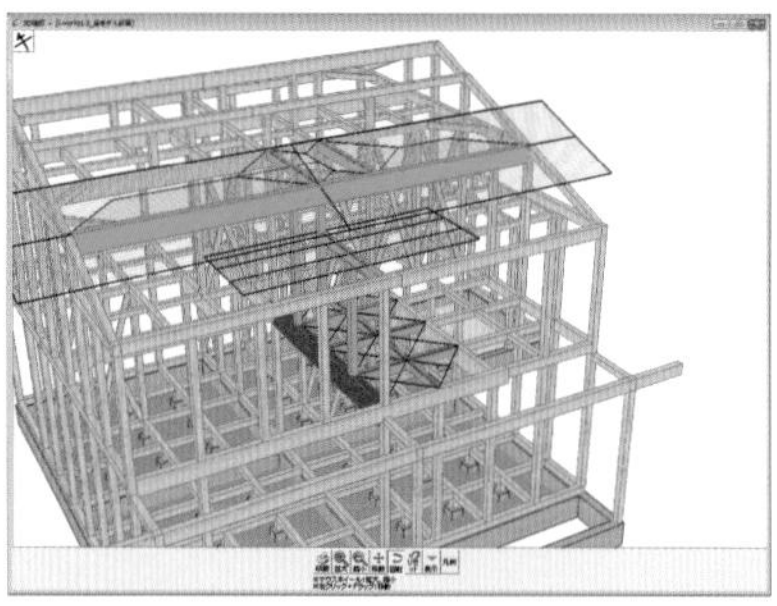

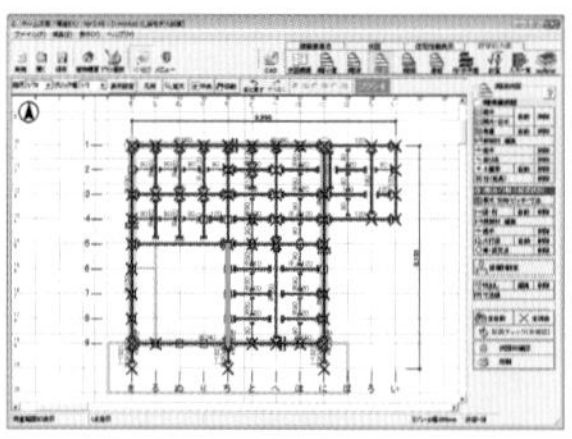

吹抜けの梁が負担する屋根荷重の範囲が大きく、梁せいが大きくなっていることが確認できる

耐震等級3（許容応力度設計）

方法1：火打ちを追加して屋根構面を強化する。

壁量の確認

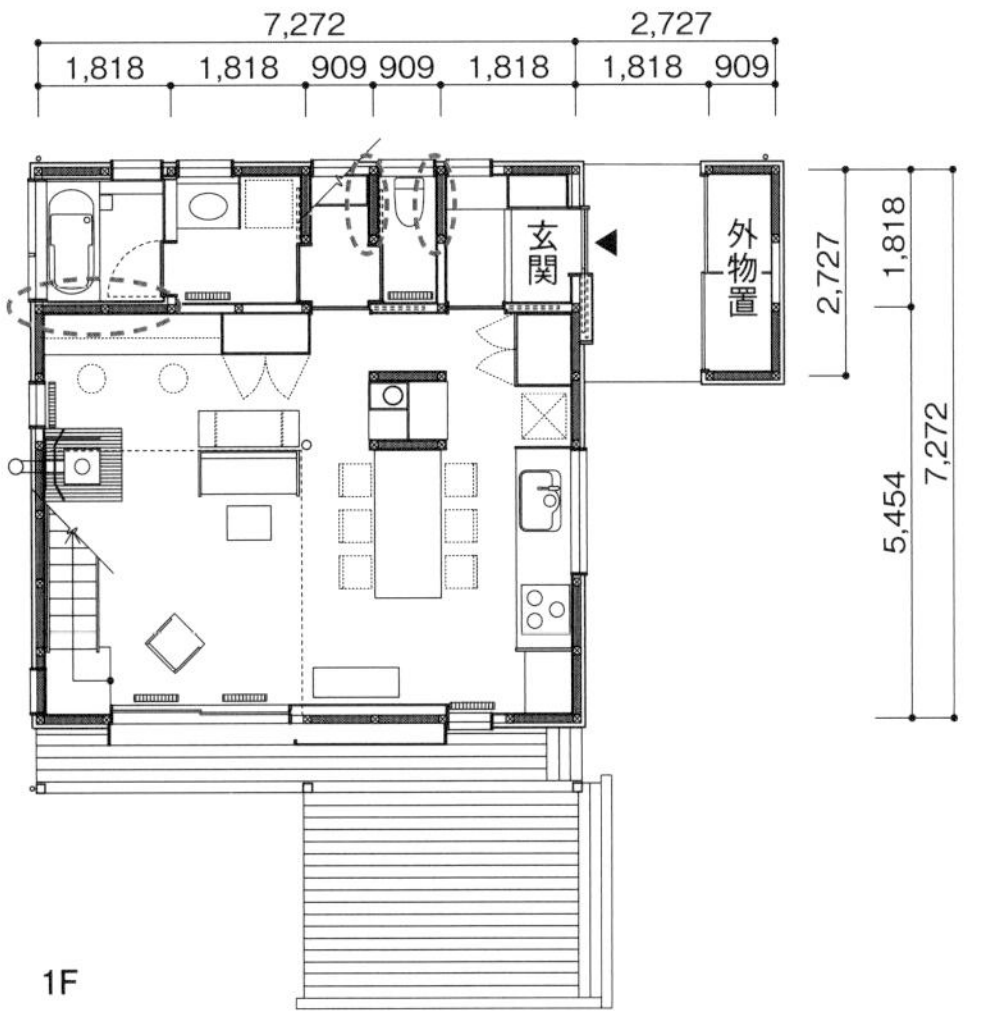

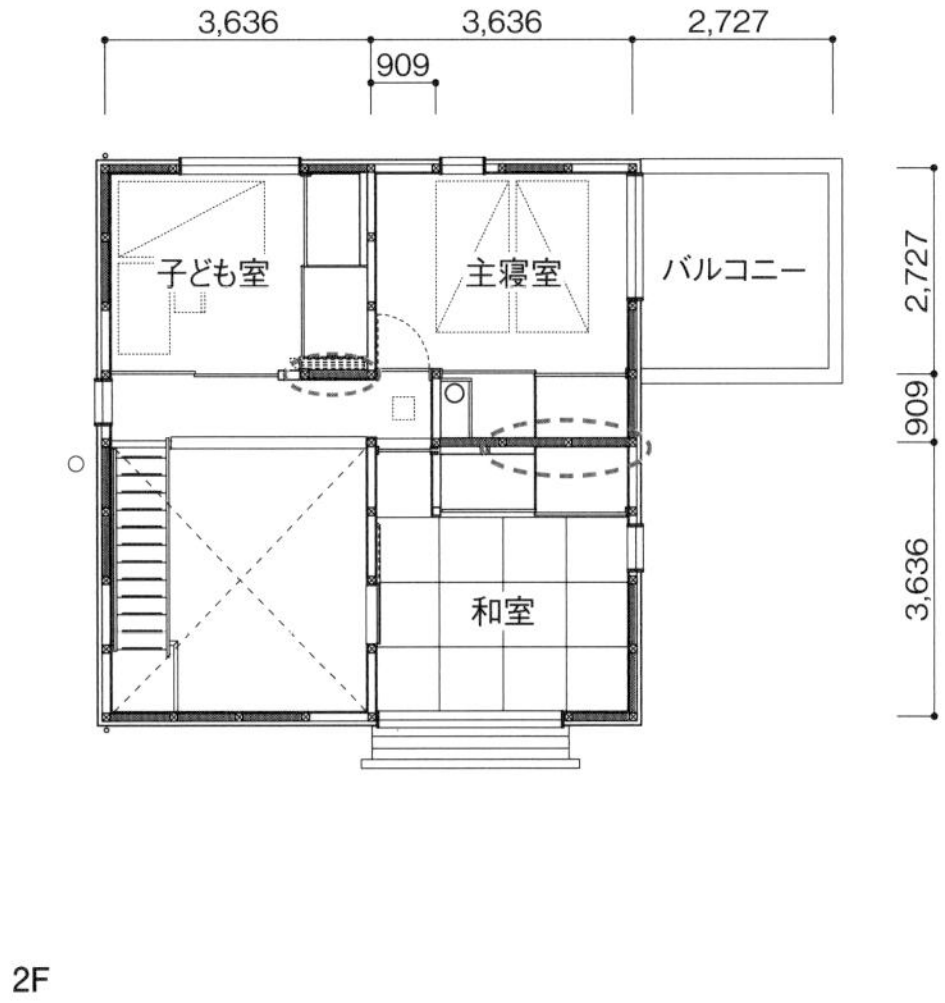

耐力壁
追加箇所

解説

プランに影響のない7カ所に筋かいダブルを追加したところ、鉛直構面の検定がOKとなった。小屋裏に火打ちを追加すれば、小屋構面の検定もOKとなり、許容応力度設計の等級3をクリア。

床倍率X方向の検討

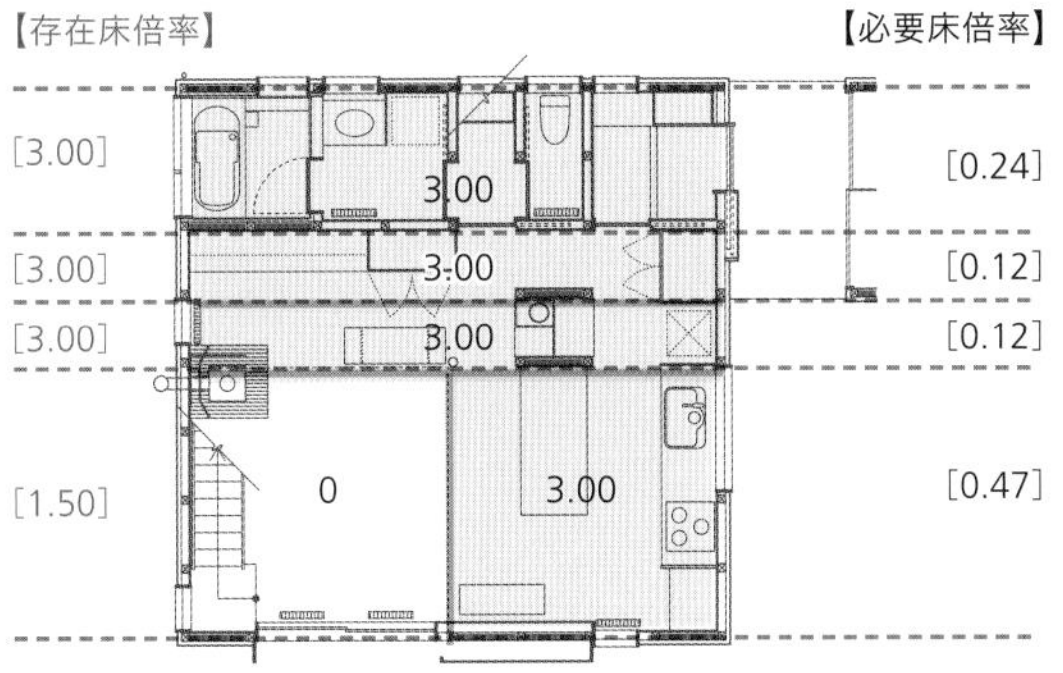

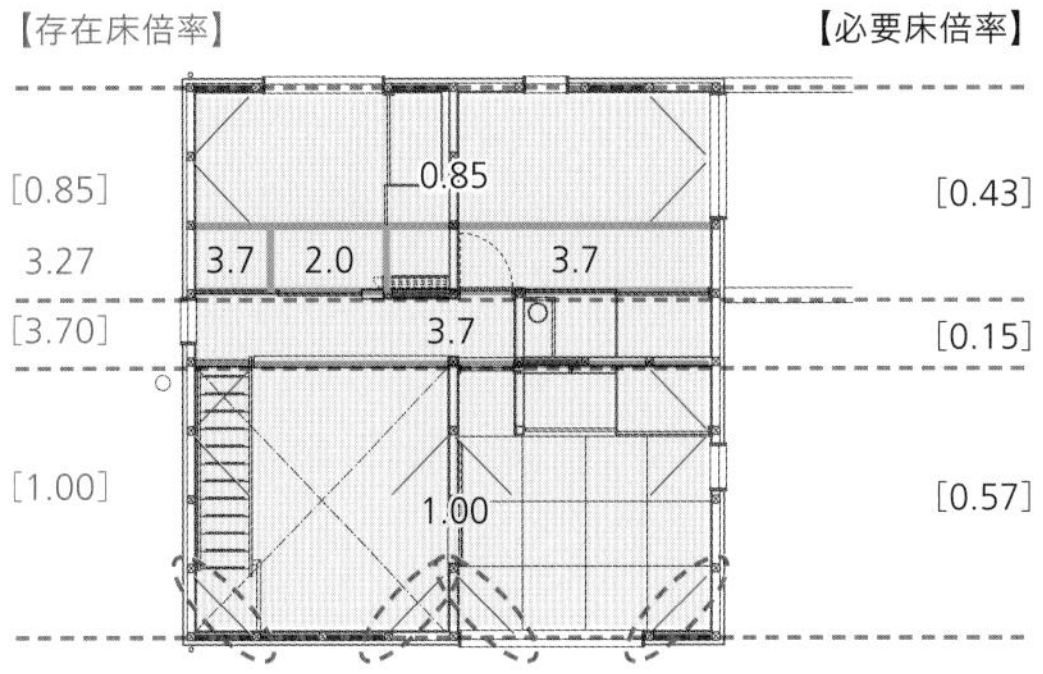

耐力壁線
床区画
火打ち
[ ] 対象床区画の最小値

床倍率Y方向の検討

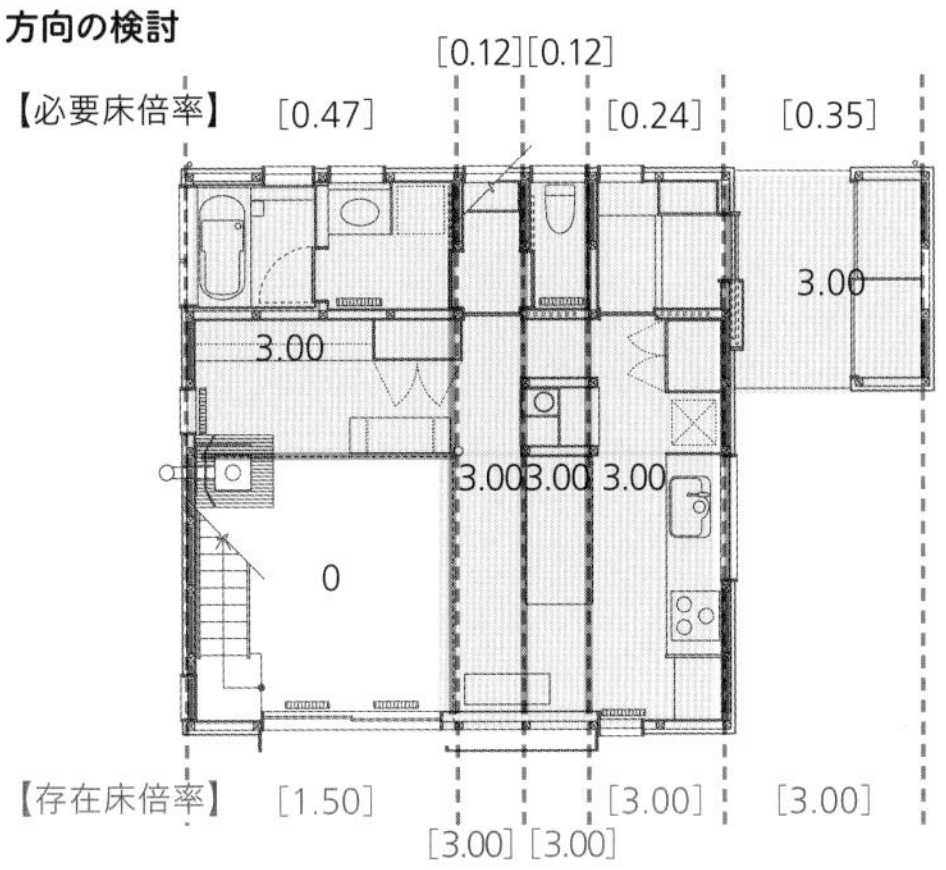

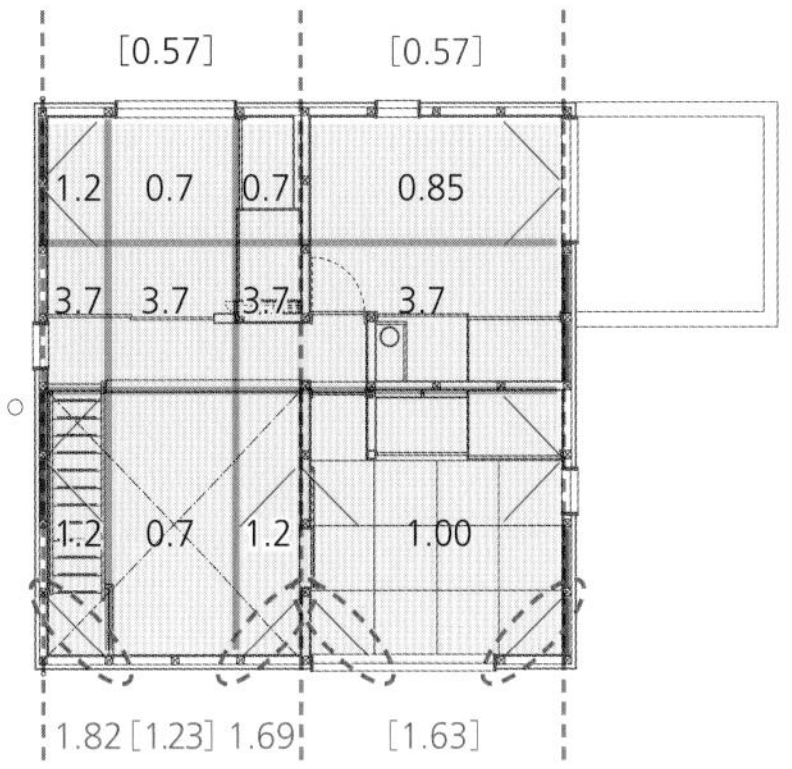

解説

許容応力度計算では、詳細に計算し各階の鉛直構面と2階床構面、小屋構面を検定する。性能評価計算より比較的多い壁量、強い2階床面、屋根面が求められる。

地震に関する判定

階・方向	等級1		等級2		等級3	
	壁量充足率 A／D	判定	壁量充足率 C／E	判定	壁量充足率 C／F	判定
1階X方向	2.04	○	1.47	○	1.22	○
1階Y方向	2.11	○	1.51	○	1.26	○
2階X方向	4.08	○	2.61	○	2.13	○
2階Y方向	2.52	○	2.02	○	1.65	○

床倍率判定表

階・方向	耐震等級2		耐震等級3	
	充足率の最低値	判定	充足率の最低値	判定
1階X方向	3.75	○	3.19	○
1階Y方向	3.75	○	3.19	○
2階X方向	1.84	○	1.49	○
2階Y方向	2.67	○	2.15	○

※許容応力度設計では、性能評価計算の壁量、床倍率の判定は必要ではないが参考として、左表を掲載

火打ちで水平構面を強化して、吹抜けの変形を防ぐ

耐震等級3（許容応力度設計）

方法2：垂木転び止めで屋根構面を強化する

壁量の確認

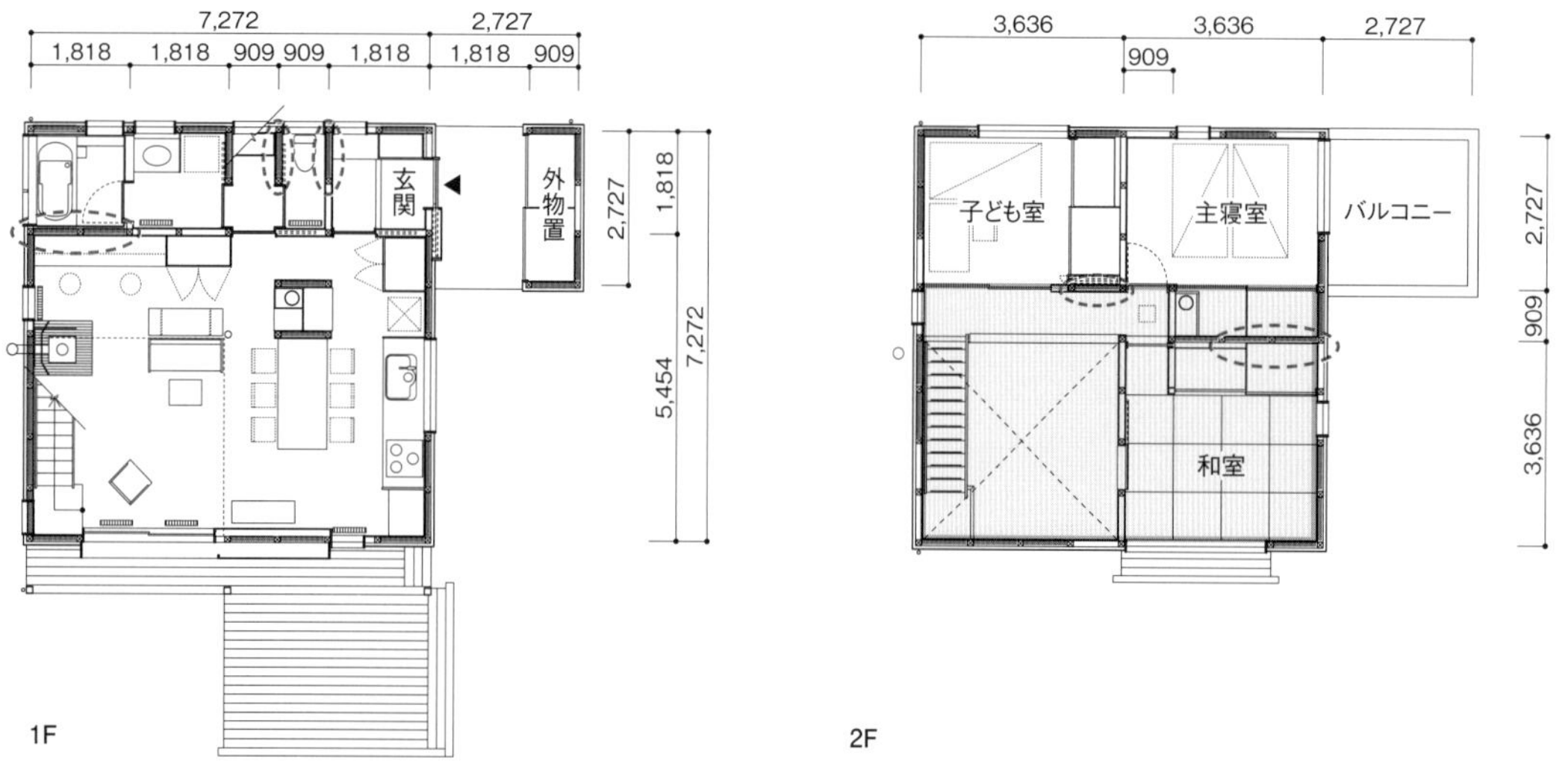

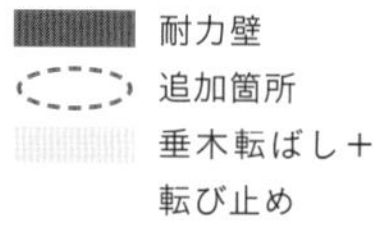

解説

前頁の方法1と同様に耐力壁は追加するが、小屋構面を高めるもう1つの方法として、垂木転ばし1.37kN／mに転び止めを追加し、耐力を1.96kN／mにすることで、小屋構面の検定がOKとなる。勾配天井や意匠的な理由で火打ちを入れない場合に有効な方法である。

床倍率X方向の検討

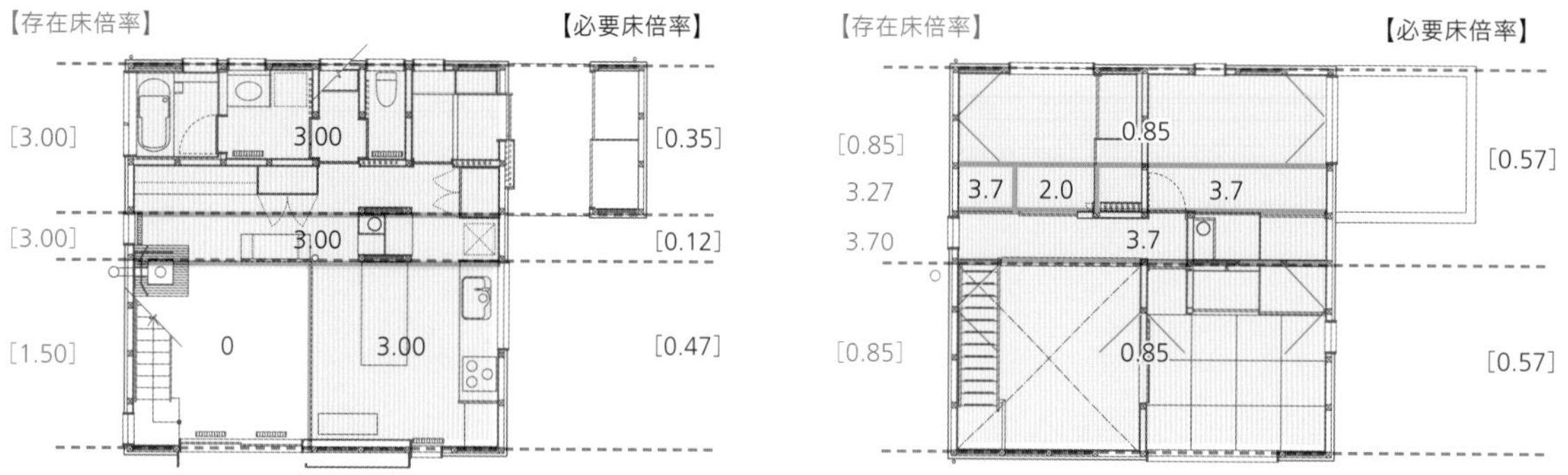

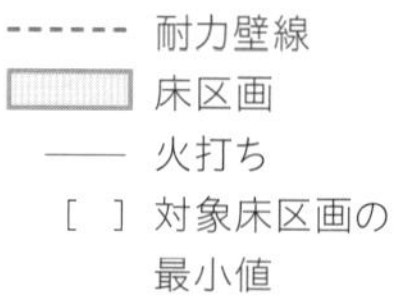

床倍率Y方向の検討

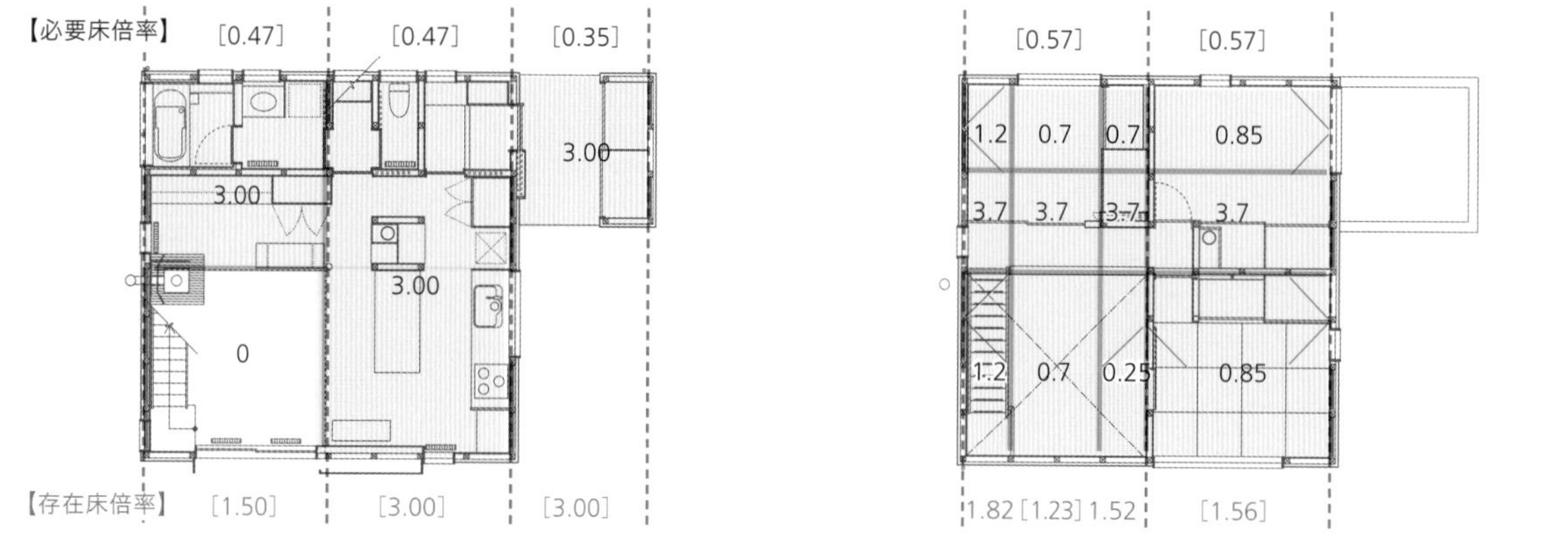

解説

勾配天井や意匠的な理由で火打ちを入れない場合に有効な方法である。

地震に関する判定

階・方向	等級1		等級2		等級3	
	壁量充足率 A／D	判定	壁量充足率 C／E	判定	壁量充足率 C／F	判定
1階X方向	2.04	○	1.47	○	1.22	○
1階Y方向	2.11	○	1.51	○	1.26	○
2階X方向	4.08	○	2.61	○	2.13	○
2階Y方向	2.52	○	2.02	○	1.65	○

床倍率判定表

階・方向	耐震等級2		耐震等級3	
	充足率の最低値	判定	充足率の最低値	判定
1階X方向	3.75	○	3.19	○
1階Y方向	3.75	○	3.19	○
2階X方向	1.84	○	1.49	○
2階Y方向	2.67	○	2.15	○

※許容応力度設計では、性能評価計算の壁量、床倍率の判定は必要ではないが参考として、左表を掲載

大きな吹抜けがあっても、許容応力度設計で等級3は可能

chapter

4

事例に学ぶ
間取りの方程式

間取りの考え方を分かりやすく提示したベストセラー「間取りの方程式」。
本章では、その著者である飯塚豊氏の手がける住宅を例に挙げ、
階段や吹抜け、窓などを用いながら空間をより豊かに仕上げる
その具体的な設計手法を豊富な写真やイラストとともに解説する。

間取りの方程式を実際に使ってみる

2014年に書籍「間取りの方程式」が発売されて7年になりますが、飯塚豊氏が手掛ける住宅に「方程式」はどう反映されているのでしょうか。ここでは、氏の代表的な住宅事例を通して、方程式の勘所を紹介します。

解説：飯塚 豊

「間取りの方程式」は、主に戸建て住宅において「魅力的な間取り」を設計するうえでの、勘所を解説したものです。もちろん、間取りに正解などありませんし、魅力的な間取りを導ける絶対的な公式などもありませんが、私の経験や私が影響を受けた先達の住宅などから導き出した独自の定番・定石・手法ともいえるものを「方程式」として紹介しています。

この本は4つの章で構成されています。各章は、下に挙げ4つのポイントを取りまとめた内容になっています。1章は、さまざまな条件や要望から、必然性のある「かたち」を導き出す手法について、2章は動線やゾーニングなど「機能面」から間取りを整理する定番のテクニックについて、3章は、中間領域や抜け・たまりなど、ワンランク上の「空間」をつくる裏技について、4章は、吹き抜けや床段差など、平面的な間取りを魅力的に「立体化」する手法について、それぞれ説明しています。

本の中では、この「方程式」について解説することに終始しましたが、今回は、私が実際に設計している住宅事例において、どのように「方程式」が反映されているか、豊富な写真や図面とともに見ていただけるようになっています。

同書の愛読者の皆さんには、実際の実例で方程式がどのように使われているかを、読者の皆さんには「間取りの方程式」とはどういうものかを、本書を通じて知っていただければ幸いです。

1―四角形からはじめる

2―設計の礼儀作法を身につける

3―間と間のあいだを操る

4―高さのリズムを奏でる

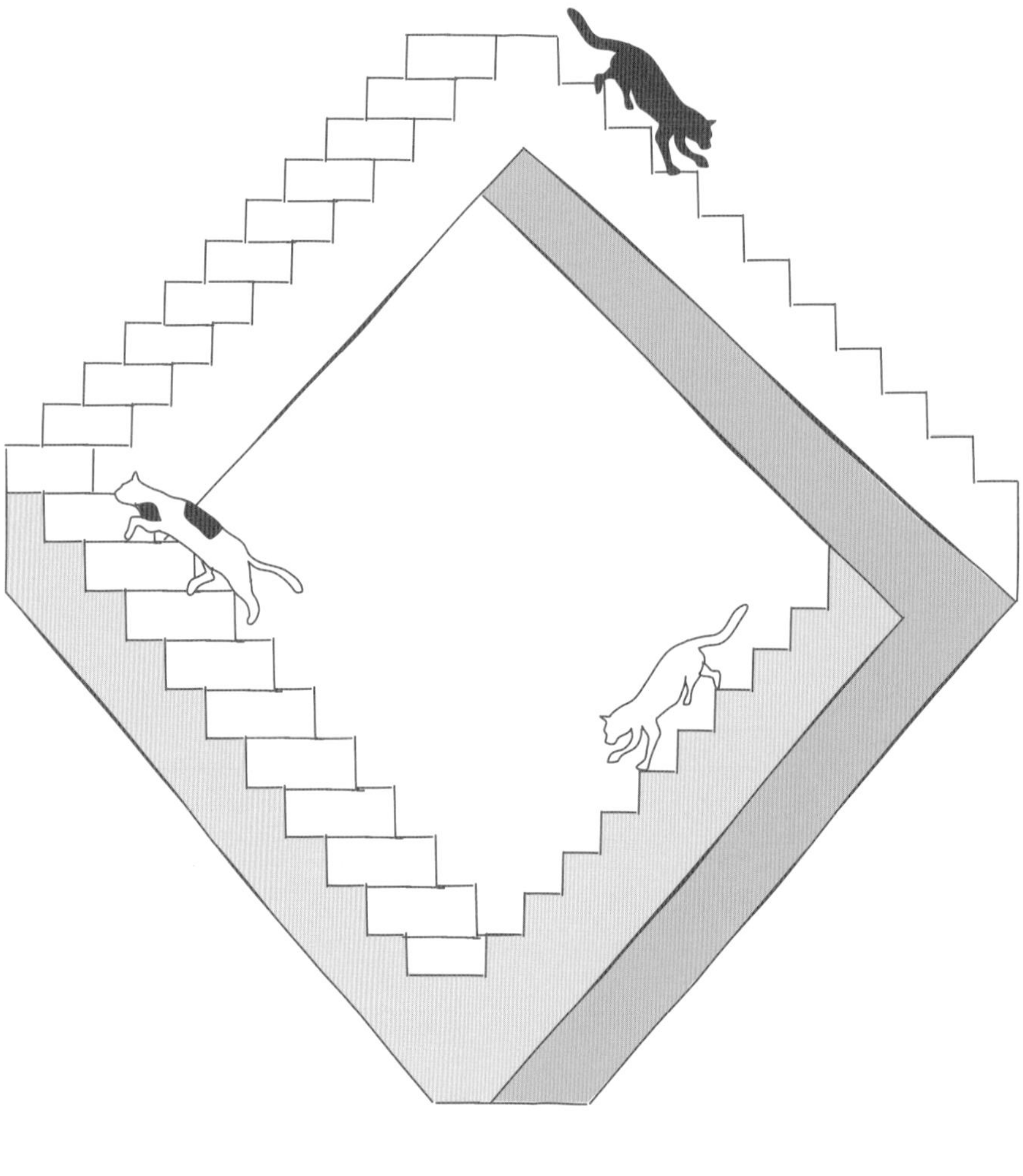

撮影：石曽根昭仁　イラスト：鴨居猛・岨野千代子

東京都杉並区

杉並U邸

間仕切りの少ないオープンな間取りです。イラストレータであるご主人の要望は、「まだその先があるかのように感じさせる死角のある家」でした。そこで、H型の平面形状にして、見えない奥をつくり、奥行き感を演出しました。動線は中央部にまとめた玄関・階段から、建物外周部沿いの「たまり」空間にアクセスしていくかたちです。2階のダイニングには、天井一杯の窓を南側に配置して、旗竿敷地の竿方向に抜けをつくっています。

右／1階ホールから書斎を見る。所狭しと本が並ぶ
左／玄関からホールを見る

RULE 1

窓で壁を丸ごと抜く

抜けの延長線上に設ける窓は、壁を丸ごと抜いてつくると「がらんどう感」がアップします。空間を筒状にくり抜くイメージです。

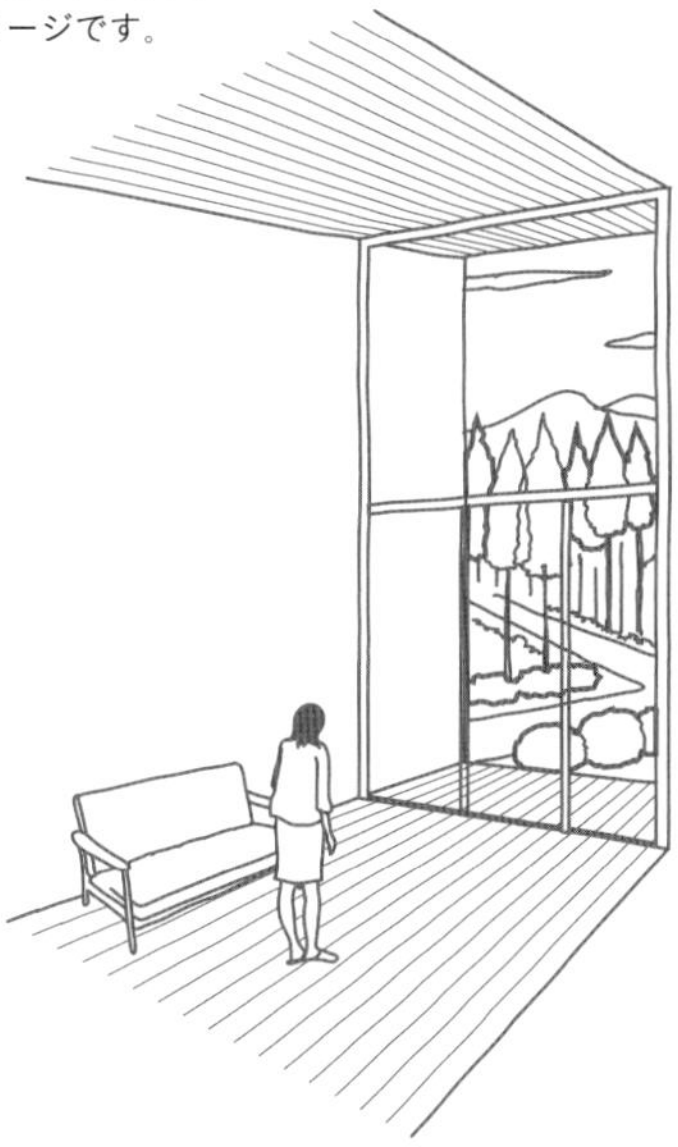

方程式
1

奥行き感、抜け感で広く見せる

RULE 2

L型で視線の邪魔をする

抜奥行き感を出すには、①先がすべて見えない死角をつくる、②死角の奥から光を入れる、ことが重要ですが、これを容易に実現できるのがL型の平面です。平面形状であっても視線を遮る壁をつくれば同様の効果が得られます。そして死角の先に窓を設置すれば完璧です。

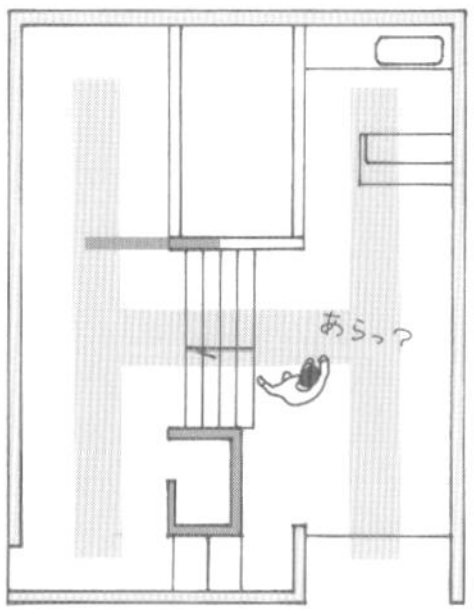

RULE 3

さらに床の高さを変えてみる

L型の平面形状を組み合わせるとH型になり死角がたくさんできます。さらに片方に床のレベルを上げ、階段を透けさせることで上下に視線が広がり、奥行き感が強調されます。

2階から階段をわずかに上がった先にある居間。織機スペースとしても使われている

2階の食堂。奥には台所。写真左の袖壁によって死角ができ、奥行き感が生まれている

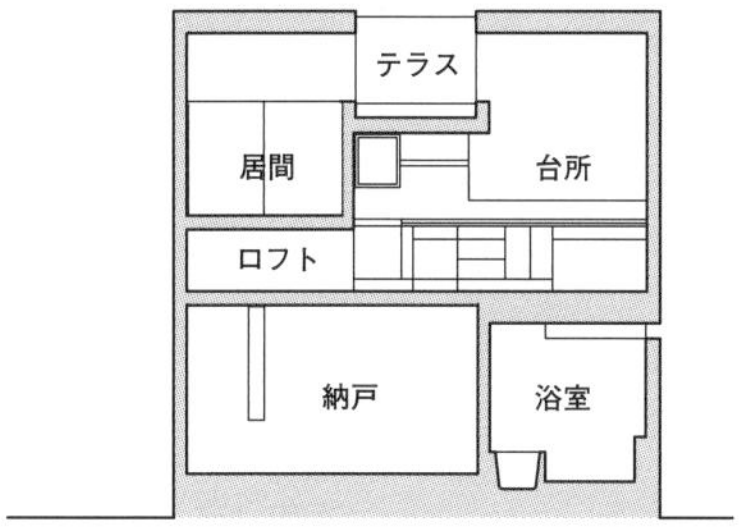

断面図 S=1：150

A

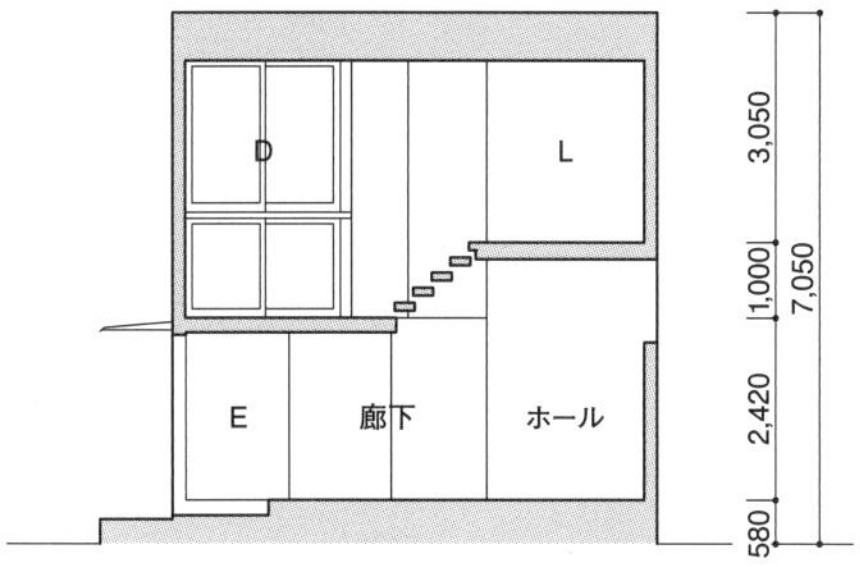

B

RULE 4

簡単にスキップフロアをつくる

屋根を引っ張り上げて、2階の天井を0.5階分高くします。そして、1.5階分の高さになった2階の床の一部を0.5階分引き上げます。これでスキップフロアができます。さらに1.5階分の高さになった1･2階の天井に小さな床を挿入すればロフトや収納スペースを確保できます。

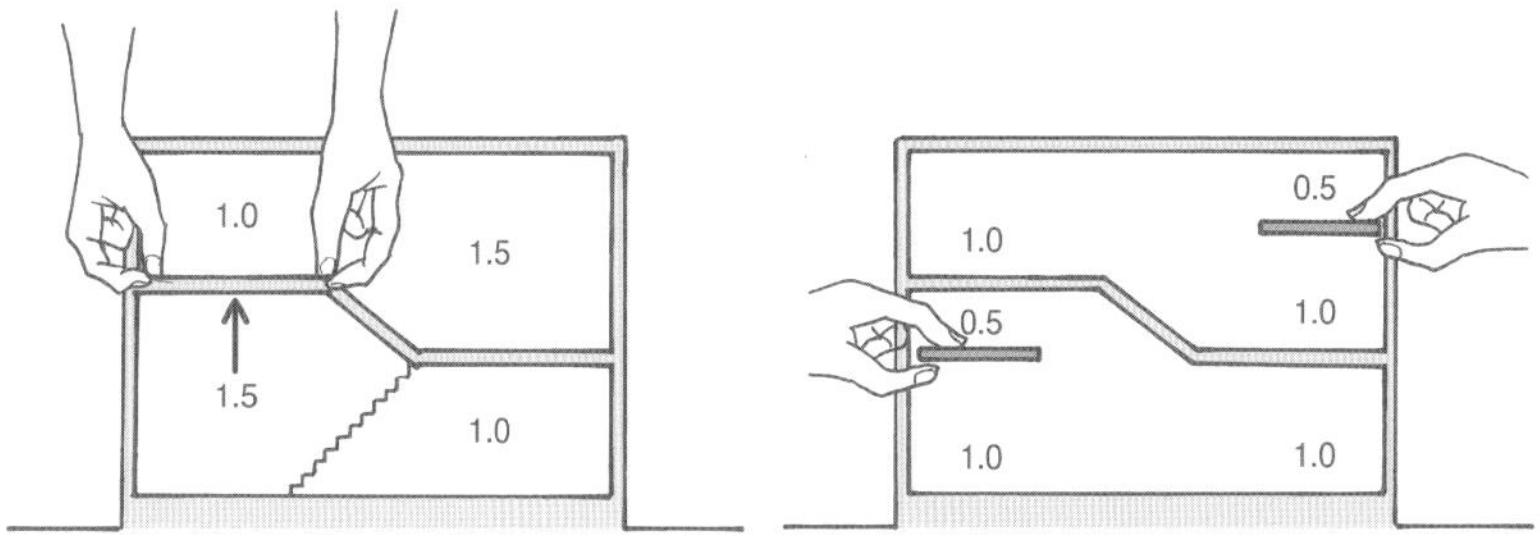

RULE 5

玄関と階段を真ん中に配置する

玄関と階段を建物の中央付近に配置すると、廊下という「移動にしか使わないスペース」が削減されます。そして廊下が減れば、各部屋に割り当てられる面積が増え、部屋が広くなります。

右／東側外観
左／南側外観。旗竿敷地の竿部分の先端から見る

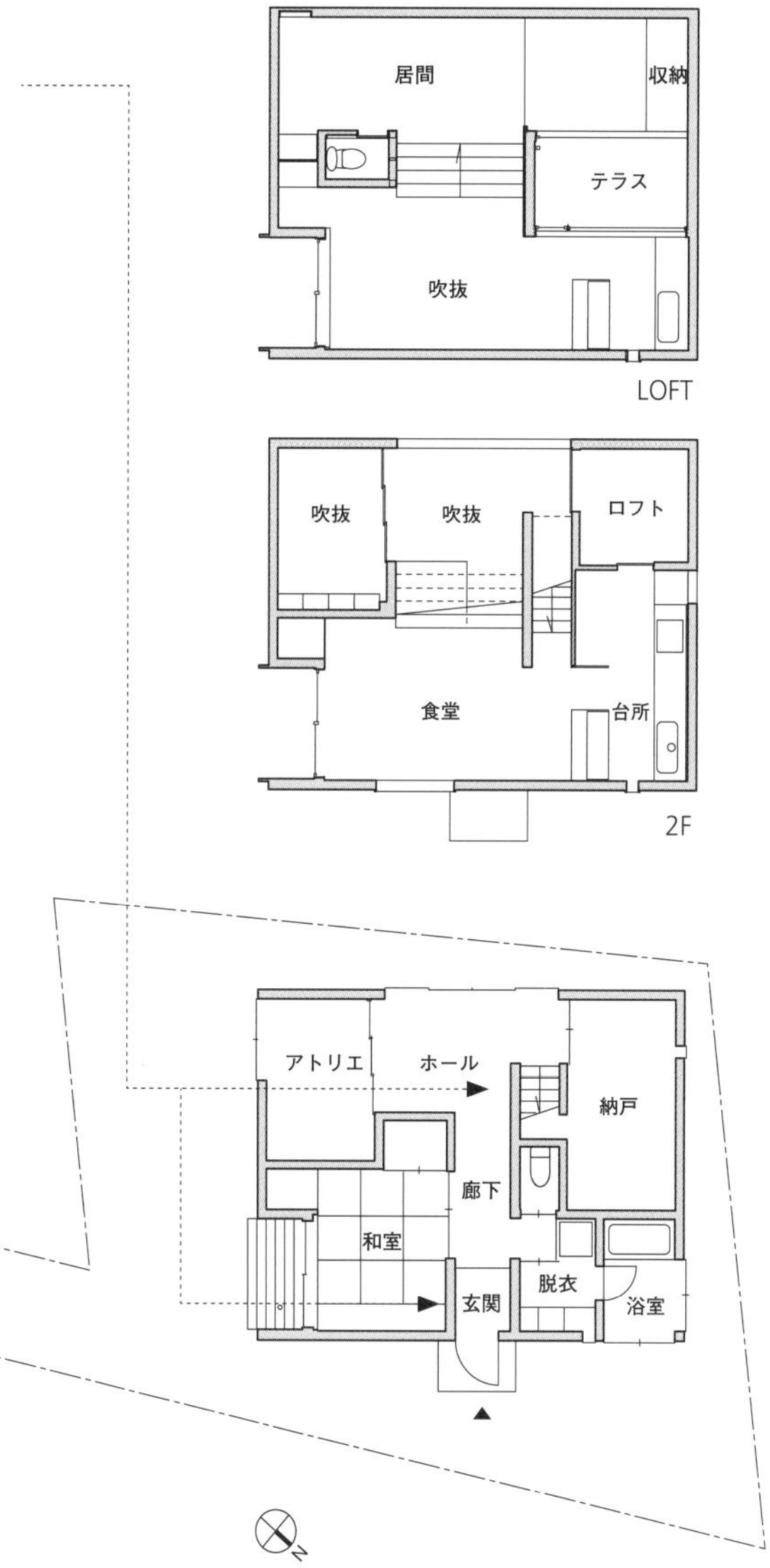

配置図・平面図 S=1：200

杉並U邸

所在地　東京都杉並区（防火地域）
家族構成　夫婦
規模　木造2階建て
敷地面積　146.25㎡（44.2坪）
建築面積　49.46㎡15.0坪）
延床面積　98.92㎡（29.9坪）

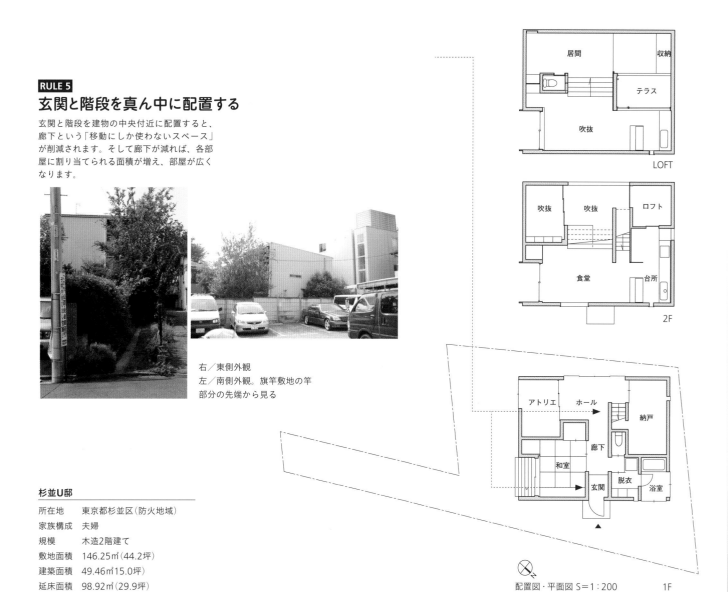

東京都杉並区

西荻T邸

ほぼ正方形の平面に、2階と2.5階のスキップフロアをもつ間取りです。逆転プランで、1階は階段室も兼ねる広めの土間を中心に、主寝室と大きなクロゼット、客間で構成。2階はリビング、子供コーナー、バルコニー、書斎を、2.5階にはダイニング、キッチンを配置しました。家じゅうに居場所を設けながら、視線の抜けるポイントを数多くつくり狭さを感じさせないように配慮しています。

方程式 2

階段が生活の中心になる

2階リビングから2.5階のダイニング方向を見る

RULE 1

幅広+ゆる勾配でのんびり

ラファエロの有名な絵画「アテナイの学堂」です。よく見ると階段の真ん中でダラッとしている人がいます。段板の幅を広くして、かつ勾配をゆるめに設定すると、階段がある種の「たまり」として機能するのです。

撮影：黒住直臣／飯塚豊

右／土間のたまり。上の幅広の階段の隙間から光が落ちる
左／階段踊り場の下は猫のケージスペース

RULE 2

階段屋根の下を腰掛けスペースに

たまりの上に屋根があると、空間の存在感が強調され、ついこもりたくなります。階段は下から見上げれば立派な「屋根」。収納やトイレに活用される階段下を、たまりとして残しておくのも悪くありません。

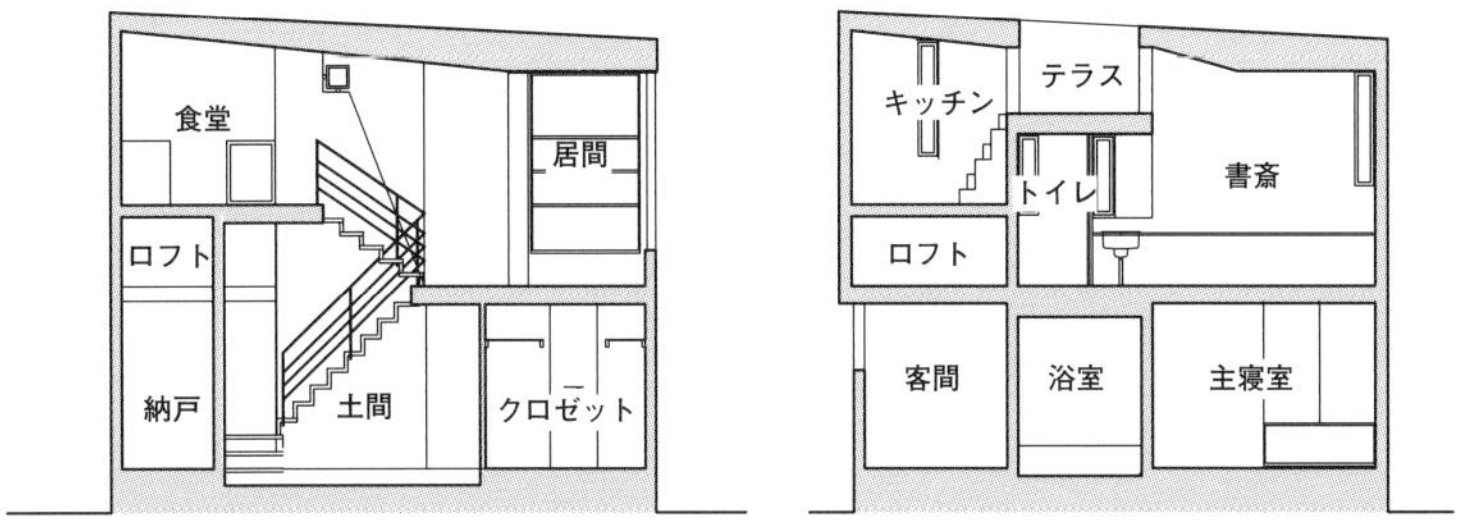

断面図 S＝1：200　A　B

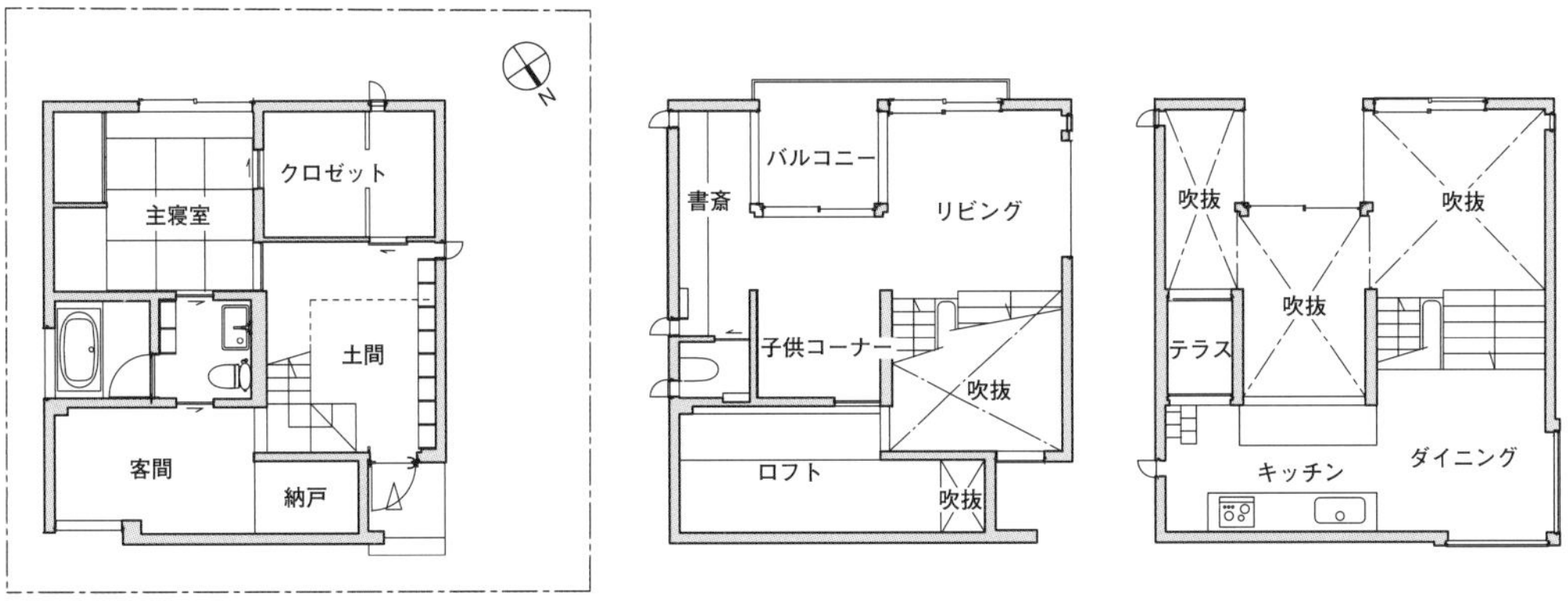

配置図・平面図 S＝1：200　1F　2F　2.5F

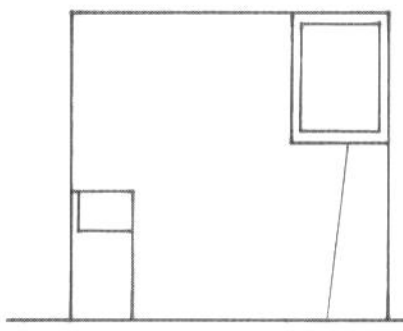

北側外観。コーナーの窓が外観上のアクセントになった

RULE 3

コーナーでもあり全面でもある

右上の窓はファサード全体で見ればコーナーです。けれど、窓も部分だけが独立した区画なので、全面ともいえます。ファサードのルール（91頁参照）に則っているため、見た目にもバランスが取れています。

2.5階のダイニングから2階リビング方向を見下ろす

西荻T邸

所在地	東京都杉並区（準防火地域）
家族構成	夫婦+子供1人
規模	木造2階建て
敷地面積	100.25㎡（30.3坪）
建築面積	49.68㎡（15坪）
延床面積	101.95㎡（30.8坪）

断面図 S=1：200

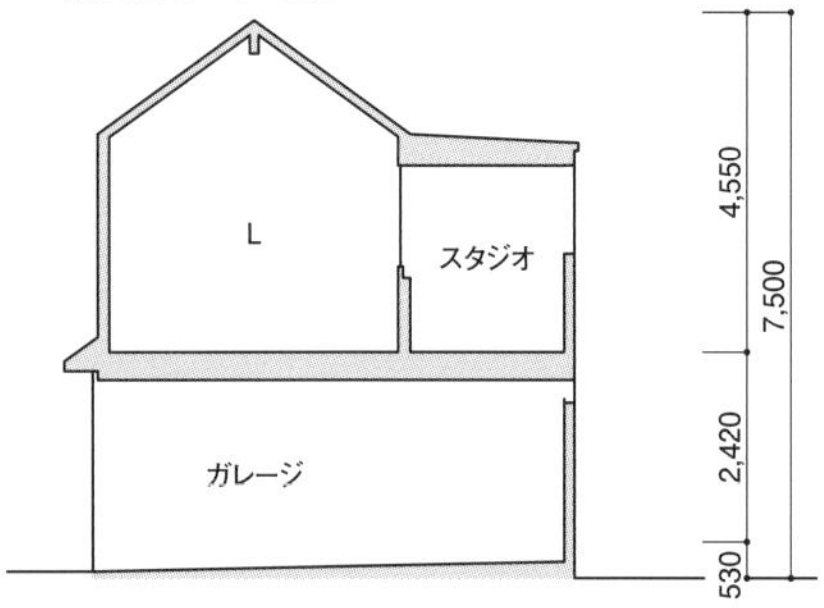

方程式
3

吹抜けの切妻が抜けを感じさせる

RULE 1

真ん中を引っ張り上げる

基本的には建物の真ん中あたりを引っ張り上げると屋根は美しくなります。特にリビングが2階にある場合は、屋根断熱とすることで勾配天井のより広がりのあるリビングをつくることができます。

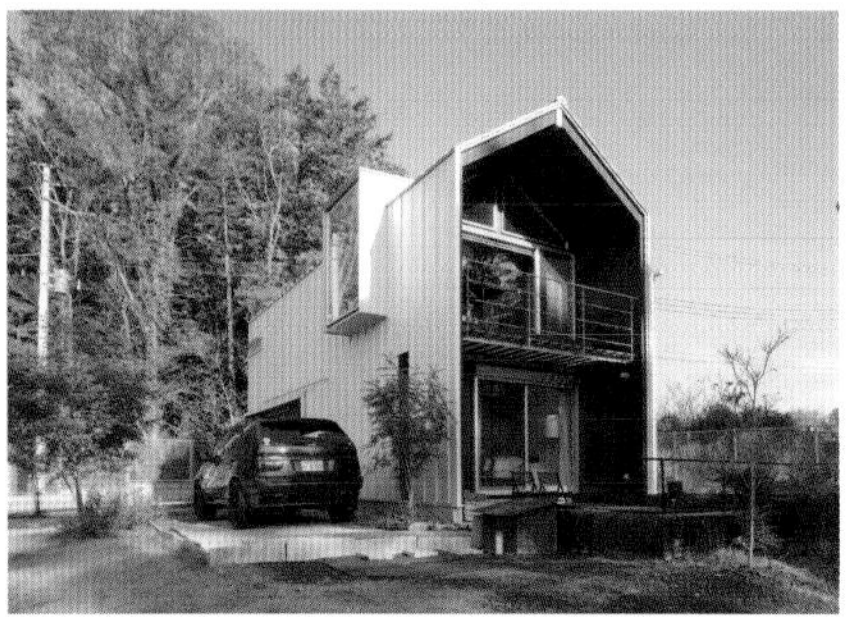

南西外観。開口部を囲むような袖壁と切妻屋根が特徴的な外観。外壁は屋根の鋼板張りと同じ仕上げとした

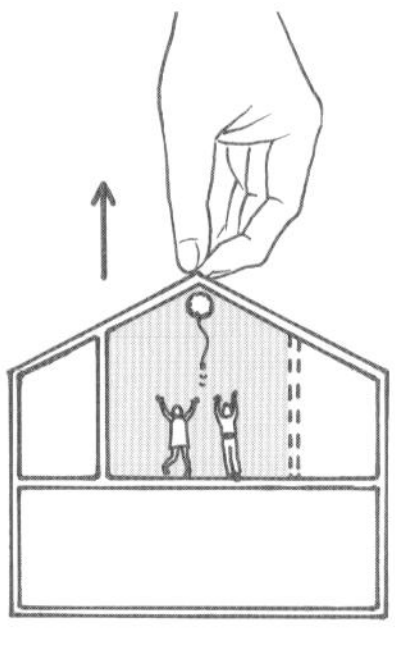

千葉県白井市

白井T邸

1階にビルトインガレージをもつ間取りです。外観は切妻形に箱型を付け足した形。短辺方向の耐力壁を南東の箱形エリアにまとめ、2階の切妻部分全体に大きな抜けをつくりました。抜けの先（2階南西端部）は奥行きの深い屋根付きのバルコニーです。もう一方の抜けの先（2階北東端部）は、床を半階分上げて「たまり」の空間としました。リビングの隣は硝子で仕切られたスタジオで、奥行きを感じさせます。

撮影：水谷綾子

右／玄関ホールからビルトインガレージを見る
左／外からビルトインガレージを見る

RULE 2

音だけ遮る透明の窓

視線が光は通したいが音だけ遮りたい場所に有効なのが、透明の引戸です。特に遮音性を重視するならアルミサッシにすべきですが、木製建具で納めるならはめ殺しにするという手もあります。

リビングの右、ガラスの奥がスタジオ

ダイニングからキッチンを見る

平面図 S＝1：200

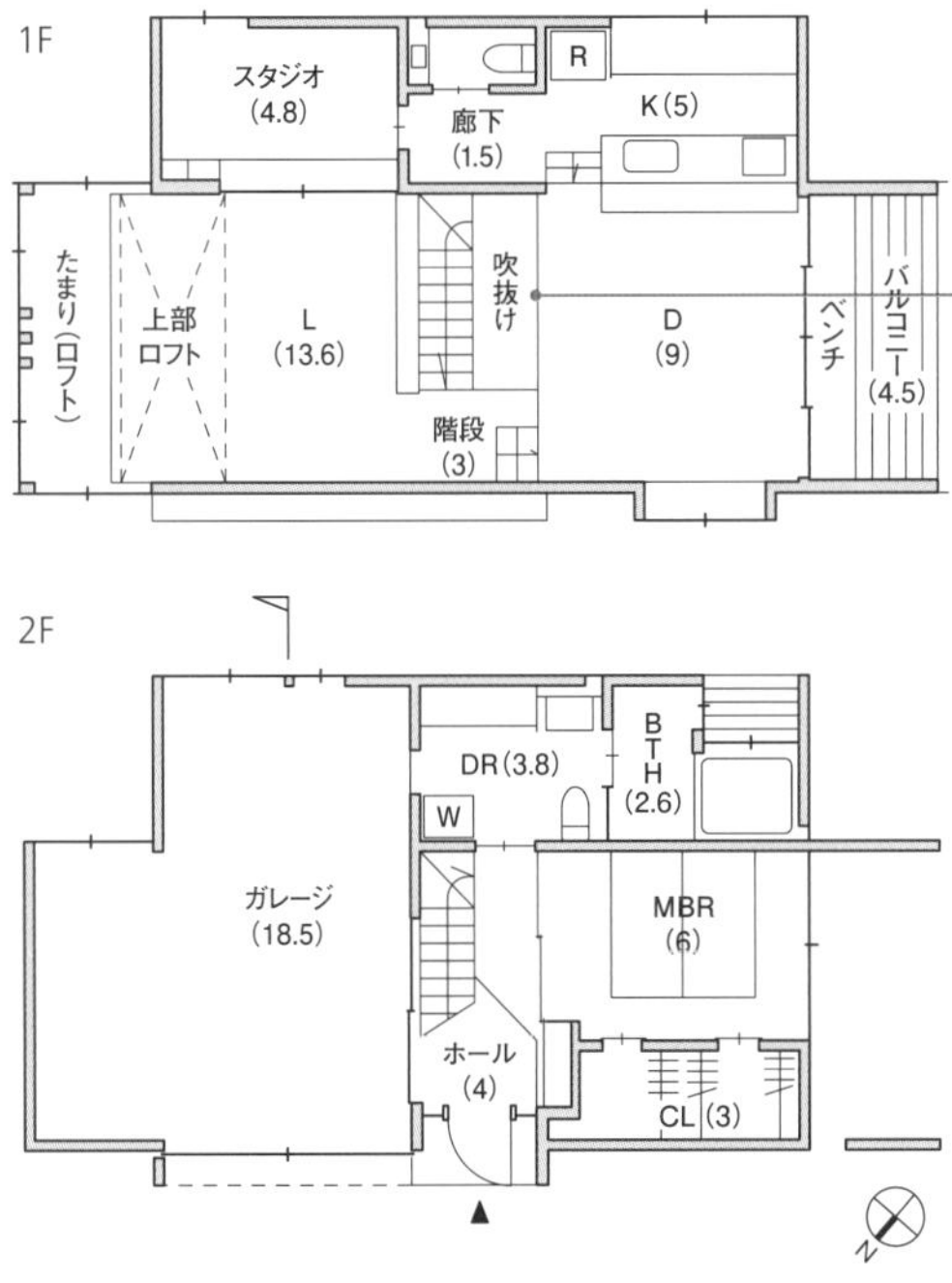

RULE 3

階段とコンビで結成し、中央に配置

吹抜けも階段も床に孔をあけてつくられます。孔をあけるとそのぶん耐震性が下がるので、吹付けと階段はなるべくセットにして孔を1つにまとめます。階段は1間×1間半で無理なく納まります。そして、それを建物の中央に配置すると簡単に吹抜けが出来上がります。

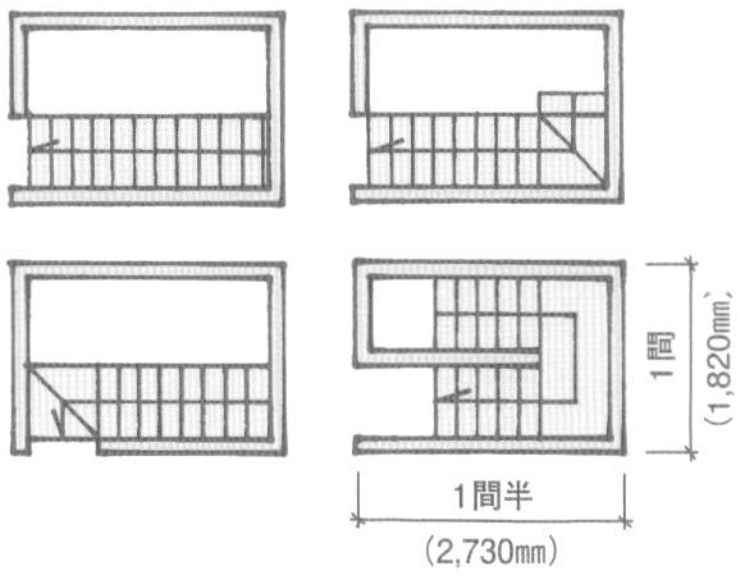

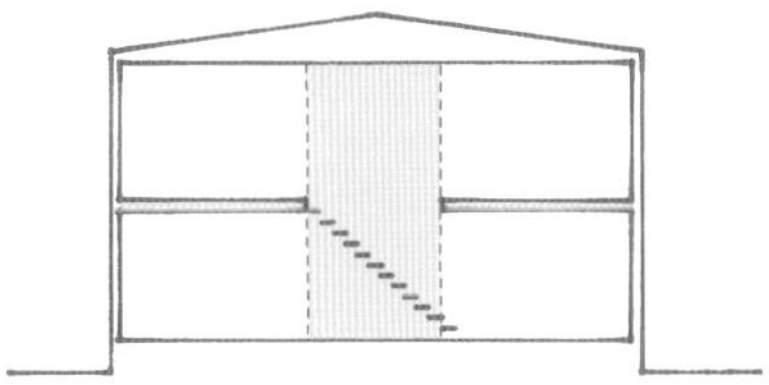

白井T邸

所在地	千葉県白井市(法22条区域)
家族構成	夫婦
規模	木造2階建て
敷地面積	631.94㎡(191.2坪)
建築面積	76.18㎡(23坪)
延床面積	127.10㎡(38.4坪)

RULE 4

ダイニングとリビングの間に階段を挟む

このような配置にすることで、両空間の領域性がよりはっきりします。ただし、冬はこの吹き抜けからダイニングやリビングの熱が逃げて行ってしまいますので、断熱設計をしっかりと行う必要があります。

東京都多摩市

多摩N邸

長方形の総2階に、平屋の浴室ブロックをくっ付けた間取り。1階はLDKを中心とした構成です。庇付きの大きなデッキテラスと、室内側の外周部に設けられたインナーデッキ（1FL+440㎜）の床の高さを揃えることで、内外部との連続性、一体感をつくり出しました。2階は夫婦の書斎としても使われる作業室と子供室の構成。それぞれの床の高さを変えることで、適度な距離感と落ち着きを与えています。

南東側外観。総2階のフォルムに庇を出すことで立体感が生まれている。周囲の植栽も外観の豊かさに貢献した

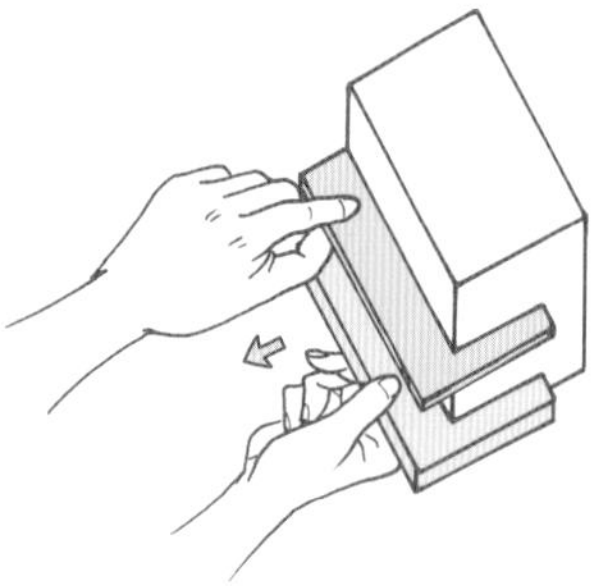

RULE 1

庇を出す

庇だけでなく、デッキテラスも同じ奥行きで突出させると、気持ちのよい半屋外空間が生まれます

撮影：黒住直臣

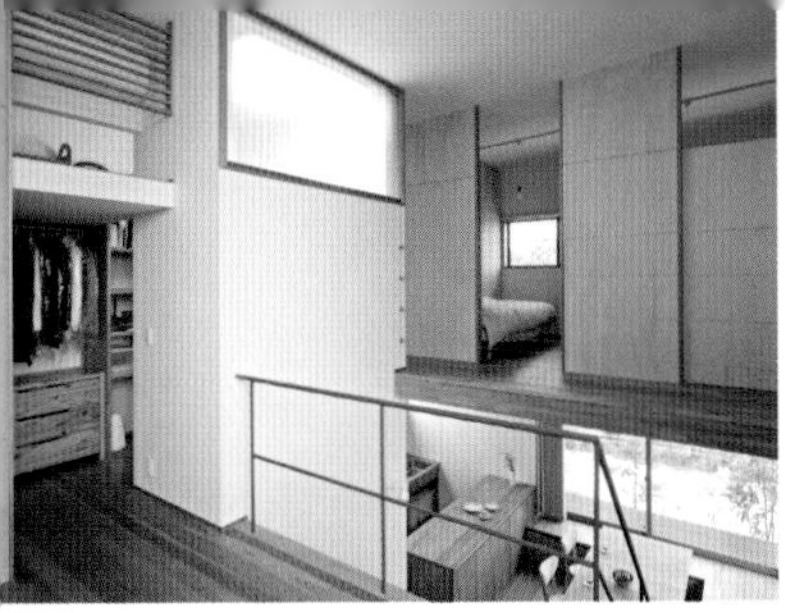

作業室から吹抜けの先の子供室を見る。
左は共用収納

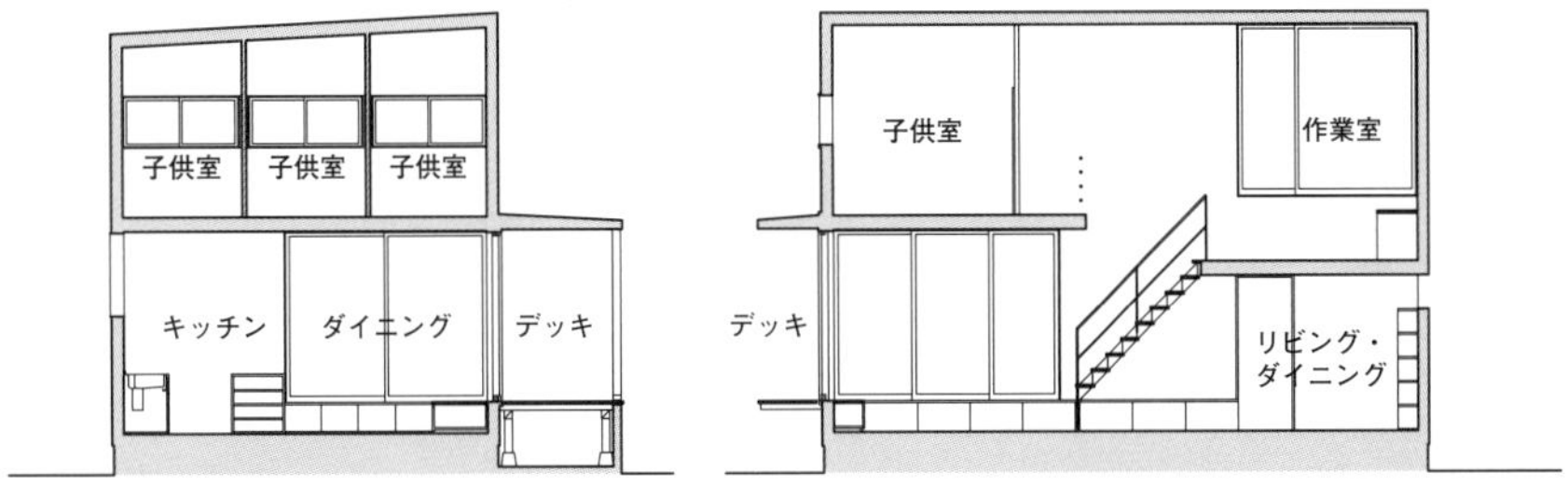

断面図 S＝1：200　A　B

RULE 2

床際の空間を高くしてみる

リビングの窓具和の床を400mm程度高くすると、そこが室内に設けた縁側となり、大人も子供もつい座りたくなる人気抜群の場所に変身します。

同じ高さでつながるダイニングのインナーデッキとデッキテラス

RULE 3

スキップフロアで視線を変化させる

スキップフロアをつくると視線の先に広がる景色がガラッと変わります。上下階が同時に視野に入るので、空間全体が広く感じられるようになります。

方程式 4

内と外をつなげるインナーテラス

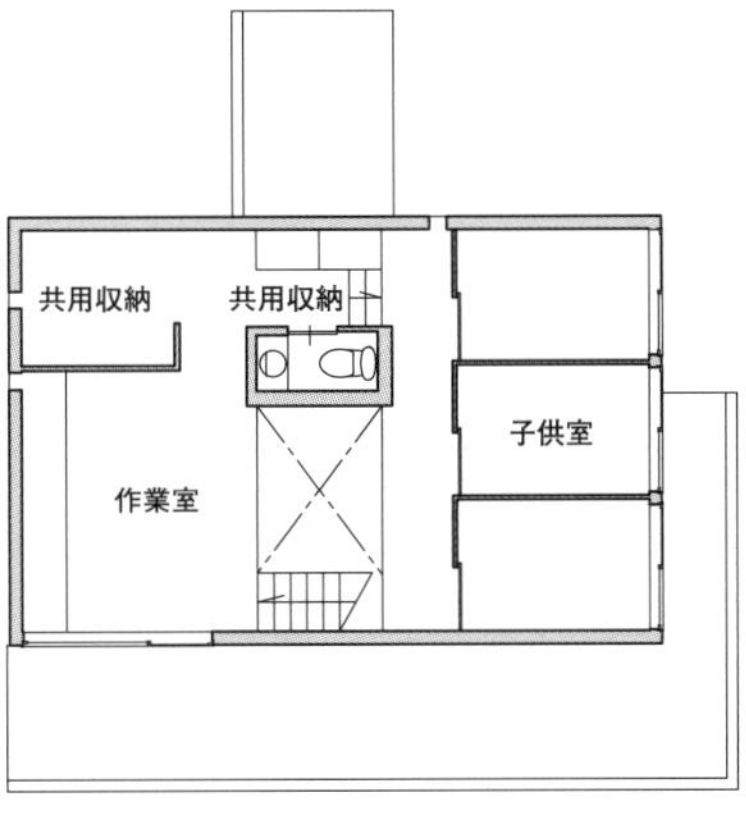

配置図・平面図 S＝1：200　2F

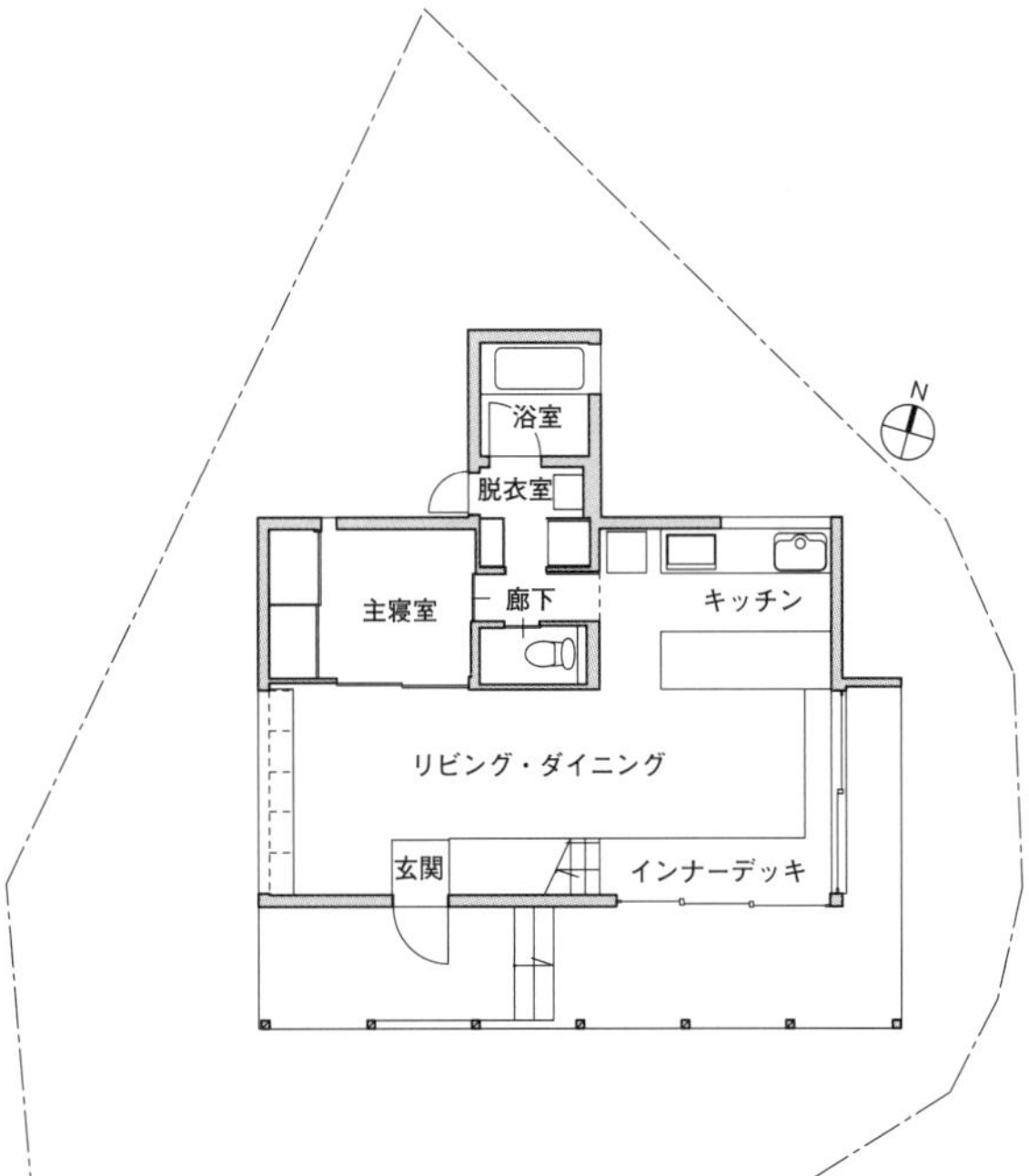

1F

多摩N邸

所在地	東京都多摩市（法22条区域）
家族構成	夫妻+子供3人
規模	木造2階建て
敷地面積	182.30㎡（55.1坪）
建築面積	72.46㎡（17.0坪）
延床面積	103.06㎡（33坪）

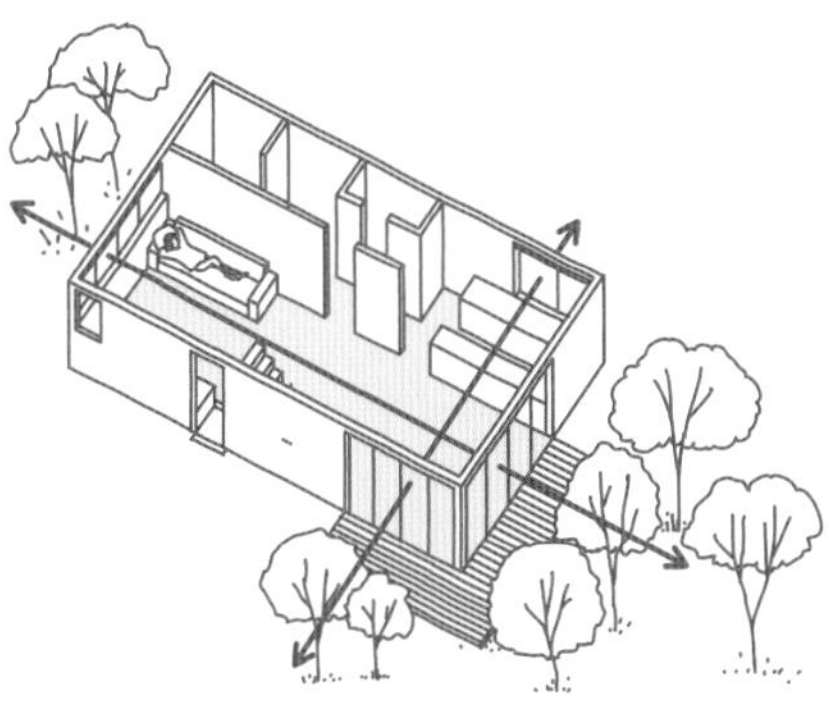

RULE 4

抜けがもたらす爽快感

端から端まで一直線に抜ける「通り」は、間仕切壁の位置を調整すれば確保できます。一般的にはリビング・ダイニングをつらぬく抜けがつくりやすいのですが、それ以外にも複数の抜けができれば、爽快感はさらに高まります。

千葉県松戸市

松戸N邸

ほぼ総2階ですが、ファサード側の屋根部分をわずかに跳ね出して、玄関庇と兼ねました。逆転プランの間取りで、1階は寝室と広めにとった書斎、2階はDKとバルコニー、2.5階はリビングを配置しています。リビング直下にできた0.5階のスペースは、収納スペースなどで使っています。

方程式 5

段差の調整で空間の狭さを感じさせない

リビングの内側に設けられたベンチ。外側のデッキテラスと床高さを揃えている

RULE 1

窓辺の段差は「室内の縁側」

窓辺には人を引き寄せる魅力的な空気感が漂っていますが、その窓が壁一面の掃出し窓では寄りかかることができません。窓に接する床を人が座れる高さまで持ち上げることで、室内の縁側になります。段差の側面は収納にも使えます。

松戸N邸

所在地	千葉県松戸市（法22条地域）
家族構成	夫婦
規模	木造2階建て
敷地面積	101.56㎡（30.7坪）
建築面積	44.56㎡（13.5坪）
延床面積	91.12㎡（27.6坪）

撮影：イノウエ・ヨウコ

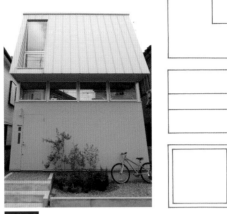

RULE 2

ファサードの窓は3パターンで

建物のファサード（正面部分）に設ける窓は、①コーナーに設ける、②貫いて設ける（縦でも横でも）、③全面に設ける（区画された面でもよい）の3つのルールに従うとまず失敗しません。ここでは①と②のルールに則って窓を割り付けています。

右／キッチンを見る。左手にはバルコニーにつながる窓
左／南側外観。窓の切り取り方はセオリーに沿ったもの

RULE 3

1階と2階の間の0.5階＝食材置場など

温熱環境が安定し位置的にも使いやすい1・2階の間は、使用頻度の高いものの保管に向いています。食料品、雑貨、洗剤などの買い置きや清掃用具の収納によいでしょう。

リビングに面したテラス。
空を近くに感じる屋上空間

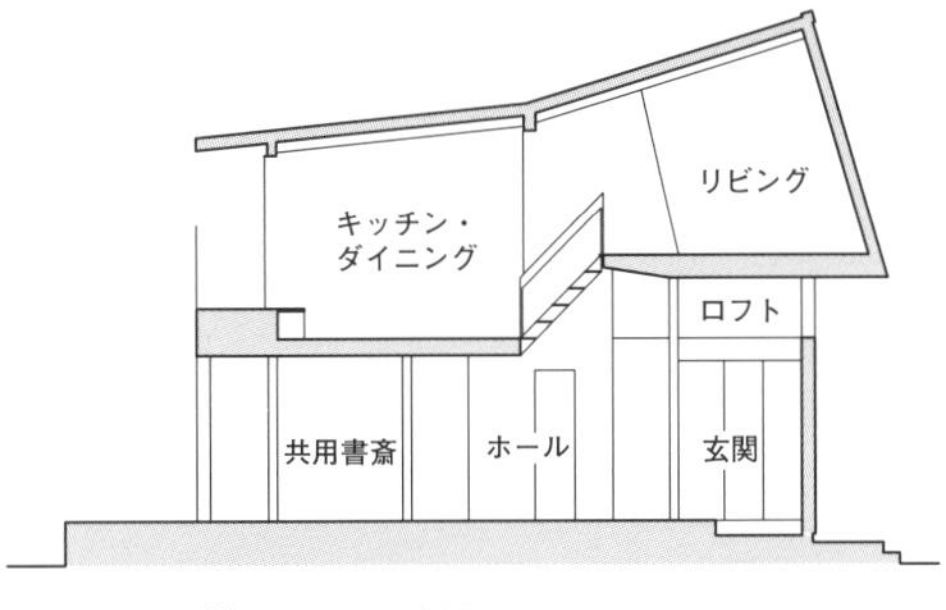

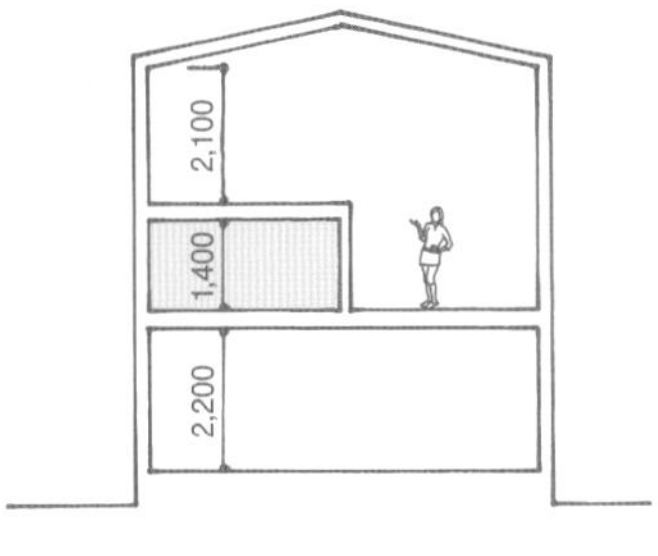

断面図 S＝1：200

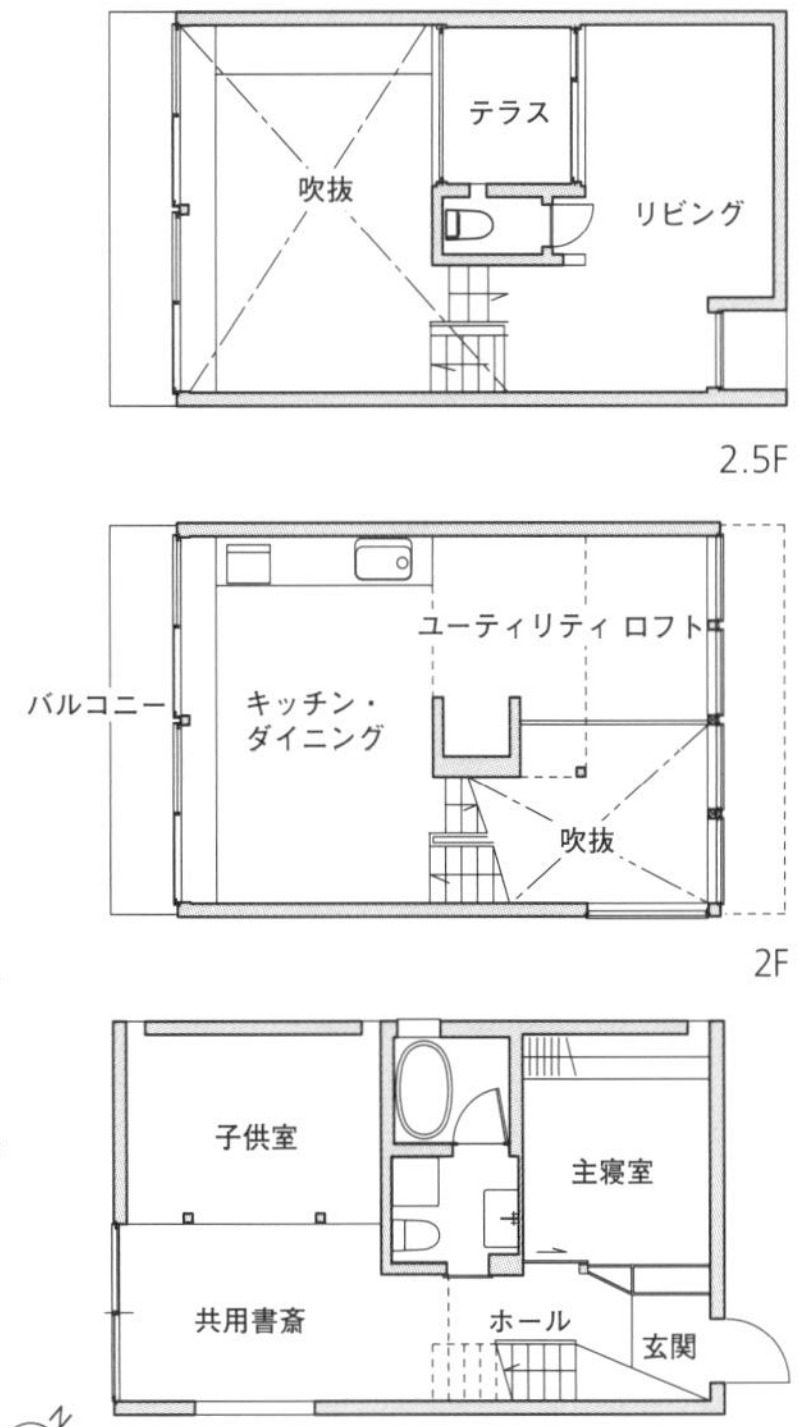

平面図 S＝1：200

右／玄関から階段奥の共用書斎を見る。奥に窓があるため視線が抜ける
左／共同書斎。夫婦が共用で利用する

東京都目黒区

目黒I邸

2世帯の間取りで、1階は親世帯、2階とロフトは子世帯のスペースになっています。それぞれの世帯ごとに水廻りやLDKが配置された間取りです。どちらも南側にリビングを中心とした「がらんどう」の部屋を、北側に機能の定まった水廻りなどをゾーニングしました。子世帯の荷物は2階北側のクロゼットやロフトに収納します。

2階のリビング・ダイニング。写真右にバルコニーへ出られる掃出し窓、写真左にキッチンが見える

撮影：永禮賢

方程式6

回り階段が2世帯をつなぐ

右／2階の回り階段。ロフトと1階をつなぐ
左／2階のキッチン。背後の角に窓をもつ

RULE 1

機能とがらんどうで分ける

抜けの確保は、建物が長方形ならあえて短辺方向を2分割するゾーニングができると容易に実現します。分割した一方には水廻り・寝室・収納など機能の定まった部屋、もう一方には見通しのよいがらんどうの部屋を配置します。

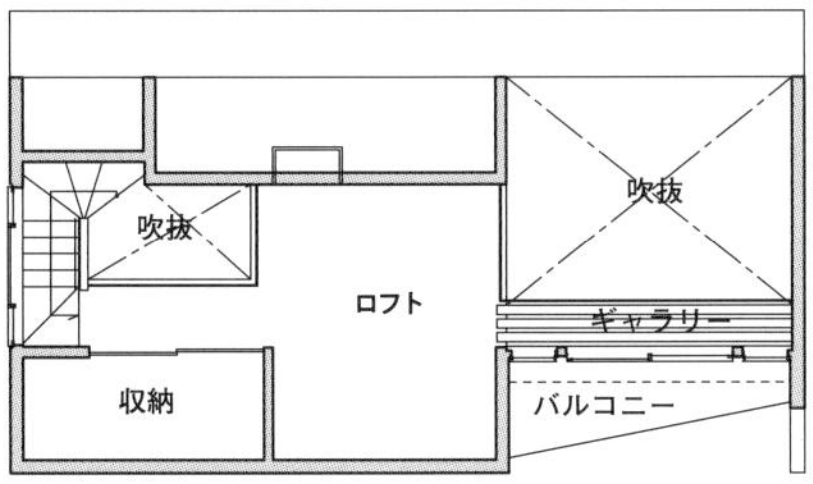

LOFT

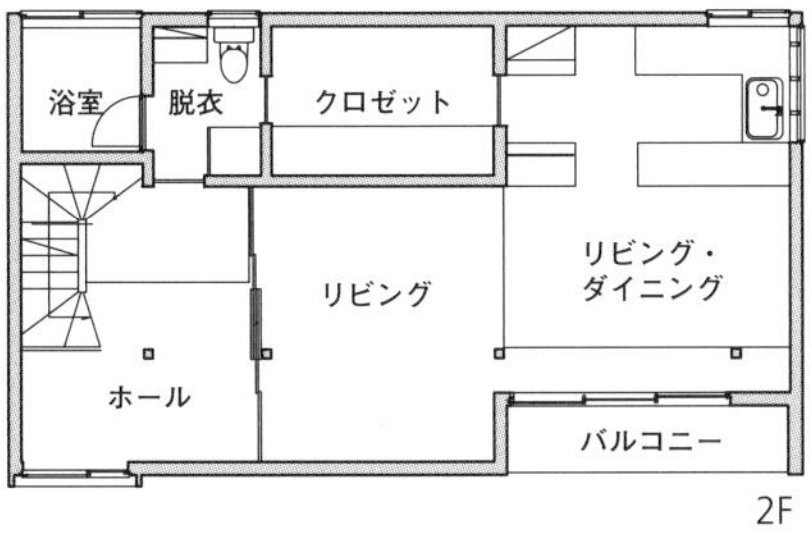

2F

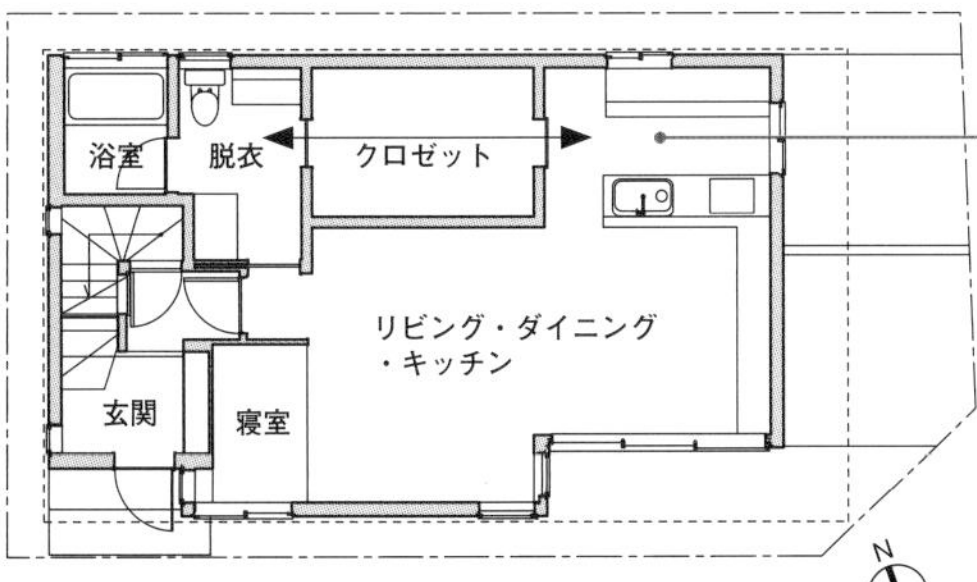

配置図・平面図 S＝1：200　1F

RULE 2

キッチンと洗濯機をクロゼットで結ぶ

回遊動線は「家事を楽にする」という目的で取り入れることがあります。たとえば、キッチンと洗濯機をクロゼットで結ぶと家事の連携が非常によくなります。クロゼットを広く取れば、この中でアイロン掛けもできます。

右／1階のダイニングの様子
左／1階のリビングに設置されたソファ

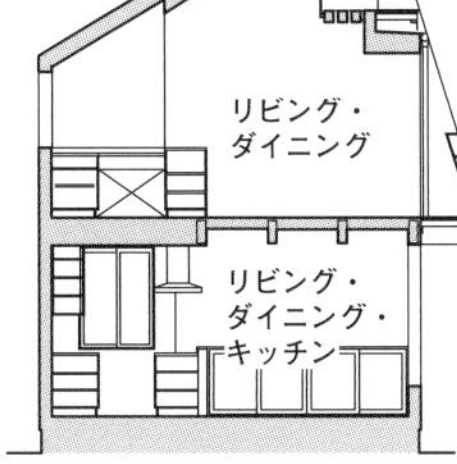

断面図 S＝1：200

RULE 3

強い光は弱めて落とす

外部からの光は、あればあるほどよいというわけでもありません。とくに光量が強い南面のハイサイドライトは、直接光ではまぶしすぎます。そんなときは、採り入れた光を勾配天井に反射させ、いったん光量を弱めてから下階に落とす方法が有効です。こうすると、家全体がふわっと明るい光で満たされるようになります。

目黒I邸

所在地	東京都目黒区（準防火地域）
家族構成	夫婦＋母親
規模	木造2階建て
敷地面積	92.08㎡（27.85坪）
建築面積	62.81㎡（19坪）
延床面積	137.42㎡（41.57坪）

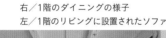

東京都江戸川区

江戸川M邸

総2階の逆転プランです。1階は土間を中心に個室と水廻りを配置。2階のキッチンとリビング、ダイニングは、階段室を中心に回遊できます。屋根裏中央部には格子壁のロフトを設け、抜け感を演出。2階は上記格子壁と同ピッチの垂木が露出する勾配天井としています。

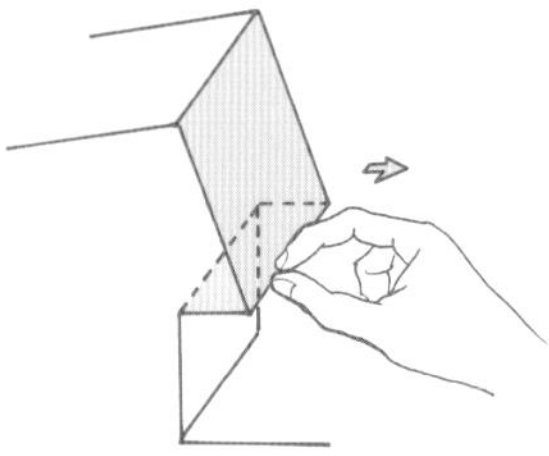

RULE 1

玄関庇の代わりに外壁を引っ張り出す

外壁をつまんで引っ張り出すイメージです。オーバーハングした部分が玄関庇にもなります。

方程式
7

大きな抜け感をもつ オープンな2階エリア

上／南側外観。2階に大きな窓をもつ
右／2階のリビング・ダイニング。壁から窓に沿ってつくられたインナーデッキ（棚）が印象的

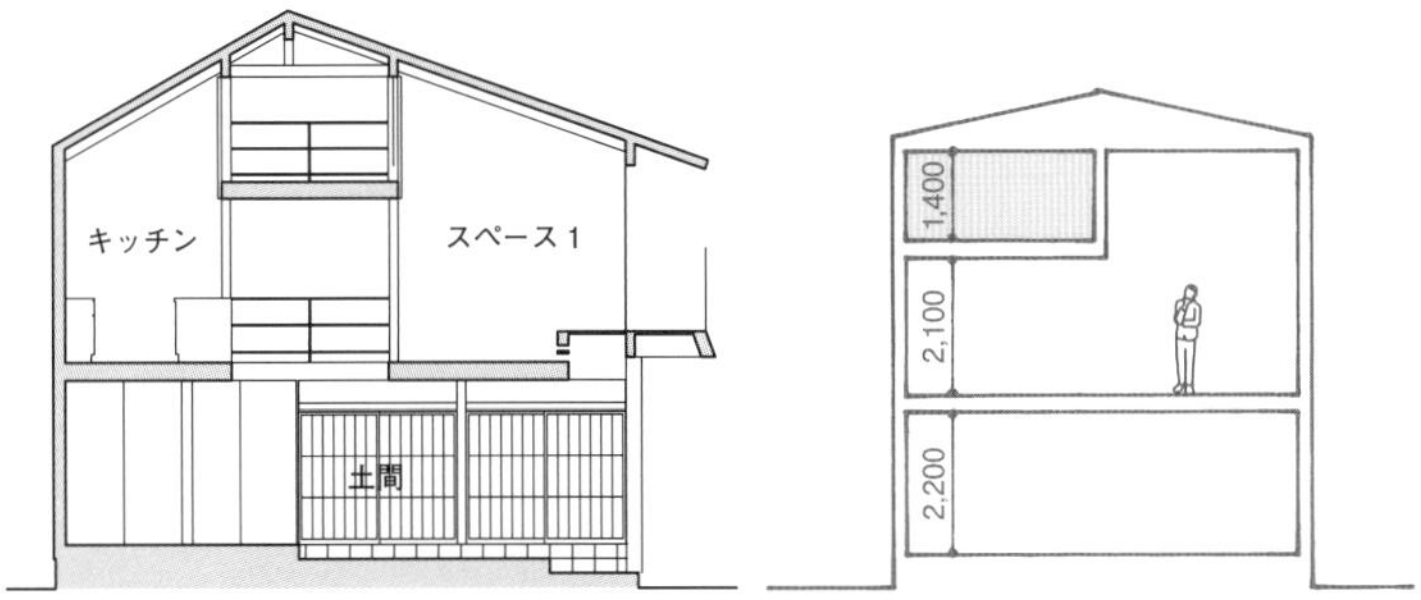

断面図 S＝1：200

RULE 2
2階の上の0.5階

2階の上部は室温が高くなりがちな場所です。乾燥状態が保たれやすく、カビや虫などを嫌う季節ものの衣類や雛人形などの保管に向きます。屋根の通気を確保して換気用の窓を設ければ、熱がこもらず多目的な収納スペースとして使えます。

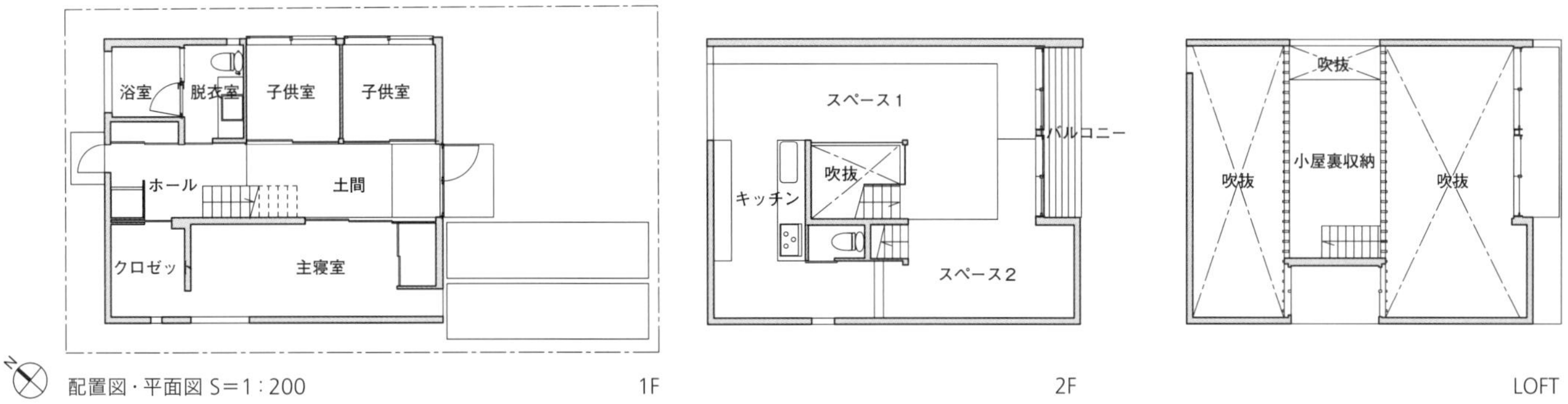

配置図・平面図 S＝1：200　1F　2F　LOFT

RULE 3
トイレを入れるなら7段目

階段の下にトイレを納めるときは、7段目の真ん中あたりに便器の背中がくるようにします。そうすると、立ち上がったときに頭が天井にぶつかりません。

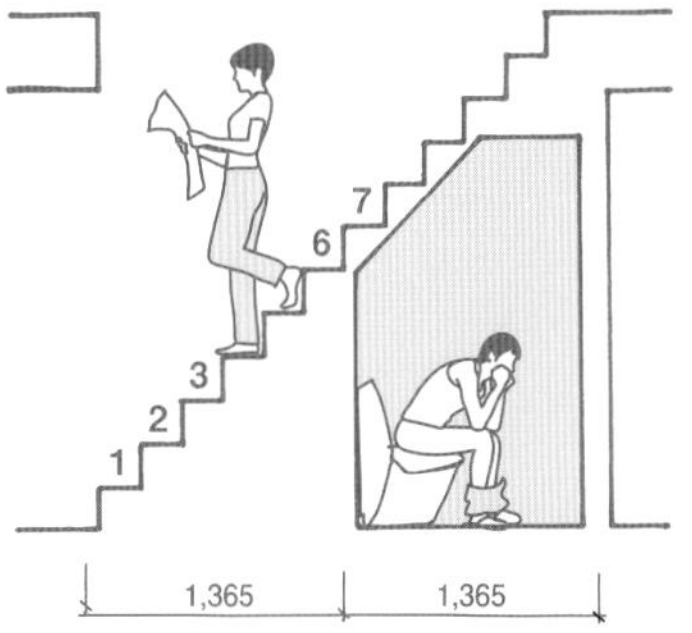

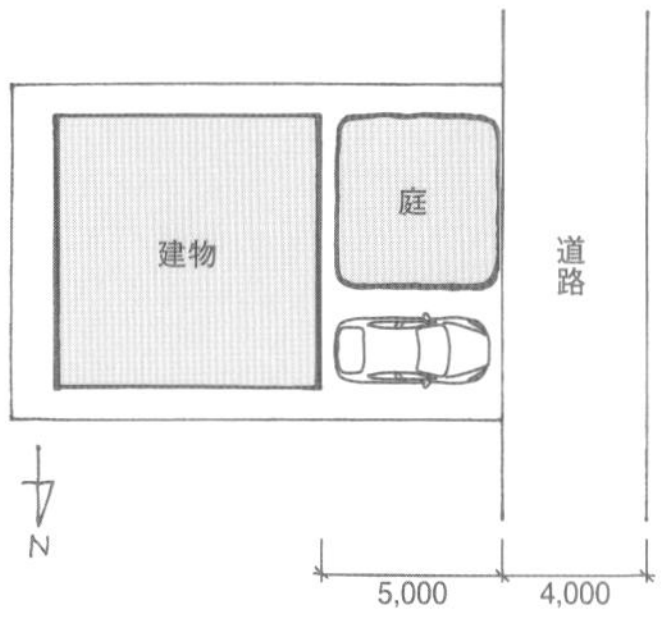

江戸川M邸

所在地	東京都江戸川区（準防火地域）
家族構成	夫婦+子供2人
規模	木造2階建て
敷地面積	109.79㎡（33.21坪）
建築面積	51.34㎡（15.53坪）
延床面積	107.65㎡（32.56坪）

RULE 4
道路が東西側にあるなら道路側をあける

道路が東側か西側にあり、かつ敷地が狭い場合は、南側に十分な庭のスペースを取れません。こんなときは、道路からなるべく遠い位置に建物を配置します。採光だけなら、道路側からの光で十分です。

右／2階バルコニー側からキッチンを見る。上部はロフト
左／2階キッチン。高い天井が開放感を与える

左／和室から階段とホールを見る
右下／ホールから玄関を見る。格子戸で仕切られている
左下／リビング・ダイニング。垂木が露出した高い天井

神奈川県平塚市

平塚K邸

ほぼ平屋にちょこんと小さな2階が載った間取りです。1階はLDKと2つの和室、大きな納戸、水廻りなどが配置され、その上に子供室とロフトで構成される2階が載っています。2階部分には大きな窓が配置され、外光をすのこ状のキャットウォークや階段、吹抜けなどを介して下階に届けるようになっています。

RULE 1

格子戸にして効かせる

木製の格子で組む格子戸は、光・風・気配は通すものの、視線はある程度遮ります。玄関に配置すると適度な目隠しになってよいでしょう。

方程式 8

小さな2階をもつ明るい平屋

右／南側外観。2階の大きな窓が特徴的だ
左／西側外観。玄関ポーチが引き込まれているのが分かる

RULE 2

シンプルに軒を出す

軒は日差しを遮り、外壁が雨水で濡れるのを防ぎます。この事例では台形立面のボックスから、軒を伸ばした形状です。

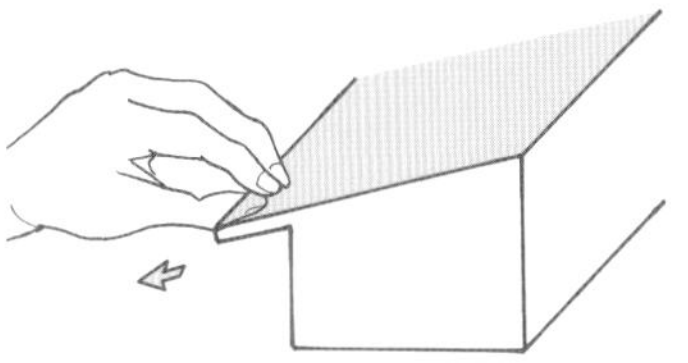

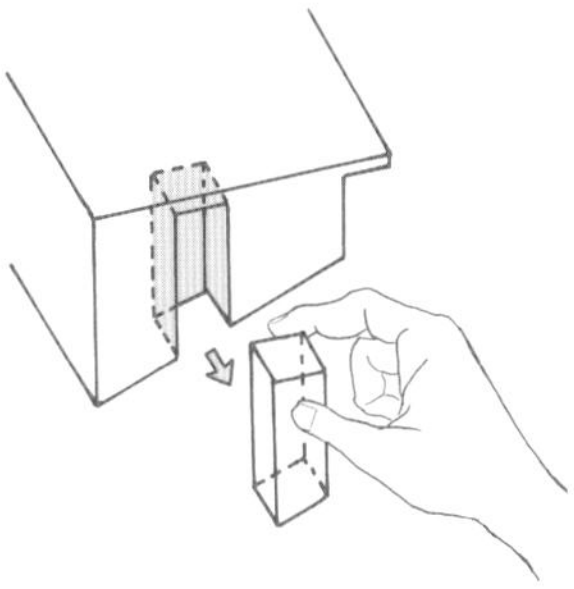

RULE 3

玄関ポーチは凹型に納める

玄関ポーチには屋根が欠かせませんが、直方体の建物の一部をくり抜いてつくれば屋根が自然に生まれます。また、建物に引き込まれた玄関ポーチは「建物の中が見られにくい」という安心感も得られますし、見た目にもすっきりします。

2階の大きな窓を内側（子供室）から見る。直下にはキャットウォークをもつ

RULE 4

ピクチャーウインドウならボーナスポイント

ピクチャーウインドウとは、抜けの外に広がる景色を窓枠が絵画のように切り取る特別な窓です。窓枠をあえて額縁のようにデザインして「切り取り感」をより強調してもよいでしょう。

RULE 5

平屋にも光を!

平屋は敷地の面積に余裕があるため「日当たりのよい家」というイメージが何となくありますが、本来2階建て分のスペースを1階で計画するため、中心部には光が届きにくく、昼間も暗い家になりがちです。この絵のように平屋の中央に小規模な2階を設けて、そこから光を採り入れています。

断面図 S＝1：200

A

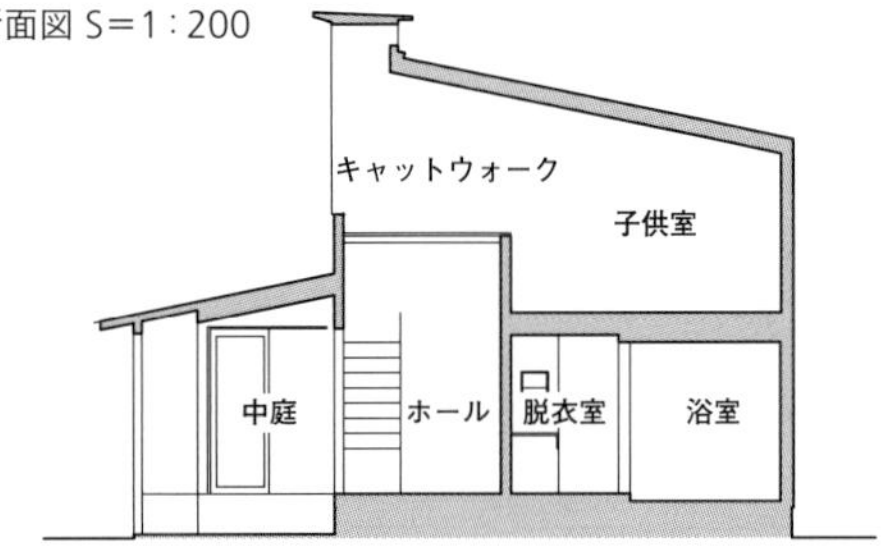

B

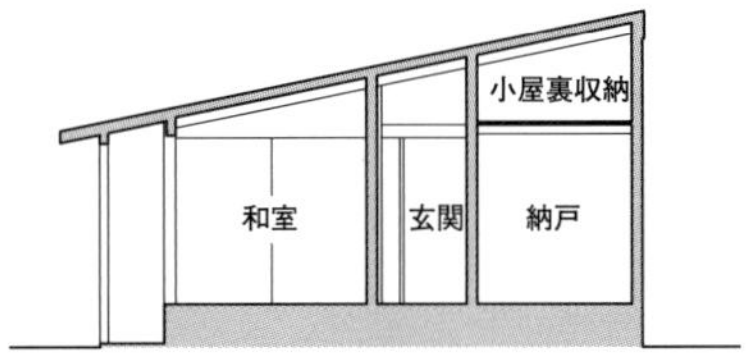

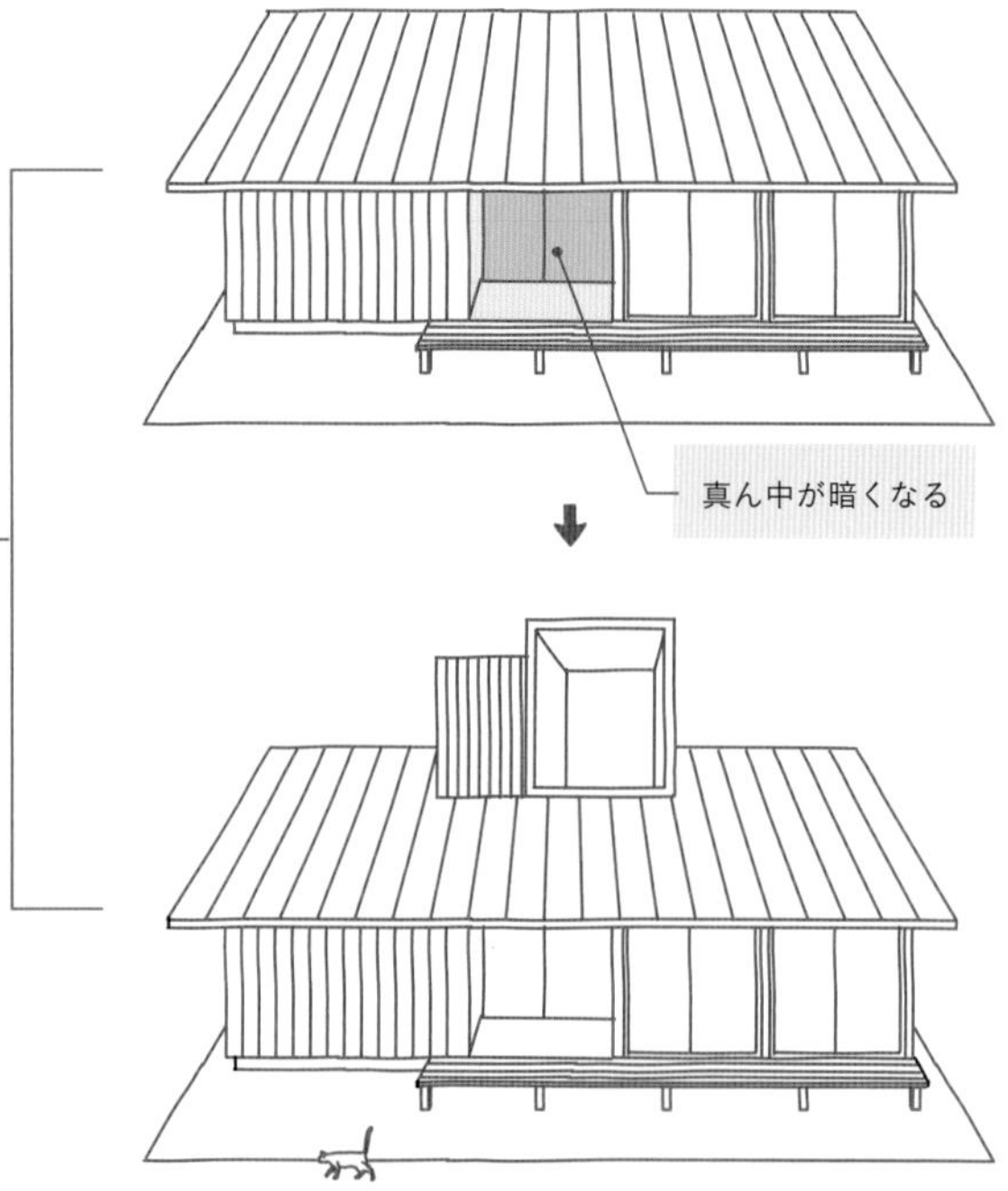

平面図 S＝1：200

2F

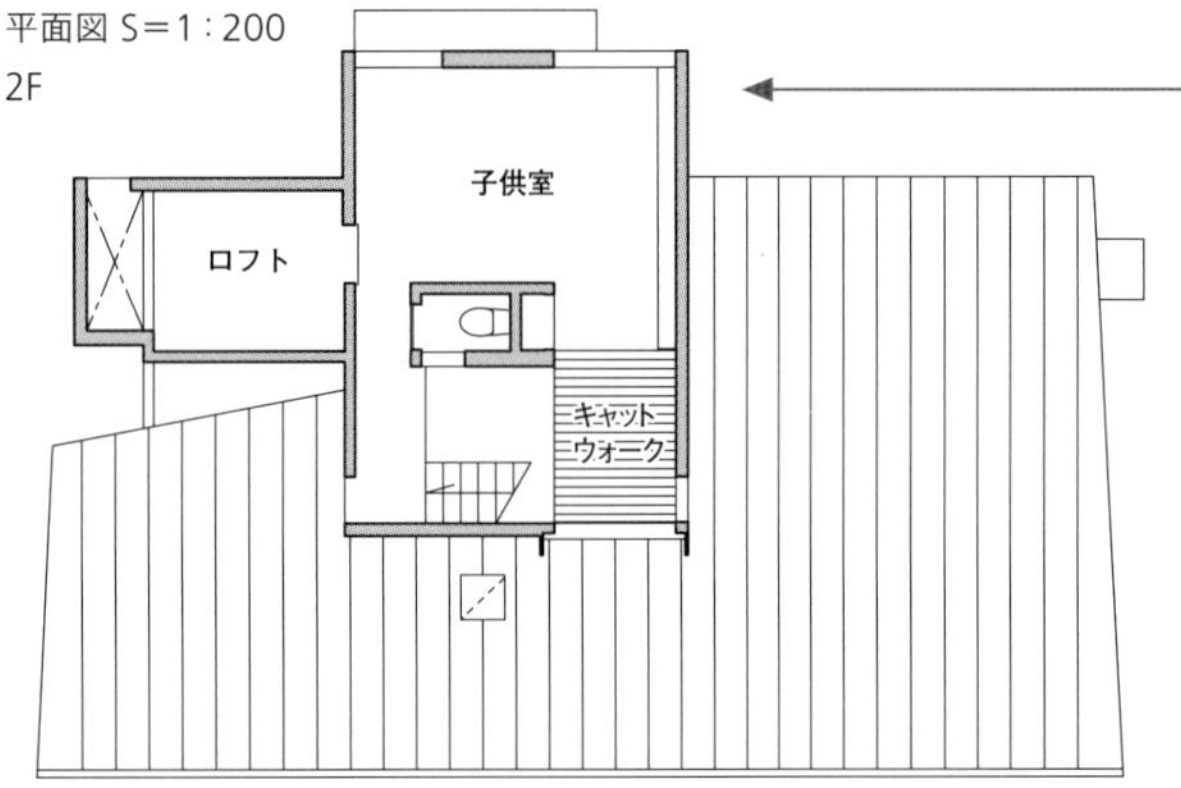

1F

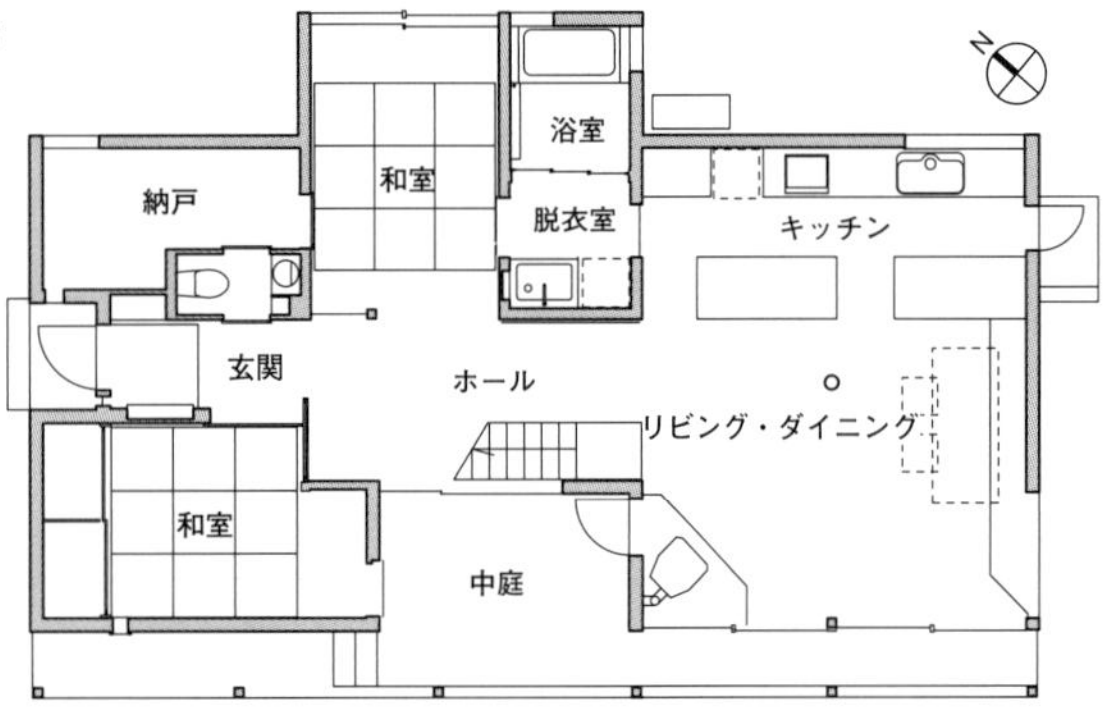

平塚K邸

所在地	神奈川県平塚市（法22条地域）
家族構成	夫婦＋子供1人
規模	木造2階建て
敷地面積	425.86㎡（129.04坪）
建築面積	106.74㎡（32.34坪）
延床面積	117.20㎡（35.51坪）

chapter

5

小さな家の間取りのルール

生活しやすい、建築費を抑えられる、庭が広くとれるなどの理由から、
都市・郊外を問わず、近年増えてきている小さな床面積の住宅。
本章では、基本となる部屋面積の考え方から、小さな家の間取りのルール、
さらに狭小敷地の小さな木造3階建ての間取りの設計手法まで解説する。

各部屋の必要面積の法則16

どういった用途の部屋が、どのくらいの面積が必要で、どのような場所に配置すればよいのでしょうか。
ここでは郊外の住宅地に建つ、子育て家族の住宅をイメージして、間取りと面積について考えます。

解説：岸未希亜　撮影：川辺明伸

こうした住宅で一番大切な空間が、リビング・ダイニングであることに、異論はないと思います。家族が集まってテレビを見たり、食事をしたり、さまざまなコミュニケーションが行われる場なので、家全体の20～25%ぐらいの面積を割くのがよいでしょう。キッチンや和室を組み合わせれば、面積以上の広がりが感じられ、家族の自然なふれあいも生まれます。

子供部屋のつくり方も大きなポイントです。立派な子供部屋を与えたくなる親心も分かりますが、大人になるまでは家族で見守ることが大切です。部屋を広くするよりも、遊びの場、学びの場を家族空間の近くに設けることをお勧めします。

大切なこと、優先順位を誤らなければ、家族が心地よく暮らせる家が、バランスの取れた大きさで実現できるはずです。

御殿場の家

所在地：静岡県御殿場市
家族構成：夫婦＋子供2人
規模：木造2階建て
敷地面積：201.28㎡
建築面積：83.21㎡（25.21坪）
延床面積：129.16㎡（38.99坪）

東側外観。郊外のやや広めの敷地に建つ

配置図・平面図 S＝1：150

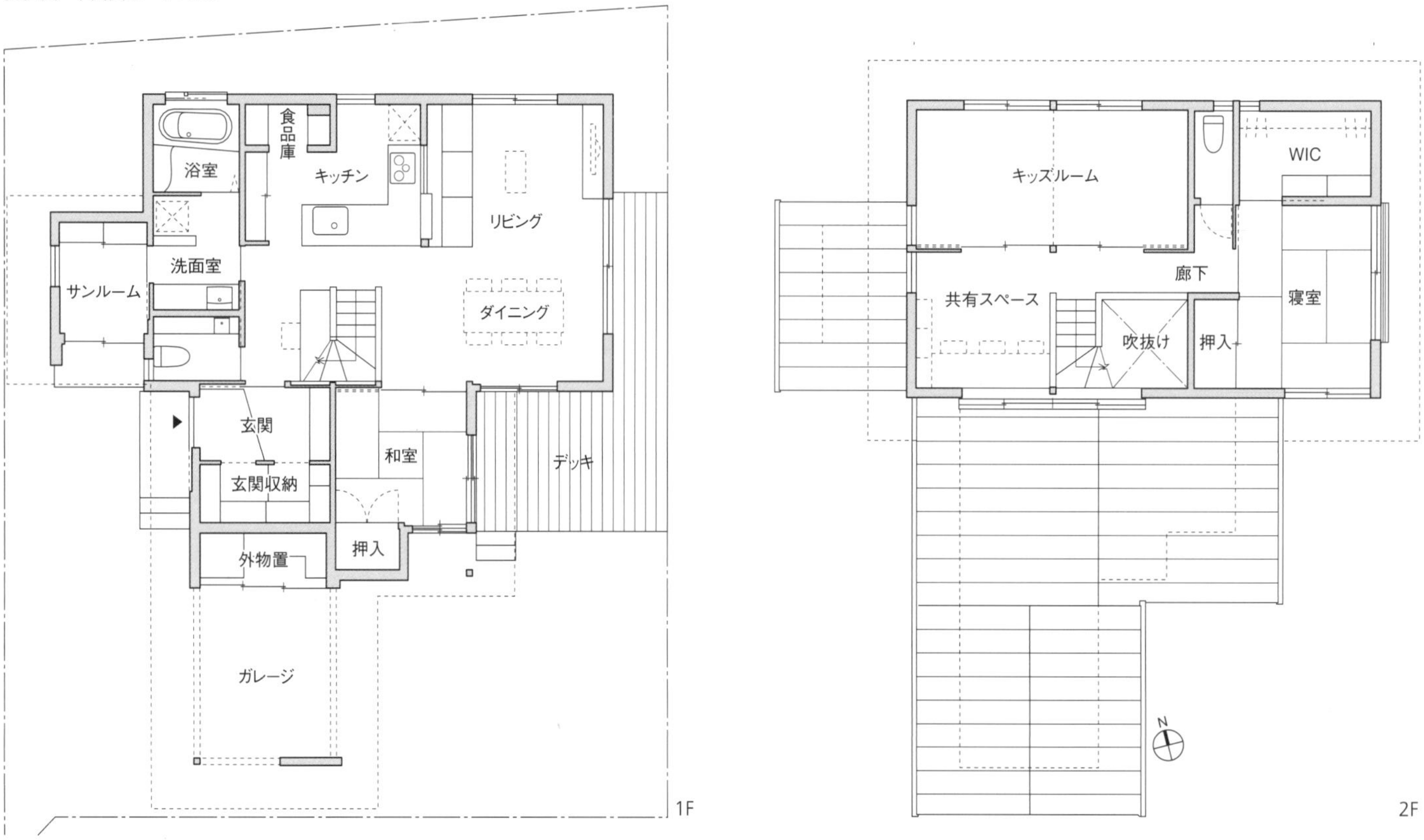

リビング・ダイニング

RULE 1 ダイニングは中心に、リビングは壁を背に

最適面積12畳以上

ダイニングからリビングを見る。掃出し窓の先にはデッキテラスが見える

リビング・ダイニングに十分な広さが取れない場合は、ダイニング中心のリビングにするとよいでしょう。さまざまな用途に使える大きめのテーブル、くつろぐのにも適した少し座面の低い椅子があれば、ソファは必要ありません。

テーブルを中心にしたダイニングは、部屋の真ん中でも収まりが着きますが、リビングをしっかり造る場合は、囲われていたり、壁を背にしていたりする落ち着ける場所が適しています。

外部収納

RULE 2 外物置も家の一部と考える

最適面積1畳以上

アウトドア用品などは玄関収納にも入れられますが、園芸用品、カー用品などは汚れる物が多く、外物置は必須です。しかし、目立つ所に既製の物置を据えてしまうのは考えもの。できれば、物置を家やガレージの一部に組み込むことをお勧めします。

ガレージに設ける場合は自然に見えますが、家に取り付く場合は、外壁に馴染ませたり、道路から日立たない位置に設けるなどの工夫が必要です。

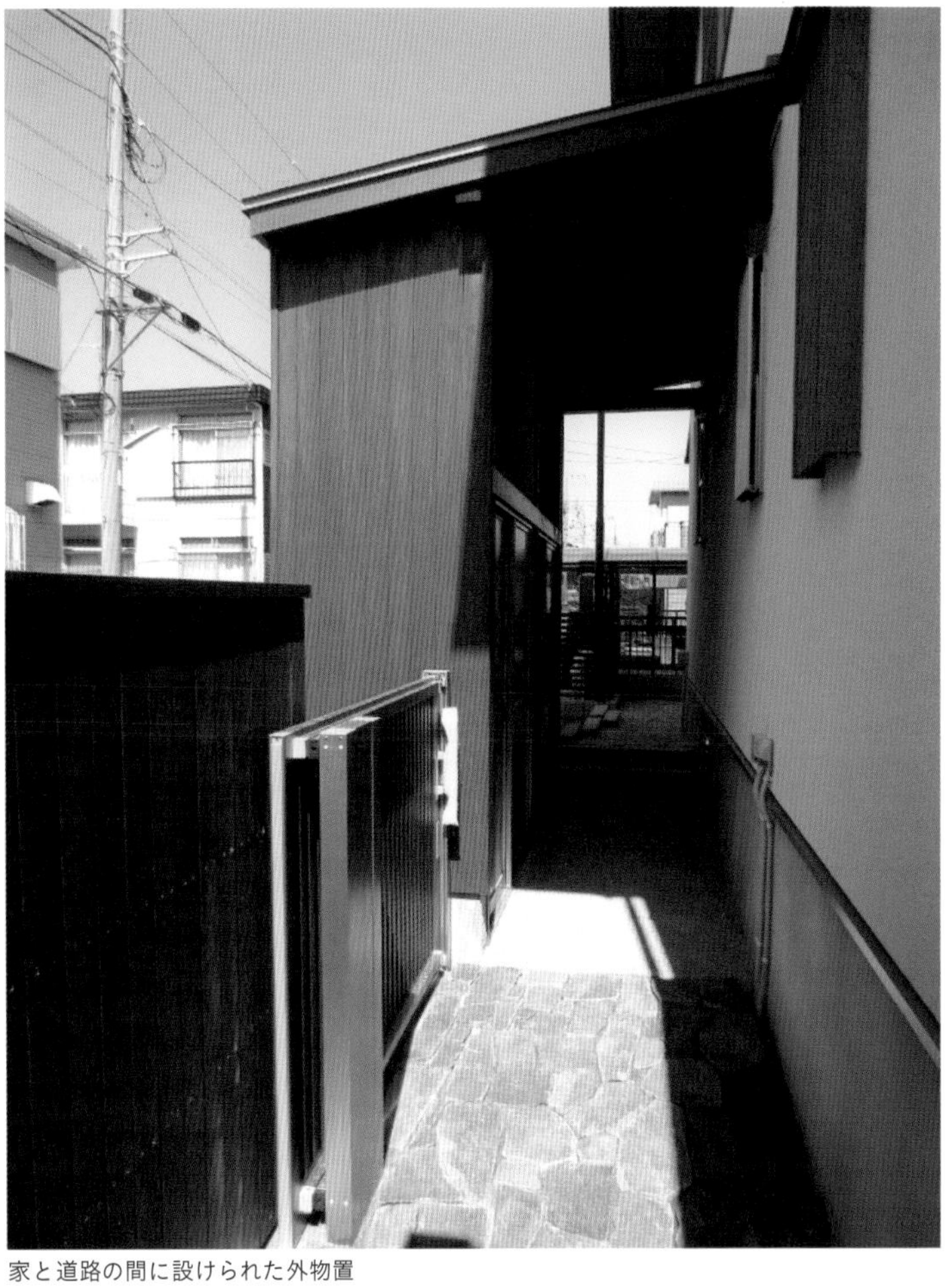

家と道路の間に設けられた外物置

キッチン

RULE 3 使い勝手、LDとのつながりが大切

最適面積4畳以上

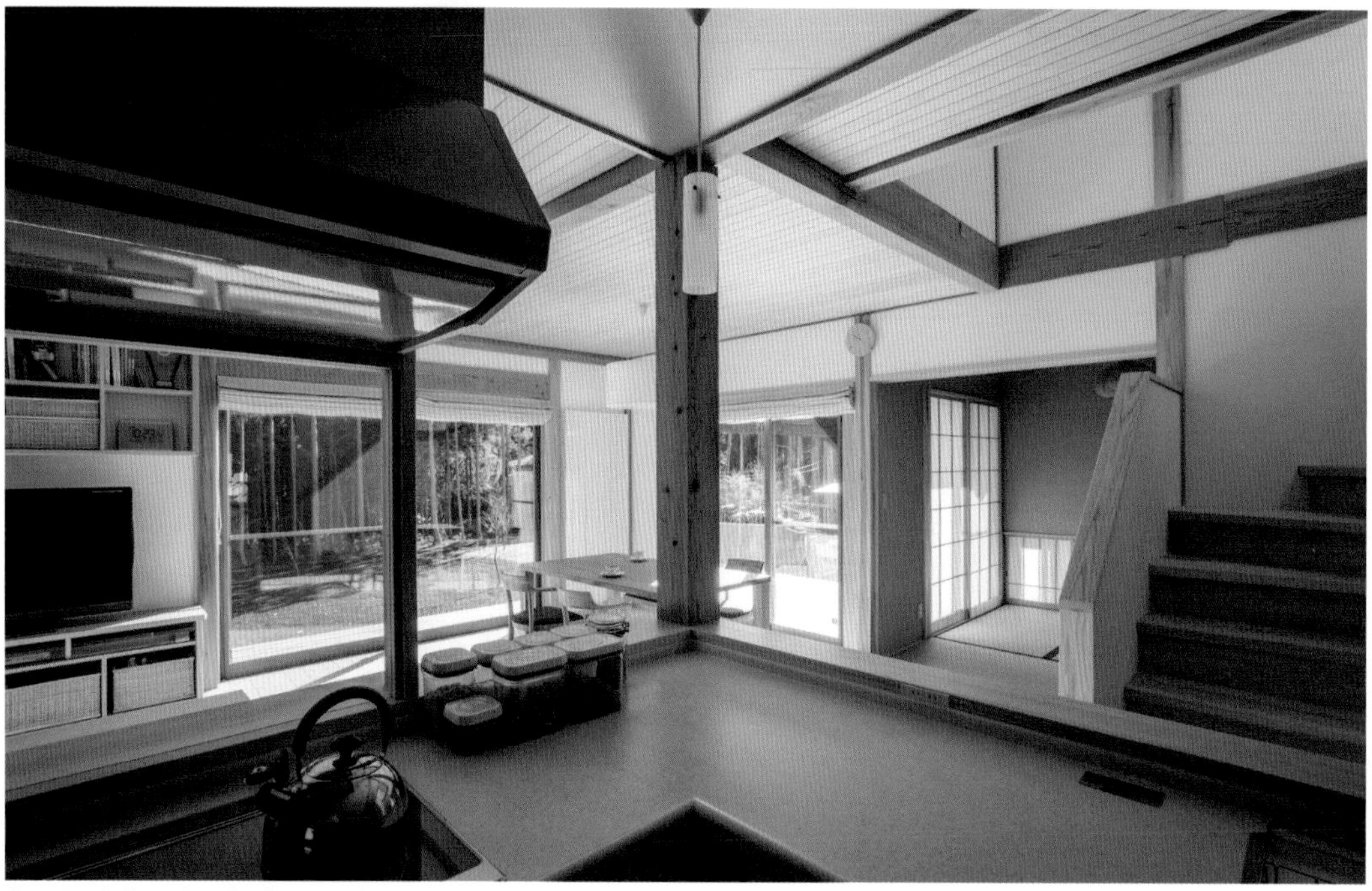

キッチンからリビング・ダイニングを見る

キッチンにもさまざまな形がありますが、大別すると対面型と壁向き型の2つです。対面型は手元が隠れ、作業しながら家全体が眺められるので、多くの人に支持されています。難点は、少しスペースが必要なことと、レンジフードや配管の処理です。

壁向き型はその逆で、スペースの限られたLDKには最適ですし、ダイニング側を収納で囲えば、落ち着いた作業空間にもなります。どちらの場合も家事動線への配慮は欠かせません。

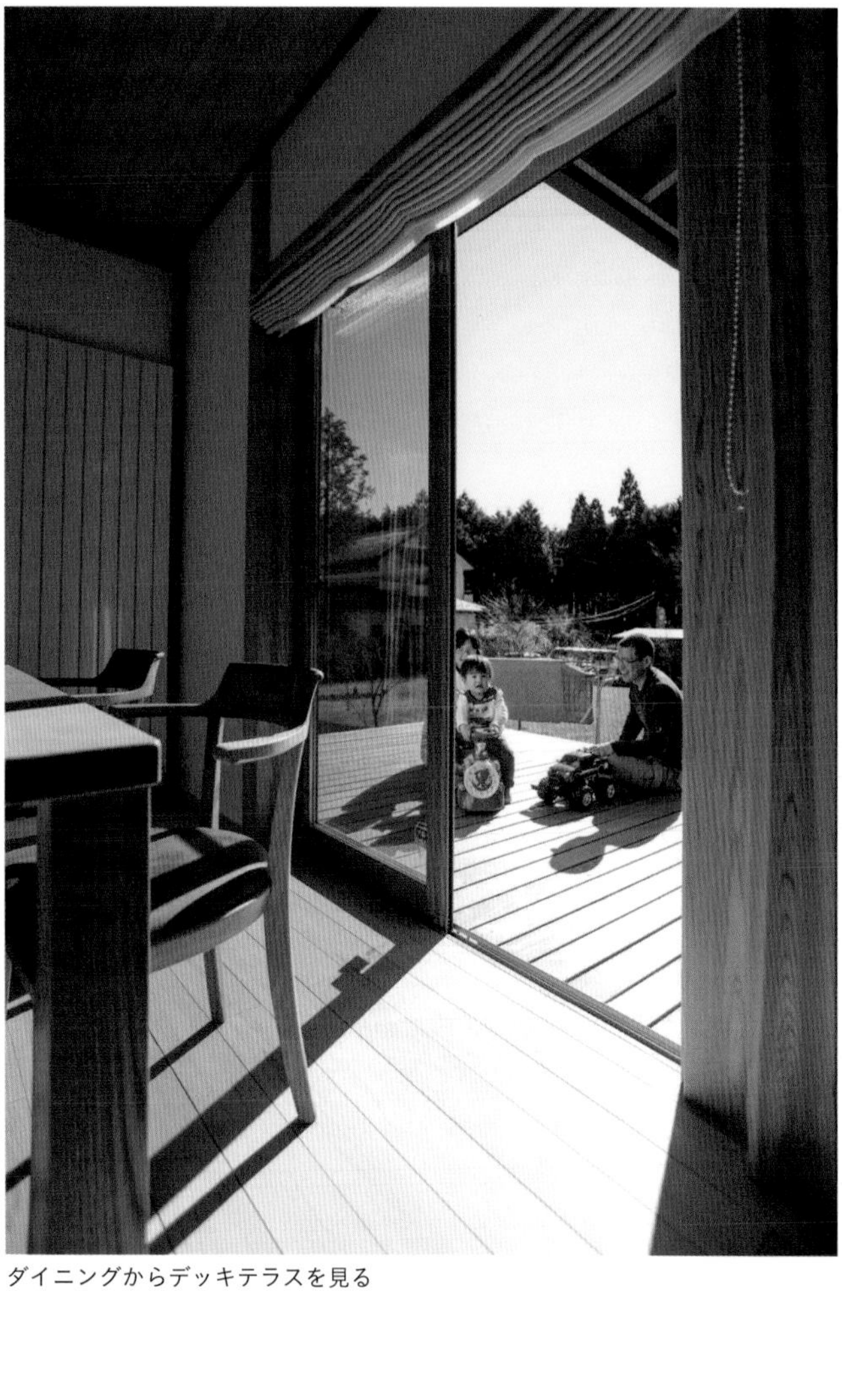

ダイニングからデッキテラスを見る

ウッドデッキ

RULE 4 内と外の連続性をつくる

最適面積4畳以上

ウッドデッキを設ける大前提は、BBQや子供の遊び場として積極的に活用することですが、LDKの広さが十分に取れない場合に、室内床とデッキの連続性によって広がりを感じさせる効果もあります。引込みできる全開サッシを開口部に使えば、その効果は絶大です。もともと縁側は、内と外の境界を曖昧にし、空間を融合させる装置でした。

デッキの先に庭を造って、自然との一体感を演出することもできますし、デッキの先に柵を立てたりベンチをつくったりして、LDKとデッキの一体感をより高める方法もあります。

和室

RULE 5 LDKに隣接した床座リビング

最適面積3～6畳

和室から隣接するLDKを見る

畳敷きの部屋は、用途を限らず多目的に使えるのが利点です。しかし、明確な用途（寝室や稽古部屋など）のない和室を独立させてしまうと、普段ほとんど使わない死部屋になってしまいます。年に何度か客を泊めるための和室であれば、リビングやダイニングに隣接させることで、普段使いのできる床座リビングにするのがよいでしょう。

客間としての役割は必要なくても、リビング周辺に小さな畳のスペースがあれば、炬燵を置いたり寝転がったりするなど、くつろぐことができます。

玄関

RULE 6 玄関収納を併設して綺麗に

最適面積2～3畳

「玄関は家の顔」というのは少し古い表現ですが、人を迎える場であることを踏まえた品位は必要です。一方で玄関廻りには、靴や傘、ベビーカーなどの置場が必要なため、近くに収納がないと、玄関は物で溢れかえります。

そこで、玄関の隣にはできるだけ玄関収納室を設けます。下足箱があれば靴は収納できますが、玄関収納室にオープンな棚を造るほうが安上がりですし、コート掛けや帽子掛けもつくれます。また動線的には、土間と床の両側から出入りできると後戻りしなくて済むので喜ばれます。

玄関ホール。右には玄関収納の入口

洗面·脱衣室

RULE 7 機能性だけでなく、少し豊かな空間に

最適面積2畳以上

洗面台と洗濯機が並んだ2畳の部屋。これがよくある最小限の洗面脱衣室で、機能面ではこれで十分です。しかし、できればもう少し広さを確保して、洗面台や収納に余裕をもたせられるとよいでしょう。

さらに、ゆったりとしたカウンターとお洒落な洗面ボウルを組み合わせ、壁一面をタイル張りにしたり、鏡の上下に間接照明を仕込んだりすれば、ホテルライクなパウダールームが生まれます。その場合、雰囲気を損なわないよう洗濯機などの生活家電は上手に隠してください。

洗面・脱衣室からサンルームを見る

借景を楽しめるユニットバス

浴室

RULE 8 狭さを感じさせない工夫を

最適面積2畳以上

ユニットバスには設計の余地がありませんが、庭や景色を眺められる場合は、窓の取り方を工夫しましょう。もちろん、周囲からの視線を避ける工夫は欠かせません。建物形状や外構の工夫でバスコートを造るのがお勧めです。

壁と天井の仕上げ、窓の取り方など、設計の自由度が高くなるのがハーフユニットバスです。室内側の間仕切をガラスにすれば、脱衣室との連続性が生まれて広さを感じられます。

カーポート

RULE 9 間取りと同時に配置を決める

最適面積６畳以上

建物の配置、玄関の位置、道路との関係を考えてカーポートの位置を決めます。基本は、道路に対して直角に車を停める形ですが、敷地が狭い場合は、縦列型も含め、あらゆる可能性を考えます。

屋根付きのガレージにする場合、住宅と一体の屋根にするのが理想的です。もし単体で造る場合も、建物との調和を考えましょう。

建物と一体化した屋根付きガレージ

家事コーナー

RULE 10 共用でも専用でも

最適面積１畳以上

リビングの一角にデスクカウンターを造れば、家族共用のＰＣコーナーとしても、奥様の家事コーナーとしても使えて便利です。もし、キッチンやパントリーの一角に専用の家事机を用意できれば、理想的です。

階段下に設けられた家事コーナー

子供部屋

RULE 11 子供の数と成長に応じて区画する

最適面積3.75〜6畳

壁が設けられていない子供部屋

子供の性格形成にも影響を及ぼす子供部屋は、家族とのコミュニケーションが自然に図れるかたちが望ましいといえるでしょう。また、子供部屋が必要な期間は、実はそんなに長くありません。小学生ぐらいまでは部屋で1人で過ごすこともありませんし、子供が巣立ってしまえば無用の長物です。

子供の数に応じて子供部屋としてしか使えない部屋をつくってしまうと、いずれ広い納戸になってしまうなど空間の無駄につながります。子供の成長は住宅にとっても最も大きな変化の1つなので、固定的、限定的にせず、転用性を考えることをお勧めします。

ウォークインクロゼット

RULE 12 費用をかけずに部屋をすっきり

最適面積3〜4畳

ウォークインクロゼットの例

ウォークインクロゼットを設けると、部屋をすっきりさせることができますし、着替えに使うこともできます。また、建具がないので安上がりです。1間幅のウォークインクロゼットの場合、両側に洋服を掛けると通路が狭くなるので、片側にハンガーパイプと上部の棚を造り、反対側には市販の廉価な衣装ケースなどを並べるのがお勧めです。

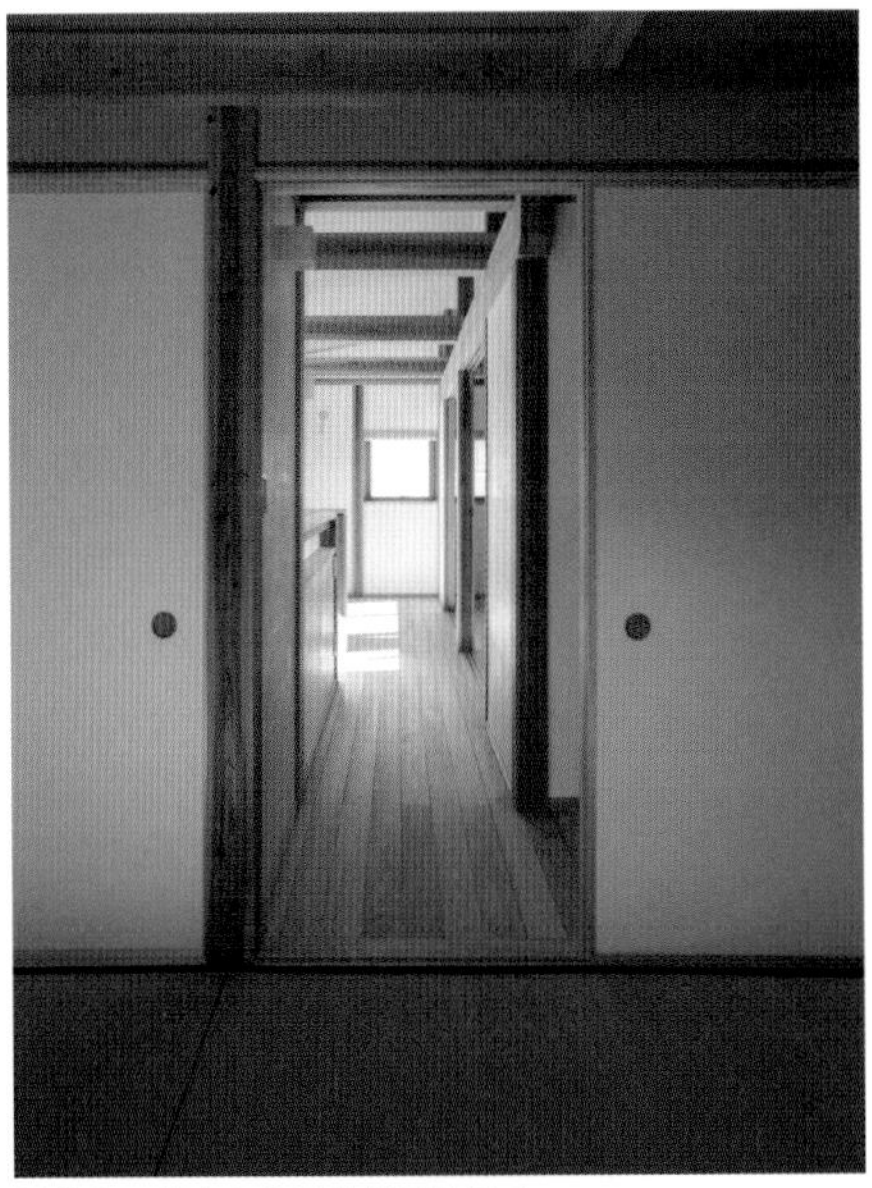

畳敷きの寝室から子供部屋を見る

寝室

RULE 13 ベッドもよいけれど畳敷きは万能

最適面積4.5〜8畳

和室であれば、4畳半でも2組の布団を敷けますが、シングルベッド2台を並べるには6畳程度のスペースが必要です。子供が小さいうちは親子一緒に寝るという家族の場合、和室ならば6畳でも十分ですが、ベッドを使う場合は7〜8畳ぐらいほしいところです。

寝室とは別に客間を取る余裕のない場合は、畳敷きの寝室がお勧めです。寝室を客人に譲って、自分たちは子供部屋などで寝ることもできるからです。

2階階段近くに設けられた共用スペース

2階共有スペース

RULE 14 個空を縮小し外に出す

最適面積3畳以上

寝室や子供部屋をコンパクトにすると、書斎コーナーや勉強用スペースを設けられないこともありますが、逆にそれらを積極的に外に出せば、親子の自然なコミュニケーションが期待できます。

1階に設ければ、よりダイレクトに家族の交流が図れますし、子供部屋の近くに設ければ勉強部屋としての性格が強くなります。3室以上の子供部屋をつくる場合は、末っ子が小さいうちは、1室を共用スペースにするのもよいでしょう。

階段の周囲に吹抜けを設けた例

吹抜け

RULE 15 光と人の気配を下階に伝える

最適面積3畳以上

面積がもったいないと敬遠する人もいますが、吹抜けにはさまざまなメリットがあります。隣家が迫るなどの悪条件では、1階の日照・採光を助けることができますし、1階と2階が空間的につながり、広さを感じることができます。最大のメリットは、1階と2階が断絶しないことです。子供のいる家にはお勧めです。

小さい家の間取りの法則14

使い勝手がよく、気持ちのよい小さな家をつくるには、絶対に欠かせない法則が存在します。

解説：関尾英隆　撮影：漆戸美保

六ツ川の家の外観

六ツ川の家

所在地	横浜市南区
家族構成	夫婦＋子供2人
規模	木造2階建て
敷地面積	176.21㎡（53.4坪）
建築面積	58.62㎡（17.7坪）
延床面積	89.99㎡（27.2坪）

小さい家といえば、とにかく部屋を小さくして、収納スペースも減らして、書斎など余分な部屋はつくらないなど、家全体をシンプルにこぢんまりつくることになりがちですが、それではただ単純に小さいだけで、快適で居心地のよい家にはなりません。小さい家でも、必要な部屋にはできるだけの広さを確保し、収納スペースも必要な量を確保し、書斎などご主人が落ちつけるような場所もできるだけ提供すべきです。

これは理想論ではありません。部屋割りにメリハリをつけたり、動線上の工夫をして廊下などをうまく省略したり活用したりすれば、ここで挙げたようなことは達成することができます。

たとえば、LDKが小さければ、デッキを庭に大きく取って外部のリビングとして使うといった定番の方法があります。そのほかにも視覚的・感覚的に広く感じさせるような場所に窓や吹抜けを設けたり、周囲の個室と連続させたりと、さまざまな方法があります。

ただし、小さい家では1つの部屋がさまざまな機能をもったり、狭いために人の動線や居場所がかちあってしまったりすることも多いので、その点には気を付けて設計を行う必要があります。この後の解説で、家事室や物干し場について言及しているのは、小さい家の場合、洗濯物などの「生活感」が目につきやすくなるため、それらについてできるだけ配慮した設計をする必要があるためです。

近年は夫婦共働きの家庭が増えていることを踏まえ、特有の事情への配慮や工夫についても述べました。小さい家の家づくりの参考にしていただければと思います。

RULE 1

小さな子供がいるなかで洗濯物を干す畳む動線

小さな子供がいる場合、洗濯物を外に干す間に目を離すことになるため、とても心配だという話をよく聞きます。そこで、子どもに目が届く家の中で簡単に洗濯物干しができるとかなり重宝します。動線などを考えると、家事室や洗面脱衣室など洗濯機の近くの作業スペースに室内干しの場所を確保しておくのがベストです。雨や花粉の季節、夕立の多い時期などにも室内干しスペースはかなり重宝します。また、子どもを寝かしつけた後に洗濯物を畳むなどの動作を考えると、近くに小上りの和室を設けると一連の作業が楽になります。

RULE 2

共働きの奥様の最短家事動線

共働きの奥様は、朝の短い時間に数多くの家事をこなさなければならないことが多く、その際の家事動線はとても重要になります。キッチン、洗濯置場、洗面化粧台などはそれぞれを近くに配置し、てきぱきと家事をこなせるようにします。

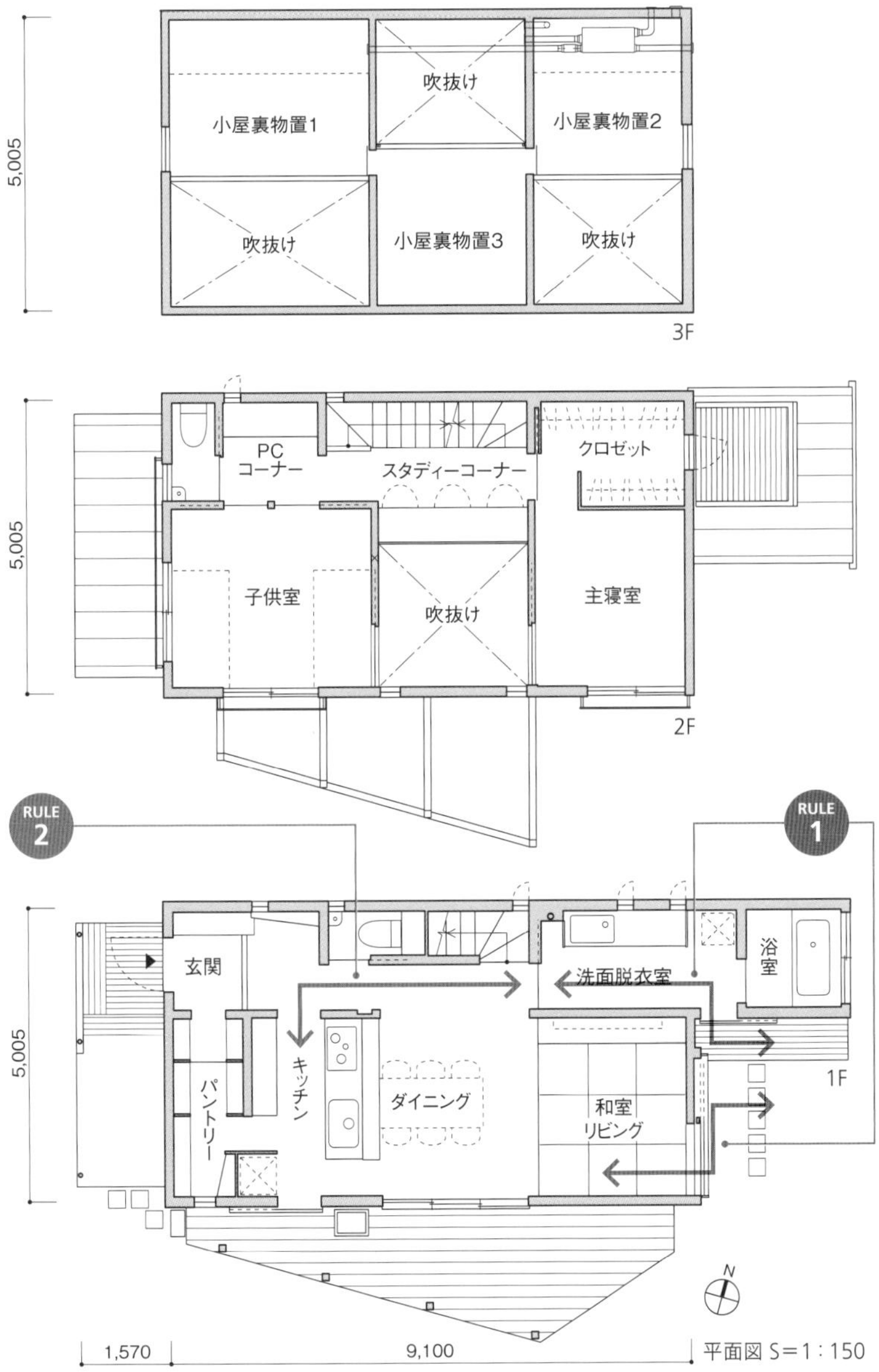

洗濯物干しのある洗面・脱衣室

RULE 3 デッキは必ずつくる

小さい家であればあるほど、デッキテラスはできるだけつくりたいものです。家の大きさがどれだけ小さくても、デッキテラスは残された敷地の外部空間にいくらでも広げられます。もちろん、坪当たりのコストは住宅と比べものにならないくらい低いです。また、気軽に出ることができる外部があると、イベントやパーティーを催しやすくなり、それらのイベントが生活を豊かに彩ります。

RULE 4 リビングの代わりに和室小上りリビング

小さな家だとリビングのスペースが十分に確保できない、そのような時は和室小上りリビングをお勧めします。洋室のように家具を必要としないため、それほど大きなスペースは必要ありませんし（この事例でも4.5畳程度）、くつろぐ場所のほか、子ども昼寝のスペース、洗濯を畳むなどの家事のスペース、来客時の応接室や寝室としても使えます。さまざまな用途に使うために、建具やロールスクリーンなどで完全に開けたり閉めたりできるようにするのが望ましいです。

ブランコが設置されたデッキ

リビングの機能を持つ和室

RULE 5

家事の煩雑なものを収めるパントリー

食材や調味料、調理器具、食器などごちゃごちゃしたものが多いキッチン廻り。それらのすべてを収める場所がないと、キッチンの上やダイニングに物が溢れてしまいます。細かくキッチン収納を造り付けるのもよいですが、キッチンの隅やそばにパントリーを設けてしまうのが最も簡単です。パントリーには簡単な棚を設けるだけよいのですが、いっそのこと棚すらも設けずに既製品の棚などを入れてしまってもよいでしょう。どうしてもごちゃごちゃする場所になるので、リビングやダイニングなどから見えにくい場所に入口を設けることも重要です。また、買ってきた物をすぐに収納できるよう、玄関や勝手口の近くに配置しましょう。

RULE 6

欠かせないシューズクロゼット

子育て家族には、ベビーカーや雨具など、外で用いるけれども家の中に置きたいものがたくさんあります。既存の靴箱だけではそれらを収納しきれないので、玄関脇にシューズクロゼットを設けるとよいでしょう。そのほかの外で使うもの、スポーツ用品やアウトドア用品など、家の中に収納していたものもシューズクロゼットに置くことができ、使い勝手が格段に向上します。床は土間床でよいのですが、靴を取りに行くときにすべてが土足では使いにくいので、室内床の場所もつくっておくとより便利です。

シューズクロゼットから玄関ホールを見る

机と収納棚をもつパントリー

RULE 7 物干し場所は1階に設ける

干し場所といえば2階が定番のような印象がありますが、生活の中心、リビング・ダイニングや浴室、洗面脱衣室が1階にある場合は、物干し場所を1階にしましょう。家事動線が短くなり、洗濯・洗濯物干し・洗濯物畳みの一連の作業が楽になります。さらに言えば、脱衣室・家事室、そして洗濯機置場などの近くで、かつリビングやダイニングから目立たない位置に設けるとよいでしょう。もちろん、外観上も目立たないことが望ましいです。

RULE 8 家事作業室を設けて家事を居室にもち込まない

リビング・ダイニングは家の顔であり、くつろぎの場所、来客をもてなすパブリックの場所でもあります。そのような場所に生活感のあるものや家事作業は似つかわしくありません。洗濯や掃除、アイロンがけ、裁縫、そのほかの家事が行え、家事の道具が置けるスペースを設けることで、家事に伴う「生活感」がリビングなどにもち込まれる心配がなくなります。家事作業室は主に洗面脱衣室やパントリー裏に設け、そこに作業用机や道具用収納スペースなどを用意します。洗面脱衣室であれば、洗面カウンターを横に大きくつくることで対応できます。

家事室の軒下に設置された物干し場所

広めにつくられた家事室兼洗面脱衣室

RULE 9 仕切らない子供部屋で2階を有効活用する

子供部屋は、非常に扱いの難しい場所です。大学時に自立するのであれば、子供部屋が使われる期間は10年もありません。小さな家では、そのまま物置になってしまうのはもったいないので、できるだけ小さく、そして壁なども取り外せるように可変性をもたせたかたちにするとよいです。性別や関係性によっては、間仕切壁をそもそも設けない、家具などで仕切るなどできるだけ簡易に仕切るのも方法です。大きさも、スタディコーナーを設けるのであれば3畳程度で十分です。

RULE 10 スタディコーナーが最適

子供部屋をどのように設けるかという問題の中に、勉強をどこでさせるかというテーマが含まれます。小さな家では子供部屋を小さくし、スタディコーナーを外に出すほうが合理的です。さらに子供部屋近くの廊下の壁に机を造り付ければ、特別な部屋をつくらずにスタディコーナーをつくることができます。また、できるだけ吹抜けなどの近くに設けるとよいでしょう。家族とのコミュニケーションも確保しながら、適度な距離感のなかで集中して勉強に励むことができるからです。

将来は中央で仕切りことも想定された子供部屋

吹抜け脇のスタディコーナー

RULE 11

寝ることに特化した小さな主寝室

寝室は寝るだけの場所と割り切れば、それほど大きくする必要はありません。ベッドの種類にもよりますが、6畳や5畳でも割り付け方によってはシングルベッド2台がきちんと収まります。ただし、ベッドと移動に必要なスペースを取ればあとはほぼ何も置けないので、近くにウォークインクロゼットを用意し、寝室廻りの物や衣類などを収める場所を確保してください。

ウォークインクロゼットから主寝室を見る

RULE 12

オープンな書斎なら無理すればつくれる

できれば欲しいものの1つが書斎です。この「できれば」というのが重要で、それをかなえることで建て主の満足度はかなり上がります。ただし、壁に囲まれた個室とするにはある程度のスペースが必要になるので、小さな家ではスタディコーナー同様に、廊下や部屋の隅などオープンなスペースに設けるのがベストです。ただし、廊下の奥や部屋の隅など、多少なりとも人通りの少ない落ち着いた場所に設けましょう。

廊下脇に設置された書斎

RULE 13

玄関の宅配便置場

最近はどのようなものも通販で買うことが増えています。一方で共働きの家庭も増えており、戸建住宅では宅配便や生協の収集が大きなポイントになっています。もちろん、在宅していなければ受け取れないものもありますが、生協などは不在時でも荷物を置いていってくれる場合もあります。そのような時に多くの戸建住宅では置き場所が設けられていないために、置き場所に苦慮する場合も多いのが実態です。玄関ポーチにベンチを兼ねる宅配便置き場を用意しておけば、不在時も玄関から目立たない場所に荷物を置いてもらうことが可能になります。

玄関ポーチにベンチ兼宅配置場が見える

RULE 14

壁に突き当たる廊下はつくらない

視線の抜けがあるかないかで、小さな家でもより広く感じることができます。なかでも廊下は視線が抜けるポイントなので、効果的に活用すべきです。ただし、廊下がいくら長くても突き当たりが壁になっていると、視線の抜ける効果がかなり減少します。窓を設けるのはもちろん、トイレなどを配置する場合でも引戸にするなどして、突き当たりにはしっかり窓を設け、視線の抜けを確保してください。廊下は風が流れる場所でもあるので、その点でも突き当たりをつくらないことは重要です。

玄関先の廊下の突き当たりに窓が設けられている

RULE 1
建築コストを抑える建築材料の選び方

基礎は、施工性のよいベタ基礎。土台や柱（通し柱など）はヒノキの人工乾燥材とする。120㎜角が望ましいがコストを抑えるなら105㎜角を使用。ヒノキは流通面で有利であり、防蟻効果と耐久性も期待できる。なお、管柱はヒノキだけでなくスギの105㎜角でもよい。梁材はベイマツで問題ないだろう。

断熱は安価な充填断熱が大前提。グラスウールでおおよそ問題ない。ただし、施工精度が性能に直結するので、しっかりと管理（監理）するとともに、耐力壁を面材にするなど施工しやすい環境をつくることも重要だ。屋根と外壁は、適材適所でガルバリウム鋼板を多用する。コストもこなれているうえに意匠性もあり、耐久性は極めて高い。

手間の視点を常に意識することも大事だ。たとえば湿式仕上げは施工と養生、乾燥に時間がかかるから高くなる、など基本的なことを頭にイメージしながら材料を選んでいきたい。

（西本哲也）

建て方後の木造躯体。主にヒノキの柱とベイマツの梁で構成されている（アトリエオーブ）

RULE 2
コストを抑えるなら正方形の総2階から考える

コストダウンを意識した間取りをつくる際、まずは正方形に近い総2階建で考える。平面的に細長いプランは、同じ面積の正方形と比べると外壁面積が増え、それにともない断熱材、柱、内装仕上げの面積も増える。

平面的に凸凹のあるプランも同様に外壁面積が増える。さらに凸凹のあるプランの場合は出隅入隅が多くなり、外壁材の役物を多用しなければならないのでコストアップに繋がる。

だからといって、正方形の総2階を推奨しているわけでない。建物を凹ますことで有効な中庭が確保できるのであれば多少コストを費やしてでもつくるべきである。大切なことは、「建物を凹まして中庭をつくるとコストが上がる」ということを意識すること。費用対効果の高い中庭が実現できる。実際にはコストに見合う効果がなかったとしても、中庭の必要性を施主にプレゼンテーションする際の理論的説明の担保となる。

（西本哲也）

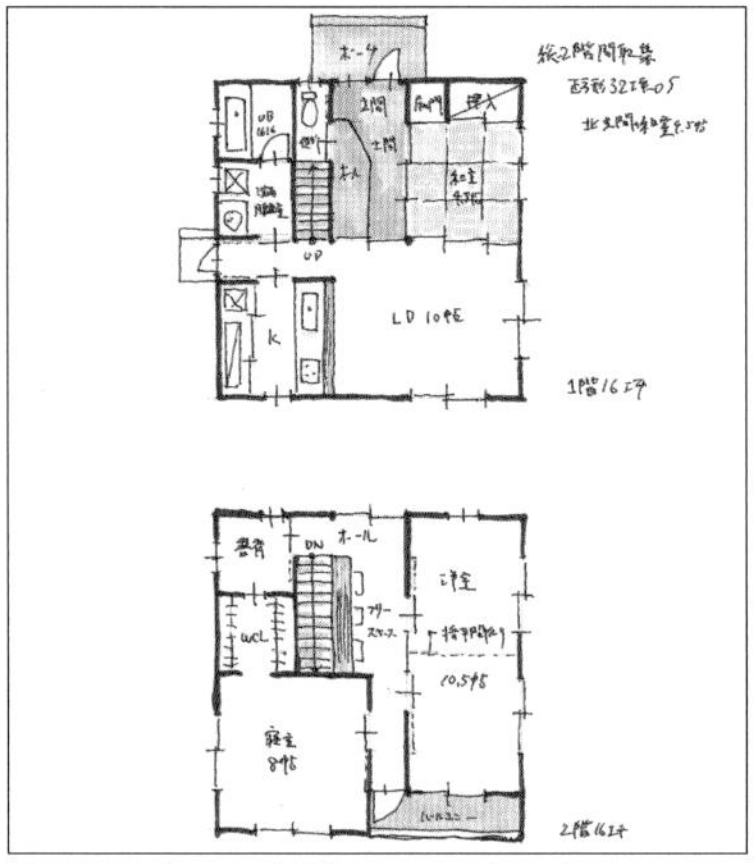
総2階のプランの例（アトリエオーブ）

RULE 3
間取りでコストを落とす具体的な方法

筆者は、概算の坪単価から逆算し、コストに合わせた延床面積を最初に算定する。そして敷地に納まる範囲でコスパのよい正方形に近い1階2階の外形を決め、外形の枠内で間取りをパズルのように組み立てる。この段階ではnLDK的な間取りのほうが上手くいく。

間取りを組み立てる際は、施主の前でヒアリングと同時に顔色を伺いながらリアルタイムでつくっていく。この手法であれば施主の要望を瞬時に間取りに反映でき、精度とスピードが格段に上がる。手戻りも少なく、時間と経費の節減に繋がる。

要望が反映された間取りからコストダウンを図る際は、手掛かりとして、廊下などの動線を整理するだけでも間取りがすっきりする場合が多い。また図面上の無駄な線を省くことで施工面積は減る。子供室や和室、書斎など間仕切壁を省略できそうな場所はどんどん省略するとよいだろう。

（西本哲也）

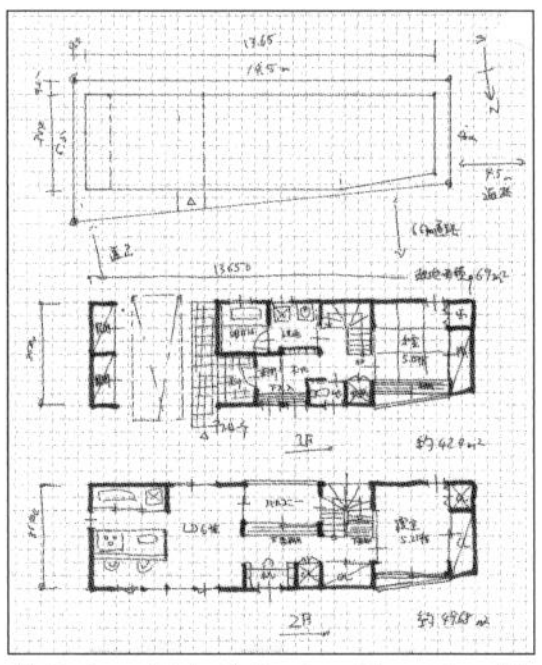
施主との打ち合わせの時にその場で書き起こした間取りスケッチ。施主の作成した間取りとまったく違う間取りを起こしたのだが、施主の要望が2階建てのなかにコンパクトにまとまっていて、その場で仮契約に至った（アトリエオーブ）

RULE 4
木造3階建てで床面積を増やす

狭小敷地で高さ制限に問題がなく、容積率に余裕があれば、木造3階建てという選択肢もある。特に3階建てが建てられるような高さ制限の用途地域の場合、3階建てにしないと採光や眺望が不十分になる可能性もあり、3階建てが一択という場所もある。

3階建ての場合、さまざまな構造で建てることが可能だが、コストの面から考えると木造がベターだ。柱や階段、外壁などを防火構造にする必要があるが、在来木造の延長線上にあるため、施工やコストの面で有利だ。また、造作など木工事との相性もよく、設計しやすい。

3階建てで考えるべきはプランで、LDKは2階に設けるのが一般的だ。家事動線などを考えた時に3階だと上り下りの負担が大きい。上下の個室からLDKに集まるほうが自然である。しかし、眺望などで3階が極めて優れている場合はなどその限りではない。施主の優先順位のなかで決定したい。

木造3階建ての例。東京の下町などでは狭い敷地が多い一方、3階建てが建てられる地域も多いため、一定の需要がある（田中工務店）

RULE 5 旗竿の狭小敷地は竿の部分を楽しむ

変形敷地の中でも扱いにくい敷地の代表とされる旗竿敷地だが、その特徴をうまく生かすことでよりよい家にすることができる。

まずは、問題となる竿の部分だが、駐車場として使ったとして、残りの奥の部分はそのまま庭として活用すればよい。庭にしか使えないと言えばそれまでだが、戸建て住宅こそ庭が醍醐味であり、豊かさのポイントである。植栽や敷石、砂利、照明などを適宜配置して、楽しいアプローチをつくるとよいだろう。

家は周囲を囲まれてプライバシーや採光、通風の確保が難しい場合は多い。ここはコートハウスとして中庭を設けて、外側には極力壁をつくらず、中庭側に大きな窓をつくればよいだろう。開放感や採光はこの中庭からの吹抜けで十分確保できる。

中庭がつくれない場合は、トップライトやハイサイドライトを有効活用して通風や採光を確保する。

旗竿敷地の玄関廻り。アプローチに地被類や低木が植えられている（奥山裕生設計事務所）

RULE 6 小さい家こそスキップフロアをつくる

小さな家でスキップフロアなんてつくったらせせこましいだけ、というイメージもあるが、スキップフロアにすることのメリットも少なくない。

まずは何と言っても収納スペースが増えるということだ。小さな家は収納が足りなくなることが多いが、スキップフロアにすることで発生した段差の部分が収納スペースになる。特に1階部分のスキップフロアとして床を上げた部分の下は大きな半地下スペースとなり、物置のようにたくさんの物を収納することができる。

あとはやはり広く感じるのは間違いない。スキップする分天井も高くなるので視線距離も長くなり、空間も広く感じる。吹抜けのような効果を吹抜けで床面積を削らなくても得られるのだ。あとは床の高さが変わることで部屋の切り替わりも感じることができるため、壁を設ける必要がない。壁の設置スペースも抑えられ、視線の抜けも阻害しない。

スキップフロアの例。上かキッチンになる（吉デザイン設計事務所＋ Atelier como）

RULE 7 小さい家こそ高断熱で超省エネ住宅を

小さい家は、通常の家よりも空積も小さくなるため冷房も暖房も効きやすい、つまりより省エネなのだが、せっかくならば、より高断熱にしてみてはどうだろうか？

小さい家を高断熱にするのは容易だ。そもそも壁面積や屋根面積（天井面積）、床面積が小さいという省エネ上のメリットがあるうえに、断熱性能を上げる際も断熱材の量が少なくて済む。つまり、コストをかけずに性能を上げることができるのだ。

さらに空積が小さいため、高断熱にすることでより冷暖房の立ち上がりがよく、すぐに暖かく、涼しくすることができる。したがって、冷暖房費もかからず、エネルギーの面でも省エネ効果が高い。

ただし、夏などは直射日光が室内に入るとすぐに熱くなってしまうので、夏の直射日光が入らない工夫が必要だ。都市部などでは庇もあまり出せないので、外付けブラインドなどが必須になる。

セルロースファイバーを施工した様子。セルロースファイバーの場合、施工業者の責任施工になるため、施工精度のリスクは少ない（西方設計）

RULE 8 街中の小さい家の通風の取り方

都市の狭小敷地では通風が大きな問題になる。そもそも住宅密集地などでは通風は期待できないが、それでも風はあるし、猛暑日でなければエアコンを付けずに1日を過ごしたいものである。

狭小敷地の建物で通風を考えるのなら、まずは煙突効果を利用する方法である。暖かい空気は上昇するという特性を生かして、家のできるだけ上のほうに窓を設置し、室内の上下間の通風を促す。都市部のプライバシーや採光などの面からもハイサイドライトやトップライトをこうした通風に利用するとよいだろう。なお、1階の窓はどの位置に設けてもよいが、北側に地窓を開けて、涼しい空気を取り込めるようにしたい。

あとは、敷地などの状況に応じて窓をあけることになる。住宅密集地だと道路が風の道になるので、前面道路側には風を取り込む窓を設けたい。そのほか広めの路地や近所の庭がある場所も風の通り道になるので窓をしっかりと取りたい。

北側にハイサイドライトを設けている例。その地域の風向きの傾向に応じて南北や東西にしっかりと窓を取り付けることで通風効果が得られやすい（アトリエオーブ）

RULE 9 小さい家をつくるならリビングをやめる

住宅と言えばLDKは欠かせないものであり、なかでもリビングは家の顔のような存在だが、床面積を抑えるのであれば、あえてリビングをつくらないという選択肢もある。

リビングと言えばソファとテレビということなるが、ソファがあっても座らないで床に座るという人も多いし、テレビも家族団らんで見るということはそれほど多くない。また、しっかりしたダイニングテーブルと椅子があると、そこで食事をしたり晩酌をしたりして、そのまま寝てしまうなんてこともある。リビングはマストではないのだ。

リビングをなくす場合は、大きなダイニングテーブルとそれを置けるスペースを経過すること。そして、座り心地のよい椅子を用意することだ。ダイニングテーブルを大きくすることで食事だけでなく子供の遊びや勉強などさまざまなことに使える。ダイニングからの眺望に配慮した位置に窓を設けたら完璧である。

大きなダイニングテーブルがリビングの大半を占めてしまっているが、家族はこのダイニングテーブルに集まって団らんを過ごす（sha-la）

RULE 10 廊下などの移動空間を有効活用する

小さい家であっても、廊下や階段、玄関などは家のなかを移動するうえで欠かせないものである。また、使い勝手や安全性、バリアフリーの観点から必要な寸法が求められ、それは家の大小と関係なく、おのずと小さい家のほうがこれらに面積が取られる分不利となる。

なので、そこを逆手にとって廊下や階段などを有効活用してみるのはどうだろうか。たとえば、廊下であればもう少し幅をとって机や棚を設けてスタディーコーナーにするという方法もある。お客を入れないような場所であれば、上部にバーをかけて壁面をクロゼットにしてしまうのもよい。

階段もリビングの近くに設けて、居場所にしてもよい。階段の壁に書棚を設ければより快適だ。玄関も土間や玄関ホールをもう少し広めにすることで、物置や自転車やバギー置場、小さな客間としても機能する。使い方をイメージできるように適切な造付け家具を用意したい。

玄関と玄関ホール、廊下を一体にした広い土間。家具や椅子が持ち込まれており、客間やリビングなど多機能な用途に使われる（アトリエオーブ）

RULE 11 まともな子供部屋をつくらない

子供のいる家では子供部屋は欠かせないものだが、子供部屋こそその必要性や広さについて十分検討する必要がある。

そもそも子供部屋が必要な期間は短く、必須となるのは小学生高学年くらいから10～15年くらいの間であることが大半だ。そして、その後はたまに帰ってくる子供のための納戸となることが多い。

したがって、納戸にするならできるだけ小さく、納戸にしないのであればほかのことに有効活用できるようにしたい。

一番いいのが、子供部屋をできるだけ小さくすること。睡眠と簡単な勉強なら収納含めて6帖で十分だし、部屋に閉じこもりがちなことを心配するなら、スタディーコーナーを外に出して、3～4.5畳程度の小さな部屋にしてしまう方法もある。また、子供が2人いるのであれば、8畳ほどの部屋の中央に2段ベッドや本棚で簡易に仕切ってもよい。あとは性別に応じて「仕切り方」を変えればよい。

キッチン裏のスタディーコーナー。子供の勉強のほか、奥様の家事や読書にも使われる（sha-la）

RULE 12 小さな家の個室は建具と家具で仕切る

小さい家を必要な部屋の分だけ間仕切壁で仕切ると、狭くて圧迫感のある部屋がたくさんできてしまい、狭さだけが強調される小さな家になってしまう。

そこで通常の間仕切壁ではなく、建具や家具で仕切るようにしたい。建具（主に引戸）を使うことで、閉じれば個室になるし、あければ周囲の部屋とつながって広いスペースになる。たとえば、和室がLDKに接していれば、引戸を開けることで、和室をセカンドリビングや子供の遊び場にも使えるし、閉じることで客間や寝室として利用できる。この場合は、特に引戸を開けたとき壁に引戸を収納できるようにする、吊戸にして敷居を設けないなど、引戸の存在を消すような工夫をすると、より効果的だ。

家具についても、たとえば、子供部屋の仕切りを本棚にすることで、本をたくさん収納できるうえに将来的な撤去も容易になる。天井との間を家具のように開けておくことで開放感も得られる。

ダイニングと畳コーナーを棚が緩やかに仕切っている例（伊佐ホームズ）

RULE 13 小さい家の階段は吹抜けとして活用する

家の大小に関係なく2階建て以上であれば必ず必要で、かつ小さくできないものが階段である。そこで、小さな家では階段の特性を積極的に活用したい。

階段の特性と言えば、その貫通性である。1階から2階、さらには小屋裏まで貫通する。つまり、それ自体が吹抜けのような効果があるのだ。

したがって、吹抜けが設けられないほど小さい家であれば、階段をリビングの近くに設置し、さらに階段室の上に窓を設置することで明るい光が下の階まで届く。もちろん、階段の配置の仕方によっては視線の抜けも確保できる。

さらに階段下の収納量を放棄するのであればストリップ階段にすることで、より吹抜け感や上階の光を下階に届ける効果はアップする。桁などに鉄骨などを有効利用することで、より軽快に見せることも可能だ。螺旋階段して、必要な床面積をより小さくすることもできる。もちろん、安全性には最大限配慮したい。

螺旋階段の上部がトップライトになっている例。トップライトの光を階段室を介して下階に届ける（sha-la）

RULE 14 小さい敷地でこそ庭をちゃんとつくる

狭小敷地ではどうしても敷地一杯に家をつくることが多いが、せっかく戸建て住宅を建てたのに庭がないのはもったいない。少しでも建物の床面積を減らして庭のスペースを確保したい。

では、どこに小さな庭をつくるのか、という問題だが、一番は建物と道路境界線の間だ。低木などを植えることで、道路との間に緩やかな境界ができ、人の出入りもある程度制御できる一方で、塀ほど内外から見た圧迫感はない。また、緑を植えることで外観上も豊かになる。

あとは玄関を道路から見て側面の奥のほうに設置し、そのアプローチを庭にするのもある。アプローチに石や砂利を敷き、その左右に植栽を植えることで、アプローチがより楽しく、また自分の庭を歩いているという満足感も得られる。

中庭というものもある。都市部などでは隣地が近く窓が開けにくいので、多少床面積は削られてしまうが、コートハウスの開放感は代えがたいものがある。

建物の周囲に植栽を施している例。ここでは板塀で部分的に仕切りを設けている（飯田貴之建築設計事務所）

RULE 15 トイレと洗面所は1つにまとめる

トイレも洗面所もその使われ方からそれぞれ個室とするのが望ましいが、小さな家ではそれぞれの個室が、何気に家全体の床面積を削ってしまう。もちろん、壁や建具を設置したことによるコストアップもある。

そこで提案したいのが、トイレと洗面所や洗面脱衣室を1つにまとめるというものだ。こうすることで、壁も少なくすることができるうえに、トイレに座った時の狭さなどとも無縁になる。もちろん、トイレに手洗いを設ける必要もない。同じ水廻りなので掃除もしやすい。

ただし、手洗い中などに用を足したいということもなくはないので、便器の脇に腰高程度の壁を設けるのもよいだろう。手洗いの際も便器が隠れている心理的な効果はよいほうに出る。

なお、洗面所とトイレの併用した場所をお客に使ってもらうのは気が引けると思うので、やはり別の階には一般的な個室のトイレを用意しておくべきだろう。

トイレと洗面台が1つにまとめられた脱衣室。大きな窓があり、せせこましさとは無縁である（飯田貴之建築設計事務所）

RULE 16 細長い敷地は階段と廊下に工夫を

都市部では細長い敷地というものがある。いわゆる幅4ｍというものだ。もちろん、それよりは幅があるものが大半だが、それも含めて細長い敷地というのは意外と多い。

小さな敷地では廊下をできるだけ減らして部屋や収納の床面積を稼ぎたいが、玄関の位置にもよるが、敷地の幅の小さいほうの先端が玄関になった場合は、長い廊下に部屋の入口が接続するというかたちになる。この場合は、各階にある長い廊下が無駄なスペースになるが、そういう時こそ廊下の有効活用でも示したようにスタディーコーナーや収納などに有効活用したい。

間口が4ｍ程度で幅がほとんどない場合は、中央に廻り階段をつくり、左右に部屋を振り分けるのがよい。廊下を配置しないでも、各部屋に入ることができる。玄関が先端部分になってしまい場合は、1階の中央まで廊下をつくり、そこから中央の廻り階段を設置する。

平面の中央に廻り階段をつくり、各部屋にアプローチしている例。階段ホールの周りに各部屋のドアが並んでいる（松浦建設）

RULE 17 寝室をフリースペースに活用する

小さな家では、部屋を複数の用途に利用できるのが理想的だ。寝室も寝る以外のさまざまな用途に利用できると都合がよい。

たとえば、リビングに接する形で寝室を配置。床は畳にして、布団で寝る。朝になって布団を上げ、襖を全開にすると、リビングと一体になった畳スペースとして機能する。もちろん、お客が泊まる場合は、襖を閉めて、お客用の寝室として活用する。小さい家でこのような真いつの活用ができれば、スペースに無駄がない。

しかし、ベッドで寝るのが好きな施主の場合は、このような対応は難しいだろう。この場合は、寝室の用途に特化した部屋づくりを行う必要がある。ただし、折衷案としては小上がりの畳敷きのベッドを用意しその上に布団を引いて寝たり、可動式のベッドユニットをつくり、必要に応じてベッドを移動したりするなどのアイデアもある。

リビング脇の畳スペース。建具をオープンにするとリビングと一体化し、建具を閉めると客間、寝室として機能する（伊佐ホームズ）

RULE 18 バルコニーを部屋に取り込む

床面積を極力抑えた小さな家でも、バルコニーは設けることが多い。もちろん、洗濯物干しなど家事の用途で設置することが多いと思われるが、できることなら、部屋と繋げて、部屋を広く見せるようにしたい。

バルコニーを使って部屋を広く見せるポイントは連続性。床であれば、床のフローリングと同材もしくは色味の近い木材のデッキ材をバルコニーの床に敷き、連続性を出す。さらにバルコニーと部屋の床高さ、掃出し窓のレールの高さを同じにしたりするとより連続性が感じられる。もちろん、高さを揃えると雨仕舞の面では不利になるので、バルコニー側の防水や排水対策を万全に行う。

掃出しはできるだけ天井面まで伸ばすことで空間の連続性はより増す。サッシの枠を納まりで目立たなくできれば完璧である。これらの処理を行うことで、施主は知らず知らずのうちにバルコニーで過ごすようになるはずだ。

リビングとバルコニーを一体化した例。床の高さをほとんど揃えているため、晴れた日はバルコニーで過ごすことも多い（kitokito）

RULE 19 小さな家に小さな書斎をつくる

書斎にあこがれをもつ施主は少なくない。しかし、小さな家で、優先度の低い趣味のスペースをつくるのは、限られた床面積のなかでは大きなマイナスになる。でも、書斎的なものが欲しい施主に対応するためにいくつかの提案をここで紹介しよう。

1つはデッドスペースを活用するという方法である。平面上に発生した何にも使えない小さすぎるスペース、階段下、小屋裏、廊下の行き止まりなどが当てはまる。基本的にテーブルと椅子が置け、座って過ごすことを前提にすれば高さもさほどいらないので、家のなかにあるデッドスペースにつくってしまえばよい。

ポイントは壁などで仕切ること。奥まった場所や死角になりやすい場所であれば必ずしも仕切る必要はないが、一般的には周りを気にせず、一人で集中した場所でもあるで、心理的な意味でも仕切りがあるとよい。最悪、棚でもロールスクリーンでもよいのだ。

書斎コーナーの例（井川建築設計事務所）

RULE 20 小さい家の建具はまず引戸で考える

内部建具と言えば、引戸か開き戸ということになるが、小さい家であれば、まず引戸を基本に建具を考えていきたい。

引戸であるべき最大の理由は、開けた際にじゃまにならないということ。基本的に開けると建具は壁に沿って収納されるため、物や人のじゃまになりにくい。開き戸であれば開けることで廊下を塞いでしまったり、物にぶつかってしまったりすることがあるが、その心配がないのだ。小さい家では開き戸はよりじゃまな存在になるので、引戸が欠かせない。

また、引戸は開けた時建具の存在感が消えるので、より開放感が得られる。これも小さな家のメリットだ。壁の中に収納できると、さらに開放感を得られる。間仕切りなども壁ではなく、建具で代用すると部屋としての用途が広がる。

ちなみに引戸は一般的な建具だけなく、収納の扉などにも利用したい。扉を開けて物を取るときにじゃまになりにくいし、地震の際も開きにくい。

廊下に面する建具を引戸とした例（伊佐ホームズ）

RULE 21
キッチンはI型かII型で考える

小さな家で小さくならないものにはキッチンもある。キッチンにもさまざまな形状があるが、できるだけI型かII型で考えたい。

最大の理由は無駄のなさ。L型などでは曲げた分はカウンタートップに物しかおけず、基本的にデッドスペースになるからだ。収納やキッチンの効率性を考えれば、L型は避けることにある。

I型かII型かについてはキッチンにかけられる面積で決まってくる。どうしてもキッチンにスペースが割けられないのであれば、壁付きにI型になる。I型でのポイントは、近くにダイニングテーブルを置くことである。そうすることで配膳や片づけの作業も容易になるし、キッチンの存在が薄まり、リビングなど周辺の空間とも調和する。料理と食事の場所が近くなり、家族が手伝いやすい環境にもなる。ただし、I型は部屋からキッチンが丸見えになるのは事実なので、キッチンのパネル選びにも注意したい。

I型キッチンの例。ここでは対面型に配置している。既製品を採用し、リビング側の側面はインテリアに合わせた仕上げを行っている（浜松建設）

RULE 22
半地下をつくって床面積を広げる

狭小敷地で床面積が確保できない場合は、3階建てか地下室をつくることになる。費用的にはどちらもそれなりにかかるが、それは敷地の容積率などに関係する。容積率が厳しい場合には、容積率の緩和（延床面積の合計の1／3）が受けられる地下室一択となる。

地下室はできればドライエリアをしっかりとつくって、居室として活用したいが、コストが割高になってしまいので、予算が少ない場合は、半地下として収納スペースを中心に活用したい。地上面に窓を設けるだけで採光も取れ、通常の地下室に比べて結露にもなりにくい。何より通常の基礎工法の延長で施工できる。ただし、容積率の緩和を受けるために地盤面から1m以内に抑える必要がある。

結露については断熱材をしっかりと施工するのがポイントだ。コンクリートが冷えて結露が発生するので、躯体の外側や内側にしっかりと断熱材を施工する。あとはエアコンを使えば問題ない。

1階の床を上げて、その下を半地下とした例。主に収納スペースとして使われる（大阪ガス住設）

RULE 23
ロフトで不足する収納スペースを補完

地下室と同様にロフトも容積率の緩和（延床面積の合計の1／3）が受けられる。狭小敷地で容積率が厳しい敷地ではマストになる。

ロフトについては、窓や階段（はしご）など各地域の行政によってこまかい規制があるので、それに基づいて設計することが大前提なのだが、それ以外の設計のポイントもいくつかある。

まずは当たり前のことだが、屋根断熱をしっかりと行うということである。基本的にロフトの居室利用は不可だが、一般的な屋根断熱だと夏は暑すぎて近寄ることもためらうようになってしまう。最低でもかつての次世代省エネ基準の仕様規定レベル、できればもう少し厚めの断熱材を施して、ロフト廻りの快適性を向上させたい。

あとは、ロフトの分天井が低くなるので逆転プランなどの場合は、リビングではなく、キッチンや水廻りなどの場所だけに設けるなど配置には工夫したい。

ロフトの例。窓を多めにとっているため、日中はかなり明るい（伊佐ホームズ）

RULE 24
間仕切壁は低く透けるように

間仕切壁はできるだけ少なくするのが望ましいが、それでも必要な間仕切壁は出てしまう。その場合は、せめて低くもしくは透けるものを使い、視線の抜けや開放感を確保するのがポイントだ。

たとえば、リビングとダイニングの間、2つの子供部屋の隙間、リビングと書斎・スタディーコーナーの間などは、しっかりと仕切る必要がない場合が多いので、腰くらいの高さの壁でゾーニングする。こうすることで、明確な場所性を出しながらも、視線の抜けや空間の広がりを損なわない。この仕切りは棚などの家具で代用することも可能だが、その場合は造付けにするなどインテリアとの統一感を図りたい。

あとは、ガラスやポリカーボネイトの壁、ルーバーなどで仕切る方法だ。通常の壁に比べて圧迫感がなく、光や視線を通す。あとはプライバシーの程度によって透明から半透明にしたり、ルーバーの隙間を調整したりすればよい

すりガラスで和室をまじ切った例。正確には引戸と欄間。中にいてもとても明るく圧迫感もほとんど感じない（伊佐ホームズ）

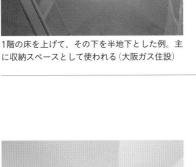

RULE 25 浴室と脱衣室は、ガラスと鏡で広がりを

浴室や脱衣室は家の大小と関係なく、だいたい大きさは決まっている。したがって、小さい家独特のルールではないのだが、基本的にはコンパクトになりがちでせせこましくなる。そこで提案したいのが浴室と脱衣室の間の壁をガラスにしてしまうことだ。

もちろん、浴室に大きな窓を開けるのがベストだが、プライバシーの面ではなかなか難しい。それに比べたら、脱衣室との壁をガラスにするのであれば、プライバシーの問題は少ない。脱衣室に内鍵がかけられるようにすればよいのだ。こうすることで、浴室の視線の抜けはよくなり、広がり感はかなり得られる。できれば、ドアもガラスのものを採用する。

脱衣室はだいたい洗面台がセットになるが、その壁部分に大きな鏡を設置する。そもそも鏡が必要な場所なので違和感がないうえに、鏡が大きくなるために複数人が使用可能だ。もちろん、最大の目的は鏡による広がり感である。

脱衣室と浴室の間をガラスで仕切った例。ここは外側に対しても開いたつくりになっており、かなりの開放感がある（加賀妻工務店）

RULE 26 吹抜けで視線距離を確保！小さい家を広く感じる

広さを体感するものとして、視線距離がある。視線距離が取れれば奥行きを感じ、空間を広く感じることができる。一般的な広さの住宅のＬＤで11帖程度を確保した場合の最大視線距離は5m程度だが、小さな家でも2階天井までの吹抜けをつくると5m程度の最大視線距離を確保できる。

では実際に吹抜けのつくる際、どの程度の大きさを目安にすればよいか。単純に天井高さ2.5mのＬＤ11帖空間を90度回転させて立てると、3.6m×2.5m×5mのボリュームの吹抜けとなる。天井高さ5m、面積は3.6m×2.5m＝約6帖ということになる。

しかし、現実的に小さな家で6帖の吹抜けは厳しい。4.5帖くらいが現実可能な吹抜けの大きさだろう。しかし、吹抜けがあることで見上げることも多くなるため、広さ以上の効果はある。もちろん、リビングに階段を設けるなど吹抜けを増やす工夫も併せて行いたい。

（西本哲也）

吹抜けの例。吹抜けを中心に周囲の部屋や廊下にもたくさん抜けをつくり、小さな家の狭さがかなり解消された（アトリエオーブ）

RULE 27 大きい窓、隅の窓を多用して広がりを出す

窓は視線が抜けて広がり感を容易に出せるため、小さな家では窓の設計は重要なポイントになる。

まず一番は大きな窓をつくることだ。たとえば、リビングなどは1面に大きな窓を配置したい。天井までの高さに、左右の壁まで一杯に窓を設けることで、外の広がりを室内空間に取り込め、大きな開放感を得られる。

また、上部を吹抜けなどにして、2層分の窓を設ければ、空の範囲も広がるため、かなりの開放感だ。ただし、窓が大きくなる分、プライバシーが確保しにくくなったり、直射日光が入りやすくなったりするので、リビングも含めて方角や日射や外からの視線の遮り方などには工夫が必要だ。

あとは、廊下の突き当たりや玄関、壁の隅、造付け家具の隙間、天井の際など、視線が抜けやすい場所にも窓を上手に配置したい。窓の大小にかかわらず効果的に広がり感を与えてくれる。

リビングのデッキテラス側の壁一面をガラスの窓とした例。外と一体感を感じられるリビングになっている（kitokito）

RULE 28 日差しだけを得る窓 すりガラスの使い方

日差しと景色の両方を取り込める窓があるとよいが、近隣が密集した小さな敷地を想定すると、「よい景色」を取り入れることが困難となる。このような場合は、景色のほうを切り捨てて「日差しを取り入れる窓」だけを意識し、室内への日光の入り具合などを優先して配置を考えるとよい。

また、景色が期待できない場合は、いっそのことすりガラスや型ガラスなどを使用するのもよい。逆にすりガラスなどにすることで、室内が見えにくくなり、プライバシーも確保できる。ただし、夜間は室内の電気をつけると人のシルエットが霞んで見えるので、多少なりとも見え方に配慮する必要がある。

すりガラスにするか透明ガラスにするか迷うときは、カーテンを取り付ける窓かどうかが大きな決め手となる。

カーテンを取り付ける予定の窓であれば、カーテンで遮蔽できるので、透明ガラスを選ぶのが無難だ。

（西本哲也）

トップライトの窓にすりガラスを使った例。プライベートを確保しながら採光を得ることができる（アトリエオーブ）

RULE 29 トップライトとハイサイドライトの使い方

都市部の狭小住宅などであれば、ハイサイドライトやトップライトなどを多用すると室内の明るさ維持にかなり効果がある。しかし、位置などには十分注意が必要だ。

たとえば、夏などはトップライトからの日差しによって部屋が暖められ、エアコンをかけても涼しくならないということが起こる。したがって、夏の直射日光が入りにくい位置にトップライト配置するのが重要になる。

また、トップライトやハイサイドライトは吹抜けや階段室の上部に設けると、小さな窓でも光が拡散的に広がる。また、電動の開閉式などが使えれば、窓を開けることで、家中の熱を外に排出することが可能だ。

なお、ハイサイドガラスは、天井面がサッシのアングルピースに差し込むように納めると、天井伝いに光が拡散し、光のグラデーション効果が期待できる。（西本哲也）

階段の上部にトップライトを設けた例。日中明るい日差しが階段室から下階に届く（アトリエオーブ）

RULE 30 インテリアは明るく淡い色に

小さい家であればあるほど、視覚的、心理的に空間を広く見せる工夫が欠かせない。そこで視線の抜けとともに重要なのが、インテリアつまり内装のデザインである。

ずばり色は明るく淡い色にするのが基本。壁紙や塗料、左官材に関しては、膨張色と言われる白やクリーム色から選択する。タイルも白いモザイクタイルなどがよい。床のPタイルもその系統の色から選ぶ。

フローリングについては、明るい色のパイン系やスギの白太、ヒノキ、タモ、ナラなどがよい。フローリングを塗装するのであれば、白い塗料を塗るのもよいだろう。

床材については、できるだけ1種類で通すことが望ましい。連続感が出て、より広く感じられる。当然、連続感を出すために、建具などは引戸、できれば吊戸とするのが望ましい。吊戸はバリアフリーの面でも最適だ。

白い壁、明るい色のフローリングで構成した例。大きな窓から日差しが入りとても開放的なリビングになっている（Kitokito）

RULE 31 インテリアはとにかく「線」を減らす

小さい家に越したことではないが、幅木や建具枠、廻り縁などの線はできるだけ減らしたり、目立たなくしたりすることで、デザインをすっきりとさせ、空間的にも広さを出すことができる。

幅木に関しては、幅木レスという考え方もあるが、掃除機をかける際などに壁を傷めてしまうことがあるので、幅木を付けるのが望ましい。その代わりに、幅木を小さくしたり、幅木の色を壁の色と揃えて目立たなくしたり、入り幅木にしてしまうことで、存在感を消すことができる。

建具枠も天井や壁なども納め方で省略できるし、これも枠を壁の色と揃えることで目立たなくできる。枠の見付けの幅を抑えることも重要だ。

廻り縁は基本省略で問題ない。壁と天井にどうしても逃げが必要な場合でも、目透かしをするなどして対応すれば問題ない。逆に間接照明などにして夜間に奥行き感を出す演出をしてもよいだろう。

幅木や枠などをできるだけ排除して納めた例。ベニヤのような硬い材料であれば、壁面や入隅や欠ける心配がないため、造作レスでシンプルに納めやすい（アトリエオーブ）

RULE 32 間接照明を多用して奥行き感を出す

小さい家では、間接照明が有効だ。壁や天井、床を部分的に照らすことで、奥行き感が出る。間接照明でも、特に建築化照明と言われる、建築と一体化した照明を多用するのがポイントだ。こうすることで、照明部分は造作の一部に納まり見えなくなり、光だけが対象を照らすため、とても自然に見える。

壁の場合は、天井の隅にニッチをつくってそこに照明を格納する。真下まで来ないと照明が見えないようにするのがポイントだ。あと家具の上部に仕込んで、その上に壁を照らしてもよいだろう。

天井の場合は、同じく家具の上から天井と壁の間に向かって照らすほか、折り上げ天井にして、そこに照明を仕込む方法もある。

床は家具の下部から床を照らすほか、玄関などであれば上がり框の下側部分に設置して床を照らせばよい。照らされる壁や床も質感や凹凸のあるものがよりよいだろう。

リビングの壁の上部に垂壁を造作して、そのなかに照明を納めた例（奥山裕生設計事務所）

RULE 33 小さな家こそ収納をたくさん設ける

小さな家で大事なことは、収納スペースをしっかりと取るということだ。なぜなら、家の大小と荷物の量は関係ないし、物への価値観も変わらないので、小さい家だから物を捨てろというのも、せっかく大金をはたいて理想の家を購入した施主に対しては失礼な話なのである。

ただし、スペースを取らずに収納力を増す工夫が必要だ。一番はウォークインクロゼットではなく、各部屋や廊下などの壁面に細かく収納スペースを設けること。ウォークインクロゼットは人が入るスペースが必要で、この部分には物を置くことができない。部屋や廊下であれば、そもそも人がいる、移動するスペースがあるので、収納量に影響しない。廊下など壁の多い場所は収納に有効活用したい。

あとは段差や床下を利用すること。畳スペースとして床を上げてその下を収納スペースにするのは定番の方法だ。階段も下の部分を収納スペースとして有効活用できる。

階段の下を棚に活用した例（伊佐ホームズ）

RULE 34 廊下を減らして居室や収納を増やす

廊下は部屋間の移動に使われるもので、家の中でも滞在することはほとんどない場所だ。はっきり言って無駄な空間である。したがって、廊下をできるだけつくらないように設計するのが、床面積が限られる小さな家ではこの作業は重要である。

1フロアをLDK中心に構成すれば基本的に廊下は必要ない。LDKと個室の組み合わせの場合、LDK側の壁に各個室のドアを配置すればよいのだ。動線もシンプルで使いやすい。

LDKがない場合は、階段や玄関の位置を平面の中央に配置することだ。こうすることで、玄関や階段ホールからそのまま各部屋に入ることが可能である。もちろん、敷地の大きさや接道の位置によっては玄関を中央に配置するのは難しいのだが、アプローチを工夫するなどしてうまくプランニングを行えば、中央玄関・階段は可能になる。なお、階段は廻り階段一択となる。

LDKから玄関、階段などに廊下を介せず直接移動できるプランニングとした例（伊佐ホームズ）

RULE 35 壁面収納は圧迫感を抑える工夫を

面積を抑えた収納を考えるなら、壁面収納がベストだ。壁面収納は、リビングなどの各部屋だけでなく、廊下や玄関などあらゆる場所に設置するとよい。

壁面収納では、同じ場所で複数の壁に設置しないようにしたい。壁面収納を設置した場所には家具などが置けないためだ。

また、収納量がそれほど必要なければ、腰の高さくらいまでにとどめたほうが、圧迫感が緩和されてよい。それだけだと収納量が足りない場合は、吊戸棚を足して、目線の来る中間部分だけでも壁にすることで多少の圧迫感は緩和される。

どうしても壁一面に収納を設けなくてはならない場合は、収納のように見えない工夫をしたい。具体的には、扉はアウトセットの全かぶせにして、扉の小口を斜めにカットした手掛けやプッシュオープンで開くようにする。色も壁と同系色にしたりするのもよいし、シナベニヤなどで木質感を出してもよい。

畳のリビング・ダイニングの壁面を周到とした例。圧迫感を抑えるためにローボードと吊戸棚の構成としている（飯田亮建築設計室）

RULE 36 ウォークインクロゼットはⅡ型で考える

ウォークインクロゼットは人が入るスペースが必要になるため、床面積が限られる小さな家には最適の収納とは言えない。しかし、収納の多くが1カ所にまとめられるというメリットは大きく、どうしてもウォークインクロゼットが欲しいという施主も少なくないだろう。

ウォークインクロゼットは収納の配置の仕方によってさまざまな種類に分類できるが収納力や使い勝手ではⅡ型が優れている。L型などに比べてデッドスペースが少なく、収納物を探しやすいためだ。ただし、Ⅱ型はある程度の床面積が必要であり、最低でも3畳は確保したい。

内部の通路部分は行き止まりとせずに、両方に入口を設けると使いやすい。また、複数の部屋の収納として使えたり、部屋を行き来したりできる動線にもなる。

ウォークインクロゼットは簡易な収納棚とハンガーパイプだけで十分だ。市販の引出しなど使えるように寸法には十分注意したい。

ウォークインクロゼットの左右の壁に収納するⅡ型とした例（浜松建設）

3階建ての小さな家のケーススタディ

東京、大阪などの大都市圏の地価の高い住宅密集地で多くみられる木造3階建ての住宅。通常は2階で割り振られる部屋をどのように配置し、限られた面積に納めているのか。長年に渡り、東京・小岩で3階建ての狭小住宅を手がける田中工務店の事例から間取りのまとめ方を考える。

解説：田中健司

TECH 1 **ダイニングテーブルに座ってテレビを見る**

リビング・ダイニングと畳コーナー。通常では奥がダイニング、手前がリビングとなるが、ここではリビングをなくして畳コーナーを設けた。テレビはダイニングテーブルに座って視聴する

CASE 1 住居地域に建つL字形の3階建て

住居地域の狭小地に建つ住宅。建ぺい率の緩和で駐車場を確保できた。その分、建築面積は抑えられ、コンパクトな間取りとなった。駐車場側は狭くならざるを得ないので、階段や廊下などに使われている。

右／外観。建物以外のスペースはほぼ駐車場となっている。バルコニーはすべて駐車場側に張り出している　左／3階の子供室。将来子供が増える場合は間仕切を設けて仕切る予定。少なくなった収納場所はロフトでまかなう

金町の家

設計・施工　田中工務店
家族構成　夫婦＋子供2人
敷地面積　62.48㎡
1階床面積　30.45㎡
2階床面積　30.45㎡
3階床面積　26.08㎡
延床面積　86.98㎡

畳コーナーからリビングを見る。奥に直線の廊下、さらに外へとつながる窓があるため、視線が抜けて狭さを感じない

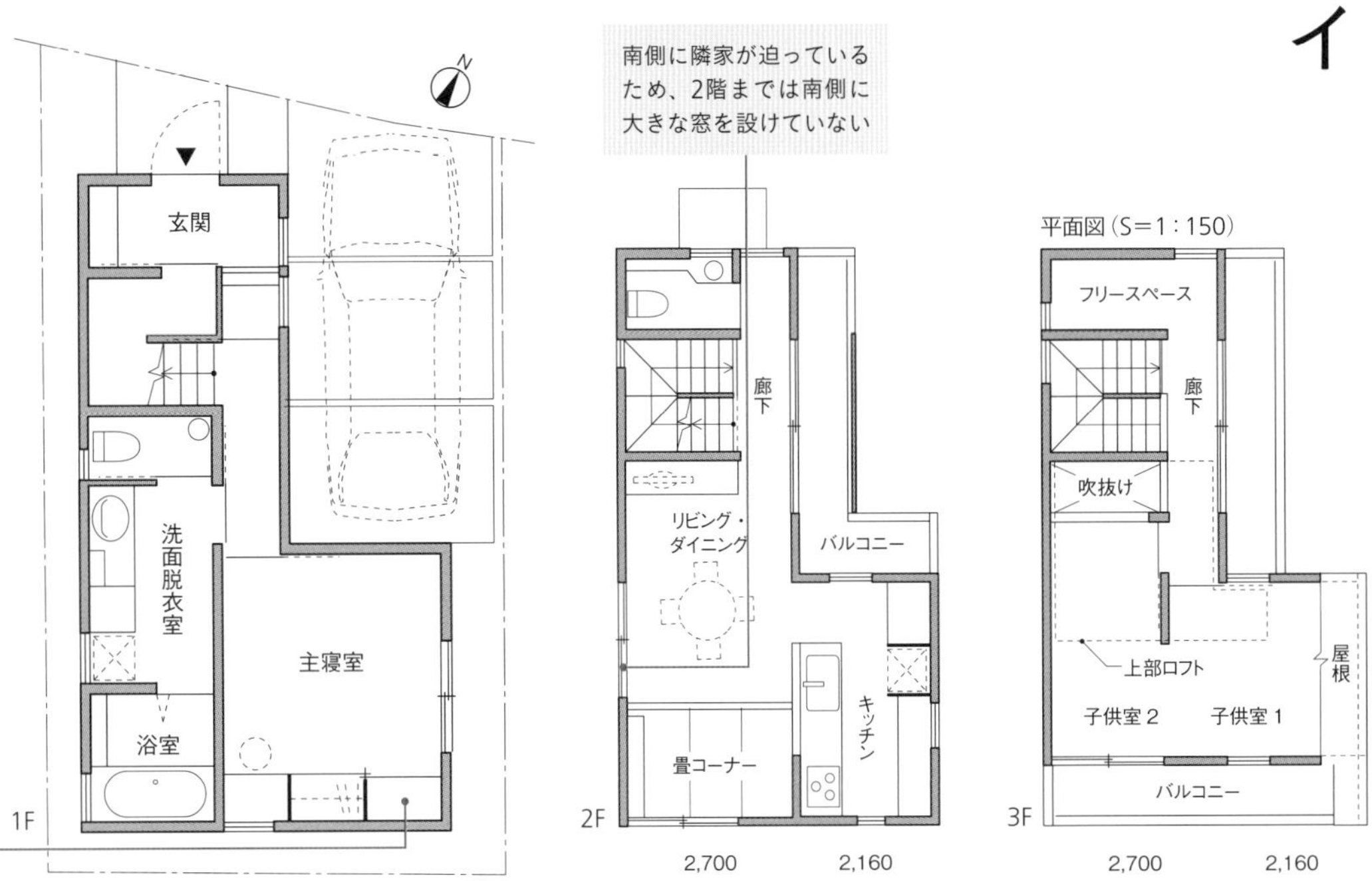
6畳ながらコンパクトな造付け収納を設置

CASE 2

建ぺい率が低い敷地の都市型3階建て

都市の住宅地は多くの場合、敷地が狭いうえに建蔽率が低い。駐車スペースは確保しやすいものの、延床面積を広く確保することは難しい。ここでは、リビングを捨ててダイニング中心の生活とし、一方で書斎やワークスペースを配置した。

TECH 2

小さな玄関でも収納を多めに

玄関を内側から見る。造付けの玄関収納は上下に抜きを設けて圧迫感を抑えている。写真には写ってないが、右側に玄関収納も存在する

外観。前面道路に沿って駐車スペースを設けている。ただし、2階キッチンだけ1階の平面に納まらず跳ね出している

TECH 1 リビングを省略する

ダイニングからキッチンを見る。コンパクトなリビングをつくれないこともないが、ここでは畳スペースとし、座ったり横になったりするようなくつろぎのスペースとした。

1階の主寝室。コンパクトながら写真右の引戸の奥にウォークインクロゼット、手前にクロゼットを配置

小上がりの畳コーナーを正面から見たところ。小上がり部分は引出しにして収納スペースを確保

TECH 3 寝るだけの子供部屋にする

子供室。6畳ほどのスペースを2人で活用する。将来的には間仕切で分割することも想定し、開き戸を2カ所に設けている。右側の開口部は吹抜けとつながる

引戸だけでなく右側の吹抜けへつながる引戸も開閉できる

TECH 4 子どもはワークスペースで勉強させる

ワークスペース。子供室を小さくした分、ワークスペースで勉強させるようにする

TECH 5 小さい家こそ吹抜けが大事

3階から2階のダイニングを見る。小さな家だからこそ、吹抜けのような上下の抜けは重要だ

田端の家平面図（S＝1：150）

階段下のスペースをトイレに有効活用

キッチンとバルコニーを跳ね出して駐車スペースを確保

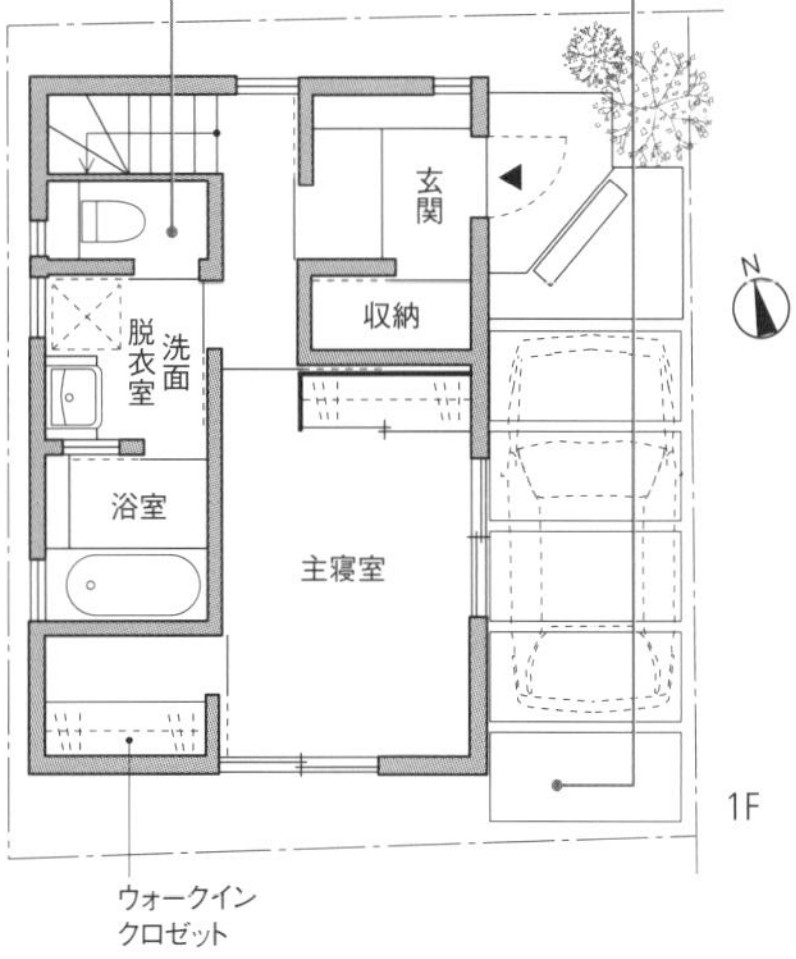

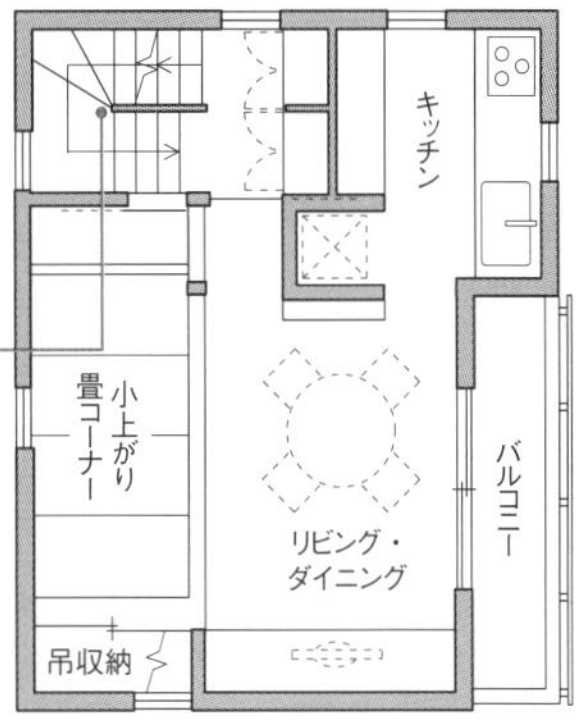

薄壁にすることで階段の幅員を確保

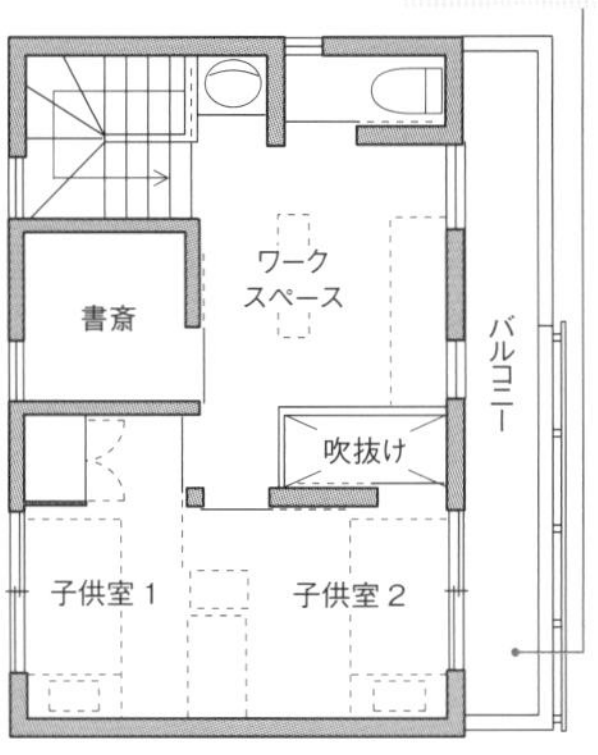

バルコニーの奥行きをたっぷりとるために手摺をバルコニーの外側に設置

田端の家

設計・施工	田中工務店
家族構成	夫婦＋子供2人
敷地面積	58.01㎡
1階床面積	30.37㎡
2階床面積	32.80㎡
3階床面積	28.75 ㎡
延床面積	91.92㎡

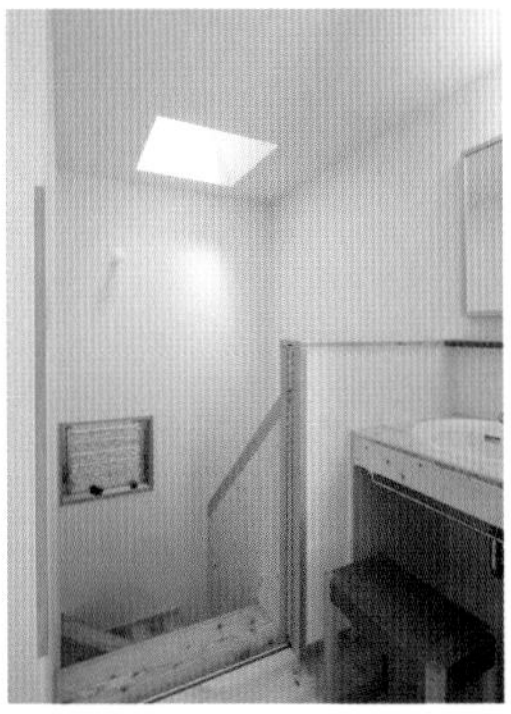

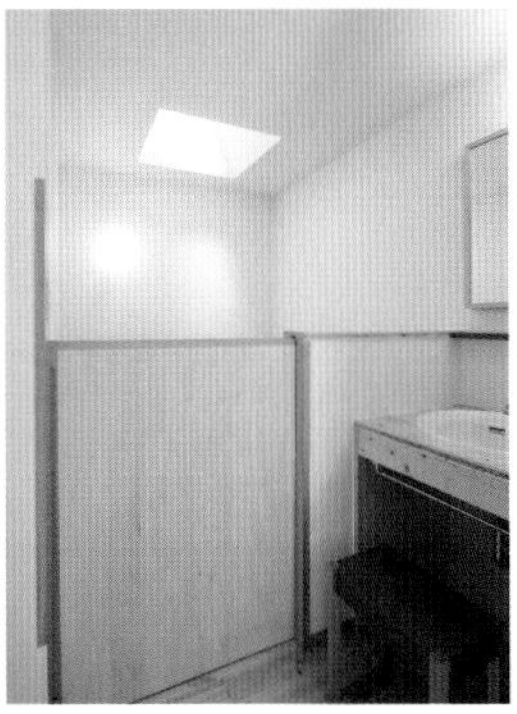

TECH 6 3階建ては階段を建具で仕切る

3階建ての場合、3階で冷房すると下階に冷気が流れて行ってしまい冷えないので、冷気の道になる階段を建具でふさぐ。もちろん、子どもの転落防止にも効果がある

CASE 3

狭小変形敷地のガレージ付き3階建て

2階のサニタリー。スペースを考え、トイレと洗面を仕切らないようにした。洗濯機が設置されたサニタリーの奥にはバルコニーがあり、家事動線は機能的だ

ダイニングとキッチン。ここではダイニングがリビングを兼ね、ダイニングチェアに座りながらくつろぐようになっている

TECH 1 多目的なカウンターを設置する

ダイニングからサニタリー方向を見る。壁に沿ってソファをつくれなくはなかったが、ここでは壁ぎわにカウンターを設置。カウンターは、スタディースペースやテレビ台、収納など、多目的に利用される

TECH 2 2つの子供室を吹抜けで仕切る

子供室1から吹抜けを見る。吹抜けと階段室で2つの子供室をゆるやかに仕切っている

子供室2から子供室1を見る。こちらは斜線制限により天井がとても低い。その分、子供室1よりも面積を大き目に確保している

階段の上がったところに手摺壁の代わりに本棚を設置。じゃまにならないように本棚の位置をややセットバックして配置している

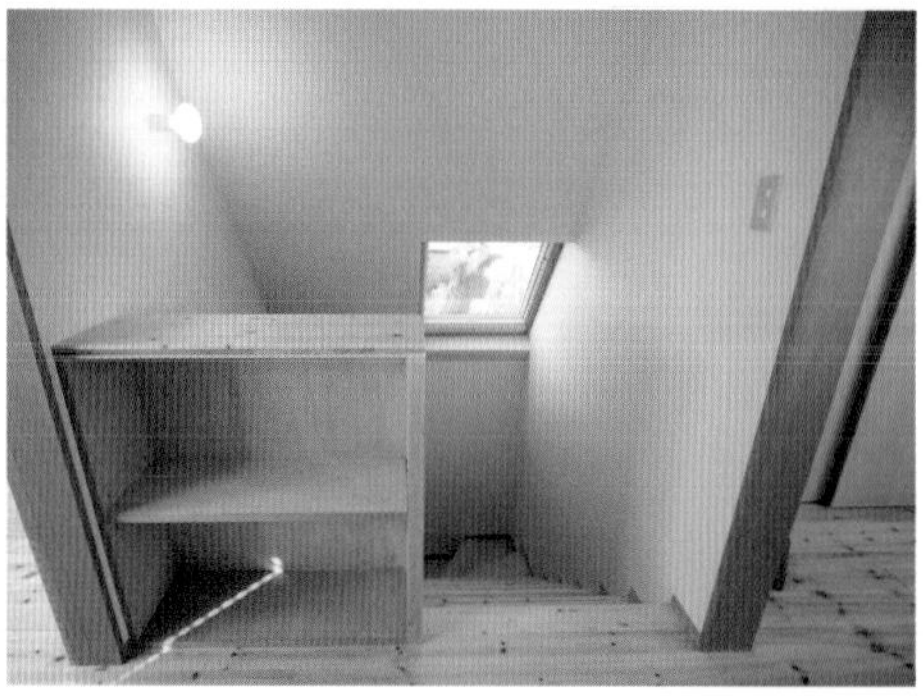

台形の家平面図（S＝1：150）

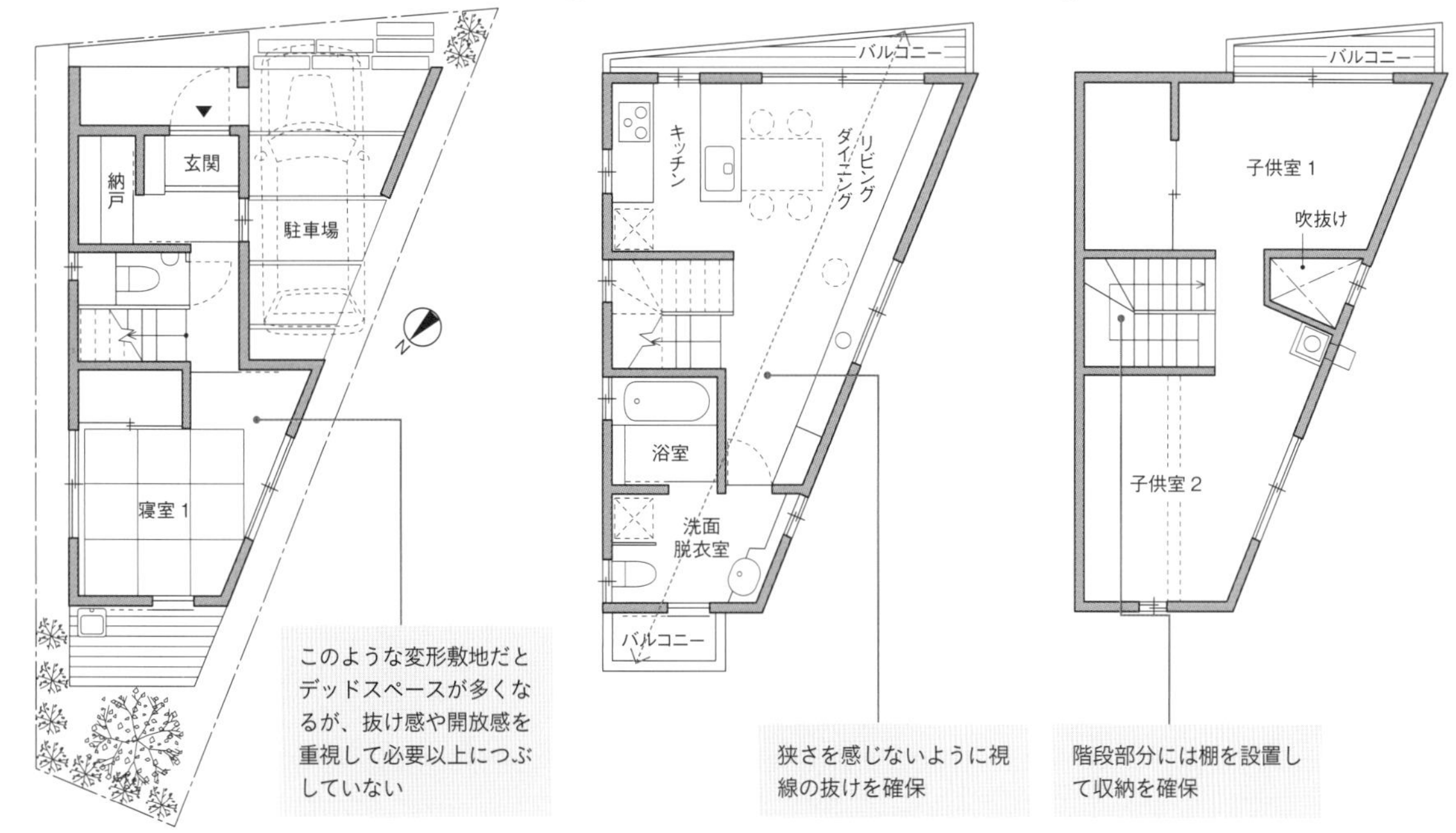
1F
2F
3F
納戸
玄関
駐車場
寝室 1
キッチン
リビング
ダイニング
浴室
洗面
脱衣室
バルコニー
バルコニー
バルコニー
子供室 1
吹抜け
子供室 2
このような変形敷地だとデッドスペースが多くなるが、抜け感や開放感を重視して必要以上につぶしていない
狭さを感じないように視線の抜けを確保
階段部分には棚を設置して収納を確保

台形の家

設計･施工　田中工務店
家族構成　夫婦＋子供2人
敷地面積　56.86㎡
1階床面積　21.04㎡
2階床面積　33.00㎡
3階床面積　31.97㎡
延床面積　85.51㎡

狭小敷地なうえに変形という極めて厳しい条件の事例。変形ゆえ、実際の床面積のわりに必要スペースを確保しにくい。視線などの抜けで狭さをカバーしている。この条件でビルトインガレージを設けたのも画期的だ。

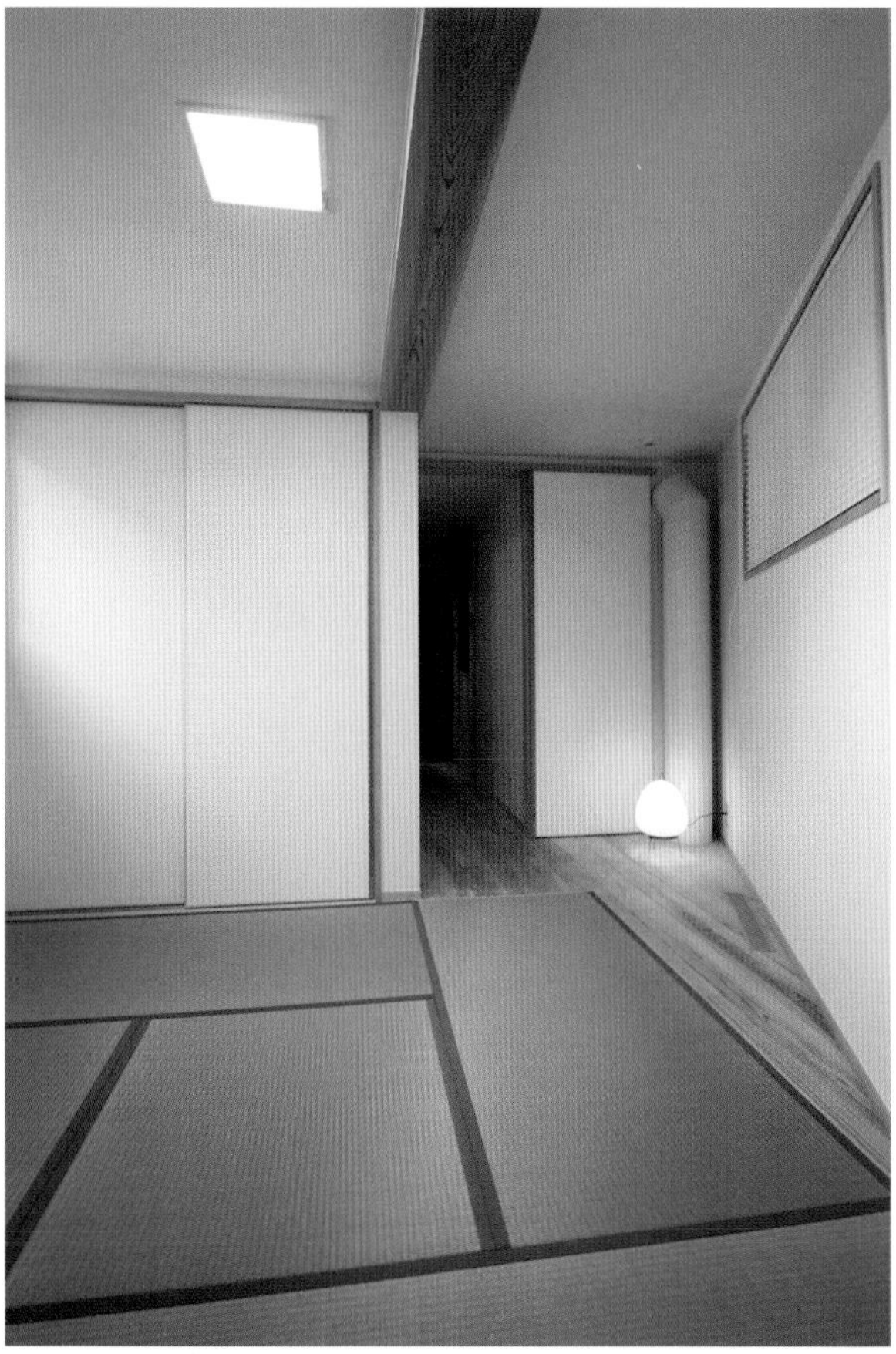

玄関から廊下、主寝室を見る。右横奥には納戸があり、十分な収納力を備える。奥の主寝室までの廊下が玄関の圧迫感をやわらげている

TECH 3 4.5畳＋αでも主寝室になる

主寝室。4.5畳の畳スペースと板床で構成。布団2枚で寝るのに十分なスペースを確保している

外観。勾配のきつい屋根は斜線制限によって決まったもの。変形敷地のため、ビルトインガレージは台形状になっているが、ちゃんと車庫に収納できるスペースを確保している

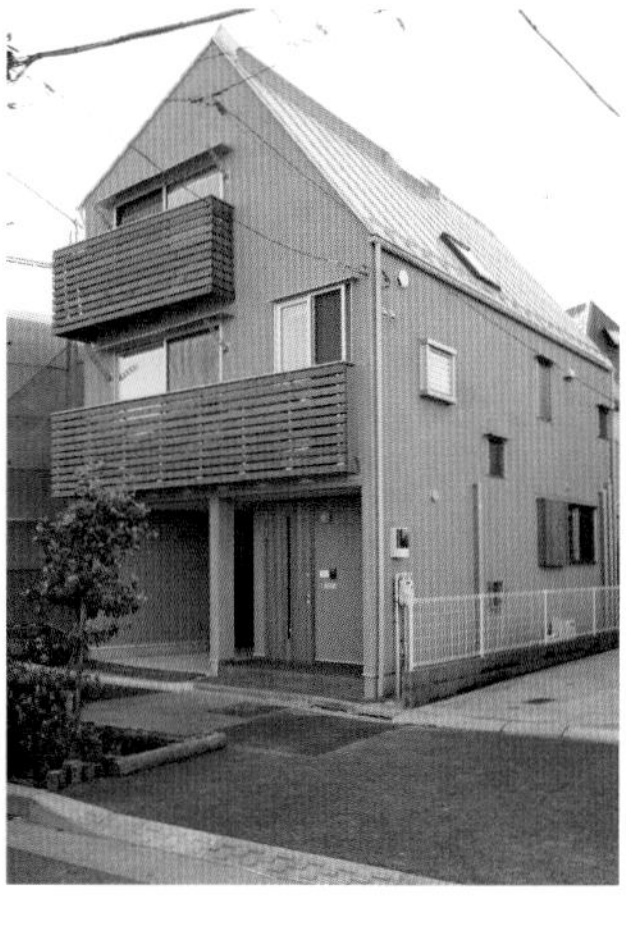

CASE 4

大人の2人住まいの3階建て

天空率を利用して
高さ規制をクリアした事例。
2階を中心に
上下に個室を振り分けた
シンプルなゾーニング。
小さいながらも、個々人の趣味や
仕事を最大限生かせる
プランとなっている。

TECH 1

壁や柱の間を利用する収納

キッチンの造付け収納。狭いキッチンに十分な通路を確保するため、柱内に埋め込んで棚の奥行きを確保している

居間とダイニング。リビングとなるスペースを畳敷きとし、その奥にコンパクトなダイニングを設けた。畳生活に慣れている人にとってはこのほうが心地よい

TECH 2

不特定多数のお客に対応するベンチ

2階のダイニングに設けた、収納を兼ねるベンチ。娘家族などが遊びにくることもあるので、椅子ではなくベンチとした。座面をあけると内部に物が収納できる

居間。6畳の畳の間に掃出し窓、バルコニーと続く、シンプルなつくり。座っていれば隣家の視線は気にならない

1階の仕事室と寝室。職人の父親が仕事室で作業し、奥の寝室で布団を敷いて寝るというシンプルな間取り。4.5畳×2とコンパクトな部屋だが、収納を吊戸棚にするなど狭く見せない工夫がなされている

外観。前面に駐車スペースがあり、玄関はその脇の道路にある。搭屋のような3階は息子のエリア

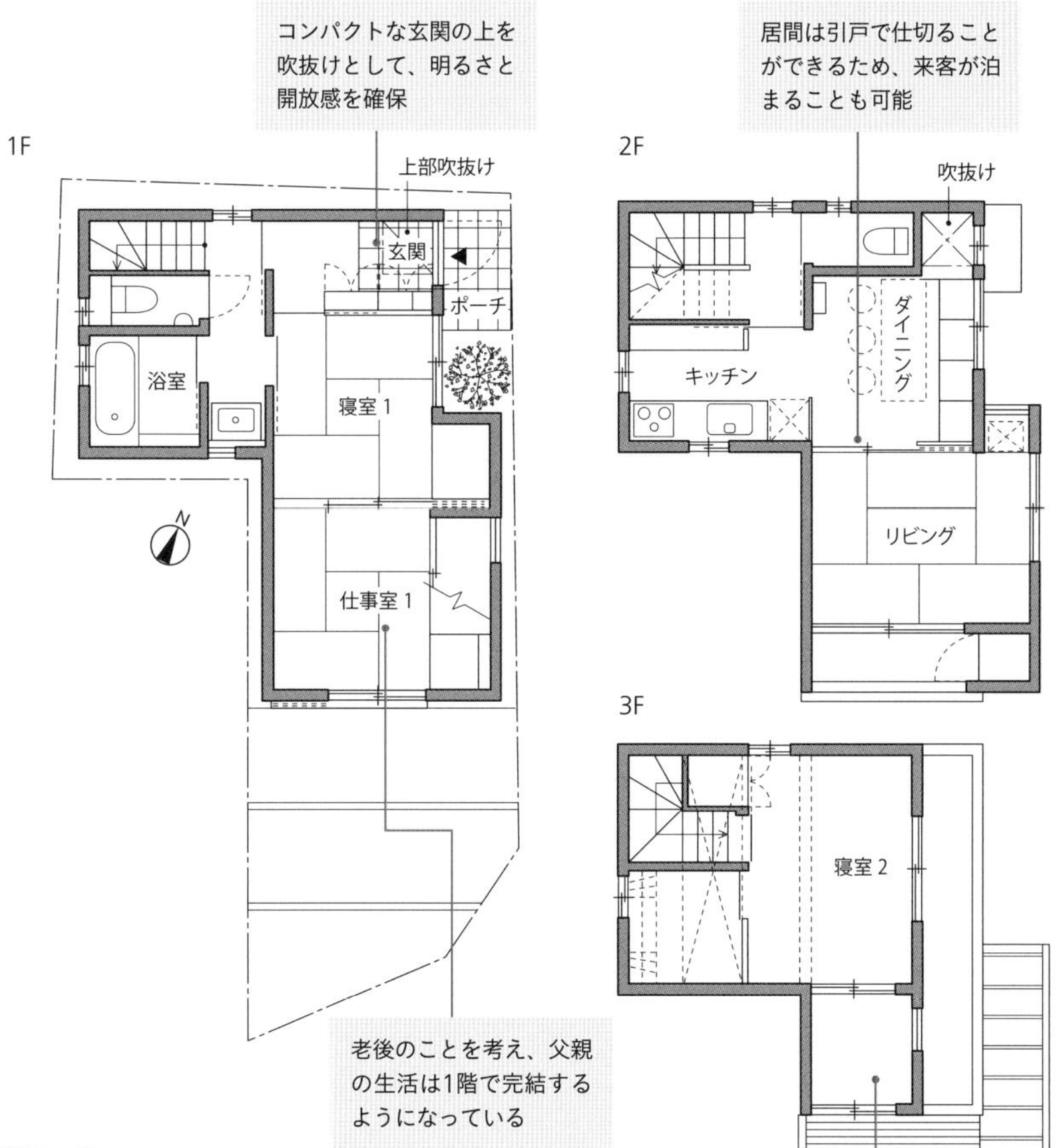

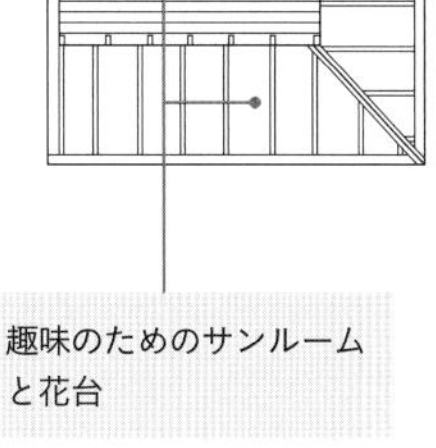

根岸の家平面図(S=1：150)

根岸の家

設計・施工　田中工務店
家族構成　親＋子
敷地面積　56.86㎡
1階床面積 21.04㎡
2階床面積 33.00㎡
3階床面積 31.97㎡
延床面積　85.51㎡

TECH 3 階段も収納にする

階段の蹴込み板を引出として収納スペースにしている。小さな家では収納スペースが不足しがちになるので、収納に使える場所は徹底的に収納化したい

3階の寝室。子どものプライベートゾーンとなる。左の引戸の奥がクロゼット、中央の引戸が階段、右の両開き戸も収納である。3階の階段入口には冷房が逃げない扉をつけることが必須だ

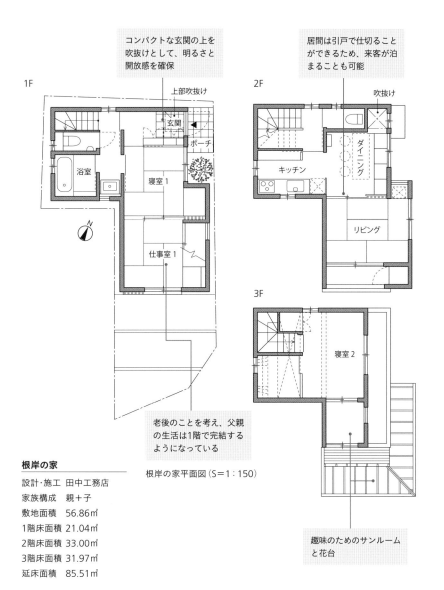

3階の畳の部屋。通常は書斎スペースとして使われているが、襖の裏にある書斎と収納を隠すことでお客が泊まるスペースになる

TECH 1

スキップフロアの段差に収納を

スキップフロアの階段は引出し収納になっている

不足する収納は小屋裏のロフトでまかなう

3階ホールの冷気止めの引戸。引き込むと収納棚の裏側に収納される

CASE 5

車なしで間取りを充実させた3階建て

12坪という小さな敷地に建てられた住宅。車を持たないことで敷地一杯に建てることができ、最大限の面積を確保した。小さいながらも吹抜けやスキップフロアを使って、明るく楽しいプランとなった。

3階の部屋。子供室として利用される。ホールからスキップで上がることで空間に上下の広がりを与えている。正面にロフトへの梯子と手摺が見える

谷根千の家平面図（S＝1：150）

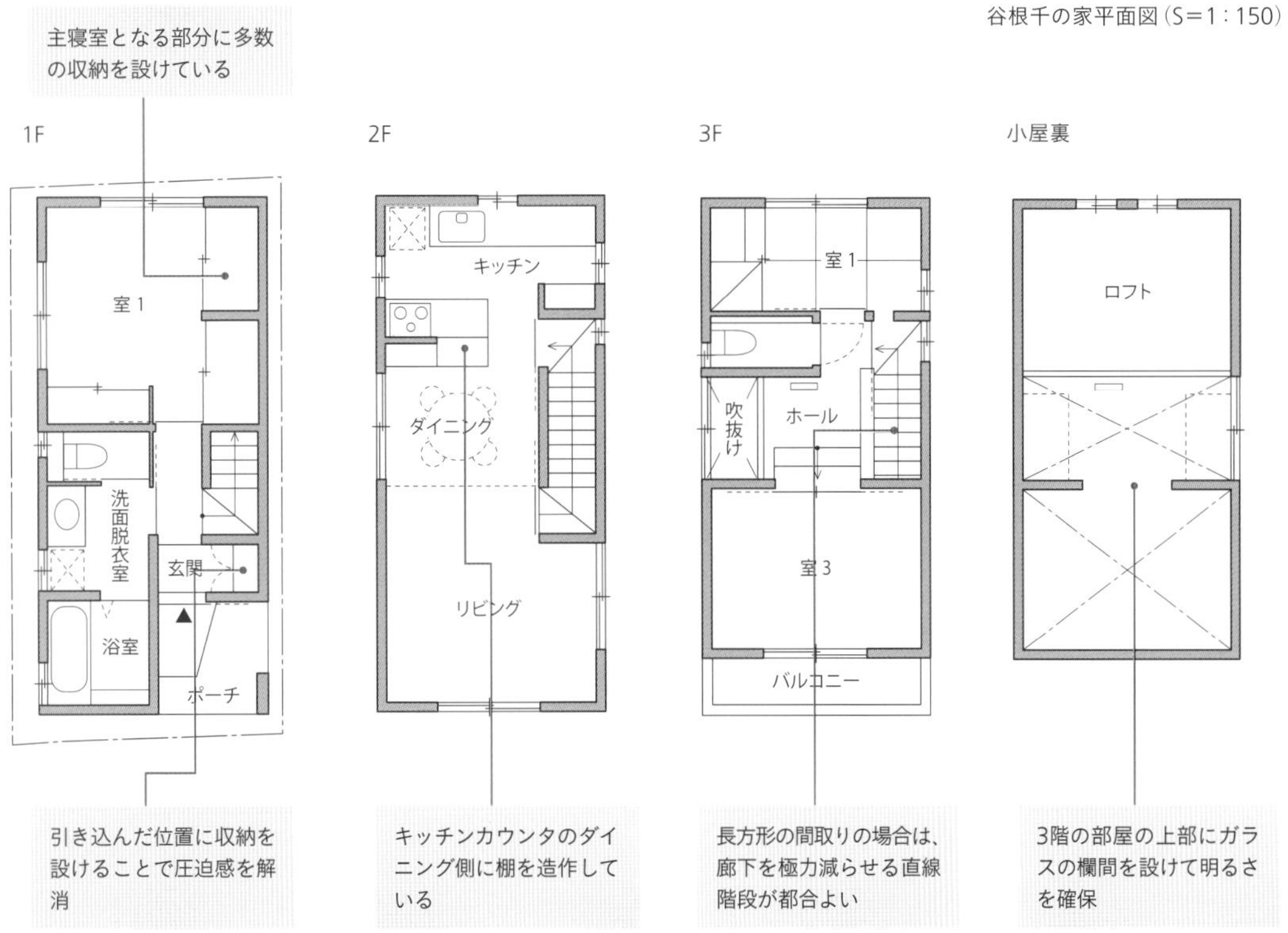
主寝室となる部分に多数の収納を設けている
1F
2F
3F
小屋裏
室1
洗面脱衣室
玄関
浴室
ポーチ
キッチン
ダイニング
リビング
室1
吹抜け
ホール
室3
バルコニー
ロフト
引き込んだ位置に収納を設けることで圧迫感を解消
キッチンカウンタのダイニング側に棚を造作している
長方形の間取りの場合は、廊下を極力減らせる直線階段が都合よい
3階の部屋の上部にガラスの欄間を設けて明るさを確保

谷根千の家

設計・施工	田中工務店
家族構成	夫婦＋子供1人
敷地面積	40.12㎡
1階床面積	25.92㎡
2階床面積	29.16㎡
3階床面積	24.30㎡
延床面積	79.38㎡

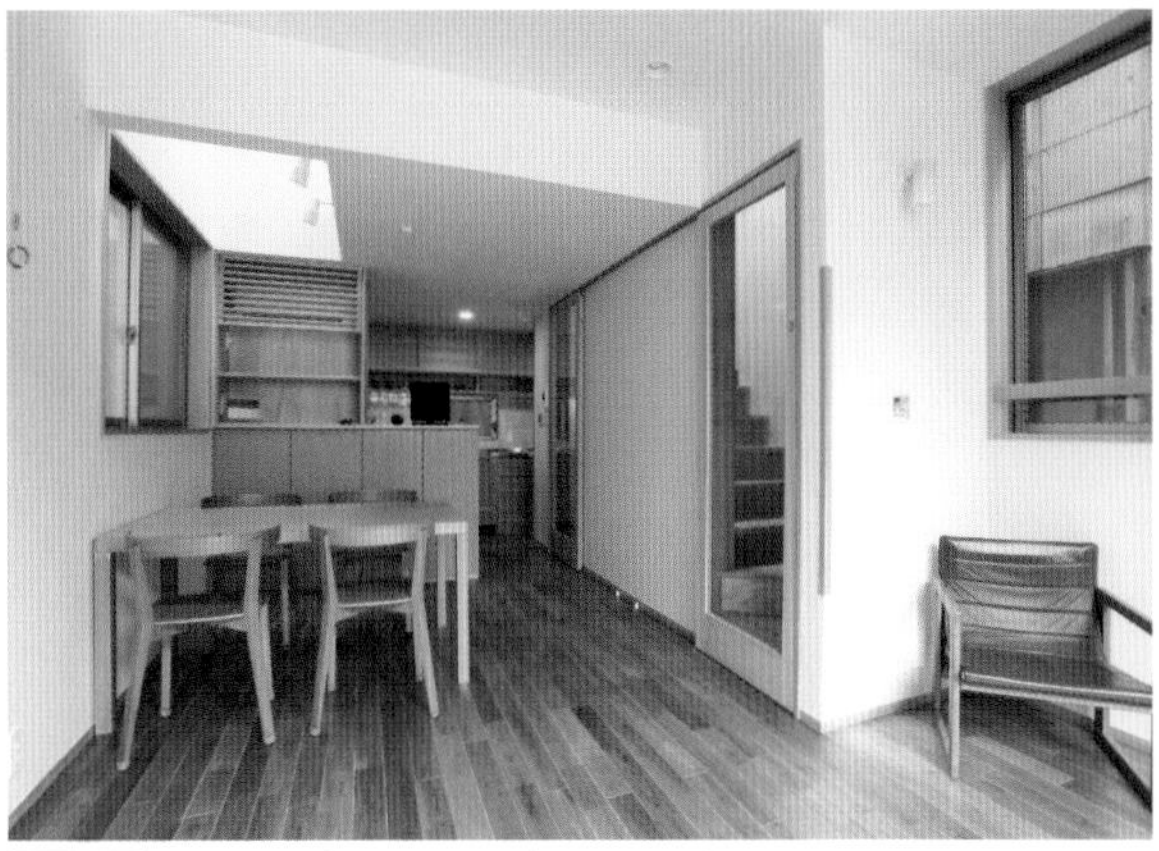

TECH 2 **スキップフロアで高さにメリハリをつける**

リビングからダイニング、キッチンを見る。3階をスキップフロアとした分、リビングの天井が高くなっている。低いダイニング側は吹抜けがあるため圧迫感がない

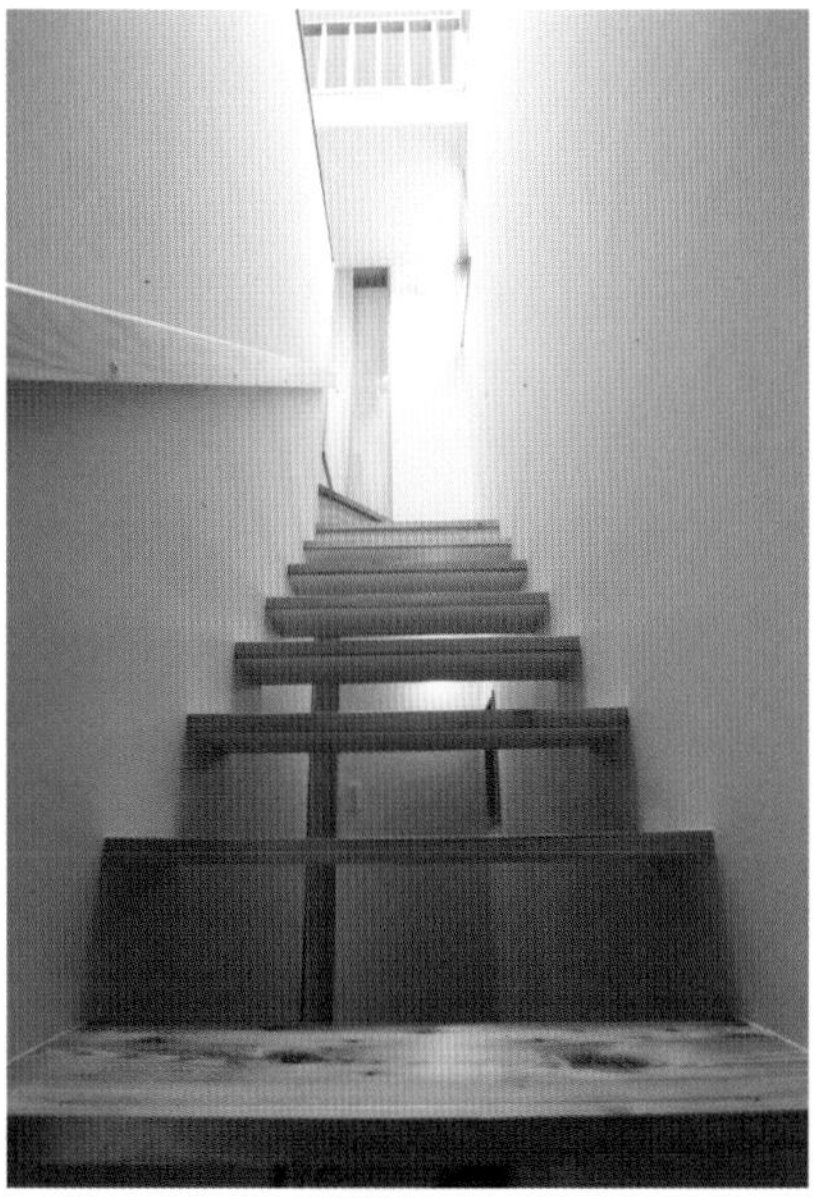

TECH 3

スリット階段で光をおろす

スリット階段。準耐火構造に合わせて鉄板が裏打ちされている。階段室上部のトップライトの光を下階まで届ける効果がある

外観。敷地一杯に建てられている。3階をバルコニーの分引き込んで、外観に変化を与えてる

1階の部屋。主寝室として使われている。住宅に囲まれているため、窓は主に光とりを目的としている（左写真）。一方、2間の押入れと1間のクロゼットとたっぷりの収納が用意されている（右写真）

Topics

来客と通風に配慮した
トイレの配置

トイレは最もプライベートな場所でありながら、
来客も使用するので、配置に気を使う。
狭小住宅における上記に配慮した手法を紹介する。

LDから見えず風を通す工夫

トイレの戸は引戸になっており、通常は空いている
a

トイレの扉が空いていることで換気用の窓が機能する
b

廊下を挟んでキッチンの隣にトイレがあり、扉を開けるとこの窓とトイレの窓が正対する
c

a. キッチン脇や背後にトイレを配置すると生活動線やプライバシーのバランスを取りやすい（新井の家）
b. 通風用のトイレの窓（新井の家）
c. トイレの換気にも効果があるキッチン脇の窓（松原の家）

新井の家平面図（S＝1：150）

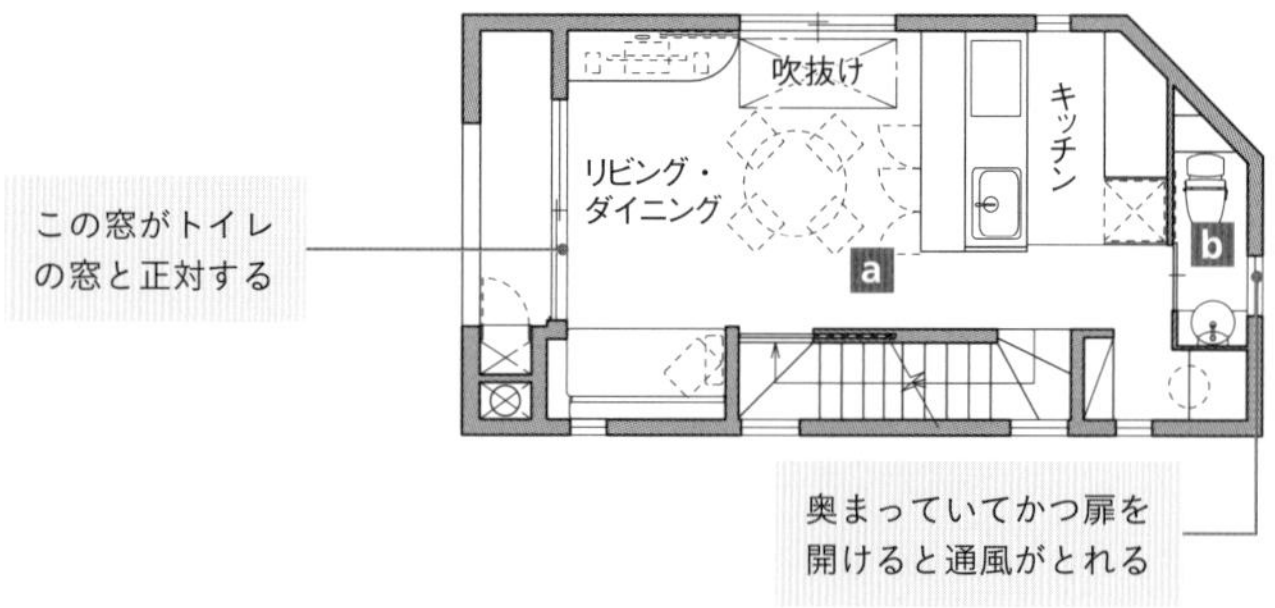
吹抜け
キッチン
リビング・ダイニング
a
b
この窓がトイレの窓と正対する
奥まっていてかつ扉を開けると通風がとれる

東小松川の家平面図（S＝1：200）

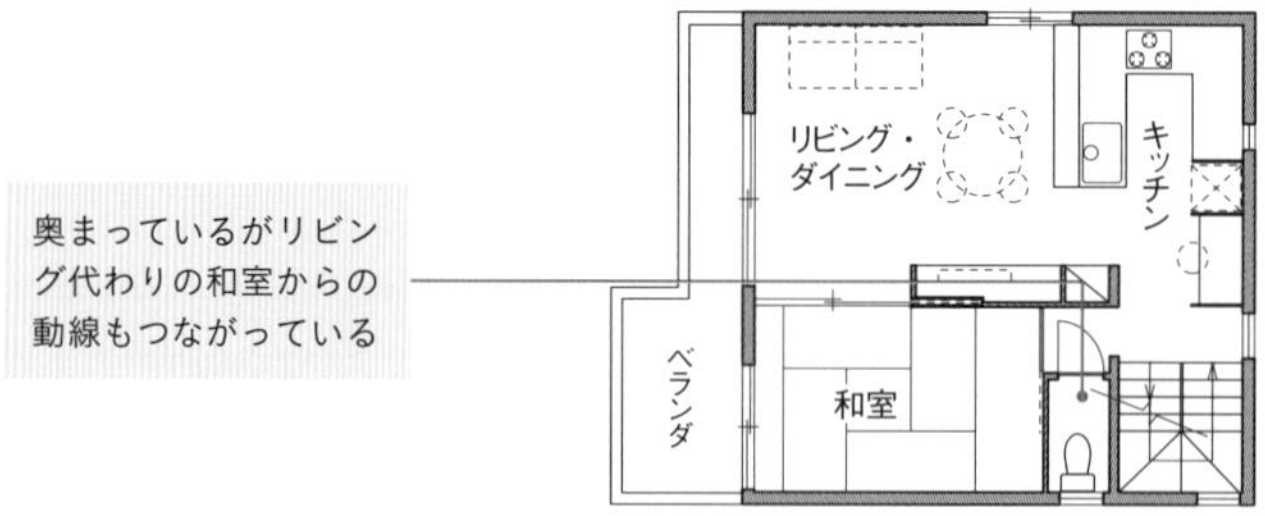
リビング・ダイニング
キッチン
ベランダ
和室
奥まっているがリビング代わりの和室からの動線もつながっている

松原の家平面図（S＝1：150）

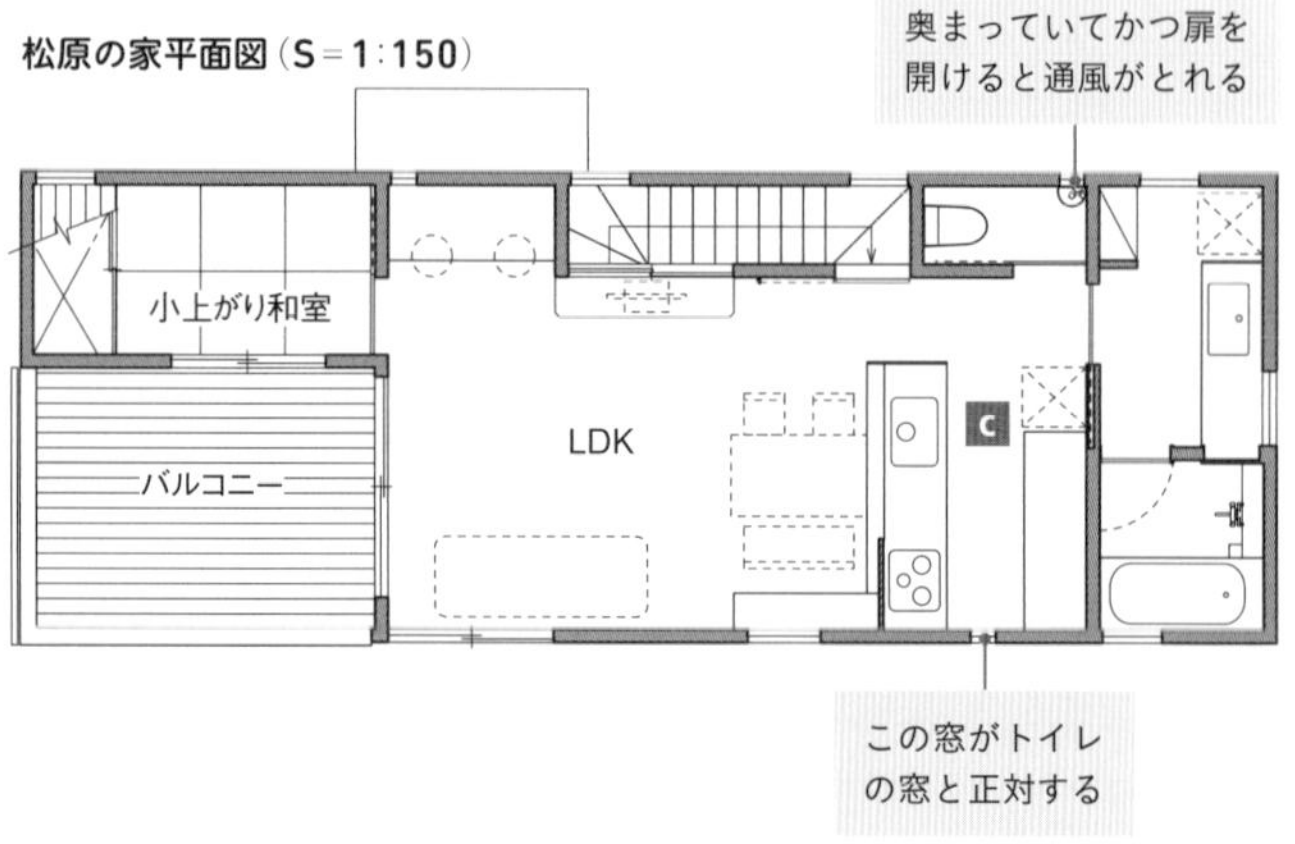
奥まっていてかつ扉を開けると通風がとれる
小上がり和室
LDK
c
バルコニー
この窓がトイレの窓と正対する

chapter

6

平屋の間取りのルール

バリアフリーの点だけでなく、外観が美しい、庭を間取りに取り込みやすい
などの理由から、息の長いブームとなっている1階建ての平屋住宅。
本章では、美しさと快適さを両立させた分棟住宅の間取りを紹介するほか、
平屋の間取りの設計ルールを事例とともに解説する。

干渉し合う2世帯住宅の3棟の平家

2世帯住宅は本来どのような姿であるべきなのでしょうか。互いが成長し、生活を豊かにする2世帯住宅のかたちを実際の事例を手がかりに考えてみたいと思います。

解説：鈴木昌司　撮影：塚本浩史

森町の家

設計・施工	扇建築工房
所在地	静岡市周智郡
家族構成	親夫婦＋子夫婦
規模	木造平屋建て
敷地面積	780.08㎡（235.50坪）
建築面積	169.05㎡（51.03坪）
延床面積	197.09m（59.50坪）

2世帯住宅について、私はある信念をもって設計することを心掛けています。それは「互いの世帯が干渉し合える」な住宅にするということです。

2世帯住宅を希望する目的には「親孝行をしたい」「子供に親世帯と共同生活をするなかで、多くのことを学ばせたい」などといったポジティブなものから、「土地代や固定資産税がもったいない」「自治会活動などは親に任せたい」などといったネガティブなものまでさまざまです。

そのなかでもネガティブな目的から生み出されやすい、ＬＤＫや水廻り、玄関までもが完全に独立した「完全2世帯住宅」が、本当に永きに渡って豊かな2世帯の生活を築けるのでしょうか。親子である限り、そして家族である限り、互いに干渉し合い、譲り合い、尊重し合って生活すべきです。そしてそこから生まれる関係に、同居本来の楽しさや豊かさを見い出すべきだと、私は考えます。

この住宅の住まい手は、親世帯、子世帯の仲がとてもよく、建て主でもある子世帯は、独立した子供とも関係が非常に良好であり、さらに地域コミュニティとの関わりにも積極的な方です。

高低差のある道路に接するこの敷地は、当初は低い道路の高さに合わせて平らに形成されていたために、道路の反対側に背負う山から溢れ出す雨水が流れ込み、年中じめじめとした苔やカビに悩まされていました。そこで、敷地を道路の勾配なりに造成し直し、山から溢れだす雨水が敷地内に流れ込みにくいようにしました。

それにより敷地が傾斜することになった敷地形状を上手に生かすために、小さな平屋を中央棟、北棟、南棟の3つに分棟して建てることにしました。

親世帯が居住する中央棟には、ＬＤＫや浴室、洗面・脱衣室、玄関などの共有スペースを集中させ、常に家族が中央棟に集うよう工夫

田園側から3つに分棟された住宅を見る。
右から北棟、中央棟、南棟となる

上／東側の庭から見た北棟（右）と中央棟（左）
下／駐車場側から見た中央棟（右）と北棟（左）。中央棟の左側に玄関と玄関ポーチが見える

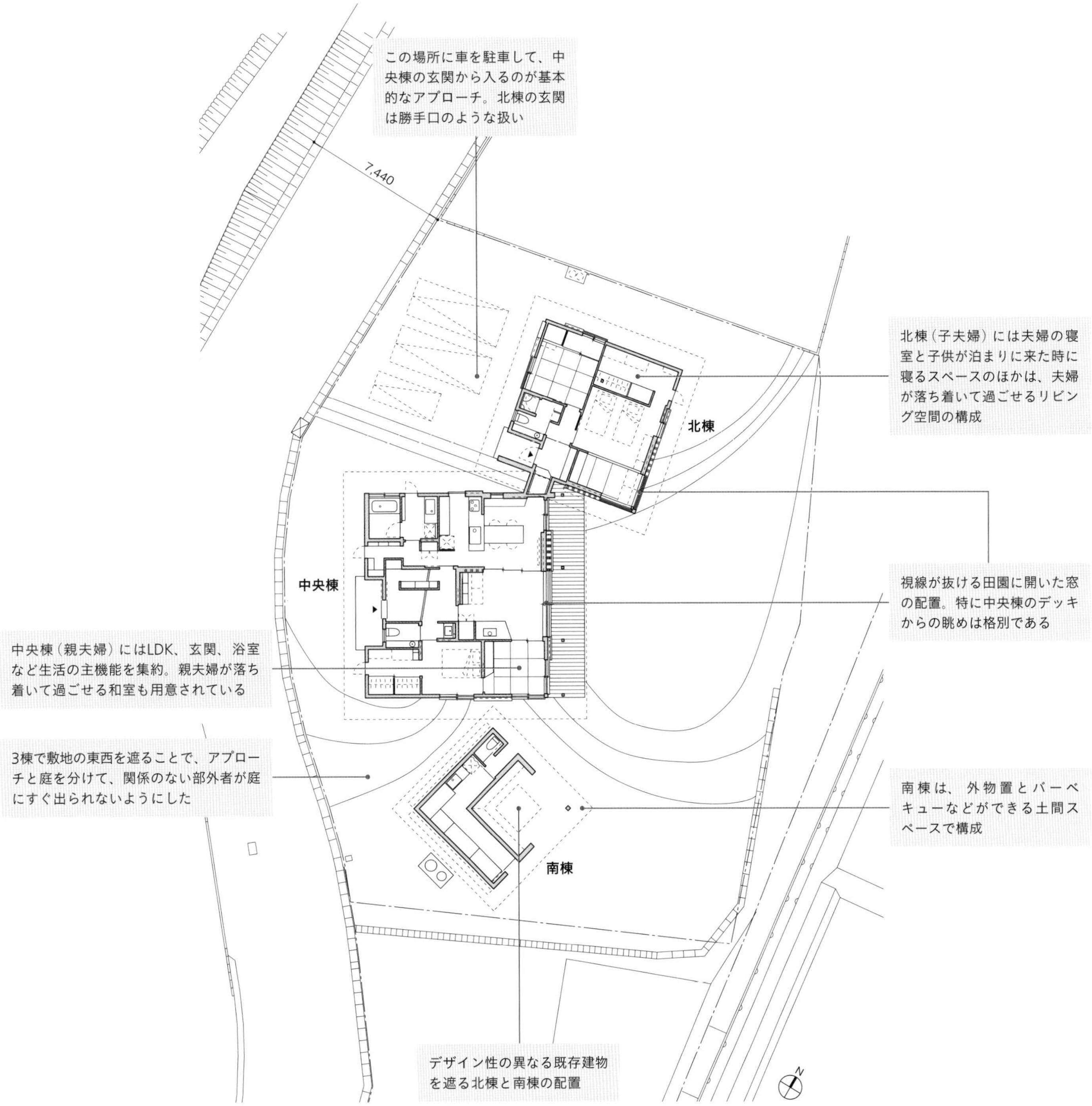
この場所に車を駐車して、中央棟の玄関から入るのが基本的なアプローチ。北棟の玄関は勝手口のような扱い
7,440
北棟（子夫婦）には夫婦の寝室と子供が泊まりに来た時に寝るスペースのほかは、夫婦が落ち着いて過ごせるリビング空間の構成
北棟
中央棟
視線が抜ける田園に開いた窓の配置。特に中央棟のデッキからの眺めは格別である
中央棟（親夫婦）にはLDK、玄関、浴室など生活の主機能を集約。親夫婦が落ち着いて過ごせる和室も用意されている
3棟で敷地の東西を遮ることで、アプローチと庭を分けて、関係のない部外者が庭にすぐ出られないようにした
南棟は、外物置とバーベキューなどができる土間スペースで構成
南棟
デザイン性の異なる既存建物を遮る北棟と南棟の配置
N

配置図 S=1：300

南棟側から中央棟・北棟を見る

しました。一方で北棟は、子世帯の寝室を中心としたシンプルな間取りの家としました。

そのほか、家族や親せき、地域の方がバーベキューや餅つきに利用できるようなコミュニティスペースとして東屋のような南棟も設えました。南棟には、外物置の機能も付与しています。

すべての建物は東側の庭、その先の田園に開き、世帯が交わりながら日々の生活を楽しんでもらえるようなプランニングができたと思います。

リビングからダイニング・キッチンを見る

ダイニングからリビングを見る

親夫婦のための畳スペース

洗面・脱衣室。手前左が浴室入口

造付けのキッチン

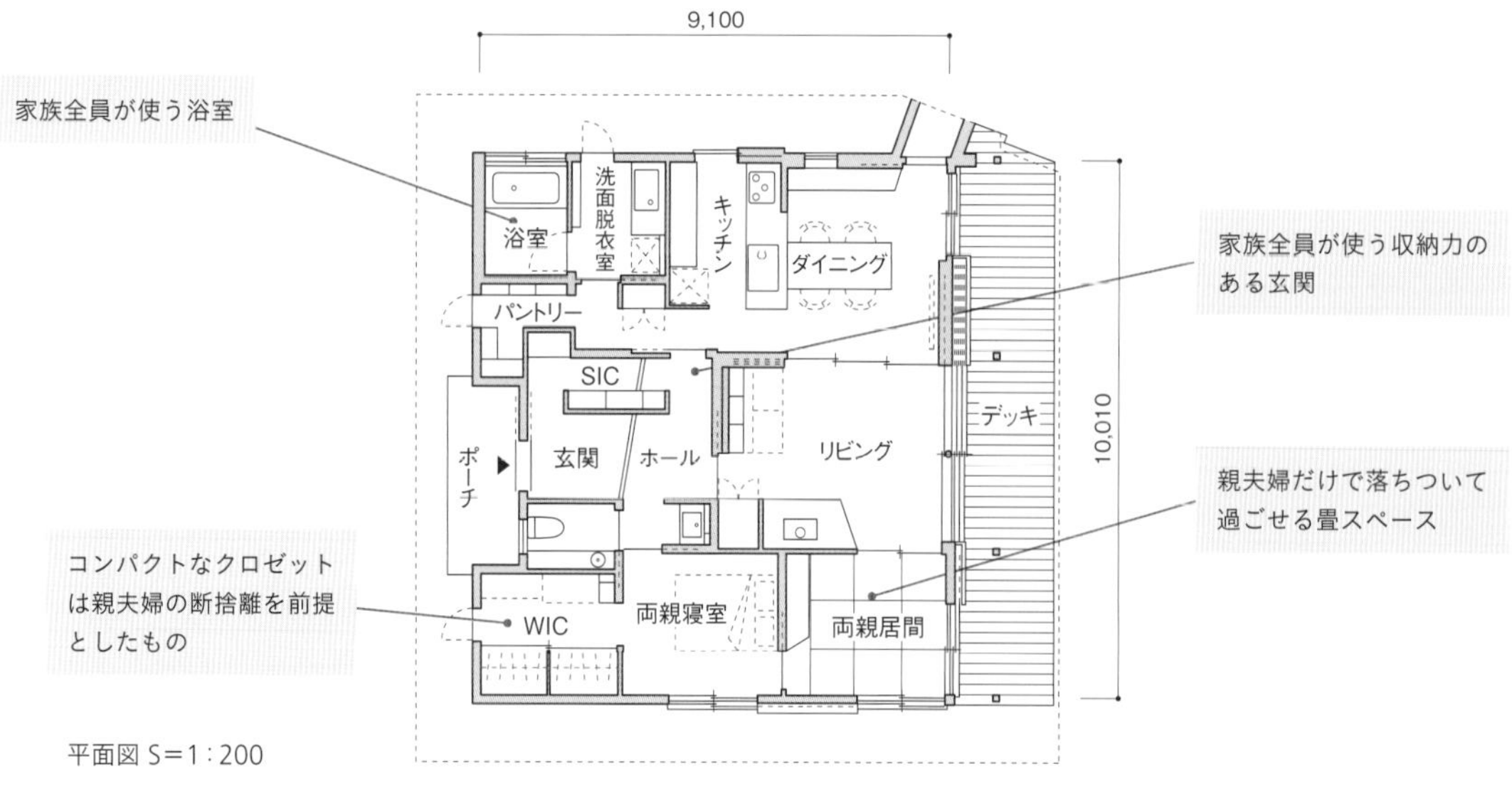

平面図 S=1：200

上／寝室と子夫婦がくつろぐための縁側（小さなリビング）。造付けのソファを設えている
下／ゲストルーム。独立した子供たちが寝泊まりする

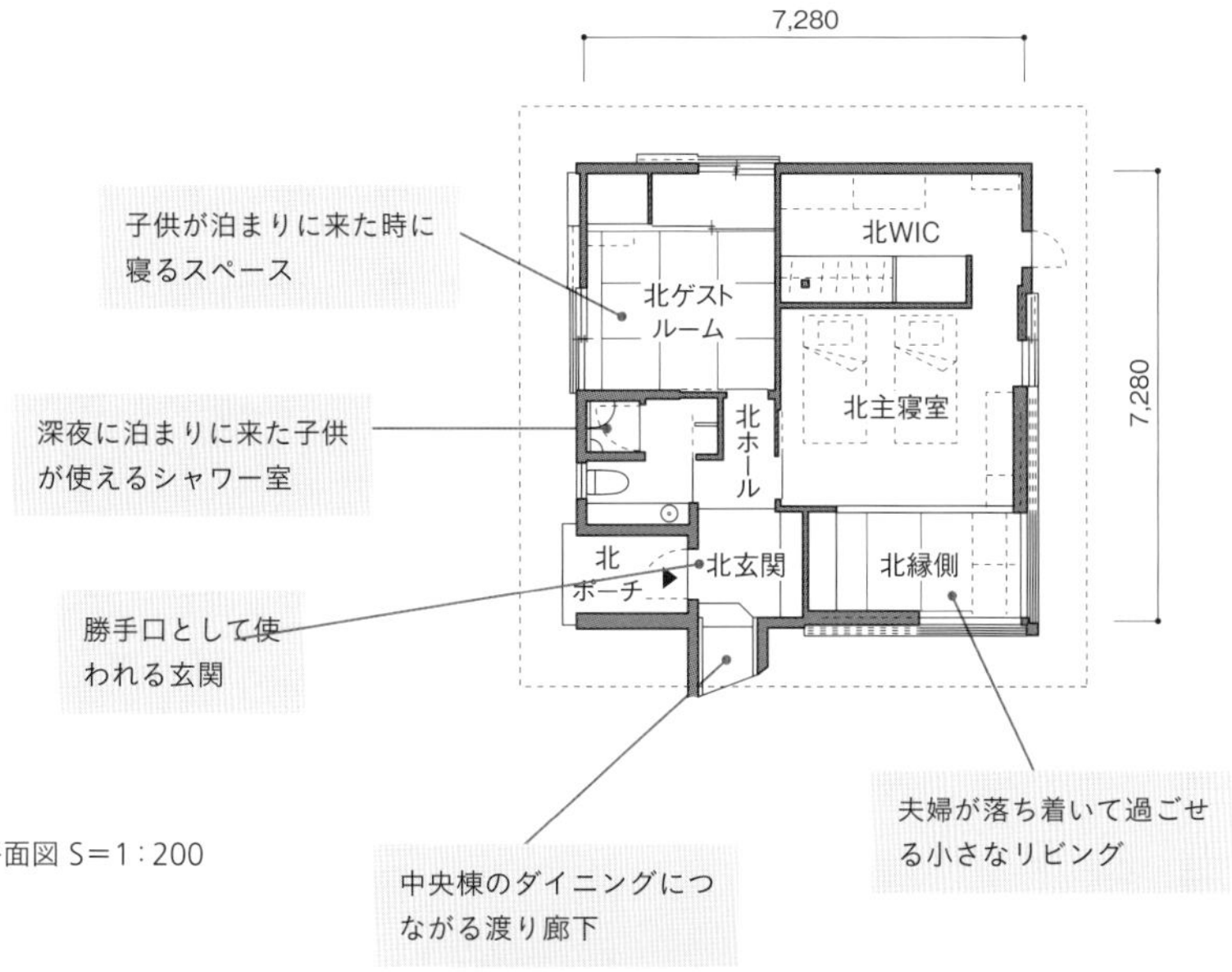

平面図 S＝1：200

トイレと造付けの手洗い

北玄関の造付け収納

北玄関から中央棟のリビングを見る

平屋の間取りはちょうどよい大きさで

近年、郊外エリアを中心にニーズが増えている平屋。階段がない、家中を移動しやすいなど住み心地に優れる平屋の間取りの考え方を、平家を得意とする扇建築工房の事例から解説する。

解説：扇建築工房

「平屋の需要はそれほど多くない」と考える人は少なくないだろう。この考えの前提には、建て主・つくり手ともに「家といえば2階建て」という先入観があるからではないだろうか。

だが、改めて「なぜ2階建てなのか？」と考えると、実は2階の必然性がないケースは意外と多い。たとえば、子どもが自立した団塊世代が住まう「終《つい》の棲家《すみか》」。夫婦2人で暮らすのに必要な広さを考えると、平屋で十分ということもあり得る。

また、意外に30～40歳代の人で、平屋を希望する建て主も多い。彼らには、「無駄なものにお金をかけない」という特徴がある。ある程度物がそろっている環境で育ち、生家では無駄なスペースの存在を目の当たりに

RULE 1 庭・駐車場・建物を敷地内に無駄なく収める

平屋は敷地全体の一体感が強いため、敷地内にはできるだけ庭をとるようにする。

a キッチンとダイニングを連続させる

キッチンカウンターとダイニングテーブルがひと続きになっていて、スペースのロスがなく機能性が高い。リビング・ダイニング・キッチンをそれぞれ8畳と、コンパクトにまとめている

b ウッドデッキや濡れ縁で庭と室内をつなぐ

庭を囲うようにウッドデッキをL型に設け、室内と庭をつないでいる。平屋は深い軒が特徴にもなるため、デッキや濡れ縁などの半屋外スペースをつくり、庭を楽しむ暮らしを提案したい

井伊谷の家平面図（S＝1：200）

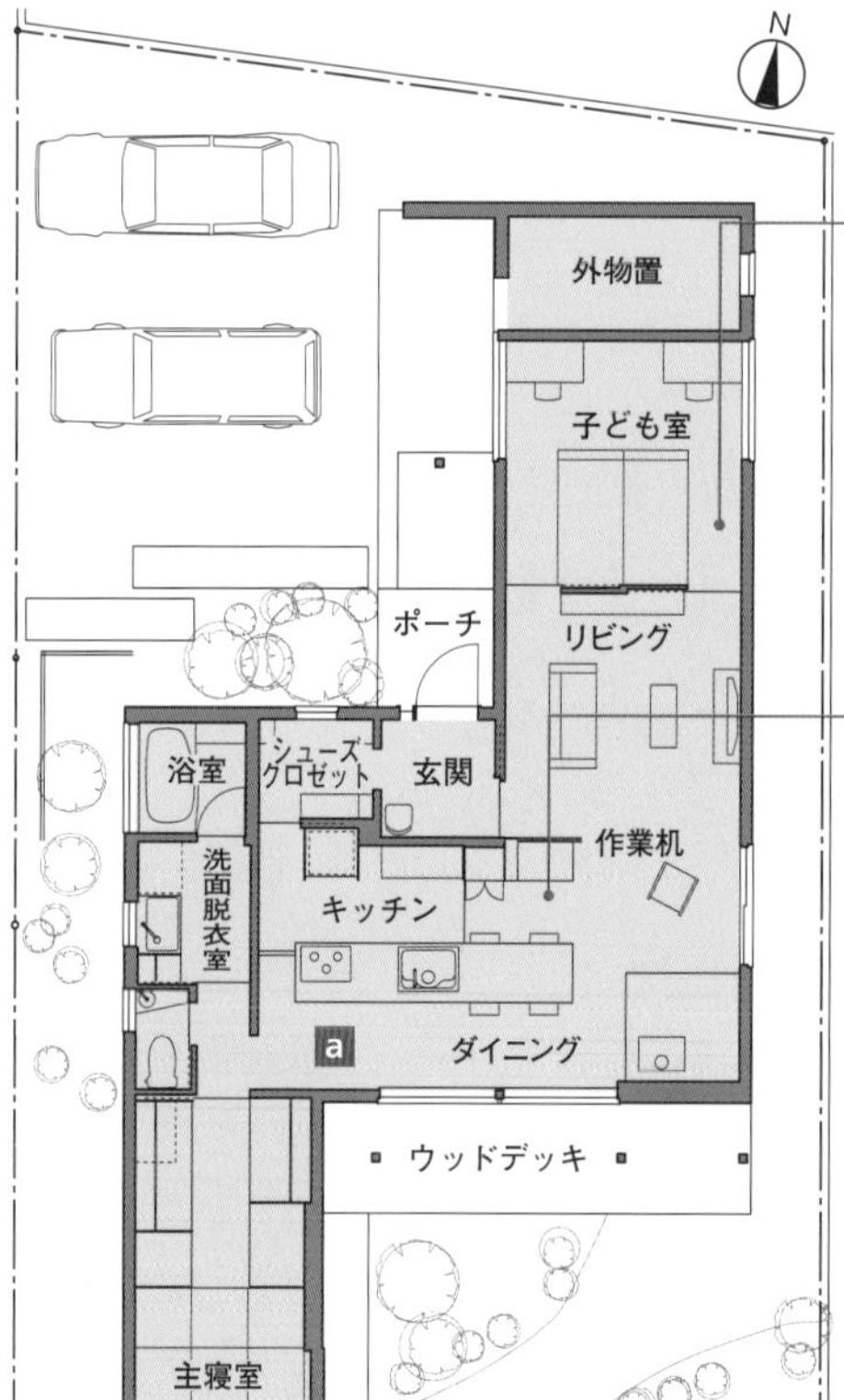

子供室を分けられるよう、リビングから子供室へは2カ所の入口を設けている

キッチンの脇の、ニッチになるようなスペースに作業机と棚を造作。親の目が届くところで子どもが勉強できる。ちょっとした作業にも重宝する

南北に長い敷地の南側に庭を、北側に駐車スペースを確保。縦に細長い変形プランも平屋ならでは。敷地にデッドスペースをつくらない配置となっている

井伊谷の家

設計・施工	扇建築工房
家族構成	夫婦＋2人
敷地面積	252.25㎡
延床面積	90.75㎡
建ぺい率	36%

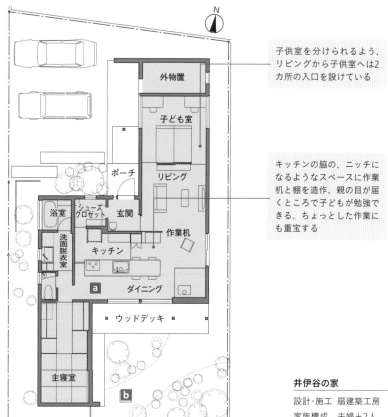

してきた世代には、広ければいい、多ければいい、という発想はない。そこで「ちょうどいいボリューム」の平屋を求めるのだ。

もちろん、敷地の広さで条件は変わるが、まず平屋から考えるというアプローチでプランを組み立てるのも、1つの手ではないだろうか。

平屋のメリット

コンパクト	階段室をとらないぶん、生活スペースをコンパクトにまとめられる。ワンフロアで完結するため、必然的に動線が短くなり、家事などが効率的にこなせる
町にやさしい	建物の高さが低く、近隣の日当たり・風通しを妨害しにくい
耐震性能	荷重が小さいうえ重心も低いため、耐震性能が高い。荷重が小さいぶん柱も少なくできるので、空間の自由度も上がる
風通し	開口を大きくしやすく、通風をとりやすい
庭が近い	縁側から庭にすぐ出られる
バリアフリー	高齢になると負担になる階段の上り下りがなく、掃除などの家事も楽

RULE 2　2階にするのは、広さが足りないとき

敷地内に庭・駐車場・建物を確保したうえで、必要な居室が平屋に納まらないときに2階建てを考える。

a　2階の部屋は用途を限定しない

平面計画の際に1階に納まらなかった分を2階にもってくる。このプランでは2階を子ども室としたが、収納は廊下に集約して用途を限定しないつくりにしている

b　2階の階高を抑えて近隣へ配慮

2階部分は階高をできるだけ抑え、特に北側は小屋裏収納にするなどして低くつくる。これは、北側隣家に対して日照・通風を配慮する意図がある。階高が低いと重心も低くなり、耐震性能上も有利である

家代の家平面図（S＝1：200）

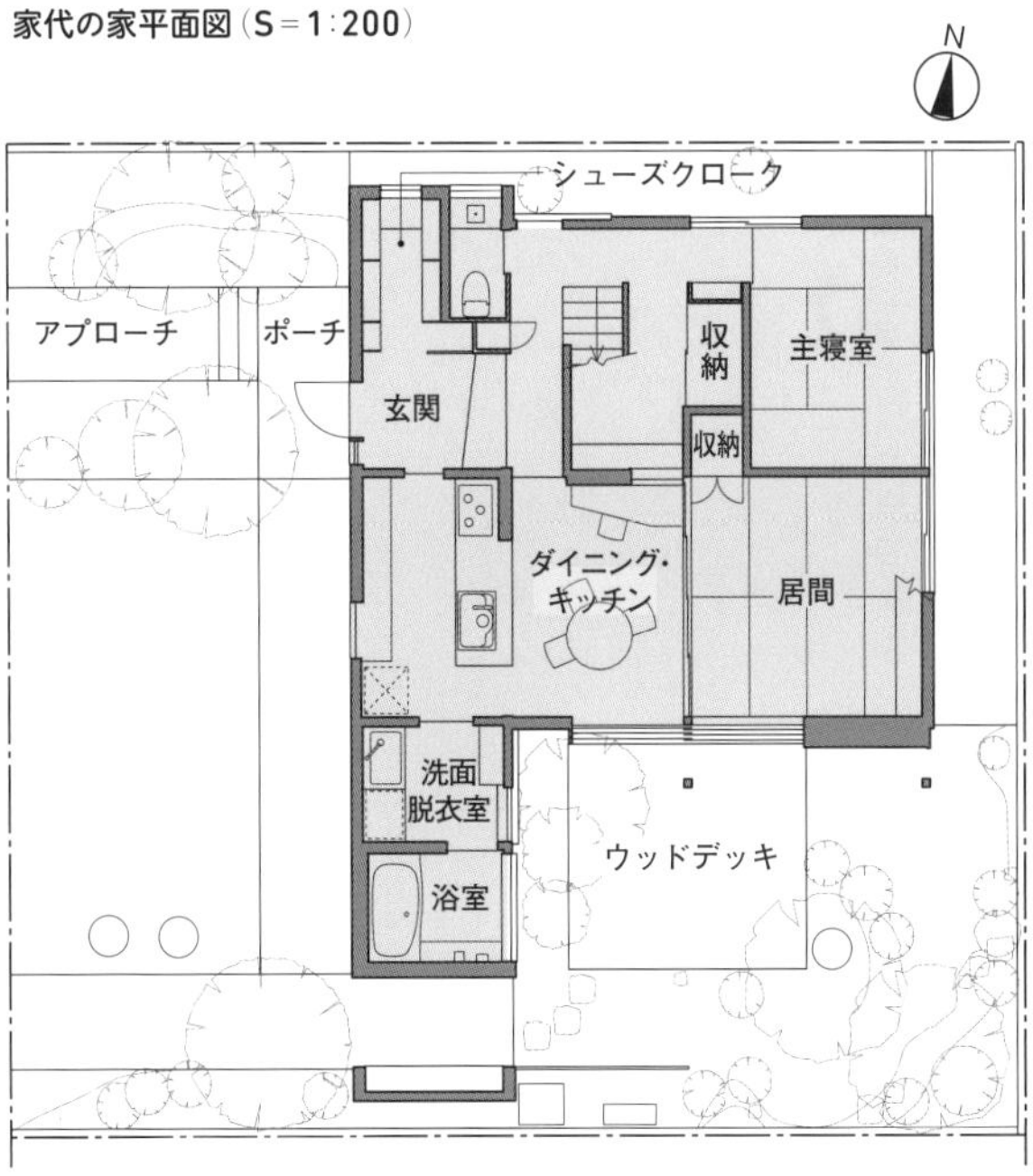

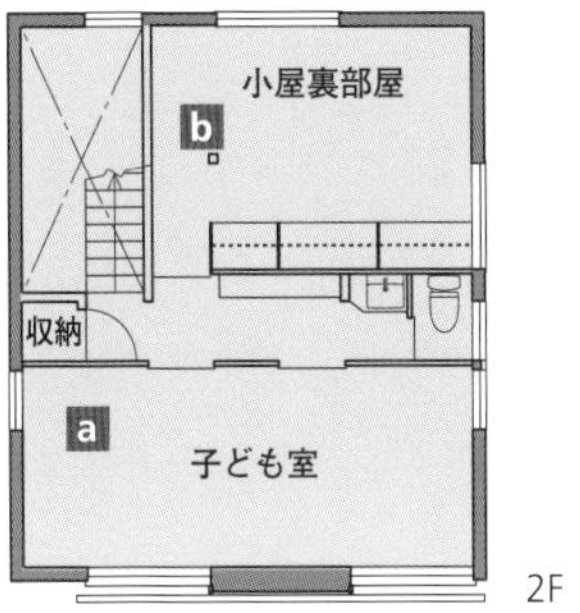

老後、建て主が階段を上れなくなっても困らないよう、寝室や水廻りを1階に設け、1階だけでも生活できるような配置にする

家代の家

設計・施工　扇建築工房
家族構成　夫婦＋子ども2人
敷地面積　213.44㎡
延床面積　82.36㎡
建ぺい率　38%

a LDK以外のスペースは建て主次第で可変

ワンフロアのLDKを設けたうえで生まれる少々のスペースは、建て主の希望でカスタマイズする。この事例では4畳半の客間を設けた

b 天井懐に収納を設ける方法もアリ

南側開口から障子を通して、室内にやわらかい光が差し込む。リビングの天井を低くし、そのぶん懐を収納にもなるロフトにしている

RULE 3 ちょうどいい延床面積は25坪

一般的な家族構成で「ちょうどいい大きさ・広さ」は、延床面積で25坪程度。間取りは、リビング・ダイニング、水廻り、寝室のほか、もう1 ～ 2室。庭・駐車場を設けるなら、敷地は65坪はほしい。特に庭は、建物と敷地の一体感が得られるので、大きくなくても設けたい。

c ほどよい広さで完結したLDK

夫婦2人のための住宅。リビング・ダイニング・キッチンが、ほどよい広さでワンフロアに完結している

d 高さを抑えて近隣にも配慮

平屋だと必然的に建物が低くなる。それによって近隣や道路に対して圧迫感を与えない外観となり、周囲へ配慮することで社会との良好な関係づくりにも役立つ

e 縁側を設けて庭を近くに感じる

内部空間全体が庭に近いのは平屋ならでは。内と外をつなぐウッドデッキはぜひ設けたい。また、雨仕舞いや夏場の日射遮蔽のための軒の出があることで、ウッドデッキをより「内部化」し、庭との感覚的なつながりが強まる

恩地の家

設計・施工　扇建築工房
家族構成　夫婦
敷地面積　213.44㎡
延床面積　82.37㎡
建ぺい率　38%

恩地の家　平面図（S＝1:150）

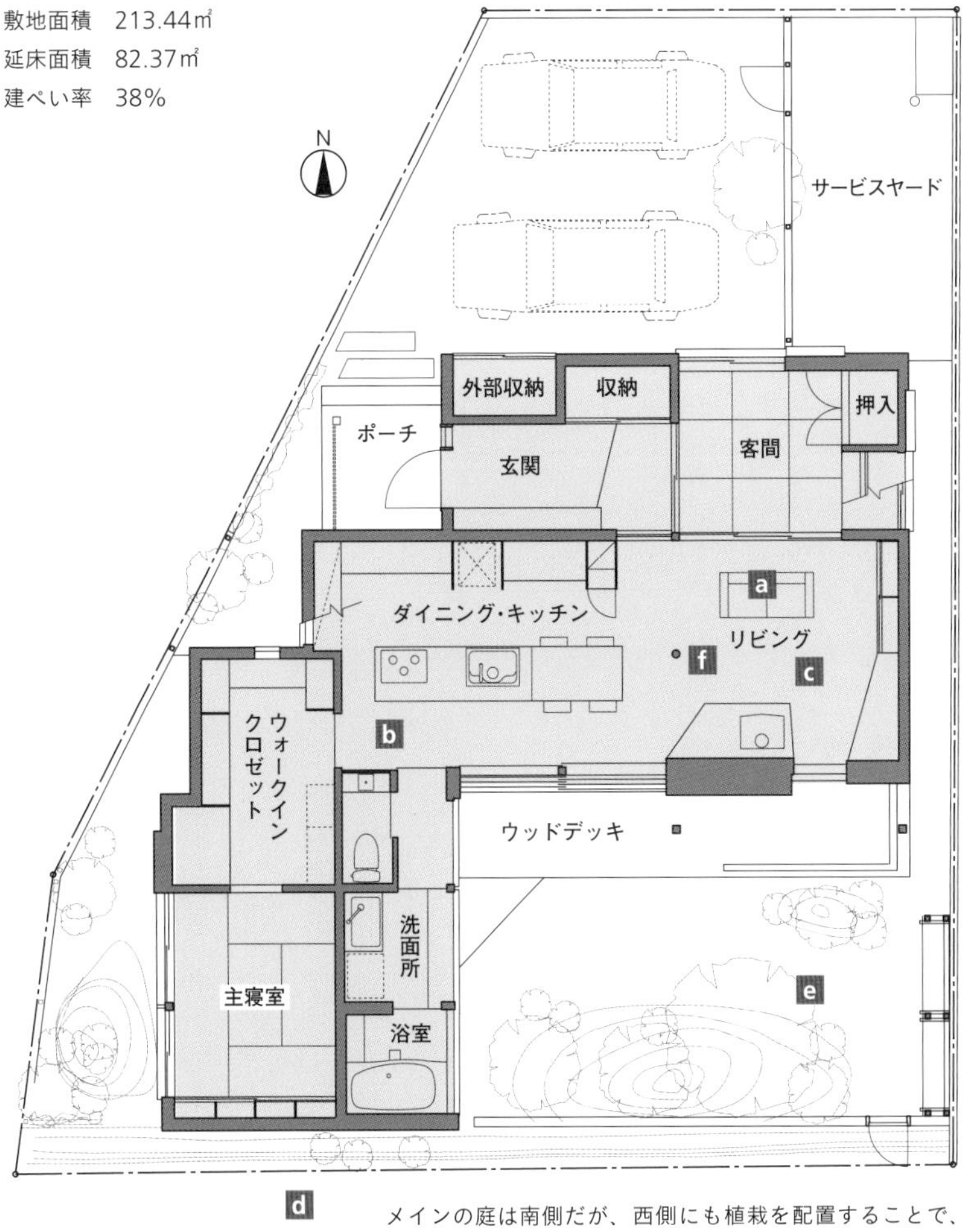

メインの庭は南側だが、西側にも植栽を配置することで、どの窓からも緑が見えるように配慮する

f どの部屋からも緑が楽しめるように窓の位置や大きさも重要

南側のリビング・ダイニングは庭に面している。手で触れられるくらいの近さで木々が見える。庭を設けることで内部空間にもゆとりがもたらされる

b 子ども室に転用できるガレージ

玄関横に見えるのが15畳のガレージ。LDKに匹敵する広さで、ガレージ以外の用途にも改装しやすい。水廻りや物干しが道路に面する場合は、目隠しを設けて防犯性に配慮する

a 個室も廊下も不要

本事例の建て主は個室を必要とせず、こぢんまりとしたLDKを生活の中心としている。カウンターキッチンの側面と対面に収納を設けることで、キッチンとリビングをゆるく区切っている

RULE 4 兼ねられる部屋は兼ねる

「ちょうどいい広さ」を求めるとき、「nLDK」の発想で部屋数を加えていくプランニングのプロセスも見直すべきだ。必要な場所やスペースから考えていくと、無駄をつくらず、面積も抑えられる。すると、平屋のプランを成立させやすい。

LDK、寝室のほかに広いガレージを設けた。これは、車好きな夫の希望で実現した。子ども室が必要な時期がきたら、ここを改装して子ども室として使う予定

湖東の家平面図（S＝1：150）

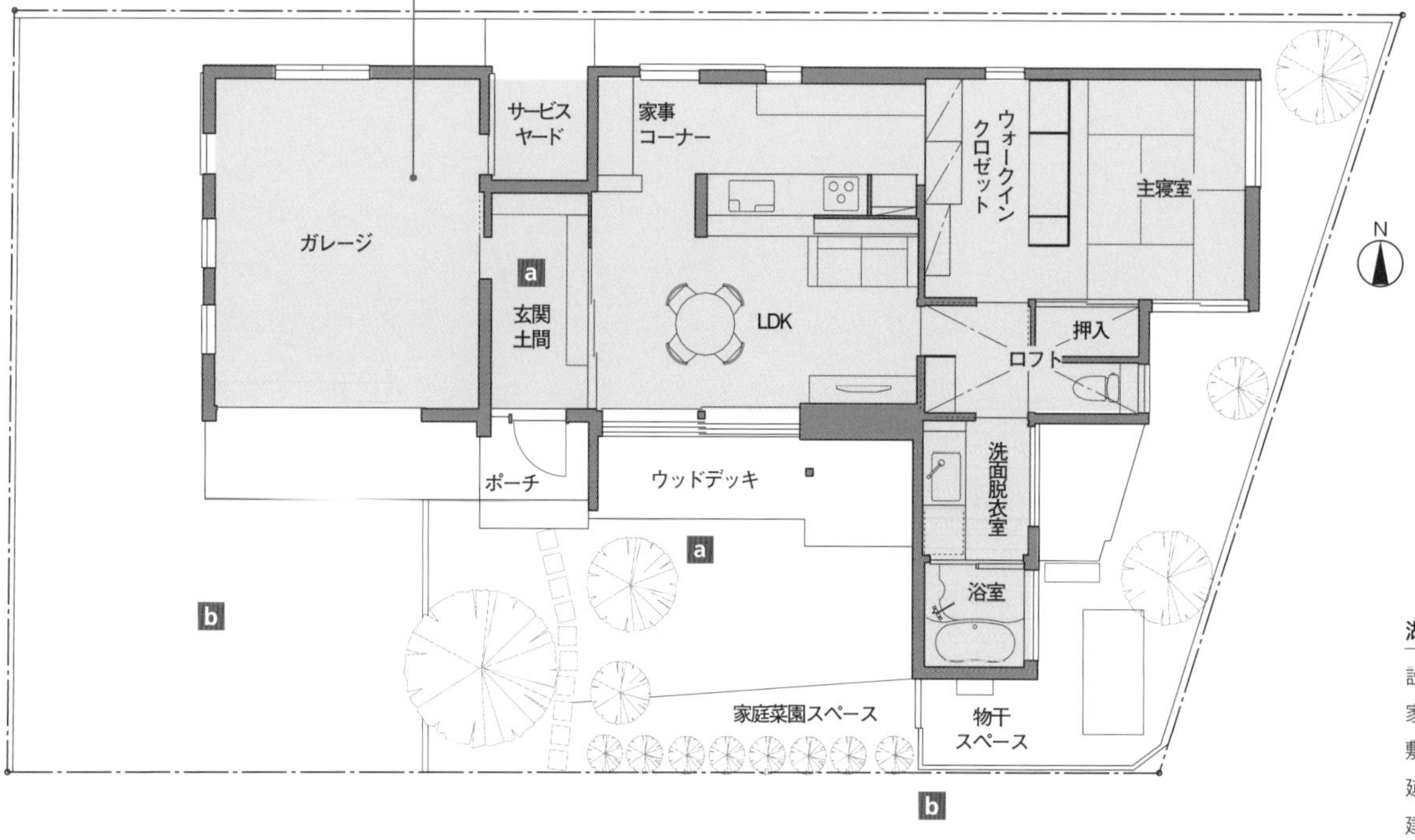

湖東の家

設計・施工	扇建築工房
家族構成	夫婦
敷地面積	255.19㎡
延床面積	94.84㎡
建ぺい率	37%

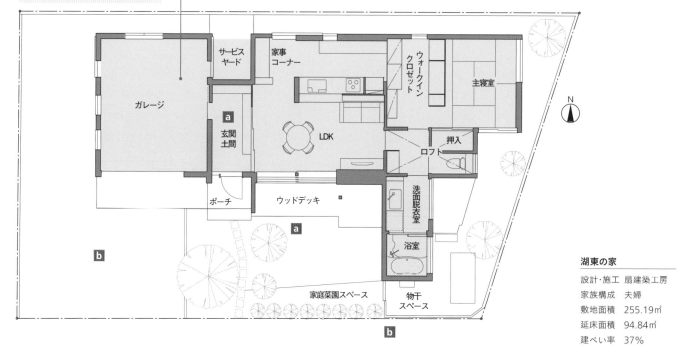

豊岡の家平面図（S＝1：150）

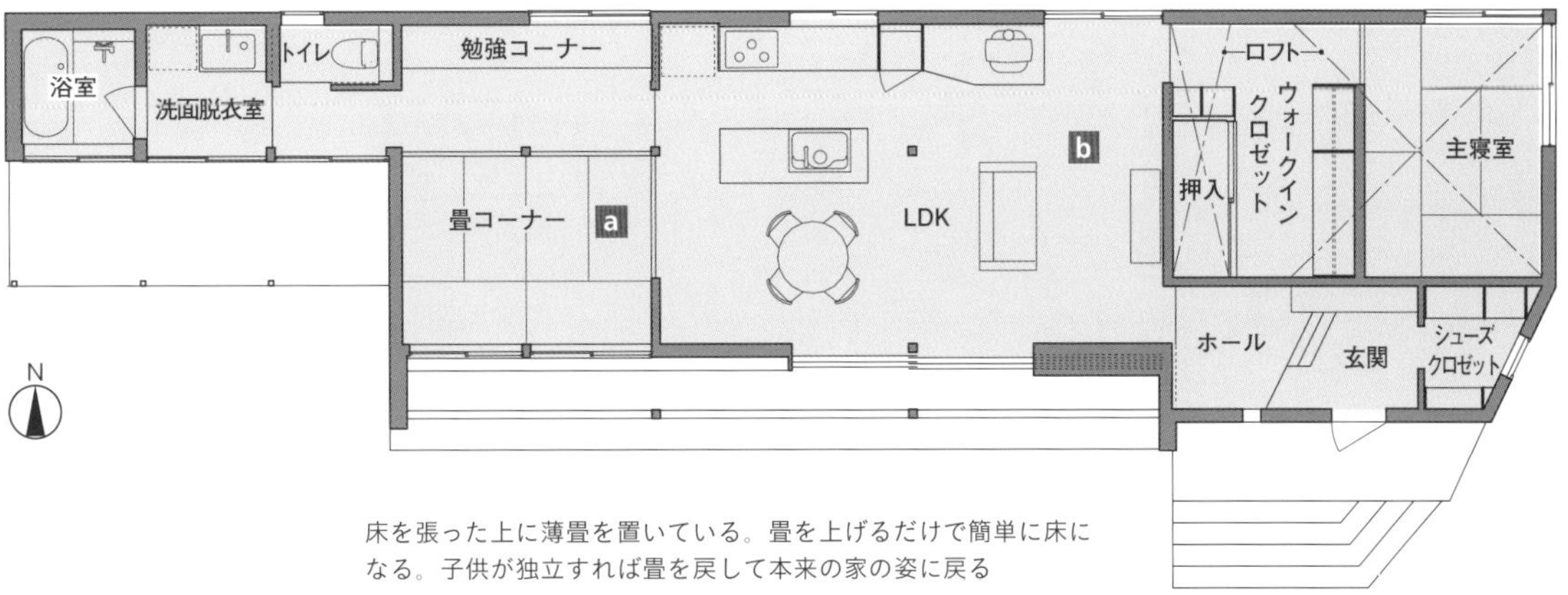

床を張った上に薄畳を置いている。畳を上げるだけで簡単に床になる。子供が独立すれば畳を戻して本来の家の姿に戻る

豊岡の家

設計・施工　扇建築工房
家族構成　夫婦＋子ども2人
敷地面積　334.26㎡
延床面積　88.24㎡
建ぺい率　26%

a 子ども室に転用できる畳コーナー

畳コーナーの置き畳の厚さは15㎜。現状建具はないが、子ども室とする際に建具を取り付けやすいように柱を配置している。また、造付けのデスクを畳コーナーの外に設けて、子どもの勉強机と家事机を兼ね、子ども室のための面積を減らしている

b すべてがワンフロアの空間

リビングから水廻りまで直線でつながり、家全体がワンフロアになっている。この事例の建て主も、個室の必要性がないということだ

RULE 5 広い敷地は家く庭で眺望を生み出す

100坪を超えるような広い敷地でも、延床面積は30坪程度に抑え、その分庭を広くとる。そうすることで、通風・採光が豊かになるうえ、庭の植栽がつくる眺望も映える。

a 部屋の両サイドに窓を設けて外部を取り込む

リビング・ダイニング・キッチンは南北の庭に開けているので、シックな色調の空間でも十分な光が注いで暗さを感じない

大谷の家平面図（S＝1：200）

建物の南側に庭と駐車スペースを配置。北側にも庭を確保した。リビング・ダイニング・キッチンが庭に囲まれるような感覚を得られ、風通し・採光性能も非常に高くなる

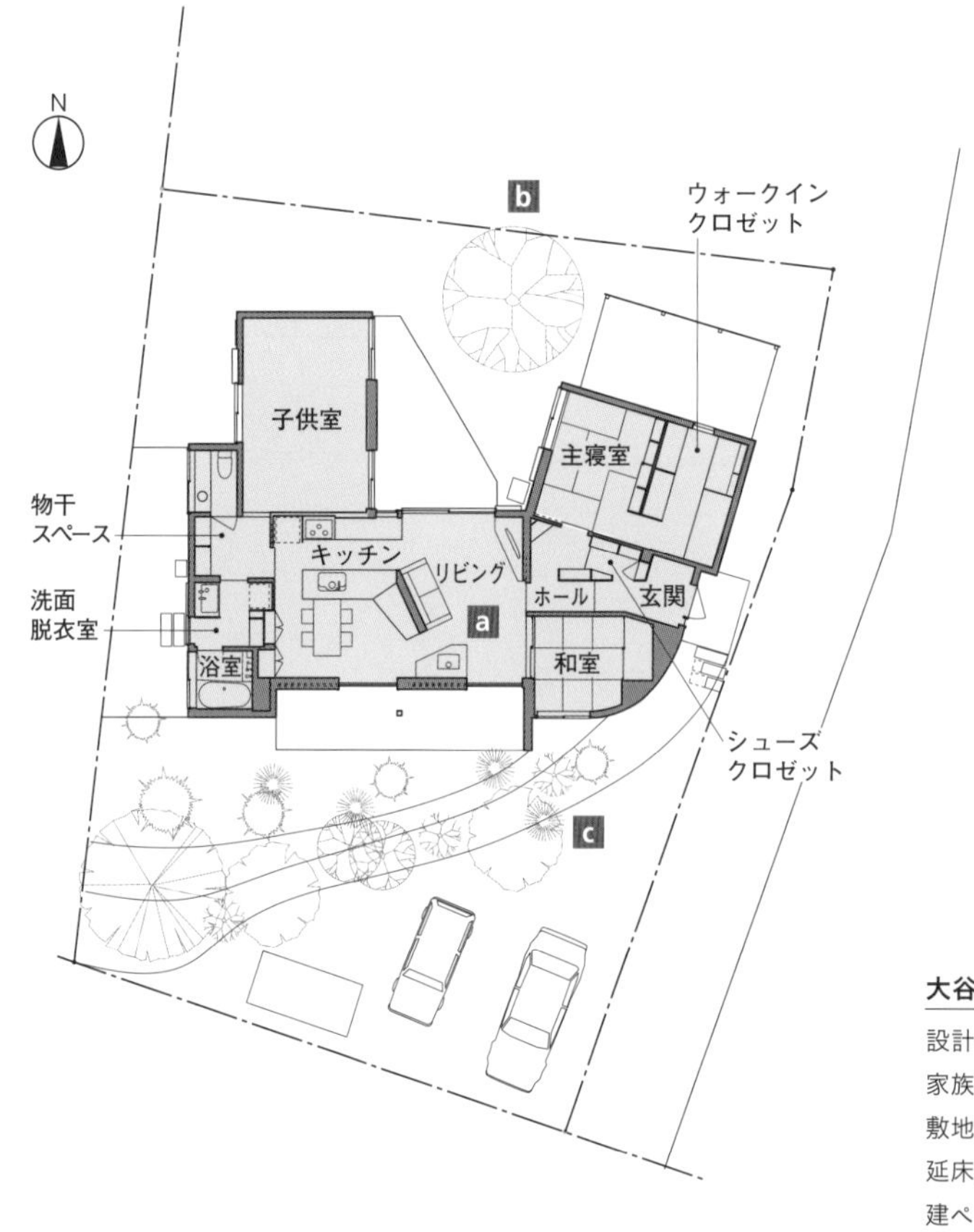

b コの字型はデッキで部屋と部屋をつなぐ

北側にはイロハモミジをシンボルツリーとして植え、リビング・寝室に面して1室くらいの広いデッキを設ける

大谷の家

設計·施工	扇建築工房
家族構成	夫婦＋子ども3人
敷地面積	395.3㎡
延床面積	106.85㎡
建ぺい率	27%

c 建物よりも庭を広くする

南側に広くとった庭が、リビング・ダイニングからの視線の抜けをつくり、面積を抑えた室内を広く豊かなものに感じさせる

執筆・取材協力者一覧（50音順）

秋山東一
アトリエ・ヌック（勝見紀子）
アトリエオーブ（西本哲也）
飯田貴之建築設計事務所
飯田亮建築設計室×COMODO建築工房
井川建築設計事務所
伊佐ホームズ
阿部建設（阿部一雄）
M's構造設計（佐藤実）
扇建築工房
大阪ガス住設
奥山裕生設計事務所
加賀妻工務店
神奈川エコハウス（岸未希亜）
kitokito
吉デザイン設計事務所＋Atelier como
sha-la
あすなろ建築工房（関尾英隆）
田中工務店（田中健司）
チトセホーム（西山哲郎）
西方設計
浜松建設
フリーダムアーキテクツ
松浦建設

出典

「センスを磨く！住宅デザインのルール」3・7
「建築知識ビルダーズ」No.27・32・38

センスを磨く!
住宅デザインの新ルール
間取り編

2021年2月8日　初版第一刷発行

発行者　澤井聖一
発行所　株式会社エクスナレッジ
〒106-0032東京都港区六本木7-2-26
https://www.xknowledge.co.jp/

編集　TEL:03-3403-1381／FAX:03-3403-1345
info@xknowledge.co.jp
販売　TEL:03-3403-1321／FAX:03-3403-1829